Das Instrument der verstärkten Zusammenarbeit im Vertrag von Nizza

Interdisziplinäre Europa Studien

Herausgegeben von Gilbert Gornig, Theo Schiller
und Wolfgang Wesemann

Band 3

PETER LANG
Frankfurt am Main · Berlin · Bern · Bruxelles · New York · Oxford · Wien

Gerrit Linke

Das Instrument der verstärkten Zusammenarbeit im Vertrag von Nizza

Möglichkeiten eines Europas der differenzierten Integration

PETER LANG
Europäischer Verlag der Wissenschaften

Bibliografische Information Der Deutschen Bibliothek
Die Deutsche Bibliothek verzeichnet diese Publikation in der Deutschen Nationalbibliografie; detaillierte bibliografische Daten sind im Internet über <http://dnb.ddb.de> abrufbar.

Zugl.: Göttingen, Univ., Diss., 2005

D 7
ISSN 0934-1668
ISBN 3-631-54781-1

www.peterlang.de

Meinen Eltern

Vorwort

Die vorliegenden Arbeit wurde im Sommersemester 2005 von der juristischen Fakultät der Georg-August-Universität Göttingen als Dissertation angenommen. Rechtsprechung und Literatur wurden bis September 2004 berücksichtigt.

Meiner Doktormutter Frau Prof. Dr. Christine Langenfeld danke ich für ihre freundliche Unterstützung und Betreuung dieser Arbeit. Danken möchte ich auch Herrn Prof. Dr. Christian Calliess für die zügige Erstellung des Zweigutachtens.

Zudem danke ich Stephanie Reese, Matthias Horstmann, Jan Liebertz und Sascha Rimkus für die Hilfe bei der Korrektur des Manuskripts sowie meiner Schwester Katrin Linke uns allen anderen Freunden und Kollegen, die mich vor allem während der heißen Phase der Promotion begleitet und unterstützt haben.

Besonderer Dank gebührt meinen Eltern Hartmut und Roswitha Linke für ihre weitsichtige Förderung meines Werdegangs und die großzügige finanzielle Unterstützung meiner Ausbildung. Ihnen ist diese Arbeit gewidmet.

Hamburg, im September 2005 Gerrit Linke

Inhaltsverzeichnis

Abkürzungsverzeichnis

A.	Amsterdam, d.h. EUV oder EGV in der Fassung von Amsterdam; Auflage.
Abk.	Abkommen
ABl. L, C	Amtsblatt der Europäischen Gemeinschaft Ausgabe L (Rechtsvorschriften); Ausgabe C (Mitteilungen und Bekanntmachungen)
AKP	Gruppe afrikanischer, karibischer und pazifischer Staaten, mit der die EG das Abkommen von Lomé geschlossen hat.
AöR	Archiv des öffentlichen Rechts
BGBl.	Bundesgesetzblatt
BR-Drucks.	Bundesratsdrucksache
BT Drucks.	Drucksachen des Deutschen Bundestages
Bull. EG	Bulletin der Europäischen Gemeinschaft
CDE	Cahiers de droit européen
CMLRev	Common Market Law Review
CONFER	Dokumente der Konferenz der Vertreter der Regierungen der Mitgliedstaaten
CONV	Dokumente des Europäischen Konvents
COREPER	Comité des Representants Permanents (Ausschuss der ständigen Vertreter der nationalen Regierungen bei der EG)
DÖV	Die öffentliche Verwaltung
DOK KOM	Dokumente der Kommission
DVBl.	Deutsches Verwaltungsblatt
EA	Europa Archiv
EAG	Europäische Atomgemeinschaft (EURATOM)
ECU	European Currency Unit (Europäische Währungseinheit)
EEA	Einheitliche Europäische Akte
EFAR	European Foreign Affairs Review
ELJ	European Law Journal
ELR	European Law Review
EMRK	Europäische Menschenrechtskonvention
EPZ	Europäische Politische Zusammenarbeit
ESF	Europäische Sozialfonds
ESZB	Europäisches System der Zentralbanken
EuG	Europäisches Gericht Erster Instanz
EuGH	Europäischer Gerichtshof
EuGMR	Europäischer Gerichtshof für Menschenrechte

EuGRZ	Europäische Grundrechtezeitschrift
EuR	Europarecht
EURATOM	Europäische Atomgemeinschaft
EUROPOL	Europäisches Polizeiamt
EuZW	Europäische Zeitschrift für Wirtschaftsrecht
EWF	Europäischer Währungsfonds
EWI	Europäisches Währungsinstitut
FG	Festgabe
FS	Festschrift
GA	Generalanwalt
GAP	Gemeinsame Agrarpolitik
GASP	Gemeinsame Außen- und Sicherheitspolitik ("drifte Säule")
GATS	General Agreement on Trades and Services
GRCh	Charta der Grundrechte der Europäischen Union
GS	Gedächtnisschrift
HStR	Handbuch des Staatsrechts
ICLQ	International and Comparative Law Quaterly
Integration	Vierteljahresschrift des Instituts für Europäische Politik
IWF	Internationaler Währungsfonds
JCMS	Journal of Common Market Studies
JR	Juristische Rundschau
Jura	Juristische Ausbildung
JuS	Juristische Schulung
JZ	Juristenzeitung
LA	Liber Amicorum
LIEI	Legal Issues of European Integration
MOEL	Mittel- und osteuropäische Länder
MS	Mitgliedstaat(en)
N.	Nizza, d.h. EUV oder EGV in der Fassung von Nizza
NJW	Neue Juristische Wochenschrift
NVwZ	Neue Zeitschrift für Verwaltungsrecht
PJZS	Polizeiliche und justizielle Zusammenarbeit in Strafsachen ("zweite Säule")

RDUE	Revue du Droit de l'Union Européenne
RMC	Revue du Marché commun (et de l'Union Européenne)
RTDE	Revue Trimestrielle de Droit Européenne
SDÜ	Schengener Durchführungsübereinkommen
SEW	Sociaal Economische Wetgeving
SuS	Staatswissenschaft und Staatspraxis
WEU	Westeuropäische Union
WSA	Wirtschafts- und Sozialausschuss
WTO	Welthandelsorganisation
WWU	Wirtschafts- und Währungsunion
ZaöRV	Zeitschrift für ausländische öffentliches Recht und Völkerrecht
ZBIJ	Zusammenarbeit in den Bereichen Inneres und Justiz
ZeuS	Zeitschrift für Europarechtliche Studien
ZÖR	Zeitschrift für öffentliches Recht
ZSE	Zeitschrift für Staats- und Europawissenschaften
ZUR	Zeitschrift für Umweltrecht

1. Teil: Einleitung

A. Einführung in die Thematik

Die Idee eines Europas der verschiedenen Geschwindigkeiten, das sowohl seine Organisations- und Wachstumsprobleme als auch seine politischen Meinungsdifferenzen mittels einer differenzierten, flexiblen oder abgestuften Integration oder einer verstärkten Zusammenarbeit löst – die hierzu verwendete Terminologie ist umfangreich und vielschichtig – hat seit einigen Jahrzehnten schon in der theoretischen Debatte wie auch in der politischen Auseinandersetzung um die Fortentwicklung der europäischen Integration einen festen Platz eingenommen.

Insbesondere in Phasen der Stagnation oder scheinbar unüberwindbarer Gegensätze über den Fortgang der europäischen Integration genoss die Idee der Differenzierung besondere Aufmerksamkeit. Sie schien der einfache Ausweg aus dem aus dem Konsensprinzip resultierenden Dilemma, dass der langsamste bzw. der schwächste unter den Mitgliedstaaten das Tempo des Integrationsfortschritts bestimmt. So wurden auch bereits in einzelnen Politikbereichen mit Erfolg Formen der Differenzierung entwickelt und angewendet, wie z.B. das EWS, Schengen oder die Wirtschafts- und Währungsunion belegen.

Auf politischer Ebene wurde in diesem Jahrtausend mit der Eröffnung des „Ideenwettbewerbs" über die Zukunft Europas durch die Rede von Außenminister Joschka Fischer in der Humboldt-Universität in Berlin am 12. Mai 2000 ein Wettstreit um die beste Gestalt der sich erweiternden EU in Gang gesetzt, in dem die Differenzierung als eines der Mittel auf dem Weg zum Ziel nicht wegzudenken ist.[1] Auch hat die am 1. Mai 2004 erfolgte Erweiterung um 10 neue Mitgliedstaaten die Heterogenität in der EU erheblich gesteigert und wird möglicherweise zu einem größeren Bedarf an differenzierten Lösungswegen führen.

Einen neuen Höhepunkt erreichte die Differenzierungsdebatte in den Nachwehen des gescheiterten Verfassungsgipfels von Brüssel am 13. Dezember 2003, als die Annahme der europäischen Verfassung an dem Streit über die veränderte Stimmenverteilung aufgrund des Widerstandes von Polen und Spanien scheiterte. Nahezu reflexartig wurde von Deutschland und Frankreich als den größten Befürwortern und Profiteuren einer neuen Stimmenverteilung das Europa der unter-

---

1 Vgl. zur zukünftigen Gestalt der EU die Beiträge von *Joschka Fischer*, Vom Staatenbund zur Föderation: Gedanken über die Finalität der europäischen Integration, Rede in der Humboldt-Universität vom 12.5.2000, abgedruckt in: Integration 2000, 149 ff; *Jacques Chirac*, Rede vor dem deutschen Bundestag vom 27. Juni 2000, abrufbar: http://www.bundestag.de/blickpkt/2000/chirac2.html. Vgl. in diesem Zusammenhang auch *Delors*, Re-uniting Europe: Our Historic Mission, in: Agence Europe Nr. 7625 vom 3./4. Januar 2000, S. 3 f.; *Schmidt/Giscard d'Estaing*, Die EU ist nicht reif für die Erweiterung, Welt am Sonntag von 23.4.2000, S. 34.

schiedlichen Geschwindigkeiten bzw. Kerneuropa als Ausweg propagiert.[2] Eine Europäische Union, die nicht in der Lage erscheine sich selbst zu reformieren, werde zukünftig nur in unterschiedlichen Geschwindigkeiten weiter zu entwickeln sein.[3] Noch ist nicht absehbar, ob die Protagonisten als Reaktion auf die spanisch-polnische Position die zwei Geschwindigkeiten als Drohung postulierten oder aber ob nun für den Fall des Scheiterns der europäischen Verfassung tatsächlich der Weg einer alternativen Entwicklung als Lösung aus dem Dilemma vorgezeichnet ist.[4]

Mit dem von den Staats- und Regierungschefs durch den Vertrag von Amsterdam in die Verträge eingeführten und durch den Vertrag von Nizza modifizierten Instrument der verstärkten Zusammenarbeit[5] besteht erstmalig die Möglichkeit der Differenzierung innerhalb der Verträge, ohne dass es sich um eine einmalige Ausnahme für einen bestimmten Politikbereich handelt.

Gegenstand dieser Arbeit ist die Untersuchung und Bewertung des Instruments der verstärkten Zusammenarbeit aus rechtlicher Sicht. Untersucht wird neben dem Regelwerk als solchem die Frage, inwiefern die verstärkte Zusammenarbeit tatsächlich Möglichkeiten der Differenzierung innerhalb der Verträge schafft und bestehende und künftige Differenzierungsbestrebungen zu kanalisieren vermag sowie welche Auswirkungen ihre Anwendung auf die Europäische Union als Rechtsgemeinschaft haben könnte.

B. Gang der Untersuchung

Die Untersuchung beginnt einleitend mit dem *2. Teil,* der die Entwicklung der Differenzierungsdebatte und ihre in Theorie und Praxis entwickelten Formen darstellt und untersucht. Die Diskussion über Sinn und Zweck sowie Vor- und Nachteile der differenzierten Integration ist bereits seit einigen Jahrzehnten fester Bestandteil der europapolitischen Debatte und hat sich teilweise erheblich voneinander unterscheidende Modelle hervorgebracht. Auch in der Praxis hat es vor der verstärkten Zusammenarbeit bereits einige Beispiele differenzierter Integration gegeben. Von diesen Beispielen wurden einige innerhalb der Verträge konstitu-

---

2 Vgl. *Süddeutsche Zeitung* vom 15.12.2003, „Die Gefahr der Spaltung", S. 5; *Financial Times* vom 15. Dezember 2003, „Support for two-speed Europe gathers momentum", S. 5.

3 *Financial Times* vom 16.12.2003, „The siren song of a two speed-Europe", S. 13.

4 Vgl. Interview des *Spiegel* mit Bundesaußenministers *Joschka Fischer:* „Heilsamer Schock" - über den gescheiterten Verfassungsgipfel, vom 20.12.2003, abrufbar unter: http://www. auswaertiges-amt.de/www/de/archiv_print?archiv_id=5203 sowie das Interview der österreichischen Zeitschrift *profil* mit dem luxemburgischen Premierminister *Jean-Claude Juncker*: „Nizza ist den Tod nicht wert." Premierminister Juncker über die EU, die Chancen auf eine Verfassung und über die „Kerneuropa"-Idee, vom 06.01.2004, abrufbar unter: http://www. gouvernement.lu.salle_presse/Interviews/20040106juncker_profil/index.

5 Engl. „enhanced co-operation"; frz. „coopération renforcée"; nl. „nauwere samenwerking"; it. „cooperazione rafforzata".

iert, andere wurden außerhalb der Verträge von den Mitgliedstaaten völkerrechtlich vereinbart.

Der *3. Teil* als der Hauptteil der Arbeit widmet sich der konkreten Ausgestaltung der verstärkten Zusammenarbeit gemäß den Artikeln 27 a bis 27 e, 40 bis 40 b und 43 bis 45 EUV sowie den Artikeln 11 und 11 a EGV. Nach einer kurzen Darstellung des Verlaufs der Verhandlungen zum Vertrag von Nizza und den unterschiedlichen zu diesem Thema bezogenen Positionen der Mitgliedstaaten und der Organe wird der Ablauf einer verstärkten Zusammenarbeit von ihrer Gründung bis zu ihrer Beendigung untersucht: Begründet wird die verstärkte Zusammenarbeit mit einem Ermächtigungsakt, dessen Verfahren für jede der drei Säulen unterschiedlich ausgestaltet ist. Die Zulässigkeit einer verstärkten Zusammenarbeit ist anhand eines umfangreichen Kriterienkatalogs zu überprüfen, dessen Formulierung an einigen Stellen derart offen ist, dass die Kriterien der näheren Bestimmung bedürfen. Im Rahmen des Ermächtigungsbeschlusses können die zu einer verstärkten Zusammenarbeit ermächtigten Mitgliedstaaten Durchführungsmaßnahmen erlassen. Darüber hinaus werden das Verfahren der nachträglichen Teilnahme anfänglich nicht teilnehmender Mitgliedstaaten sowie die Frage der Beendigung der verstärkten Zusammenarbeit erörtert. Abschließend wird die Möglichkeit der gerichtlichen Kontrolle der Rechtsakte und Maßnahmen der verstärkten Zusammenarbeit untersucht.

Der *4. Teil* befasst sich mit den rechtlichen Problemen, die sich aus der Anwendung der Vorschriften über die verstärkte Zusammenarbeit im Rahmen der Ermächtigung, der Durchführung und der nachträglichen Teilnahme weiterer Mitgliedstaaten ergeben und die nicht unerhebliche Auswirkungen auf die Rechtsordnung der EU mit sich bringen. Zuerst wird auf die besondere Stellung der nicht an der verstärkten Zusammenarbeit teilnehmenden Mitgliedstaaten eingegangen. Ihre Rechte und Pflichten werden untersucht.

Mit der Schaffung des Instruments der verstärkten Zusammenarbeit sind im Recht der Europäischen Union drei neue Handlungsformen geschaffen worden, deren Rechtsnatur bestimmt und eingeordnet wird. Hierzu zählen die Ermächtigung und die Durchführungsmaßnahme sowie der Zusammenschluss der in der verstärkten Zusammenarbeit verbundenen Mitgliedstaaten. Eng verbunden mit der Frage der Rechtsnatur der Durchführungsmaßnahme ist die Frage nach deren Einordnung in die Hierarchie der sonstigen Normen des Unions- und Gemeinschaftsrechts. Als weiterer Punkt wird die Frage des Verhältnisses der verstärkten Zusammenarbeit zur gemeinschaftsrechtlichen Kompetenzordnung zu klären sein. Hier ergeben sich im Bereich der konkurrierenden Kompetenzen und der Außenkompetenzen Auswirkungen, die der Erörterung bedürfen. Abschließend wird die rechtliche Möglichkeit der differenzierten Integration außerhalb des in den Verträgen festgelegten Instruments der verstärkten Zusammenarbeit diskutiert.

Der *5. Teil* unternimmt den Versuch einer abschließenden Würdigung der Ergebnisse der vorangegangen Teile und einer Prognose in Hinblick auf die Bedeutung der differenzierten Integration im Allgemeinen und der verstärkten Zusammenarbeit im Besonderen. Hierbei wird auch die Weiterentwicklung der verstärkten Zusammenarbeit durch die bereits erarbeitete, aber noch nicht in Kraft getretene europäische Verfassung zu berücksichtigen sein.

2. Teil: Entwicklung und Formen der differenzierten Integration

Der zweite Teil widmet sich als einleitendes Kapitel dem Begriff der differenzierten Integration und ihrer Entwicklung im Rahmen des europäischen Einigungsprozesses von den Anfängen bis zum vorerst letzten Schritt, der Einführung der verstärkten Zusammenarbeit durch den Vertrag von Amsterdam und ihrer Modifikation durch den Vertrag von Nizza. Dabei stellt das Instrument der verstärkten Zusammenarbeit bloß einen Unterfall differenzierter Integration dar.

Für das Verständnis des Konzepts der differenzierten Integration ist zuerst eine Bestimmung des Begriffs erforderlich (A.). Hierzu ist die differenzierte Integration zunächst von ihrem Gegenstück, der einheitlichen Integration, abzugrenzen (A. I.). Zur Bewertung der Bedeutung der differenzierten Integration ist zudem auf ihren politischen und historischen Hintergrund (A. III.) sowie die Beweggründe und Absichten ihrer Befürworter einzugehen (A. IV.).

Weiterhin werden die verschiedenen Formen und Konzepte der Differenzierung in der europäischen Integration, die im Laufe der letzten Jahrzehnte aufkamen und diskutiert wurden und schließlich zur Aufnahme der verstärkten Zusammenarbeit in den EU/ EG-Vertrag führten, in chronologischer Reihenfolge dargestellt. Dabei wird zunächst auf die theoretischen Ansätze eingegangen, die in der Politik sowie der Wissenschaft entwickelt wurden (B.). Anschließend erfolgt eine Darstellung der wichtigsten angewandten Differenzierungsmodelle in der Praxis der europäischen Integration (C.).

A. Der Begriff der differenzierten Integration

I. Prinzip der einheitlichen Integration

Die europäische Integration wird von dem Prinzip geleitet, dass sich die Staaten Europas zusammenfinden und gemeinsam den Weg einer immer tieferen Vereinigung gehen. Dieses Ziel bestimmt bereits die Präambel des EGV in ihrem ersten Erwägungsgrund, der vorsieht, „die Grundlage für einen immer engeren Zusammenschluss der europäischen Völker zu schaffen", bzw. wie es in Art. 2 Abs. 2 EUV formuliert ist, eine „immer engere Union der Völker Europas" zu erreichen. Dabei ist der Prozess der immer tieferen Vereinigung hin zu einer Einheit räumlich nicht auf die bereits teilnehmenden Mitgliedstaaten begrenzt, sondern gemäß Art. 49 EUV steht die Teilnahme an diesem Prozess jedem europäischen Staat offen. Die angestrebte Integration kann auf rechtlicher, wirtschaftlicher, politischer und kultureller Ebene erfolgen.[6] In diesem Zusammenhang ist die rechtliche Integration das wichtigste Mittel der EU zur Verwirklichung der wirtschaftlichen

---

6 *Bender*, Die verstärkte Zusammenarbeit nach Nizza, ZaöRV 2001, 729 (730).

und politischen Integration, weil das Recht als verbindlicher Rahmen die Mittel, das Verfahren und die vorläufigen Ziele der Integration bestimmt.[7] Da der EU keine eigene hoheitliche Gewalt zur Durchsetzung ihrer Ziele gegenüber den Mitgliedstaaten zusteht, ist sie als Rechtssetzungsgemeinschaft konzipiert, die wesentlich von der Rechtsschöpfung und der Beachtung des Rechts abhängt.[8] Somit ist die rechtliche Integration kein Selbstzweck, sondern Motor der politischen und wirtschaftlichen Integration.[9] Auf rechtlicher Ebene wird der Prozess der europäischen Integration durch den Übergang einer Vielzahl von Rechtsordnungen hin zu einer einheitlichen europäischen Rechtsordnung vollzogen.[10] Grundlage dieses Transformationsprozesses sind die drei Gründungsverträge der Europäischen Gemeinschaften und die hierauf gestützte Rechtsangleichungstätigkeit im Rahmen der von den Mitgliedstaaten auf die Gemeinschaften übertragenen Kompetenzen, die zu einem immer umfangreicheren Gemeinschaftsrecht beiträgt, sowie der EUV.[11] Die Säulen der einheitlichen Integration sind die Grundsätze der unmittelbaren Wirkung[12] und des Vorrangs des Gemeinschaftsrechts[13] sowie der einheitliche institutionelle Rahmen.[14] Flankiert wird das Prinzip der einheitlichen Integration von weiteren Strukturprinzipien, wie dem Kohärenzprinzip, dem Grundsatz der Gemeinschaftstreue und dem damit eng zusammenhängenden Solidaritätsprinzip.[15] Die tradierte Gemeinschaftsmethode sieht damit eine einheitliche Integration vor, nach der eine Gemeinschaftsregelung von allen Mitgliedstaaten zum gleichen Zeitpunkt mit gleichem sachlichen Inhalt angewendet wird.[16] Das bedeutet, dass entweder alle Mitgliedstaaten gemeinsam im Gleichschritt auf dem Integrationsweg voranschreiten oder aber auf eine gemeinsame

---

7 *Beck*, Abgestufte Integration im Europäischen Gemeinschaftsrecht unter besonderer Berücksichtigung des Umweltrechts, 1995, S. 51.

8 *Beck*, Abgestufte Integration, 1995, S. 51.

9 *Beck*, Abgestufte Integration, 1995, S. 51.

10 *Becker*, Differenzierung der Rechtseinheit, EuR Beiheft 1/98, 29 (33); *Bender*, Die verstärkte Zusammenarbeit nach Nizza, ZaöRV 2001, 729 (731); *Bleckmann*, Europarecht, 6. A., Rn. 123.

11 *Beck*, Abgestufte Integration, 1995, S. 50.

12 EuGH, Rs. 26/62 – *van Gend & Loos*, Slg. 1963, 1 (27).

13 EuGH, Rs. 6/64 – *Costa./.E.N.E.L.*, Slg. 1964, 1251 (1269 f.).

14 *Bender*, Die verstärkte Zusammenarbeit nach Nizza, ZaöRV 2001, 729 (731); *Devuyst*, The Community-Method after Amsterdam, JCMS 1999, 109 (112 ff.); *Scharrer*, Abgestufte Integration - Einführung, in: Grabitz (Hrsg.), Abgestufte Integration, 1984, S. 1 (12); *ders.*, Abgestufte Integration, in: Hrbek/ Jopp u.a., Die EU als Prozess, 1998, S. 97 (101).

15 *Devuyst*, The Community-Method after Amsterdam, JCMS 1999, 109 (112 ff.); *Scharrer*, Abgestufte Integration - Einführung, in: Grabitz (Hrsg.), Abgestufte Integration, 1984, S. 1 (12); *Scharrer*, Abgestufte Integration, in: Hrbek/ Jopp u.a., Die EU als Prozess, 1998, S. 97 (101).

16 *Scharrer*, Abgestufte Integration - Einführung, in: Grabitz (Hrsg.), Abgestufte Integration, 1984, S. 1 (12); *ders.*, Abgestufte Integration, in: Hrbek/ Jopp, Die EU als Prozess, S. 97 (101).

Regelung wird ganz verzichtet. Kurz gesagt gilt bezüglich der fortschreitenden Integration der Grundsatz „alle oder keiner".[17]

II. Begriffsbestimmung

Für die verschiedenen Integrationsmodelle, die vom Prinzip der einheitlichen Integration abweichen, gibt es wie in kaum einem anderen Bereich des Europarechts eine Vielzahl von Begriffen, die bei erster Betrachtung dasselbe oder Ähnliches zu meinen scheinen.[18] Jedoch liegen ihnen häufig unterschiedliche und vielschichtige Konzepte zugrunde, die sich in integrationstheoretischer Hinsicht, in ihrer konkreten Ausgestaltung oder bezüglich ihres politischen Hintergrundes erheblich voneinander unterscheiden können. Der konzeptionelle Unterschied, der etwa zwischen der absoluten Wahlfreiheit des Europa *à la carte*[19] und der zeitlich begrenzten Ausnahmeregelung der „abgestuften Integration"[20] liegt, ist jedoch beträchtlich, so dass eine genaue Abgrenzung unerlässlich ist.

In dieser Arbeit wird als Oberbegriff für jede Form der Zusammenarbeit zwischen den Mitgliedstaaten, die nicht gemäß dem Prinzip der einheitlichen Integration erfolgt, der Begriff der *Differenzierung* oder der *differenzierten Integration* verwendet. Diese Terminologie wird auch häufig in der sich mit diesem Thema auseinandersetzenden Literatur als Oberbegriff gebraucht.[21] Zwar legen diese Autoren dem Begriff keine einheitliche Definition zugrunde und vereinzelt sind die angeführten Definitionen derart eng, dass nicht mehr von einem Oberbegriff gesprochen werden kann.[22] Trotzdem eignet sich der Begriff der differenzierten Integration im Vergleich zur sonstigen Terminologie am ehesten als Oberbegriff, da ihre Definition weiter gefasst ist und mit ihr kein scharf umrissenes Konzept in Verbindung gebracht wird.

---

17 *Scharrer*, Abgestufte Integration, in: Hrbek/ Jopp, Die EU als Prozess, S. 97 (98).

18 Vgl. die Aufzählung der unterschiedlichen Begriffe für Formen der nicht-einheitlichen Integration, die im Deutschen, Englischen und Französischen verwendet werden bei *Stubb*, A Categorization of Differentiated Integration, JCMS 1996, 283 (285).

19 Vgl. zum Europa *à la carte: 2. Teil, B. III.*

20 Vgl. zur abgestuften Integration: *2. Teil, B. VI.*

21 So auch *Ehlermann*, Engere Zusammenarbeit nach dem Amsterdamer Vertrag, EuR 1997, 362 (363); *Becker*, Differenzierung der Rechtseinheit, EuR Beiheft 1/98, 29 (32); *Bender*, Die verstärkte Zusammenarbeit nach Nizza, ZaöRV 2001, 729 (730); *Forgó*, Zwischen „Europa à la carte" und Einheit: Modelle differenzierter Integration, in: Breuss/ Griller, Flexible Integration in Europa – Einheit oder Europa „à la carte"?, 1998, 41 (43); *Martenczuk*, Differenzierte Integration nach dem Vertrag von Amsterdam, ZEuS 1998, 447 (450); *Scharrer*, Abgestufte Integration, in Hrbek/ Jopp., Die EU als Prozess, 1998, S.97 (102 f.).

22 Vgl. *Tindemans*, Die Europäische Union, Bericht an den Europäischen Rat, in: EG-Bulletin, Beilage 1/76, der sein Differenzierungskonzept „differenzierte Integration" nennt. Auch bei *Giering*, Vertiefung durch Differenzierung, Integration 1997, 72 (73 ff.) und *Janning*, Europa braucht verschiedene Geschwindigkeiten, EA 1994, 527 (534) bezeichnet der Begriff „differenzierte Integration" nur eine von mehreren „flexiblen Integrationsformen".

Häufig wird für den Begriff der Differenzierung bzw. differenzierten Integration als Synonym auch die Formulierung „Flexibilität" oder „flexible Integration" verwendet,[23] vereinzelt wird „Flexibilität" gar als Oberbegriff gewählt.[24] Als nicht zutreffend anzusehen ist es, den Begriff der verstärkten Zusammenarbeit als mehr oder weniger deckungsgleich mit den Begriffen Differenzierung und Flexibilität zu verwenden.[25] Schließlich steht die verstärkte Zusammenarbeit für das mit dem Amsterdamer Vertrag eingeführte Differenzierungsinstrument und benennt ein konkretes Integrationskonzept. Mit den beiden letzteren Begriffen hingegen wird nicht zwingend ein bestimmtes Konzept der nicht-einheitlichen Integration verbunden. Der Begriff der Differenzierung ist aber gegenüber der Bezeichnung Flexibilität vorzugswürdig, da Flexibilität zur Beschreibung des Themas zu konturlos erscheint.[26] Zudem ist die ursprüngliche Bedeutung des Wortes „Differenzierung"[27] zur Beschreibung des Sachverhalts geeigneter als „Flexibilität".[28]

Abschließend wird der Begriff der differenzierten Integration in der EU als zeitweiliger oder dauerhafter Bestand eines unterschiedlichen Integrationsniveaus innerhalb des Raumes, der von den Mitgliedstaaten der EU gebildet wird, definiert.[29] Dabei muss das Phänomen der differenzierten Integration keineswegs auf das Verhältnis der EU und ihrer Mitgliedstaaten beschränkt gesehen werden, sondern kann auch den Integrationsgrad Europas als Ganzes oder weltweit bestehende Integrationsformen beschreiben.[30] [31]

---

23 Vgl. *Hatje*, in: Schwarze, EU-Kommentar, Art. 43 EUV, Rn. 1 ff.; *Janning*, Europa braucht verschiedene Geschwindigkeiten, EA 1994, 527 (532 ff.); *ders.*, Differenzierung als Integrationsprinzip, in: Weidenfeld, Amsterdam in der Analyse, 2. A., 1999, S. 203 ff.

24 Vgl. *Gaja*, How Flexible is Flexibility under the Amsterdam Treaty?, CMLRev 1998, 855 f.; *Hofmann*, Wieviel Flexibilität für welches Europa?, EuR 1999, 713 (716); *Thun-Hohenstein*, Die Möglichkeit einer „verstärkten Zusammenarbeit" zwischen EU-Mitgliedstaaten, in: Hummer, Die EU nach dem Vertrag von Amsterdam, 1999, S. 125 ff.; *Wessels/ Jantz*, Flexibilisierung: Die Europäische Union vor einer neuen Grundsatzdebatte?, in: Hrbek, Die Reform der EU anlässlich der Regierungskonferenz, 1997, S. 345 (349); Bericht der Reflexionsgruppe vom 5. Dzember 1995 („Westendorp-Bericht"), Dok. SN 520/95 (REFLEX 21), S. 18. .

25 So aber angedacht von *Hofmann*, Wieviel Flexibilität für welches Europa, EuR 1999, 713 (716).

26 *Martenczuk*, Differenzierte Integration nach dem Amsterdamer Vertrag, ZEuS 1998, 447 (450).

27 Lat. Unterscheidung, Abstufung, Aufgliederung.

28 Lat. Biegsamkeit, Anpassungsfähigkeit.

29 Vgl. *Forgó*, Zwischen „Europa à la carte" und Einheit, in: Breuss/ Griller, 1998, 41 (43).

30 Vgl. *Forgó*, Zwischen „Europa à la carte" und Einheit, in: Breuss/ Griller, 1998, 41 (Fn. 17); *Hofmann*, Wieviel Flexibilität für welches Europa?, EuR 1999, 713 (729); *Krämer*, Abgestufte Integration und differenzierte Assoziation, in: GS-Grabitz, 1995, S. 307 (315).

31 Vgl. zur differenzierten Integration zwischen der EU und Drittstaaten die einleitenden Ausführungen zu *2. Teil, C.*

III. Politischer und historischer Hintergrund

Als die Geburtsstunde der Debatte über die differenzierte Integration gilt die Rede des damaligen Bundeskanzlers Willy Brandt vom 19. November 1974 vor der Französischen Europabewegung in Paris, in der er eine Politik der Abstufung der Integration forderte.[32] Die Reaktionen darauf waren durchweg ablehnend, jedoch gewann etwa ein Jahr später die Diskussion über eine differenzierte Integration durch die Vorlage eines Berichts des damaligen belgischen Premierministers Leo Tindemans, den dieser im Auftrag des Europäischen Rates erstellt hatte, neue Intensität.[33] Wie die meisten Debatten über die differenzierte Integration in der Folgezeit, fiel auch jene der 70er Jahre in eine Krisenzeit der europäischen Integration. Ursächlich hierfür war zunächst die Mitte 1973 einsetzende Wirtschaftskrise, die durch enorme Preissteigerungen im Energiebereich verstärkt wurde und die westeuropäischen Volkswirtschaften in eine Mischung aus Rezession, hoher Inflation sowie zunehmender Arbeitslosigkeit trieb und die den langfristigen Plänen für eine Wirtschafts- und Währungsunion die wirtschaftliche und politische Grundlage entzog.[34] In dieser Situation erschien vor allem die wirtschaftliche Kooperationsfähigkeit Italiens zweifelhaft, zudem kamen erste Anzeichen eines weniger stark ausgeprägten Integrationswillens der Neumitglieder Dänemark und Großbritannien auf.[35]

In den 80er Jahren war die Diskussion der Differenzierungskonzepte rückläufig.[36] Dies war zunächst darauf zurückzuführen, dass die Süderweiterung der EG, die 1981 mit dem Beitritt Griechenlands begann und 1986 mit dem Beitritt Portugals und Spaniens endete, erfolgreich abgeschlossen wurde und deren Durchführung sowie weitere Entwicklung reibungsloser verliefen als anfänglich erwartet.[37] Zudem gelang es den Mitgliedstaaten, sich auf einige wichtige Reformen zu verständigen, was schließlich zur Verabschiedung der Einheitlichen Europäischen Akte am 2./ 3. Dezember 1985 führte, die am 1. Juli 1987 in Kraft trat. Die EEA sah als wichtige Neuerung die Ausweitung von Mehrheitsentscheidungen und die Festlegung eines festen Zeitplans für die Errichtung eines Binnenmarkts vor.[38]

---

32 In Auszügen abgedruckt in: Europa-Archiv 1975, D 33 ff..

33 Die Europäische Union, Bericht von Leo Tindemans, Premierminister von Belgien an den Europäischen Rat, abgedruckt in: EG-Bulletin, Beilage 1/76.

34 *Schutz*, Flexibilität in der Europäischen Union, 1999, S. 2.

35 *Schutz*, Flexibilität in der Europäischen Union, 1999, S. 2.

36 Vgl. die Beiträge aus jener Zeit von *Dahrendorf*, A Third Europe?, 1979 (Europa à la carte); *Barre*, Les économies de l'Europe occidentale face aux défis des années 1980, auszugsweise in dem Artikel von Scharrer, Abgestufte Integration – eine Einführung, in: Grabitz (Hrsg.), Abgestufte Integration, 1984, S. 16 f. (Europa à géometrie variable); *Grabitz*, (Hrsg.), Abgestufte Integration, 1984 (Konzept der Abgestuften Integration des Hamburger Instituts für Integrationsforschung).

37 *Bergmann*, Recht und Politik der Europäischen Union – Der Integrationsverbund vor der Osterweiterung, 2001, Rn 796 ff.

38 *Koenig/ Haratsch*, Europarecht, 4. A., Rn. 39 ff.

Möglich wurde dieses Reformprojekt u.a. durch die damals wie heute selten anzutreffende Konstellation, dass die drei wichtigsten Mitgliedstaaten Deutschland, Frankreich und Großbritannien sich insbesondere, was die Errichtung des Binnenmarkts anbelangte, auf einen gemeinsamen Kurs verständigen konnten.[39]

In den Jahren danach bis Anfang der 90er Jahre wurde die europapolitische Debatte hauptsächlich von der Verwirklichung des Binnenmarkts bestimmt. Der Erfolg der Umsetzung des Binnenmarktkonzepts und die auch dadurch entstandene relative europapolitische Euphorie jener Jahre reichte noch für die bis dato grundlegendste Reform des europäischen Zusammenschlusses durch den Maastrichter Vertrag, der am 7. Februar 1992 unterzeichnet wurde, am 1. November 1993 in Kraft trat und als wichtigste Neuerung die Gründung einer Europäischen Union und einer Wirtschafts- und Währungsunion vorsah.[40] Jedoch erforderten bereits hier EG-interne Meinungsverschiedenheiten Kompromisse in Form von Differenzierungen gegenüber Dänemark und Großbritannien. Beiden Mitgliedstaaten wurden Sonderregelungen bezüglich der WWU zugestanden. Zudem führte der britische Widerstand gegen eine Neuordnung der Sozialpolitik zum Maastrichter Protokoll und dem Abkommen über die Sozialpolitik. Weiterhin erforderten Widerstände in Dänemark eine Anpassung des Maastrichter Vertrages, was zur Vereinbarung eines dänischen Sonderstatus führte.

Neu belebt wurde die Diskussion über die differenzierte Integration Anfang der 90er Jahre durch zwei neue Herausforderungen. Hierzu zählten zum einen die Erweiterung um die drei EFTA-Staaten Finnland, Österreich und Schweden im Jahr 1995 sowie zum anderen in ganz besonderem Maße die radikalen politischen und wirtschaftlichen Umbrüche in Mittel- und Osteuropa, die mit dem Fall der Berliner Mauer 1989 eingeläutet wurden. Durch jene Umbrüche wurde die EG vor eine völlig neue Situation gestellt, die sie herausforderte, eine europäische Perspektive für die nun marktwirtschaftlichen und demokratischen Staaten Mittel- und Osteuropas zu entwickeln, die sich in der Hoffnung auf Wohlstand und Stabilität gen Westen ausrichteten und ihren Platz in Europa suchten. Bereits 1990 wurde mit dem Beitritt der DDR zur Bundesrepublik Deutschland ein Gebiet des ehemaligen Ostblocks Teil der EG. Die bei den bisherigen Erweiterungsrunden bereits als dringlich angesehene institutionelle Reform einer EG, die für sechs Mitgliedstaaten konzipiert wurde, war nun angesichts einer möglichen Erweiterung um mehr als 10 Staaten unumgänglich. Darüber hinaus ging man davon aus, dass die Erweiterung um eine große Zahl wirtschaftlich schwacher Staaten die Möglichkeit der Vertiefung der Integration für lange Zeit erheblich erschweren würde. War die EFTA-Erweiterung noch ein finanzieller Gewinn für die EU, so würde eine Osterweiterung erhebliche finanzielle Konsequenzen mit sich brin-

---

[39] *Schutz*, Flexibilität in der Europäischen Union, 1999, S. 65.

[40] *Streinz*, Europarecht, 5. Auflage, Rn. 39 f.

gen.[41] Darüber hinaus würde sich die Interessenheterogenität in einer EG mit 25 oder mehr Mitgliedstaaten deutlich verschärfen. Angesichts dieser bisher größten Herausforderung in der Geschichte der EU, sahen viele die Lösung der Probleme im Ausweg der Differenzierung, was zu einer Intensivierung der Debatte über diesbezügliche Konzepte führte.[42] Daher wurde während der 90er Jahre die Idee einer differenzierten Integration in Vorbereitung auf den Amsterdamer Vertrag, der vor allem eine institutionelle Erweiterungsfähigkeit der EU herbeiführen sollte, ein wichtiger Bestandteil der europapolitischen Diskussion.[43] Schließlich fanden mit den neuen Art. 40 ff., 43 ff. EUV und 11 f. EGV erstmalig Vorschriften Eingang in den Vertrag von Amsterdam, die allgemeine Vorschriften für eine differenzierte Integration im Rahmen der Verträge enthielten. Diese wurden jedoch alsbald nur als Etappenziel angesehen.

Im Vorfeld der Regierungskonferenz von Nizza griff Bundesaußenminister Joschka Fischer im Jahr 2000 in seiner vieldiskutierten Rede in der Humboldt-Universität in Berlin über die Finalität Europas die Idee der Differenzierung erneut auf, indem er die Schaffung eines Gravitationszentrums integrationswilliger Mitgliedstaaten forderte.[44] Schließlich fand die verstärkte Zusammenarbeit als allgemeines Differenzierungsinstrument in dem am 26.2.2001 unterzeichneten Vertrag von Nizza ihre vorerst letzte normative Gestalt.

Am 1. Mai 2004 erfolgte mit dem Beitritt Estlands, Lettlands, Litauens, Maltas, Polens, der Slowakei, Sloweniens, Tschechiens, Ungarns und Zyperns die

---

41 *Bergmann*, Recht und Politik der Europäischen Union – Der Integrationsverbund vor der Osterweiterung, 2001, Rn. 800 ff.

42 *De Michelis*, Die EG als Gravitationszentrum: Europa der vier Kreise, Integration 1990, 143 ff.; *Mertes/ Prill*, Verhängnisvoller Irrtum eines Entweder-Oder, FAZ Nr. 164 vom 19.Juli 1989, abgedruckt in: Mertes (u.a.), Europa ohne Kommunismus, 1990, S. 39; *Andriessen*, Towards a Commnunity of 24?, Speech to the 69th Plenary Assembly of Eurochambers, Brüssel, 19. April 1991, in: Agence Europe vom 29./30. April 1991, S. 11 ff.

43 Vgl. das sog. „Schäuble-Lamers Papier", CDU/ CSU Fraktion des Deutschen Bundestages: Überlegungen zur europäischen Politik. Vorschläge für eine Reform der Europäischen Union („Schäuble-Lamers-Papier"), Bonn am 1. September 1994, in: CDU-Dokumentation 1/1995, Bonn 1995, dessen Idee eines Kerneuropas heftig diskutiert wurde, sowie das Konzept der konzentrischen Kreise des damaligen französischen Premierministers *Balladur* in: Le Figaro vom 30. August 1994, S. 5 f. Vgl. auch die Forderung nach der Möglichkeit einer verstärkten Zusammenarbeit der Mitgliedstaaten, die dies wünschen und dazu in der Lage sind, in dem gemeinsamen Brief von Bundeskanzler Kohl und Staatspräsident Chirac an den EU-Vorsitz vom 6.12.1995 während des Gipfels von Madrid, abgedruckt in: Jopp/ Schmuck, Reform der EU. Analysen, Positionen, Dokumente zur Regierungskonferenz 1996/97, S. 115 (117).

44 *Fischer*, Vom Staatenbund zur Föderation: Gedanken über die Finalität der europäischen Integration, Rede in der Humboldt-Universität vom 12.5.2000, abgedruckt in: Integration 2000, 149 ff. Vgl. zur Debatte im Vorfeld von Nizza auch *Chirac*, Rede vor dem deutschen Bundestag vom 27. Juni 2000, abrufbar: http://www.bundestag.de/blickpkt/2000/chirac2.html; *Delors*, Re-uniting Europe: Our Historic Mission, in: Agence Europe Nr. 7625 vom 3./4. Januar 2000, S. 3 f.; *Schmidt/ Giscard d'Estaing*, Die EU ist nicht reif für die Erweiterung, Welt am Sonntag von 23.4.2000, S. 34.

erste Runde der sog. Osterweiterung der EU, deren Auswirkung auf die Handlungsfähigkeit der EU sich in der Praxis noch herausstellen und die Frage nach der Notwendigkeit differenzierter Integrationskonzepte beantworten wird. Mit Bulgarien, Kroatien und Rumänien formieren sich Staaten, die mit der nächsten Erweiterungsrunde der EU beitreten wollen. Auch die Entscheidung über die europäische Perspektive der Türkei, die seit Jahrzehnten ihren Beitrittswillen artikuliert, wird sich nicht mehr lange aufschieben lassen.

Die derzeit geltende Fassung der verstärkten Zusammenarbeit wird nicht die letzte bleiben, wie die Ergebnisse und Papiere des Verfassungskonvents belegen.[45] Entsprechend der bisherigen Politik der kleinen Schritte wird davon auszugehen sein, dass auch die dritte Fassung der verstärkten Zusammenarbeit seit 1998 keine endgültige werden wird.

IV. Funktion der differenzierten Integration

Die Beweggründe und Ziele einer Differenzierung sollen an dieser Stelle nur im Überblick wiedergegeben werden, da sie Gegenstand der politikwissenschaftlichen Erörterung sind.[46] Für das Verständnis der Thematik ist es jedoch unerlässlich, die Hintergründe zumindest kurz zu erwähnen und die wichtigsten Argumente für eine Differenzierung herauszustellen.

Die Funktion einer Differenzierung lässt sich im Wesentlichen auf einen Satz reduzieren: Sie ermöglicht eine Vertiefung der Integration innerhalb eines Teils der Mitgliedstaaten ohne den anderen Teil, der dazu entweder nicht gewillt oder aus irgendwelchen Gründen nicht in der Lage ist. Dadurch sind jene Mitgliedstaaten, die willens und in der Lage sind, einen Integrationsfortschritt zu vollziehen, nicht mehr durch das „alle oder keiner“ des Prinzips der einheitlichen Integration zum Stillstand gezwungen, sondern können im Wege der differenzierten Integration voranschreiten.

Was die mangelnde Fähigkeit der Mitgliedstaaten zur Vertiefung der Integration anbelangt, so sind Mitgliedstaaten in der Regel aufgrund objektiver Faktoren wie der ökonomischen Leistungsfähigkeit, der nationalen Rechtskulturen oder der geographischen Lage nicht fähig einen Integrationsfortschritt mitzutragen.[47] Insbesondere nach der am 1. Mai 2004 erfolgten Erweiterungsrunde um zunächst

---

45 Vgl. u.a. CONV 723/03, Übermittlung des Präsidiums für den Konvent vom 14. Mai 2003 betreffend die verstärkte Zusammenarbeit; CONV 783/03, Vermerk vom 16. Juni 2003 betreffend den zusammenfassenden Bericht über die Plenartagung vom 30./31. Mai 2003, S. 2 ff.

46 Vgl. zur politikwissenschaftlichen Debatte u.a. *Giering*, Europa zwischen Zweckverband und Superstaat – Die Entwicklung der politikwissenschaftlichen Integrationstheorie im Prozess der europäischen Integration, 1997.

47 *Becker*, Differenzierungen der Rechtseinheit durch „abgestufte Integration“, EuR Beiheft 1/1998, 29 (30); *Wessels*, Verstärkte Zusammenarbeit: Eine neue Variante flexibler Integration, in: Jopp/ Maurer/ Schmuck (Hrsg.), Die Europäische Union nach Amsterdam, 1998, S. 187 (192 f.).

acht mittel- und osteuropäische Staaten sowie Malta und Zypern bestehen erhebliche Unterschiede zwischen den Mitgliedstaaten in den für eine Integration relevanten Faktoren, die sicherlich noch eine längere Zeit fortbestehen werden.[48] Durch eine Erweiterung um überwiegend wirtschaftlich schwache Mitgliedstaaten wurde bereits in der Vergangenheit befürchtet, dass dies die Möglichkeit der Vertiefung der Integration für die nächsten Jahre erheblich erschweren könnte, zumal diese Staaten genug Mühe damit haben, den geltenden Besitzstand umzusetzen. Daher war die Osterweiterung ein häufig angeführtes Argument für die Schaffung der Möglichkeit differenzierter Integration und starke Triebfeder für die Einführung der verstärkten Zusammenarbeit durch den Vertrag von Amsterdam.[49] Aber auch in der Vergangenheit haben die Beispiele EWS und WWU gezeigt, dass objektive Unterschiede in der Leistungsfähigkeit der Mitgliedstaaten eine Differenzierung erforderlich machen können.[50]

Ist bei Mitgliedstaaten ein mangelnder Wille zur Vertiefung der Integration zu beklagen, so berufen sich diese häufig auf die ablehnende Haltung ihrer Bevölkerung oder auf Souveränitätsvorbehalte, was dann auf subjektiver Ebene den politischen Willen fehlen lässt.[51] Dies hat in der Vergangenheit sowohl eine Vergemeinschaftung bestimmter Bereiche verhindert als auch zu Differenzierungen in der Praxis geführt.[52] Insbesondere unter den heutigen Mitgliedstaaten wird ein Nachlassen der Integrationsbereitschaft beklagt.[53] Was diese Tendenzen anbelangt, so ist zukünftig nicht mit einer Entspannung, sondern aufgrund der größeren Zahl an Mitgliedstaaten und der damit einhergehenden verstärkten Interessenheterogenität mit einer Zunahme zu rechnen.[54] Vermehrte Widerstände sind umso mehr zu erwarten, weil eine Vertiefung der Integration in zunehmenden Maße die Reservate nationalstaatlicher Souveränität berühren wird.[55]

Wenn ein Teil der Mitgliedstaaten entweder integrationsskeptisch oder vermindert integrationsfähig ist, läuft eine EU mit 25 oder mehr Mitgliedstaaten

---

48 Vgl. zur Heterogenität in der erweiterten EU *Maillet*, Du constat de l'hétérogénéité à l'idée de géométrie variable organisée, in: Maillet/ Velo (Hrsg.), L'Europe à géométrie variable, – Transition vers l'intégration, 1994, S. 17 ff.

49 *Thun-Hohenstein*, Die Möglichkeit einer „verstärkten Zusammenarbeit" zwischen EU-Mitgliedstaaten, in: Hummer, Die EU nach dem Vertrag von Amsterdam, 1999, S. 125 (127).

50 Vgl. *2. Teil, C. I. 1.* und *II. 1. a)*.

51 *Becker*, Differenzierungen der Rechtseinheit, EuR Beiheft 1/1998, 29 (30).

52 Als Beispiele für eine mangelnde Integrationsbereitschaft kann die Sozialpolitik des Maastrichter Vertrags angeführt werden [*2. Teil, C. II. 2.*] sowie die „Schengener Abkommen" [*2. Teil, C. II. 4.*]. Die WWU dient als Beispiel für beide Fälle: Neben dem mangelnden dänischen und britischen Teilnahmewillen [*2. Teil, C. II. 1. b)*] stand das griechische Verfehlen der Konvergenzkriterien. Schweden nimmt eine Sonderrolle ein, da es zwar formal aufgrund der fehlenden Teilnahme am EWS nicht teilnehmen konnte, was aber politisch so gewollt war.

53 *Janning*, Differenzierung als Integrationsprinzip: die Flexibilität im neuen EU-Vertrag, in: Weidenfeld (Hrsg.), Amsterdam in der Analyse, 2. A., 1999, S. 203 (205).

54 *Becker*, Differenzierungen der Rechtseinheit, EuR Beiheft 1/1998, 29 (30).

55 *Becker*, Differenzierungen der Rechtseinheit, EuR Beiheft 1/1998, 29 (30).

Gefahr handlungsunfähig zu werden. Denn die größere Interessenheterogenität und die erheblichen Unterschiede in der wirtschaftlichen Leistungsfähigkeit lassen eine Vertiefung der Integration im Gleichschritt durch alle Mitgliedstaaten immer unwahrscheinlicher werden.

Verschärft wird das Problem durch das noch in vielen Bereichen vorherrschende Einstimmigkeitserfordernis,[56] wodurch in der erweiterten EU ein Kompromiss zwischen 25 Mitgliedstaaten erforderlich wird, was die Entscheidungsfindung übermäßig verkompliziert. Aber selbst in jenen Bereichen, in denen mit qualifizierter Mehrheit entschieden wird, wird der Entscheidungsprozess durch das höhere Quorum nach der Erweiterung schwerfälliger sein. Die schwierige Mehrheitsfindung und das Ausloten von tragfähigen Kompromissen könnte vereinfacht werden, indem ein Teil der Mitgliedstaaten, der eine gemeinsame Lösung gefunden hat, ohne den Rest im Wege einer Differenzierung eine Regelung erlässt. Auf diesem Weg erhoffen sich die Befürworter der differenzierten Integration eine Dynamisierung des Integrationsprozesses, wobei deren Hauptfunktion in der Überwindung von Entscheidungsblockaden bei Sachfragen liegt, für die auf der Ebene aller Mitgliedstaaten keine Lösung gefunden werden kann.[57] Im Umkehrschluss wird jedoch ein Nachlassen der Kompromissbereitschaft unter den Mitgliedstaaten befürchtet, wenn ein Teil der Mitgliedstaaten, der sich auf eine Regelung verständigt hat, den leichteren Weg des Ausweichens in die Differenzierung wählen kann.[58] Zudem befürchten die Skeptiker, dass die Differenzierung ein Direktorium der Großen Mitgliedstaaten ermöglicht, die sich durch ein Ausweichen in die Differenzierung mit den anderen integrationsbereiten Staaten zusammenfinden und die Kritiker außen vor lassen.[59] Andererseits besteht die Gefahr, dass, wenn die großen Mitgliedstaaten integrationsbereit sind, sich aber für ihr Projekt keine Mehrheit im Rat findet, sie in Integrationsformen außerhalb des konstitutionellen Rahmens der EU ausweichen könnten.[60] Durch ein solches Ausweichen verlöre die EU an Bedeutung und ihre Organe die Möglichkeit der Einflussnahme und Kontrolle, was gleichermaßen auch für die nicht teilnehmen-

---

[56] EUV und EGV (N.) sehen insgesamt noch 72 Fälle vor, in denen Einstimmigkeit erforderlich ist. Hierbei handelt es sich neben institutionellen oder sog. „verfassungsgestaltenden" Beschlüssen vor allem um die politisch oder wirtschaftlich sensiblen Bereiche wie die Flüchtlings- und Einwanderungspolitik sowie die Steuer-, Sozial-, Umwelt- und Handelspolitik. Zudem ist die GASP weitgehend und die PJZS zu einem großen Teil der Einstimmigkeit unterworfen. Vgl. *Hatje*, Die institutionelle Reform der EU, EuR 2001, 143 (154 ff.) mit einer Aufzählung der mit dem Vertrag von Nizza in die qualifizierte Mehrheit überführten Materien in Fn. 42 f.; *Hummer/ Obwexer*, in: Streinz, EUV/ EGV, Kommentar, Art. 205, Rn. 22; *Wiedmann*, Der Vertrag von Nizza, EuR 2001, 185 (208 f.).

[57] *Hatje*, in: Schwarze, EU-Kommentar, Art. 43, Rn. 3.

[58] *Ehlermann*, Engere Zusammenarbeit nach dem Amsterdamer Vertrag, EuR 1997, 362 (370).

[59] *Thun-Hohenstein*, Die Möglichkeit einer verstärkten Zusammenarbeit zwischen EU-Mitgliedstaaten, in: Hummer, Die EU nach dem Vertrag von Amsterdam, 1999, S. 125 (127).

[60] Vgl. *Hatje*, in: Schwarze, EU-Kommentar, Art. 43 EUV, Rn. 3.

den Mitgliedstaaten gelten würde.[61] Aus Sicht des Unionsinteresses ist es folglich unerlässlich, derartige Tendenzen innerhalb der EU zu kanalisieren und differenzierte Integration innerhalb des konstitutionellen Rahmens zu ermöglichen, um ein Ausweichen auf Integrationsformen außerhalb der EU zu verhindern.

Gegenwärtig wird in der differenzierten Integration vielfach die Lösung für das Dilemma aus Erweiterung und Vertiefung gesehen.[62] Ihre Befürworter halten sie für den Mechanismus, der die Integration in Schwung hält und der gerade nicht die Identifizierung eines Endziels bezweckt, sondern allein das Tempo des Integrationsprozesses betrifft.[63] Überwiegend wird es als Ziel angesehen, dass eine Differenzierung nur vorübergehender Natur ist und die im Wege differenzierter Integration erlassenen Regelungen langfristig von allen Mitgliedstaaten übernommen werden, so dass die Rechtseinheit wieder hergestellt ist.

Soweit es die nicht teilnahmefähigen Mitgliedstaaten betrifft, so sind diese in der Regel integrationsbereit und ihre spätere Teilnahme hauptsächlich von der Überwindung ihrer wie auch immer gearteten Schwierigkeiten abhängig. Solange die Teilnahme von beiden Seiten gewollt ist, wird sie nur eine Frage der Zeit bleiben. Schwieriger ist die Wiederherstellung der Rechtseinheit bei den zwar teilnahmefähigen, aber nicht -willigen Mitgliedstaaten. Hier soll durch die differenzierte Integration im Idealfall ein zentripetales Kraftfeld entstehen, das am Ende zu einer einheitlichen Integration führt.[64] Dabei ist unerheblich, ob die nachträglich teilnehmenden Mitgliedstaaten aufgrund einer sie überzeugenden Sachlösung oder wegen der veränderten politischen Verhältnisse teilnehmen.[65]

B. Theoretische Differenzierungsansätze

Die Diskussion über den Fortschritt und die Vision der europäischen Integration wird seit Jahrzehnten von einer Debatte über die Vor- und Nachteile eines differenzierten Vorgehens in Politik und Wissenschaft begleitet. Die vorgeschlagenen Differenzierungskonzepte unterscheiden sich dabei nicht nur hinsichtlich ihres Grades der Ausarbeitung, sondern auch ihre konzeptionelle Ausgestaltung lässt teilweise deutliche Unterschiede erkennen.

---

61 *Wessels*, Verstärkte Zusammenarbeit: Eine neue Variante flexibler Integration, in: Jopp/ Maurer/ Schmuck, Die Europäische Union nach Amsterdam, 1998, 187 (195).

62 *Hatje*, in: Schwarze, EU-Kommentar, Art. 43, Rn. 3.

63 *Thun-Hohenstein*, Die Möglichkeit einer verstärkten Zusammenarbeit zwischen EU-Mitgliedstaaten, in: Hummer, Die EU nach dem Vertrag von Amsterdam, 1999, S. 125 (129).

64 *Bender*, Die verstärkte Zusammenarbeit nach Nizza, ZaöRV 2001, 729 (736); *Hilf/ Pache*, Der Vertrag von Amsterdam, NJW 1998, 705 (711).

65 *Becker*, Differenzierungen der Rechtseinheit durch „abgestufte Integration", EuR Beiheft 1/1998, 29 (41).

I. Willy Brandt: Politik der Abstufung der Integration

Der Begründer der Debatte um eine differenzierte Integration war Willy Brandt mit seiner Rede vom 19. November 1974 vor der Französischen Europabewegung in Paris.[66] Vor dem Hintergrund, dass sich Europa infolge der Ölkrise und den daraus resultierenden großen wirtschaftlichen Schwierigkeiten nach Brandts Ansicht in der schwierigsten Bewährungsprobe der Nachkriegsgeschichte befand, entwarf er ein Notprogramm, das neben verschiedenen Reformvorschlägen eine „Politik der Abstufung der Integration" vorsah.[67] Brandts Konzept der „Abstufung der Integration" lässt sich im Wesentlichen auf folgende Elemente reduzieren: Zunächst sollte die Abstufung als Mittel zur Stärkung der EG insgesamt sowie zur Wiederingangsetzung des festgefahrenen Integrationsprozesses dienen. Als Hauptkriterium für die Teilnahme an einem abgestuften Vorgehen nannte er die objektive wirtschaftliche Stärke oder Schwäche der Mitgliedsstaaten. Als potentielle Teilnehmer der voranschreitenden Gruppe sah er Deutschland, Frankreich und die Benelux-Staaten, die über günstigere und aufeinander abgestimmtere wirtschaftliche Voraussetzungen verfügten. Jede Differenzierung sollte nur für eine befristete Zeit vorgesehen sein, da das Zurückbleiben einiger Länder keinesfalls zu einer langfristigen Abkoppelung vom Integrationsprozess führen durfte. Um eine Abkoppelung zu verhindern und ein mittelfristiges Aufschließen zu gewährleisten, sollte eine aktive Unterstützung der wirtschaftlich schwächeren Mitgliedstaaten bei der Lösung der Probleme erfolgen.

Aus der Beschreibung der Vorgehensweise sowie des Teilnehmerkreises wird deutlich, dass Brandt in erster Linie ein zeitlich verschobenes Voranschreiten bei einer intensiveren Koordinierung der Wirtschafts- und Währungspolitik vorschwebte.[68] Insgesamt aber ging es Brandt weniger darum, ein fertiges Konzept der „Abstufung der Integration" vorzulegen. Dies wird vor allem daran deutlich, dass er auf Vorschläge und Beispiele für eine praktische Ausgestaltung und Umsetzung seiner Ideen im Rahmen des bestehenden Systems weitgehend verzichtete. Brandt wollte vielmehr Denkanstösse zur Überwindung der Krise der Gemeinschaft geben, insbesondere mit Blick auf die weniger integrationsfreudigen Mitgliedstaaten.[69]

II. Tindemans-Bericht

Zwar war die Reaktion auf die Vorschläge Brandts durchweg ablehnend, jedoch gewann etwa ein Jahr später die Diskussion über eine differenzierte Integration durch die Vorlage des Berichts des damaligen belgischen Premierministers Leo Tindemans neue Intensität, der im Auftrag des Europäischen Rates erstellt wur-

---

[66] In Auszügen abgedruckt in: Europa-Archiv 1975, D 33 ff.
[67] *Brandt*, Europa-Archiv 1975, D 33.
[68] *Langeheine*, Europäisches Gemeinschaftsrecht und abgestufte Integration, 1988, S. 8.
[69] *Scharrer*, Abgestufte Integration, in: Hrbek/ Jopp, EU als Prozess, 1998, S. 97 (99).

de.[70] Dieser empfahl für den Bereich der Wirtschafts- und Währungspolitik einen „neuen Lösungsansatz" in Form eines differenzierten Vorgehens.

Tindemans stellte in seinem Bericht als Ausgangsszenario für ein differenziertes Vorgehen fest, dass sich die wirtschaftliche und finanzielle Lage der Mitgliedstaaten zum damaligen Zeitpunkt auseinanderentwickelt hatte und es deshalb nicht vorstellbar sei, dass alle Mitgliedstaaten die Etappen eines Aktionsprogramms für eine gemeinsame Wirtschafts- und Währungspolitik zum gleichen Zeitpunkt zurücklegen könnten. Daher sollten innerhalb des Gemeinschaftsrahmens und auf der Grundlage eines Aktionsprogramms, das für ein bestimmtes Gebiet von den Gemeinschaftsorganen aufzustellen sei und dem alle Mitgliedstaaten einstimmig zustimmten, jene Mitgliedstaaten die Pflicht haben, in der Integration voranzuschreiten, welche die Möglichkeit dazu haben. Nicht vorrücken sollten jene Mitgliedstaaten, die dazu objektiv wirtschaftlich nicht in der Lage sind, was der Rat auf Vorschlag der Kommission durch Beschluss feststellt. Die nicht Vorrückenden sollten die von allen zu beschließenden und alle bindenden allgemeinen Maßnahmen für eine bestimmte Zeit nicht übernehmen müssen. Damit sie den beschlossenen Regelungen zu einem späteren Zeitpunkt nachkommen können, sollten die anfänglich nicht voranschreitenden Mitgliedstaaten von den anderen Mitgliedstaaten Hilfe und Beistand erhalten.[71]

Hervorzuheben ist hier, dass auf jeden Fall der Gemeinschaftsrahmen erhalten bleiben sollte, was durch das bindende Einverständnis aller über das gemeinschaftlich zu erreichende Endziel gesichert werden sollte.[72] Bei der Bestimmung derjenigen Mitgliedstaaten, welche aus objektiven Gründen nicht weiter vorrücken können, sollte die Kommission ein alleiniges Initiativrecht haben und die Feststellung durch Beschluss des Rates erfolgen. Dabei ging es Tindemans in erster Linie wohl darum, dafür zu sorgen, dass die vorübergehende Nichtteilnahme unter Hinweis auf vielleicht nur vorgeschobene wirtschaftliche Schwierigkeiten vom Mitgliedsland nicht autonom entschieden werden sollte.[73]

III. Europa à la carte

Ideengeber des Europa *à la carte* war der ehemalige EG-Kommissar Ralf Dahrendorf, der dieses Konzept 1979 vor dem Europäischen Hochschulinstitut in Florenz vorstellte.[74] Auch von der britischen Regierung unter John Major wurde in den Neunzigern eine Differenzierung *à la carte* propagiert.[75] Dieses Modell

---

[70] Die Europäische Union, Bericht von Leo Tindemans, Premierminister von Belgien an den Europäischen Rat, abgedruckt in: EG-Bulletin, Beilage 1/76.

[71] *Lauwaars*, Juridische kanttekeningen bij het rapport Tindemans, SEW 1976, 267 (272 f).

[72] *Langeheine*, Europäisches Gemeinschaftsrecht und abgestufte Integration, 1988, S. 10.

[73] *Scharrer*, Abgestufte Integration – Eine Einführung, in: Grabitz (Hrsg.), Abgestufte Integration, 1984, S. 1 (11).

[74] *Dahrendorf*, A Third Europe?, 1979.

[75] *Hatje*, in: Schwarze, EU-Kommentar, Art. 43 EUV, Rn. 7.

geht innerhalb der verschiedenen Differenzierungsansätze am weitesten hin zu einer nahezu uneingeschränkten Flexibilität: Es sieht vor, dass jeder Mitgliedstaat sich nach Belieben aussuchen kann, in welchem Politikbereich er an Integrationsmaßnahmen teilnehmen möchte, wobei es nur einen kleinen Kernbereich geben soll, an dem alle Mitgliedstaaten teilnehmen.[76] Für die Differenzierung gibt es keine zeitlichen Grenzen, ein späteres Aufschließen der anderen Mitgliedstaaten ist möglich, aber kein vorrangiges Ziel.[77] Überhaupt fehlt ein gemeinsames Integrationsziel, dem sich die Mitgliedstaaten anzunähern versuchen. Gemeinsame Integrationsfortschritte sollen allein aufgrund übereinstimmender Interessen der Mitgliedstaaten erfolgen. Für das bestehende System der Institutionen der Gemeinschaft und deren Aufgaben nach dem EGV bliebe dabei kein Raum.[78] Das Modell des Europa *à la carte* verneint daher weitgehend die Bedeutung des *acquis communautaire* und gesteht den Nationalstaaten die absolute Wahl- und Entscheidungsfreiheit in allen Politikfeldern zu.[79] Damit geht eine Aufgabe des bisher geltenden Prinzips der einheitlichen Integrationsentwicklung einher, so dass weniger von einer Fortentwicklung, sondern von einer Neuformulierung der Integrationsordnung gesprochen werden kann.[80] Intergouvernementalismus ist im Europa *à la carte* die vorherrschende Integrationsform. Leitidee des Konzepts war ein Europa der wirtschaftlichen, kulturellen und politischen Vielfalt, in dem gemeinsam nationale gleich gelagerte Interessen verwirklicht werden sollten, wobei die Gruppe der teilnehmenden Mitgliedstaaten je nach Interessenlage beliebig größer oder kleiner sein konnte.[81]

Von seinen Kritikern wurde die Idee des Europas *à la carte* überwiegend als integrationsfeindlich abgelehnt.[82] Mit einem supranationalen oder gar föderalen Verständnis der EU ist das Konzept keinesfalls zu vereinbaren.[83] Die Integration *à la carte* war bereits damals ein klarer Gegenpol zum existierenden Europa der

---

[76] *Stubb*, A Categorization of Differentiated Integration, JCMS 1996, 283 (288).

[77] *Martenczuk*, Differenzierte Integration nach dem Amsterdamer Vertrag, ZEuS 1998, 447 (452).

[78] *Beck*, Abgestufte Integration im europäischen Gemeinschaftsrecht, 1994, S. 42.

[79] *Ehlermann*, Engere Zusammenarbeit nach dem Amsterdamer Vertrag, EuR 1997, 362 (363); *Giering*, Vertiefung durch Differenzierung – Flexibilisierungskonzepte in der aktuellen Reformdebatte, Integration 1997, 72 (74); *Hatje*, in: Schwarze, EU-Kommentar, Art. 43 EUV, Rn. 9; *Ruffert*, in: Calliess/ Ruffert, Kommentar zu EUV und EGV, 2. A., 2002., Art. 43 EUV, Rn. 6.

[80] *Forgo*, Zwischen „Europa à la carte“ und Einheit: Modelle differenzierter Integration, in: Breuss/ Griller, Flexible Integration in Europa – Einheit oder Europa „à la carte“?, 41 (58).

[81] *Beck*, Abgestufte Integration im europäischen Gemeinschaftsrecht, 1994, S. 42 f.; *Wessels/ Jantz*, Flexibilisierung: Die Europäische Union vor einer neuen Grundsatzdebatte?, in: Hrbek, Die Reform der Europäischen Union anlässlich der Regierungskonferenz, 1997, 345 (358 f.).

[82] *Janning*, Europa braucht verschiedene Geschwindigkeiten, EA 1994, 527 (533); *Martenczuk*, Differenzierte Integration nach dem Vertrag von Amsterdam, ZEuS 1998, 447 (452).

[83] *Martenczuk*, Differenzierte Integration, ZEuS 1998, 447 (452).

Institutionen.[84] Heute kann es umso mehr als überholt angesehen werden, als sich die EU im Verlauf der letzten Jahrzehnte weiter institutionalisiert hat und die Mitgliedstaaten zusätzliche Kompetenzen auf die EG übertragen haben. Darüber hinaus würde eine unbegrenzte und wahllose Teilnahme an intergouvernementalen Integrationsprojekten – wie im Europa *à la carte* vorgesehen – zu einer unüberschaubaren Komplexität der zwischenstaatlichen Beziehungen führen.[85]

IV. Europa der variablen Geometrie

Das Modell des Europa *à géométrie variable* wurde in unterschiedlichen, wenig präzisen Ausprägungen vom französischen Plankommissariat,[86] von Gérard Tardy und von Jacques Delors vorgeschlagen.[87] Hierbei geht es vor allem um die punktuelle Verwirklichung von Einzelvorhaben im technischen und industriellen Bereich durch eine begrenzte Anzahl von Mitgliedstaaten.[88] Wie bei dem Modell eines Europa *à la carte* bestehen auch hier keine zeitlichen Beschränkungen für die Nichtteilnahme an Integrationsmaßnahmen, so dass Differenzierungsmaßnahmen als dauerhaft akzeptiert werden.[89] Der wesentliche Unterschied zu einem Europa *à la carte* liegt im Ausmaß der Differenzierung, denn im Konzept der *géométrie variable* bleibt der überwiegende Teil des Gemeinschaftsrechts der Differenzierung versperrt; diese soll nur punktuell und in Randbereichen möglich sein.[90] Ein Gesamtkonzept für einen Bereich gemeinschaftlicher Politik sollte dieses Modell nicht sein, ebenso wenig wie eine Einbeziehung der Institutionen der Gemeinschaft vorgesehen war.[91]

---

84 *Beck*, Abgestufte Integration im europäischen Gemeinschaftsrecht, 1994, S. 43.

85 *Giering*, Vertiefung durch Differenzierung, Integration 1997, 72 (74).

86 Das französische Plankommissariat (frz. *commissariat du plan*) ist eine dem Premierministerium zugeordnete Institution, deren ursprüngliche Aufgabe bei ihrer Gründung 1946 darin bestand, Rahmenpläne für die wirtschaftliche Entwicklung Frankreichs zu erarbeiten. Die ersten Pläne hatten noch die Aufgabe der wirtschaftlichen Steuerung. Später wurden die Pläne auf immer mehr Bereiche der Wirtschaft und Gesellschaft ausgedehnt, verloren dabei aber gleichzeitig verstärkt an Bedeutung als tatsächliche Richtschnur der französischen Regierungspolitik. Heute kann man das Plankommissariat als eine Art institutionalisierten „*think tank*" bezeichnen, der dazu dient die Öffentlichkeit und die Verantwortlichen in Politik, Wirtschaft und Gesellschaft auf Kernprobleme künftiger Entwicklungen hinzuweisen und Lösungen aufzuzeigen. Gleichzeitig nutzt es die Regierung als Beratungsinstrument. Vgl. Bundeszentrale für politische Bildung, Informationen zur politischen Bildung, Frankreich, Heft 186, Bonn 1994, S. 37.

87 Vgl. *Beck*, Abgestufte Integration im europäischen Gemeinschaftsrecht, 1994, S. 43.

88 *Beck*, Abgestufte Integration, 1994, S. 43.

89 *Ehlermann*, Engere Zusammenarbeit nach dem Amsterdamer Vertrag, EuR 1997, 362 (364).

90 *Ehlermann*, Engere Zusammenarbeit nach dem Amsterdamer Vertrag, EuR 1997, 362 (364).

91 *Beck*, Abgestufte Integration, 1994, S.43.

V. Europa der konzentrischen Kreise

Der damalige französische Premierminister Raymond Barre schlug erstmals 1980 vor, das Problem der inneren Blockade der Europäischen Gemeinschaft sowie ihrer Erweiterung um mehrere Staaten im Wege einer Schaffung „funktioneller" Kreise zu lösen, anstatt unter allen Umständen zu versuchen, die ursprüngliche von den sechs Gründungsmitgliedern geschaffene Konzeption den anderen Mitgliedstaaten aufzuzwängen.[92]

Das Konzept sah vor, dass innerhalb von verschiedenen funktionellen Gruppierungen, die nach Politikbereichen wie z.B. Wirtschafts- und Währungspolitik abgegrenzt werden, vertiefte Kooperationen zwischen Mitgliedstaaten stattfinden. Hinsichtlich des Teilnehmerkreises an den vertiefenden Kooperationen war vorgesehen, dass den funktionellen Gruppierungen in jedem Fall die sechs Gründungsmitglieder angehören.[93]

VI. Abgestufte Integration

Der Beitrag des Instituts für Integrationsforschung der Stiftung Europa-Kolleg Hamburg unterscheidet sich zunächst dadurch von den bis dahin vorgelegten Ansätzen zur Differenzierung, dass es nicht nur detailliert ein Konzept definiert, sondern auch seine Auswirkungen auf die verschiedensten Bereiche umfassend auszuleuchten versuchte.[94] Im Vordergrund stand hier die wissenschaftliche Auseinandersetzung mit der Frage der Differenzierung, wohingegen den bis dahin vertretenen Ansätzen etwa von Brandt und Tindemans vornehmlich eine politische Signalfunktion zukam, welche die Regierungen der Mitgliedstaaten zu mehr Sensibilität und Kompromissbereitschaft bewegen sollte.[95]

---

92 *Barre*, Les économies de l'Europe occidentale face aux défis des années 1980, Conférence à la tribune des «Grandes Conférences Catholique» à Bruxelles, 25.11.1980, auszugsweise abgedruckt und übersetzt in dem Aufsatz von *Scharrer*, Abgestufte Integration – eine Einführung, in: Grabitz (Hrsg.), Abgestufte Integration, 1984, S. 1 (16 f.).

93 *Barre*, Les économies de l'Europe occidentale, auszugsweise in *Scharrer*, Abgestufte Integration, in: Grabitz, Abgestufte Integration, 1984, S. 1 (16 f.).

94 Ergebnisse des Forschungsprojektes in: *Grabitz*, (Hrsg.), Abgestufte Integration – Eine Alternative zum herkömmlichen Integrationskonzept?, 1984. Mit Beiträgen von *Franzmeyer*, *Grabitz*, *Iliopoulos*, *Koopmann*, *Langeheine*, *Scharrer* und *Weinstock*.

95 Die Untersuchung ist in drei Teilbereiche gegliedert: Die allgemeinen Probleme einer Anwendung abgestufter Integration [vgl. *Scharrer*, Abgestufte Integration – eine Einführung (S. 1-25), *Grabitz/ Iliopoulos*, Typologie der Differenzierungen und Ausnahmen im Gemeinschaftsrecht (S. 31-45), *Langeheine*, Rechtliche und institutionelle Probleme einer abgestuften Integration in der EG (S. 47-119)], die möglichen Abstufungsszenarien in ausgewählten Politikbereichen [vgl. *Weinstock*, Verkehrpolitische Integration (S. 125-161); *Koopmann*, Handelspolitik der EG (S. 165-192); *Franzmeyer*, Steuerharmonisierung (S. 197-222); *Scharrer*, Europäisches Währungssystem (S. 225-256); *Franzmeyer*, Energiepolitik (S. 261-297); *Weinstock*, Umweltpolitik (S. 301-342)] und schließlich in die Chancen und Möglichkeiten einer Abstufung durch Auswertung der Politikbereichsanalysen hinsichtlich der politischen Notwendig-

Der wichtigste Grundsatz der abgestuften Integration war, dass diese mit den Vorschriften der EG-Verträge vereinbar sein und dass ein anfänglich notwendiges Zurückbleiben von Mitgliedstaaten zu einem späteren Zeitpunkt wieder zu einer Einheitlichkeit führen sollte.[96] Am Anfang einer Abstufung sollte die gemeinschaftliche Festlegung des Integrationsziels stehen.[97] Dabei wurde festgestellt, dass die zur Zielerreichung erforderlichen Schritte zunächst nur von einigen Mitgliedstaaten verwirklicht werden können, während den übrigen zugestanden wird, unbefristet, aber nicht dauerhaft hinter diesen Zielen zurückzubleiben bzw. sich nicht an der gemeinsamen Politik zu beteiligen. Die der Abstufung zugrunde liegenden sozialökonomischen Strukturunterschiede oder sonstigen objektiven Hindernisse sind in der Folgezeit durch gemeinschaftliche und/ oder nationale Maßnahmen abzubauen, so dass der angestrebte Integrationszustand von allen Mitgliedstaaten in der Zukunft erreicht und ein baldiges Aufschließen der nicht teilnehmenden Mitgliedstaaten erreicht wird.

Zusammenfassend ist das Modell der abgestuften Integration demnach definiert als unterschiedlicher Grad der gleichzeitigen Verwirklichung langfristiger Gemeinschaftsziele.[98] Zu unterstreichen ist hier, dass sich dieses Modell nur auf die unterschiedliche Fähigkeit von Mitgliedstaaten zur Teilnahme an Integrationsprojekten bezieht; nicht vorgesehen ist eine Abstufung aufgrund mangelnder Integrationsbereitschaft.[99]

VII. Modell der vier Kreise

Anfang der neunziger Jahre nahm der damalige italienische Außenminister Gianni De Michelis das Ende des Kalten Krieges und die daraus resultierende Öffnung Ost- und Mitteleuropas nach Westen zum Anlass, in Bezug auf eine anstehende politische Neuordnung des gesamten Kontinents über deren Ausgestaltung nachzudenken.[100] Grundüberlegung war, dass die EG angesichts der durch die neue Situation an sie gestellten Anforderungen eine umfassende Lösung nur in Form einer Differenzierung der Integration finden könne. Das Ziel des Konzepts war zunächst weniger eine Lösung des EG-internen Problems der Gestaltung des Integrationsfortschritts, sondern die Einbindung aller europäischen Staaten in ein gesamteuropäisches Konzept, in dessen Zentrum die EG einzubetten war. Im

---

keiten und ihrer Grenzen [vgl. *Weinstock*, Schlussfolgerungen – Abstufung als Realität und Chance (S. 345-379)].

96 Vgl. zur Vereinbarkeit des Konzepts mit dem EWG-Vertrag die Ausführungen von *Langeheine*, Rechtliche und institutionelle Probleme einer abgestuften Integration, in: *Grabitz* (Hrsg.), S. 52-107.

97 Vgl. die thesenartige Zusammenfassung der Voraussetzungen der abgestuften Integration: *Scharrer*, in: Grabitz (Hrsg.), Abgestufte Integration, 1984, S. 1 (18).

98 *Scharrer*, in: Grabitz (Hrsg.), Abgestufte Integration, 1984, S. 1 (18).

99 *Giering*, Vertiefung durch Differenzierung, Integration 1997, 72 (73).

100 *De Michelis*, EG als Gravitationszentrum: Europa der vier Kreise, Integration 1990, 143 ff.

Rahmen der Differenzierung soll das wiedervereinte „Europa von Helsinki" in einer Struktur vier eng miteinander verbundener Kreise zusammengeführt werden, deren Integrationsgrad von innen nach außen abnimmt.

Das Gravitationszentrum der vier Kreise sollte der *erste Kreis* in Form der EG als dem Zusammenschluss mit dem höchsten Grad an Integration sein.[101] Der Integrationsstand der EG sollte durch eine Vollendung des Binnenmarkts und erweiterte Kompetenzen vertieft sowie das Demokratiedefizit behoben werden.[102] Langfristig gesehen sollte die EG in eine politische Union münden.[103] Innerhalb des ersten Kreises waren keine Differenzierungen vorgesehen.

Die Gruppe der EFTA-Staaten als privilegierte Partner, mit denen die EG schon sehr lange enge wirtschaftliche und gesellschaftliche Beziehungen pflegt, sollte den *zweiten Kreis* bilden.[104] Dieser sollte in einen einheitlichen Wirtschaftsraum mit der EG integriert werden, wobei den EFTA-Staaten gleichzeitig eine eingeschränkte Beteiligung an den Entscheidungsvorbereitungen der Gemeinschaft zugestanden werden sollte.

Den *dritten Kreis* sollten die demokratischen, aber wirtschaftlich weniger entwickelten ost- und mitteleuropäischen Staaten bilden.[105] Diese sollten vor allem aufgrund des Wohlstandsgefälles über Assoziierungsabkommen an die Gemeinschaftsentwicklung angebunden werden. Langfristig und in mehreren Schritten sollten diese Länder über eine Mitgliedschaft in der EFTA schließlich zu einer Mitgliedschaft in der EG geführt werden.

Als *vierter Kreis* um die zwei Kreise potentieller Neumitglieder der EG sollte sich letztlich die gesamteuropäische Sicherheitsstruktur der damaligen KSZE schließen, zu der neben den Staaten Europas auch die USA und Kanada sowie die inzwischen zerfallene Sowjetunion gehörte.[106]

Vorwiegend scheint es De Michelis darum gegangen zu sein, durch die Schaffung verschiedener Integrationsebenen Zeit für die angestrebten institutionellen Reformen der EG zu gewinnen und das Drängen auf eine rasche Erweiterung zu bremsen.[107] Durch diese Zwischenlösung suchte er gleichzeitig, den deutlich radikaleren und das Gefüge der Gemeinschaft im Inneren verändernden Schritt einer Abstufung innerhalb des ersten Kreises zu vermeiden.[108]

---

101 *De Michelis*, Die EG als Gravitationszentrum, Integration 1990, 143 (144).

102 *De Michelis*, Integration 1990, 143 (145 f.).

103 *De Michelis*, Integration 1990, 143 (149).

104 *De Michelis*, Integration 1990, 143 (147).

105 *De Michelis*, Integration 1990, 143 (147 f.).

106 *De Michelis*, Integration 1990, 143 (148).

107 *Schutz*, Flexibilität in der EU, 1998, S. 74.

108 *Schutz*, Flexibilität in der EU, 1998, S. 75.

VIII. Europa der verschiedenen Geschwindigkeiten

Ein erstmals 1989 veröffentlichter Artikel von Michael Mertes und Norbert J. Prill geht ebenfalls von einem System eines Europas bestehend aus vier konzentrischen Kreisen aus.[109] Die Autoren sahen die Zukunft der EG in einem Dilemma aus Vertiefung der Integration einerseits sowie der Erweiterung um mittel- und osteuropäischen Staaten und damit der Überwindung der Spaltung des europäischen Kontinents andererseits, dass sie mittels ihres Modells zu lösen hofften. Als Ausweg aus dem Dilemma stellten sich die Autoren ein Europa der verschiedenen Geschwindigkeiten vor, das die unübersichtliche Vielfalt der Kooperations- und Integrationszusammenhänge in Europa in einer schlüssigen Struktur in Form von konzentrischen Kreisen zusammenfasst.

Der wesentliche Unterschied zu dem Ansatz von De Michelis, der ebenfalls von vier Kreisen ausging, liegt in der Konzeption des *ersten Kreises*. Dieser umfasst nämlich als Herzstück nicht die EG der Zwölf, sondern die zu gründenden „Vereinigten Staaten von Europa", einen europäischen Bundesstaat, der aus den integrationswilligen Mitgliedstaaten der EG zu konstituieren ist. Dieser hätte eine gemeinsame Bundesverfassung, eine eigene parlamentarisch-demokratisch legitimierte Regierung und betriebe eine gemeinsame Außen- und Verteidigungspolitik.[110] Der *zweite Kreis* besteht aus der den ersten Kreis umfassenden und weiter existierenden Europäischen Gemeinschaft. Diese sollte um einen vollkommenen Binnenmarkt einschließlich einer Wirtschafts- und Währungsunion, eine außenpolitische Zusammenarbeit im Rahmen der EPZ, eine gemeinsame Umweltpolitik sowie eine enge Kooperation bei der inneren Sicherheit ergänzt werden.[111] Rechtliche Grundlage wären die entsprechend angepassten Gemeinschaftsverträge, was die Beibehaltung der bestehenden Gemeinschaftsorgane impliziert. Bei den politischen Organen der „Vereinigten Staaten von Europa" würde den Mitgliedern der EG ein Beobachterstatus gewährt.[112] Die EG sollte auch zukünftig offen sein für neue Mitglieder, etwa aus dem Kreis der EFTA-Staaten oder auch die Türkei.[113] Der *dritte Kreis* würde von einer „Assoziation Europäischer Staaten" gebildet, die sich in etwa an dem Vorbild der EFTA orientieren und die Entwicklung einer Freihandelszone zum Ziel haben könnte.[114] Sie würde die EG und insbesondere die Staaten Mittel- und Osteuropas sowie Staaten, die einem Beitritt zur EG ab-

---

109 *Mertes/ Prill*, Verhängnisvoller Irrtum eines Entweder-Oder, FAZ Nr. 164 vom 19.Juli 1989, abgedruckt in: Mertes, Europa ohne Kommunismus, 1990, S. 39-52.

110 *Mertes/ Prill*, S. 39 (43 und 46).

111 *Mertes/ Prill*, S. 39 (46).

112 *Mertes/ Prill*, S. 39 (46).

113 *Mertes/ Prill*, S. 39 (45).

114 *Mertes/ Prill*, S. 39 (46 f.).

lehnen, einschließen.[115] Den *vierten Kreis* bildet wie im Konzept von De Michelis das Europa des KSZE-Prozesses.[116]

IX. EG-Teilmitgliedschaft

Vor dem Hintergrund der Herausforderung einer EU von bis zu 30 Mitgliedstaaten widmet sich der Lösungsvorschlag des ehemaligen Kommissars Frans Andriessen ebenfalls dem Dilemma aus Vertiefung und Erweiterung.[117] Als Lösung für das Problem der heterogenen Interessen und der unterschiedlichen wirtschaftlichen Situation der Mitgliedstaaten und der Beitrittskandidaten entwirft Andriessen das Modell einer Teilmitgliedschaft der neuen Mitgliedstaaten innerhalb der EG, mit dem beiden Seiten gleichzeitig geholfen wäre: Die EG würde aus ihrem Dilemma aus Erweiterung und Vertiefung befreit, das ihr seit den Siebzigern anhänge. Zum anderen müssten nur teilweise beitrittsfähige oder -willige Staaten nicht mehr auf einmal den gesamten *acquis communautaire* übernehmen. Außerdem würde dieser Status im Gegensatz zur Assoziierung die Elemente einer Zweitklassigkeit vermeiden.[118] Letztlich könnte jedes Land seinen eigenen Integrationsstand nach seinen Bedürfnissen und Fähigkeiten flexibel ausrichten.[119] Dies würde in der Umsetzung bedeuten, dass die eine Vollmitgliedschaft anstrebenden Staaten in einem ersten Schritt Rechte und Pflichten einer Mitgliedschaft in bestimmten Bereichen erhalten, während andere Politiken, für die die Bewerberstaaten noch nicht hinreichend qualifiziert sind, von Rechten und Pflichten für eine bestimmte Zeit ausgeklammert würden.[120] Auf institutioneller Ebene würde dies hinsichtlich der Entscheidungsmechanismen bedeuten, dass ein Teilmitglied einen gleichwertigen Sitz im Rat und in den anderen Organen für die jeweiligen Politiken erhält, an denen es teilnimmt.[121]

X. Kerneuropa

Mit dem sog. „Schäuble-Lamers Papier"[122] versuchte die CDU/ CSU-Fraktion 1994 einen Beitrag zur Überwindung der abermaligen Stagnation in der europapo-

[115] *Mertes/ Prill*, S. 39 (46).
[116] *Mertes/ Prill*, S. 39 (46).
[117] *Andriessen*, Towards a Community of 24?, Speech to the 69th Plenary Assembly of Eurochambers, Brüssel, 19. April 1991, in: Agence Europe vom 29./30. April 1991, S. 11 ff.
[118] *Andriessen*, S. 16.
[119] *Andriessen*, S. 16.
[120] *Andriessen*, S.15.
[121] *Andriessen*, S. 15.
[122] Vgl. CDU/ CSU Fraktion des Deutschen Bundestages: Überlegungen zur europäischen Politik. Vorschläge für eine Reform der Europäischen Union („Schäuble-Lamers-Papier"), Bonn am 1. September 1994, in: CDU-Dokumentation 1/1995.

litischen Integrationsdebatte zu leisten.[123] Nach den Vorstellungen der Autoren sollte die differenzierte Integration zwei Elemente umfassen: einerseits die Anwendung des Konzepts der *géométrie variable*, die unterschiedliche Geschwindigkeiten in der Zusammenarbeit ermöglicht, was insbesondere im Hinblick auf die Osterweiterung notwendig würde, und andererseits das Voranschreiten eines informellen Kerns jener Mitgliedstaaten, die zu mehr Integration gewillt und in der Lage sind.

Der eine Teil des Konzepts sah vor, dass die Methode der variablen Geometrie oder mehrerer Geschwindigkeiten im Unionsvertrag als alternatives Integrationsprinzip verankert und durch diesen institutionalisiert wird.[124] Anderenfalls bliebe die Möglichkeit der Differenzierung auf intergouvernementale Zusammenarbeiten beschränkt und könnte Tendenzen eines nicht wünschenswerten Europa „à la carte“ fördern.[125] Im Rahmen einer solchen vertraglichen Verankerung sollten die voranschreitenden Mitgliedstaaten keinesfalls durch Vetorechte anderer Mitgliedstaaten blockiert werden dürfen.[126] Die flexible Integration sollte nur in Politikfeldern erfolgen, in denen eine Differenzierung wegen objektiver Kriterien unumgänglich ist, oder bei denen die Zusammenarbeit bisher auf die intergouvernementale Zusammenarbeit beschränkt war.[127]

Neben der Verankerung der Differenzierung in den Verträgen forderten die Autoren, dass ein „fester Kern von integrationsorientierten und kooperationswilligen Staaten“ sich nicht nur an allen existierenden Politikbereichen beteiligt, „sondern darüber hinaus gemeinsam erkennbar gemeinschaftsorientierter handelt als andere und gemeinsame Initiativen einbringt, um die EU weiter zu entwickeln.“[128] Das Konzept der Kernbildung hätte hinsichtlich der Beteiligungsstruktur eine geographische Teilung der EU zur Folge, nämlich zum einen in jene Mitgliedstaaten, die neben den obligatorischen auch an sämtlichen fakultativen Integrationsmaßnahmen teilnehmen und zum anderen in jene Mitgliedstaaten, die an keinem oder zumindest nicht an allen Politikbereichen beteiligt sind.[129] Einen festen Kern, der sich bereits herausgebildet habe, machten die Autoren in Deutschland, Frankreich und den Benelux-Staaten aus, die an allen inner- und außervertraglichen Kooperationsformen zum damaligen Zeitpunkt teilnahmen.[130] Zwar betonten die Autoren, dass dieser de facto existierende Kern keine exklusive oder permanente „Gemeinschaft in der Gemeinschaft“ bilden dürfe, sondern für jeden Mitgliedstaat

---

[123] *Rinsche/ Lamers*, Neuer Schwung für Europa: Orientierung für den weiteren Weg der EU, 1995, S. 9 f.

[124] *CDU/ CSU-Fraktion*, Überlegungen zur Europäischen Politik, 1995, S. 8.

[125] *CDU/ CSU-Fraktion*, Überlegungen zur Europäischen Politik, 1995, S. 8.

[126] *CDU/ CSU-Fraktion*, Überlegungen zur Europäischen Politik, 1995, S. 8.

[127] *Schutz*, Flexibilität in der EU, 1998, S. 255.

[128] *CDU/ CSU-Fraktion*, Überlegungen zur Europäischen Politik, 1995, S. 8 f..

[129] *Forgo*, Zwischen „Europa à la carte“ und Einheit, in: Breuss/ Griller, Flexible Integration in Europa – Einheit oder Europa „à la carte“?, 41 (57).

[130] *CDU/ CSU-Fraktion*, Überlegungen zur Europäischen Politik, 1995, S. 9.

offen sein müsste, der seine Anforderungen erfüllt.[131] Trotzdem wurde der Vorschlag der Kernbildung unter Nennung der daran teilnehmenden Mitgliedstaaten als besonders brisant aufgefasst, weil der Eindruck erweckt wurde, die Autoren beabsichtigten, diesen Kern für Außenstehende verschlossen zu halten.[132]

XI. Gravitationszentrum

Einer der Höhepunkte der Debatte über die Zukunft der Europäischen Integration und mit ihr über die differenzierte Integration im Vorfeld der Vertragsverhandlungen von Nizza im Jahr 2000 war die Rede des deutschen Außenministers Joschka Fischer in der Humboldt-Universität in Berlin, in der dieser die Frage der Finalität Europas zu beantworten suchte.[133] [134] Seine sehr weitgehenden Vorstellungen sahen einen Stufenplan vor, an dessen Anfang die Erleichterung der verstärkten Zusammenarbeit und an dessen Ende eine umfassende „Europäische Föderation" stand,[135] die auf einen Verfassungsvertrag zu gründen ist, ein aus zwei Kammern bestehendes Parlament, eine europäische Exekutive sowie eine klare Zuständigkeitsabgrenzung zwischen Föderation und Nationalstaaten aufweist.[136]

Die Vision der Europäischen Föderation als Endziel einer europäischen Integration hält Fischer nach der bisherigen Methode des Voranschreitens aller EU-Mitgliedstaaten zur selben Zeit für nicht realisierbar, weshalb der Weg über die differenzierte Integration führe.[137] Als erster Schritt sollte ein Ausbau der verstärkten Zusammenarbeit zwischen denjenigen Staaten vorgesehen werden, die willens sind, enger als andere Staaten zu kooperieren. Als mögliche Bereiche der verstärkten Zusammenarbeit sah er die Entwicklung der Eurozone zu einer wirtschaftspolitischen Union, den Umweltschutz, die Verbrechensbekämpfung, eine gemeinsame Einwanderungs- und Asylpolitik und die Außen und Sicherheitspolitik.[138] Als Zwischenschritt zur dritten Stufe war die Möglichkeit der Bildung eines „Gravitationszentrums" vorgesehen, das einen „europäischen Grundvertrag"

---

[131] *CDU/ CSU-Fraktion*, Überlegungen zur Europäischen Politik, 1995, S. 9.

[132] *Ehlermann*, Engere Zusammenarbeit nach dem Amsterdamer Vertrag, EuR 1997, 362 (367).

[133] *Fischer*, Vom Staatenbund zur Föderation: Gedanken über die Finalität der europäischen Integration, Rede in der Humboldt-Universität vom 12.5.2000, in: Joerges/ Mény/ Weiler, What Kind of Constitution for What Kind of Polity? - Responses to Joschka Fischer, 2000, S. 5-17.

[134] Vgl. zur Diskussion der Vorschläge Fischers: *Joerges/ Mény/ Weiler*, What Kind of Constitution for What Kind of Polity? –Responses to Joschka Fischer, Florenz 2000.

[135] *von Buttlar*, Rechtsprobleme der verstärkten Zusammenarbeit, ZEuS 2001, 649 (655).

[136] Vgl. zu Aufbau und Struktur der Föderation: *Fischer*, Rede in der Humboldt-Universität, in: Joerges/ Mény/ Weiler, What Kind of Constitution for What Kind of Polity?, S. 12 f.

[137] Vgl. hierzu *Giering/ Janning*, Flexibilität als Katalysator der Finalität, Integration 2001, 146 (147 f.); *Janning*, Zweiter Anlauf – Die verstärkte Zusammenarbeit im Vertrag von Nizza, in: Weidenfeld, Nizza in der Analyse – Strategien für Europa, 2001, 145 (151 ff.).

[138] *Fischer*, Rede in der Humboldt-Universität, in: Joerges/ Mény/ Weiler, S. 15.

schließen sollte, der den Nukleus einer Verfassung der Föderation bildet. Auf der Basis jenes Grundvertrages sollte die im Gravitationszentrum zusammengeschlossene Staatengruppe sich eigene Institutionen geben, eine Regierung, die innerhalb der EU in vielen Fragen für die Mitglieder der Gruppe mit einer Stimme spricht, einen direkt gewählten Präsidenten und ein starkes Parlament schaffen. Dieses Gravitationszentrum sollte die Avantgarde für die Vollendung der politischen Integration sein und bereits alle Elemente der späteren Föderation umfassen.[139] Das Gravitationszentrum dürfte keinesfalls exklusiv sein, sondern müsste für alle jetzigen und zukünftigen Mitgliedstaaten offen sein.[140] Für die Mitgliedstaaten, deren Teilnahme am Gravitationszentrum an der Leistungsfähigkeit scheitert, obwohl sie teilnehmen wollen, sollte es eine Heranführungsmöglichkeit geben. Zwar sollte sich das Gravitationszentrum innerhalb der Verträge entwickeln, jedoch könnte dies auch außerhalb geschehen, wenn andere Mitgliedstaaten die Entstehung mit einem Veto zu verhindern suchten.[141] [142]

XII. Ergebnis

Bis auf das Konzept des Europas der vier Kreise, dass keine Differenzierungen zwischen den EU-Mitgliedstaaten vorsieht, sehen alle dargestellten Differenzierungsmodelle eine Lockerung des Prinzips der einheitlichen Integration vor. Unabhängig davon, ob die Entscheidungsstrukturen supranational oder intergouvernemental ausgestaltet sind, bleibt es dabei, dass die Mitgliedstaaten die maßgeblichen Entscheidungsträger sind.

Weitgehende Übereinstimmung besteht zudem bei den Beweggründen, welche die Autoren zu den Differenzierungskonzepten bewogen. Sie sehen differenzierte Integration als erforderlich an, weil nicht alle Mitgliedstaaten willens und/ oder in der Lage sind, sich an einer Vertiefung der Integration zu beteiligen und sie deren Weiterentwicklung zumindest in Gefahr sehen. Hintergrund dieser Befürchtung waren wirtschaftliche Probleme (Ansätze von Brandt und Tindemans) oder die Beobachtung des Nachlassens der Integrationsbereitschaft (à la carte, variable Geometrie und konzentrische Kreise). Der Fall der Mauer und die Suche nach einem Weg der Einbindung der Staaten des ehemaligen Ostblocks

---

139 *Fischer*, Rede in der Humboldt-Universität, in: Joerges/ Mény/ Weiler, S. 15 f.

140 *Fischer*, Rede in der Humboldt-Universität, in: Joerges/ Mény/ Weiler, S. 16.

141 *Fischer*, Rede in der Humboldt-Universität, in: Joerges/ Mény/ Weiler, S. 16.

142 Zeitgleich und ebenfalls die Bildung eines Kerns mit föderativen Strukturen vorschlagend: *Delors*, Re-uniting Europe: Our Historic Mission, in: Agence Europe Nr. 7625 vom 3./4. Januar 2000, S. 3 f. und Agence Europe Nr. 7626 vom 5. Januar 2000, S. 3 f., der eine Avantgarde der Gründungsmitglieder vorschlug, die durch Institutionen innerhalb der Institutionen eine Föderation von Nationalstaaten bilden sollten. *Schmidt/ Giscard d'Estaing*, Die EU ist nicht reif für die Erweiterung, Welt am Sonntag von 23.4.2000, S. 34, die die Gründung einer Kerngruppe durch die Euro-Länder anregten, die auf einem föderal ausgerichteten Integrationsansatz basieren sollte.

führte zu einer Intensivierung der Differenzierungsdebatte (vier Kreise, verschiedene Geschwindigkeiten, Teilmitgliedschaft, Kerneuropa). Die abgestufte Integration sowie die Ansätze von Brandt und Tindemans gehen von einer Ausgangslage aus, die allein auf das Problem der Teilnahmefähigkeit abstellt, ein Vertiefungsprojekt setzt einen Konsens aller Mitgliedstaaten voraus.

Die Art der Ausgestaltung der Differenzierung gilt als das elementare Unterscheidungsmerkmal zwischen den Differenzierungsmodellen. Diese lässt sich in drei Kategorien einteilen: eine zeitliche, sektorale und mitgliedschaftliche Differenzierung,[143] die teilweise auch kombiniert auftritt. Eine zeitliche Differenzierung – d.h. nach Ablauf einer gewissen Frist wird wieder ein einheitliches Integrationsniveau erreicht – sehen die Ansätze von Brandt und Tindemans sowie die abgestufte Integration vor. Eine sektorale Differenzierung – d.h. die Mitgliedstaaten entscheiden sich für eine differenzierte Integration in bestimmten Politikbereichen, ohne dass eine Teilnahme der übrigen Mitgliedstaaten zwingend vorgesehen ist – sehen die Konzepte Europa à la carte, variable Geometrie und konzentrische Kreise vor. Eine mitgliedschaftliche Differenzierung enthalten die Konzepte des Kerneuropa und der Teilmitgliedschaft. Sowohl eine sektorale als auch eine mitgliedschaftliche Differenzierung sehen die Konzepte der verschiedenen Geschwindigkeiten und des Gravitationszentrums vor, das neben der mitgliedschaftlichen Differenzierung hinsichtlich der in diesem zusammengeschlossenen Mitgliedstaaten zudem eine sektorale Differenzierung aller Mitgliedstaaten vorsieht. Eine Sonderrolle nimmt das Modell der vier Kreise ein, da dieses im Hinblick auf die EG keine Differenzierungen vorsieht, sondern die Beitrittskandidaten anstatt durch eine Vollmitgliedschaft nur auf unterer Ebene integrieren will.

Die meisten Differenzierungsmodelle sollen in die Verträge inkorporiert werden. Eine Differenzierung außerhalb der Verträge sieht das Europa der verschiedenen Geschwindigkeiten vor. Das Gravitationszentrum soll nur dann außerhalb der Verträge verwirklicht werden, wenn eine Entwicklung innerhalb der Verträge am Veto eines anderen Mitgliedstaats scheitert. Als einziges Modell sieht das Konzept des Europa à la carte eine Auflösung des Besitzstandes hin zu einer völligen Wahlfreiheit der Mitgliedstaaten vor und stellt somit die stärkste Abkehr vom Prinzip der einheitlichen Integration dar.

Die Beschlussfassung über die im Rahmen einer differenzierten Integration umzusetzenden Maßnahme erfolgt entweder durch alle Mitgliedstaaten (Tindemans, abgestufte Integration) oder nur durch die an dieser beteiligten Mitgliedstaaten (à la carte, verschiedene Geschwindigkeiten, Teilmitgliedschaft, Kerneu-

---

[143] Vgl. *Stubb*, A Categorization of Differentiated Integration, JCMS 1996, 283 (286 ff.), der die in Theorie und Praxis bestehenden Differenzierungskonzepte anhand dieser drei Kategorien einteilt. Dem im Ergebnis zustimmend *Martenczuk*, Differenzierte Integration nach dem Vertrag von Amsterdam, ZEuS 1998, 447 (451 f.). Vgl. auch *Giering*, Vertiefung durch Differenzierung – Flexibilisierungskonzepte in der aktuellen Reformdebatte, Integration 1997, 72 (76).

ropa, Gravitationszentrum). Im Fall der konzentrischen Kreise und der variablen Geometrie bleibt diese Frage offen.

Die Zielsetzung der Differenzierungsmodelle geht weit auseinander. Sie reicht von einem Aufbrechen der Entscheidungsblockaden durch Differenzierung ohne dabei die Gestalt der EG wesentlich zu verändern (Brandt, Tindemans, variable Geometrie, abgestufte Integration) bis zu einer Differenzierung als Mittel zum Zweck der Schaffung eines europäischen Bundesstaates, den die Modelle des Gravitationszentrums, Europa der verschiedenen Geschwindigkeiten und vier Kreise (mit Einschränkungen) vorsehen. Die Zielsetzung des Europa à la carte nimmt eine Sonderrolle ein, da es einen Integrationsgrad anstrebt, der hinter dem status quo zurück bleibt. Konzepte wie die vier Kreise, verschiedene Geschwindigkeiten und die Teilmitgliedschaft gehen in ihrer Reichweite über die EU und ihre Mitgliedstaaten hinaus und beziehen Beitrittskandidaten und andere europäische Organisationsformen mit ein.

C. Differenzierungen in der Praxis der Europäischen Integration

Im folgenden Abschnitt werden ergänzend zu den bisherigen theoretischen Entwicklungen die wichtigsten bisher durchgeführten Differenzierungen in der Praxis der Europäischen Integration im Überblick dargestellt. Hierzu werden nur solche Differenzierungen gezählt, die zwischen den Mitgliedstaaten der EU zur Anwendung kamen, nicht hingegen die partielle Ausdehnung des Gemeinschaftsrechts auf Nicht-Mitgliedstaaten. Als Beispiele für eine solche Ausdehnung sind z.B. Assoziierungsabkommen[144] wie die sog. „Europa-Abkommen" mit den mittel-

[144] Der EGV enthält für die Begründung von Assoziierungsverhältnissen zwei Rechtsvorschriften, Art. 182 ff. EGV und Art. 310 EGV. Gemäß Art. 310 EGV kann die EG mit Drittstaaten, Staatenverbindungen oder internationalen Organisationen Assoziierungsverträge abschließen. Die Assoziierung europäischer Staaten stand einige Zeit unter dem Aspekt der Vorbereitung des Beitritts. Die Assoziierung der außereuropäischen Staaten erfolgt hingegen hauptsächlich unter dem Aspekt der Entwicklungspolitik. Vgl. u.a. Kooperationsabkommen EWG-ASEAN vom 7.3.1980; EWG-Andenpakt vom 17.12.1983; EWG-Zentralamerikanischer Markt vom 12.11.1985; EWG-Kooperationsrat der Arabischen Golfstaaten vom 20.2.1989; Interregionales Rahmenabkommen über die Zusammenarbeit EG-Mercosur vom 15.12.1995. Gemäß Art. 182 EGV sind jene außereuropäischen Länder und Hoheitsgebiete kraft Vertrages assoziiert, die mit Dänemark, Frankreich, den Niederlanden und dem Vereinigten Königreich besondere Beziehungen unterhalten. Als das Assoziierungsverhältnis zu diesen Ländern neu geregelt wurde, erfolgte eine umfassende Neuregelung zwischen der EG, EGKS, ihren Mitgliedstaaten und den gegenwärtig 68 sog. AKP-Staaten durch die Abkommen von Lomé auf der Basis von Art. 310 EGV, so dass Art. 182 ff. keine große Bedeutung mehr zukommt. Vgl. Lomé I-IV-Abkommen: Lomé I vom 28.2.1975, ABl. EG 1976, Nr. L 25/ 2 ff.; Lomé II vom 30.10.1979, ABl. EG 1980, Nr. L 347/ 2 ff.; Lomé III vom 8.12.1984, ABl. 1986, Nr. L 86/ 3 ff.; Lomé IV vom 1.3.1990, ABl. EG 1991, Nr. L 229/ 3 ff.

und osteuropäischen Beitrittskandidaten[145] oder der Europäische Wirtschaftsraum[146] zu nennen. Diese Integrationsformen können zwar, wie vor allem die Abkommen mit den mittel- und osteuropäischen Beitrittskandidaten zeigen, aus integrationspolitischer Sicht eine ähnliche Funktion erfüllen wie interne Differenzierungen[147], nämlich eine langsame Heranführung an den einheitlichen Besitzstand. Jedoch sind sie ohne Bedeutung für die rechtliche und institutionelle Einheit der EU und deshalb mit der differenzierten Integration in der EU nicht gleichzusetzen.[148]

Bei Differenzierungen zwischen den Mitgliedstaaten der EU ist zwischen solchen außerhalb der Gemeinschaftsrechtsordnung auf intergouvernementaler, nicht institutionalisierter Ebene (vgl. I.) und innerhalb der Gemeinschaftsrechtsordnung (vgl. II.) zu unterscheiden.

Auf die verstärkte Zusammenarbeit als Instrument, das ein Verfahren für Differenzierungen innerhalb des Gemeinschaftsrahmens bzw. in den Bereichen GASP und PJZS innerhalb des Unionsrahmens vorsieht, wird an dieser Stelle nicht eingegangen. Ihr sind der 3. und 4. Teil gewidmet. Darüber hinaus wurden im Rahmen einer verstärkten Zusammenarbeit bisher keine Maßnahmen erlassen, so dass daher von einer Differenzierung in der Praxis noch nicht gesprochen werden kann.

I. Differenzierungen außerhalb des Gemeinschaftsrahmens

1. Wirtschafts- und Währungspolitik

Bereits seit den Anfängen der gemeinsamen Währungspolitik in den siebziger Jahren bis zu den Debatten über die Teilnahme an der Währungsunion in der heutigen Zeit lässt sich erkennen, dass die Wirtschafts- und Währungspolitik ein zentraler Bereich für Differenzierungen in der Praxis ist:

---

145 Mit bilateralen Assoziierungsverträgen in Form der zwischen 1991 und 1996 abgeschlossenen sog. „Europa-Abkommen" bereitete die EU die in ihrer wirtschaftlich und sozialen Entwicklung unterstützungsbedürftigen mittel- und osteuropäischen Staaten Bulgarien, Estland, Lettland, Litauen, Polen, Rumänien, die Slowakei, Slowenien, Tschechien und Ungarn auf ihren späteren Beitritt vor. Vgl. *Schweitzer/ Hummer*, Europarecht, 5. A., 1996, Rn. 696.

146 Mit dem EWR wurde zwischen der EG und den EFTA-Staaten Island, Liechtenstein und Norwegen ein einheitlicher, homogener Europäischer Wirtschaftsraum geschaffen, der eine Ausdehnung der vier Grundfreiheiten, des Wettbewerbsrechts sowie der flankierenden Politiken und somit eines Großteils des Binnenmarktes auf die EFTA-Staaten vorsieht. Vgl. *Oppermann*, Europarecht, 2. A., 1999, Rn. 137 f.; *Schweitzer/ Hummer*, Europarecht, 5. A., 1996, Rn. 716 ff.

147 *Martenczuk*, Differenzierte Integration nach Amsterdam, ZEuS 1998, 447 (450).

148 A.A. *Becker*, Differenzierungen der Rechtseinheit durch „abgestufte Integration", EuR Beiheft 1/1998, 29 (34); *Hofmann*, Wieviel Flexibilität für welches Europa?, EuR 1999, 713 (729); *Krämer*, Abgestufte Integration und differenzierte Assoziation, in: GS-Grabitz, 1995, S. 307 (315), die auch Integrationsformen zwischen der EU und Drittstaaten als differenzierte Integration ansehen.

a) Europäischer Währungsverbund

Den ersten Schritt einer differenzierten Integration im Bereich der Wirtschafts- und Währungspolitik unternahmen 1972 die damaligen sechs EG-Mitgliedstaaten sowie die Beitrittskandidaten Dänemark, Großbritannien, und Irland mit ihrem Zusammenschluss im Europäischen Währungsverbund.[149] [150] Ziel des Verbunds war es, durch eine progressive Verringerung der Bandbreiten der Wechselkursschwankungen zwischen den Währungen der Mitgliedsländer, eine Festschreibung der innergemeinschaftlichen Währungsparitäten zu erreichen.[151] Dieser ursprünglich gemeinschaftlichen Vereinbarung aller Mitgliedstaaten folgte, bedingt durch die Währungsturbulenzen von 1972/ 73, das Ende der Dollarkonvertibilität sowie der weltweite Übergang zum Floating und dem daraus folgenden Zusammenbruch des Währungssystems von Bretton Woods, ein differenziertes Vorgehen von sechs[152] der neun Mitgliedstaaten. Diese vereinbarten, die Verkettung ihrer Währungen im Rahmen einer Bandbreite sowie ein konzertiertes Floating gegenüber Drittwährungen beizubehalten.[153] Die übrigen Mitgliedstaaten[154] beschlossen einen Übergang zu einem isolierten Floating ihrer Währungen, wobei ein schnellstmögliches Aufschließen anvisiert war.[155]

b) Europäisches Währungssystem

Am 13.3.1979 löste das Europäische Währungssystem (EWS) die sog. Währungsschlange ab. Die Errichtung des EWS ist seinerzeit von allen Mitgliedstaaten beschlossen worden, jedoch war vorgesehen, dass bestimmte Mitgliedstaaten sich an einzelnen Elementen des EWS gar nicht oder erst zu einem späteren Zeitpunkt beteiligen müssen. Damit sind unterschiedliche, vom Umfang ihrer Mitwirkung am EWS abhängende Rechte und Pflichten der Mitgliedstaaten geschaffen worden.[156] Der Grund für diese Differenzierung lag in der Unsicherheit der Teilnahme der zuvor frei floatenden Währungen Großbritanniens, Irlands und Italiens am

---

149 Auch „Währungsschlange" genannt.

150 Rechtliche Grundlage ist das „Abkommen zwischen den Zentralbanken der Mitgliedstaaten der Europäischen Gemeinschaft vom 10.4.1972 über die Verringerung der Bandbreiten zwischen den Währungen der Gemeinschaft", abgedruckt in: Europäische Gemeinschaften, Währungsausschuss, Kompendium von Gemeinschaftstexten im Bereich der Währungspolitik, Luxemburg 1974.

151 *Dauses*, in: Dauses, Handbuch des EU-Wirtschaftsrechts, EL.12, F.I Rn. 19 ff.

152 Deutschland, Frankreich, die Benelux-Staaten und Dänemark; zudem schlossen sich die Nicht-Mitgliedstaaten Norwegen sowie zeitweise Schweden und die Schweiz an. Vgl. *Dauses*, in: *Dauses*, Handbuch des EU-Wirtschaftsrechts, EL.12, F.I Rn. 19.

153 *Scharrer*, Das EWS, in: Grabitz (Hrsg.), Abgestufte Integration, 1984, S. 225 (227).

154 Großbritannien, Irland und Italien.

155 *Scharrer*, Das EWS, in: Grabitz (Hrsg.), Abgestufte Integration, 1984, S. 225 (227).

156 *Schutz*, Flexibilität in der EU, 1998, S. 91.

gemeinsamen Wechselkursmechanismus sowie am Zahlungs- und Kreditmechanismus des EWS.[157]

Die rechtliche Umsetzung des EWS erfolgte zum einen durch den Rat der Europäischen Gemeinschaften, der gemeinschaftsrechtlich die Definitionen und Bedingungen des ECU[158], die Befugnisse des Europäischen Fonds für währungspolitische Zusammenarbeit, Währungsreserven der Mitgliedstaaten entgegenzunehmen und dafür ECU auszugeben[159] und die Aufstockung des mittelfristigen finanziellen Beistandes[160] bestimmte, sowie zum anderen durch zwei Abkommen der Zentralbanken der Mitgliedstaaten[161], die den Wechselkursmechanismus, die Modalitäten der kurzfristigen Finanzierung sowie des kurzfristigen Währungsbeistandes und letztlich die Schaffung, Verwendung sowie Verzinsung des ECU regelten.[162] Formen der Differenzierung enthalten lediglich die Abkommen der Zentralbanken. Diese für das Funktionieren des EWS grundlegenden Bestimmungen als der eine Teil der rechtlichen Umsetzung sehen die Möglichkeit vor, dass einzelne Zentralbanken nicht am Wechselkursmechanismus teilnehmen bzw. eröffnen die Möglichkeit eines unbefristeten Ausscheidens.[163] Die Abkommen und damit die Differenzierungen gehörten jedoch nicht zum Gemeinschaftsrecht, da es sich um von den Mitgliedstaaten geschlossene völkerrechtliche Vereinbarungen handelte.[164]

2. Außen- und Sicherheitspolitik

a) Europäische Politische Zusammenarbeit (EPZ)

Die 1970 begründete EPZ basierte auf einer intergouvernementalen Vereinbarung der EG-Außenminister und sah eine punktuelle Zusammenarbeit auf dem Gebiet der Außenpolitik vor.[165] Inhaltlich war u.a. ein Informationsaustausch beabsichtigt, um eine bessere gegenseitige Verständigung über die Probleme der internationalen Politik zu erzielen. Zudem sollte eine Abstimmung der Positionen und dort, wo dies wünschenswert erschien, ein gemeinsames Vorgehen erleichtert

---

157 *Schutz*, Flexibilität in der EU, 1998, S. 91.

158 Verordnung (EWG) Nr. 3180/78 vom 18.12.1978, ABl. EG 1978, L 379/1.

159 Verordnung (EWG) Nr. 3181/78 vom 18.12.1978 über das EWS, ABl. EG L 379/2.

160 Entscheidung (78/1041/EWG) des Rates vom 21.12.1978 zur Änderung der Entscheidung 71/143/EWG über Einführung eines Mechanismus für den mittelfristigen finanziellen Beistand, ABl. EG L 379/3.

161 Abkommen zwischen den Zentralbanken der Mitgliedstaaten der EWG über die Funktionsweise des Europäischen Währungssystems vom 13.3.1979, und Akte über den kurzfristigen Währungsbeistand vom 13.3.1979, in: Textsammlung zum EWS, 1979, S. 7 ff.

162 *Dauses*, in: Dauses, Handbuch des EU-Wirtschaftsrechts, EL.12, F.I Rn. 22 ff.

163 *Scharrer*, Das EWS, in: Grabitz (Hrsg.), Abgestufte Integration, 1984, S. 225 (234).

164 *Hahn*, Das EWS – Systemvergleich und Funktionsweise, EuR 1979, 337 (353).

165 Erster Bericht der Außenminister an die Staats- und Regierungschefs der EG-Mitgliedstaaten vom 27.10.1979, in: Auswärtiges Amt (Hrsg.), EPZ, Dokumentation, 7. Auflage, Bonn 1984, S. 25 ff.

werden.[166] Bei den Differenzierungen im Rahmen der EPZ handelte es sich um ad hoc Optionen eines Teiles der Mitgliedstaaten, wobei die Zusammensetzung von einer Aktion zur nächsten variieren konnte. Hinsichtlich eines gemeinsamen Handelns waren drei Szenarien möglich: Erstens eine Zusammenarbeit aller Mitgliedstaaten, zweitens keinerlei Aktionen, weil ein Konsens bzw. ein Zusammenwirken auf kleinstem gemeinsamen Nenner nicht möglich war, oder drittens ein differenziertes Vorgehen, wobei sich einige Mitgliedstaaten entschlossen, gemeinsame Aktionen durchzuführen, während die anderen Mitgliedstaaten, die Vorbehalte hegen, außen vor blieben.

b) Westeuropäische Union (WEU)

Die Zielsetzung und institutionelle Struktur der WEU wurde im Laufe ihres Bestehens häufig verändert. Sie wurde 1948 als Pakt zur kollektiven Verteidigung und politischen Konsultation gegründet.[167] Jedoch stellte sich mit Gründung der NATO alsbald heraus, dass jene unter der Führung der USA den Verteidigungsrahmen für Westeuropa bilden würde, so dass aufgrund der schwindenden Bedeutung die Zusammenarbeit im Rahmen des WEU-Ministerrats 1973 eingestellt wurde. 1983 wurde die WEU von einem Teil der EG-Mitgliedstaaten reaktiviert und zum Forum für gemeinsame Überlegungen und Konsultationen im Bereich der Sicherheit erhoben, nachdem sich Dänemark und Irland gegen eine politische Zusammenarbeit im Bereich sicherheits- und verteidigungspolitischer Fragen ausgesprochen hatten. Die zunehmend engere Verbindung von EG und WEU wurde schließlich vom Nordatlantischen Rat 1991 bestätigt, als dieser in einer Erklärung der NATO-Staaten die Stärkung der Rolle der WEU als Verteidigungskomponente des Europäischen Einigungsprozesses unterstrich. Mit dieser Bestimmung der Rolle der WEU war die Möglichkeit gegeben, eine offizielle Umsetzung der bis dahin nur faktischen und ansatzweisen Einbindung der WEU in die Arbeit der EG zu erreichen. Damit wurde aber auch die Doppelstellung der WEU als Organisation zwischen europäischer Integration und europäischem Teil der NATO deutlich. Alle Mitglieder der WEU gehörten gleichzeitig der NATO an, aber damals gehörten nur zehn EG-Mitgliedstaaten der WEU an. Die Differenzierung innerhalb der Gemeinschaft wurde mit dem Vertrag von Maastricht festgeschrieben, in dem dieser in Art. 17 Abs. 1 UA 2 EUV (N.) die WEU zum „integralen Bestandteil" der Entwicklung der EU erklärt und diese beauftragt, im Rahmen der GASP die Entscheidungen und Aktionen mit verteidigungspolitischen Bezügen auszuarbeiten und durchzuführen.

---

166 Erster Bericht der Außenminister vom 27.10.1979 , Teil II, Punkt 1 (Ziele), in: Auswärtiges Amt (Hrsg.), EPZ, Dokumentation, 7. A., 1984, S. 27.

167 Gegründet von Frankreich, Großbritannien und den BENELUX-Staaten. Nach Scheitern der Europäischen Verteidigungsgemeinschaft traten 1954 auch Deutschland und Italien bei.

Dieser Teil weist ein neues Element der Differenzierung auf: Mitgliedstaaten der EU, die – obwohl sie nicht Mitglieder der WEU sind[168] – entscheiden im Europäischen Rat im Rahmen der GASP über Aktionen einer gemeinsamen Sicherheits- und Verteidigungspolitik mit, weil die WEU der EU entsprechend dem EU-Vertrag als Organisation unterstellt ist. Darüber hinaus haben die drei verbleibenden europäischen NATO-Staaten[169], die keine EG-Mitgliedstaaten sind, 1992 den Status assoziierter Mitglieder der WEU angenommen.[170]

II. Differenzierungen innerhalb des Gemeinschaftsrahmens

Als die bedeutendsten Beispiele für Differenzierungen innerhalb des Gemeinschaftsrahmens gelten jene im Bereich der Wirtschafts- und Währungsunion, das Maastrichter Protokoll und Abkommen über die Sozialpolitik sowie der Sonderstatus Dänemarks im Vertrag von Maastricht.

1. Wirtschafts- und Währungsunion

Die Schaffung der Wirtschafts- und Währungsunion (WWU) gab Anlass zu differenzierter Integration sowohl aufgrund mangelnder Teilnahmefähigkeit als auch aufgrund mangelnder Teilnahmebereitschaft einzelner Mitgliedstaaten: Die Konvergenzerfordernisse der dritten Stufe machten die Teilnahme der integrationsbereiten Mitgliedstaaten von der Erfüllung objektiver Kriterien abhängig und den beiden nicht teilnahmewilligen Mitgliedstaaten Dänemark und Großbritannien wurde bezüglich ihrer Teilnahme eine „opting out"-Regelung zugestanden.

a) Konvergenzerfordernisse der dritten Stufe der WWU

Für die Teilnahme an der dritten Stufe der WWU sah der EGV erstmalig eine Form der Differenzierung vor, die an die Erfüllung bestimmter objektiver ökonomischer Voraussetzungen in Form der sog. Konvergenzkriterien geknüpft war.[171]

---

168 Hierzu gehören Dänemark, Finnland, Irland, Österreich und Schweden.

169 Island, Norwegen, Türkei.

170 Als weitere Form der Differenzierung im Bereich der Sicherheitspolitik ist das *Eurokorps* zu nennen, das eine multinationale operationale Kapazität der WEU zur Umsetzung möglicher gemeinsamer Aktionen bilden soll und derzeit militärische Verbände von fünf Mitgliedstaaten umfasst. Die Möglichkeit dazu ist in Art. 17 Abs. 4 EUV enthalten, wonach der EUV einer engeren Zusammenarbeit zwischen einigen Mitgliedstaaten auf zweiseitiger Ebene oder im Rahmen der WEU nicht entgegensteht.

171 Hoher Grad an Preisstabilität, der aus der Inflationsrate ersichtlich ist; eine Haushaltslage ohne übermäßiges Defizit sowie eine niedrige Nettoneuverschuldung; die Einhaltung der Bandbreiten des Wechselkursmechanismus des EWS seit mindestens zwei Jahren; das Niveau der langfristigen Zinssätze. Vgl. zu den Kriterien *Patterson*, European Monetary Union: „Ins" and "Outs" – or postponement?, in: Ehlermann, Rechtliche Grenzen eines Europas in mehreren Geschwindigkeiten, 1999, S. 101 (102 ff.); kritisch zur tatsächliche Aussagekraft der Kriterien

Damit wurden Ausnahmeregelungen für Mitgliedstaaten vorgesehen, die zwar grundsätzlich an der WWU teilnehmen wollten, allerdings die Kriterien für die Teilnahme nicht erfüllten. Ziel der Konvergenzkriterien war es, ein Mindestmaß an Homogenität der wirtschaftlichen Lage der beteiligten Staaten zu erreichen und so die Gefahr der Entwertung des Euro zu vermeiden.

Die zentralen Normen, die das Verfahren des Übergangs zur dritten Stufe regeln, sind Art. 121 und 122 EGV sowie das dem Vertrag beigefügte „Protokoll über die Konvergenzkriterien". Gemäß Art. 121 IV EGV war der Rat ermächtigt, auf der Grundlage der Konvergenzkriterien darüber zu entscheiden, welche Mitgliedstaaten die notwendigen Voraussetzungen für die Einführung des Euro erfüllten. Jene Mitgliedstaaten, die sich nicht für die Teilnahme qualifizierten, wurden gemäß Art. 122 I UA 2 S. 2 EGV als „Mitgliedstaaten, für die eine Ausnahme gilt" bezeichnet. Die Ausnahmen für jene Mitgliedstaaten berühren gemäß Art. 122 III EGV den engeren Kreis der gemeinsamen Währungspolitik sowie die Wirtschaftsunion. Davon waren diese Mitgliedstaaten zwar nicht vollständig ausgeschlossen, denn ihre Vertreter im Rat entschieden mit über die Einrichtung und das Instrumentarium der EZB. Zudem gehören ihre Zentralbanken, die bis zum Beginn der dritten Stufe ebenfalls unabhängig sein mussten, dem ESZB an. Jedoch vollziehen diese Mitgliedstaaten den Schritt zur Vergemeinschaftung der unterschiedlichen Geld- und Währungspolitiken nicht mit. Unanwendbar sind zudem Art. 110 EGV, der die Handlungsbefugnisse und Zwangsmittel der EZB normiert sowie Art. 111 EGV über die Zuständigkeitsverteilung in der Währungspolitik. Damit treffen die Nationalbanken, für die eine Ausnahme gilt, ihre währungspolitischen Entscheidungen nach innerstaatlichem Recht und entscheiden auch nicht bei der Besetzung des EZB-Direktoriums mit.[172] Von der Arbeit der EZB sind jene Mitgliedstaaten somit ausgeschlossen.

Hinsichtlich eines Aufschließens der Staaten, für die eine Ausnahmeregelung gilt, enthält der EGV genaue Vorschriften für die Aufhebung der Ausnahmeregelungen: Die Kommission und die EZB berichten dem Rat alle zwei Jahre darüber, ob die Mitgliedstaaten, für die eine Ausnahmeregelung gilt, ihren Verpflichtungen nachgekommen sind.[173] Der Rat in der Zusammensetzung der Staats- und Regierungschefs entscheidet dann mit qualifizierter Mehrheit, ob der Mitgliedstaat die Voraussetzungen für die Einführung der einheitlichen Währung erfüllt. Hebt er die Ausnahmeregelung auf, so legt der ECOFIN-Rat den Kurs fest, zu dem die Währung des Kandidaten durch den Euro ersetzt wird. Hierbei handelt der Rat auf

---

Tichy, Zur Realisierung der dritten Stufe der Europäischen Währungsunion, in: Breuss/ Griller, Flexible Integration in Europa, 1998, S. 105 (108 ff.).

172 *Häde*, Währungsintegration mit abgestufter Geschwindigkeit, FS-Hahn, 1997, S. 141 (144).

173 Art. 122 II EGV; auf Antrag der betreffenden Mitgliedstaaten ergehen die Berichte auch außerhalb dieser Zeitabstände.

der Grundlage eines einstimmigen Beschlusses der Mitgliedstaaten, die bereits an der Währungsunion teilnehmen, sowie des hinzukommenden Staates.[174]

Der Rat in der Zusammensetzung der Staats- und Regierungschefs entschied am 3. Mai 1998, welche Mitgliedstaaten zu Beginn der dritten Stufe an der Einführung des Euro teilnahmen, wobei Griechenland anfänglich alle Kriterien so deutlich verfehlte, dass selbst die bei anderen Mitgliedstaaten angewendeten großzügigen politischen Spielräume nicht in Frage kamen.[175]

Schweden erfüllte das formale Kriterium der Teilnahme am Wechselkursmechanismus des EWS nicht,[176] was eigentlich einen Fall mangelnder Teilnahmefähigkeit darstellt. Tatsächlich beabsichtigte Schweden, das ansonsten alle anderen Konvergenzkriterien erfüllte und seinen Eintritt in die dritte Stufe nicht durch eine Sonderregelung, wie sie ausschließlich für Dänemark und Großbritannien gilt, hätte abwenden können, die politisch zu diesem Zeitpunkt nicht gewollte Einführung des Euro durch sein Fernbleiben vom Wechselkursmechanismus zu verhindern. So war es in der Lage, mit der Nichtteilnahme am EWS die Entscheidung über die Teilnahme an der WWU auf einen späteren Zeitpunkt zu verschieben, obwohl für Schweden keine „opting out"-Regelung galt und es an der dritten Stufe hätte teilnehmen müssen. Die Teilnahme am EWS als formales Kriterium für die Teilnahmefähigkeit an der WWU wurde als Hintertür genutzt, um sich so eine spätere Beitrittsoption vergleichbar der Dänemarks und Großbritanniens zu verschaffen. Insbesondere wegen des Beitritts der mittel- und osteuropäischen Staaten zur EU bleiben die Regelungen der WWU weiterhin relevant.

b) „Opt-outs" bezüglich der dritten Stufe der WWU

Grundsätzlich war natürlich vorgesehen, dass alle Mitgliedstaaten an der WWU teilnehmen. Da Dänemark und Großbritannien einer diesbezüglichen Kompetenzübertragung skeptisch bis ablehnend gegenüber standen, wurden für beide Länder in Protokollen im Anhang zum Unionsvertrag Sonderregeln vorgesehen, die beiden ein Fernbleiben auf eigenen Wunsch ermöglichten.[177]

aa) Dänemark

Die Sonderregelung nimmt Rücksicht darauf, dass „die dänische Verfassung Bestimmungen enthält, die vor der Teilnahme Dänemarks an der dritten Stufe der Wirtschafts- und Währungsunion eine Volksabstimmung erfordern könnte".[178] In

---

174 Art. 123 V EGV.

175 *Streinz*, Europarecht, 5. A., Rn. 885.

176 Vgl. *Streinz*, Europarecht, 5. A., Rn. 885.

177 *Häde*, Währungsintegration mit abgestufter Geschwindigkeit, FS-Hahn, 1997, S. 141 (146).

178 Zweiter Erwägungsgrund im „Protokoll über einige Bestimmungen betreffend Dänemark", ABl. EG 1992, Nr. C 191/ 89.

dem sog. „Protokoll über einige Bestimmungen betreffend Dänemark" wird daher diesem das Recht gewährt, einseitig zu erklären, ob es an der dritten Stufe der Währungsunion teilnimmt oder nicht, wovon Dänemark seinerzeit Gebrauch machte und seine bis heute andauernde Nichtteilnahme an der dritten Stufe erklärte.[179] Seitdem gilt eine Freistellung nach Nr. 2 des Protokolls. Da Dänemark jedoch wie die anderen Mitgliedstaaten bereits an der ersten und zweiten Stufe der Währungsunion teilgenommen hatte, handelt es sich lediglich um eine Freistellung von den Ausnahmevorschriften des Art. 122 III und IV EGV, die auch jene Mitgliedstaaten betrifft, die zwar teilnehmen möchten, dazu aber noch nicht in der Lage sind.[180] Die rechtliche Folge ist, dass Dänemark jenen Mitgliedstaaten gleichgestellt ist, die aufgrund des Verfehlens der Konvergenzkriterien nicht an der dritten Stufe teilnehmen, so dass alle eine Ausnahmeregelung betreffenden Artikel und Bestimmungen des EGV und der Satzung des ESZB auch auf Dänemark Anwendung finden.[181] Auf Dänemarks ausdrücklichen Antrag hin kann die Freistellung aufgehoben werden. Jedoch ist damit nicht der automatische Eintritt in die dritte Stufe verbunden, sondern es wird das Verfahren nach Art. 122 II EGV eingeleitet, wie es allgemein für die Aufhebung von Ausnahmeregelungen gilt. Eine Entscheidung für die Währungsunion würde damit endgültig und die Sonderregelungen wären nicht mehr anwendbar.[182]

bb) Großbritannien

Das „Protokoll über einige Bestimmungen betreffend das Vereinigte Königreich Großbritannien und Nordirland"[183] enthält im Vergleich zum dänischen Protokoll umfangreichere Bestimmungen.[184] Großbritannien ist demnach ebenfalls nicht verpflichtet, ohne gesonderten Beschluss seiner Regierung und seines Parlaments in die dritte Stufe einzutreten. Das Protokoll legte fest, dass sich Großbritannien vor den Beschlüssen des Europäischen Rates im Jahr 1998 bezüglich der Euro-Einführung entscheiden musste. Hätte es sich dafür entschieden, so wäre die Teilnahme an der Endstufe von der auf die Konvergenzkriterien gestützten Entscheidung des Rats abhängig gewesen. Da Großbritannien aber erklärte, dass es nicht teilzunehmen beabsichtigt, galten die Nrn. 3 bis 9 des Protokolls, wonach es von allen Folgen der Währungsunion freigestellt wurde. Anders als Dänemark wurde Großbritannien durch Gebrauchmachen der Ausstiegsklausel nicht den

---

179 ABl. EG 1999, C 348 vom 31.12.1999, S. 2 unter Abschnitt B Abs. 1; vgl. dazu auch *Schuster*, Der Sonderstatus Dänemarks im Vertrag über die EU, EuZW 1993, 177.

180 *Weber*, Die Währungsunion – Modell für ein Europa mehrerer Geschwindigkeiten?, FS-Hahn, 1997, S. 273 (275).

181 *Häde*, Währungsintegration mit abgestufter Geschwindigkeit, FS-Hahn, 1997, S. 141 (147).

182 Nr. 5 des „Protokoll über einige Bestimmungen betreffend Dänemark", ABl. EG 1992, Nr. C 191/ 89.

183 ABl. EG 1992, Nr. C 191/ 87-89.

184 *Häde*, Währungsintegration mit abgestufter Geschwindigkeit, FS-Hahn, 1997, S. 141 (147).

„Mitgliedstaaten, für die eine Ausnahmeregelung gilt" gleichgestellt. Vielmehr gehen die Sonderregelungen für Großbritannien über die Liste der für jene Mitgliedstaaten nicht geltenden Normen in Art. 122 III EGV hinaus. Großbritanniens Status ähnelt daher eher dem der Mitgliedstaaten vor Beginn der dritten Stufe:[185] So gilt nicht die Regel über die Vermeidung eines übermäßigen Defizits, sondern die der zweiten Stufe, die lediglich ein „Bemühen um Hauhaltsdisziplin" verlangt. Das Anhörungsrecht der EZB und die Befugnis zur Abgabe von Stellungnahmen gemäß Art. 105 EGV sowie die Verpflichtung aller Mitgliedstaaten, der nationalen Zentralbank Unabhängigkeit zu gewähren, gelten nicht. Darüber hinaus gilt das Gemeinschaftsziel der Währungsunion gemäß Art. 4 II EGV nicht für Großbritannien. Großbritannien kann aber jederzeit gleich den Staaten, für die eine Ausnahmeregelung gilt, nach dem Verfahren des Art. 122 II EGV der Währungsunion beitreten.[186]

2. Maastrichter Protokoll und Abkommen über die Sozialpolitik

Als im Zuge der Verhandlungen zum Maastrichter Vertrag eine Stärkung der Gemeinschaftskompetenz im Bereich der Sozialpolitik an der kategorischen Ablehnung Großbritanniens zu scheitern drohte, einigte man sich darauf, die neuen Sozialregeln in einem gesonderten *Protokoll über die Sozialpolitik*[187] sowie einem diesem beigefügten *Abkommen über die Sozialpolitik*[188] zwischen elf, bzw. ab 1995 14 Mitgliedstaaten ohne Großbritannien niederzulegen.[189] Mit dem Vertrag von Amsterdam wurde das Protokoll aufgehoben und die Regelungen des Abkommens fortentwickelt und als neue Art. 136-145 in den EGV integriert.[190]

In dem *Protokoll über die Sozialpolitik* erteilten alle Mitgliedstaaten einschließlich Großbritannien den elf anderen Mitgliedstaaten die Zustimmung, zwar ohne britische Beteiligung, aber trotzdem innerhalb des gemeinschaftlichen Rahmens verankert, im Bereich der Sozialpolitik voranzuschreiten und dabei die Organe, Verfahren und Mechanismen des Vertrages zu nutzen.[191] Weiter war vorgesehen, dass die britischen Vertreter im Rat an Abstimmungen nicht zu beteiligen waren sowie eine dementsprechend modifizierte Stimmenabwägung;[192] die

---

185 *Häde*, Währungsintegration mit abgestufter Geschwindigkeit, FS-Hahn, 1997, S. 141 (147).

186 Nr. 10 des Protokolls über einige Bestimmungen betreffend das Vereinigte Königreich und Nordirland, ABl. EG 1992, Nr. C 191/ 90.

187 ABl. EG 1992, Nr. C 191/ 90.

188 ABl. EG 1992, Nr. C 191/ 91 ff.

189 *Falkner*, Das Maastrichter Sozialprotokoll: Differenzierte Integration wider Willen, in: Breuss/ Griller, Flexible Integration in Europa, 1998, S. 79 (86); *Oppermann*, Europarecht, 2. A., 1999, Rn. 1633.

190 *Oppermann*, Europarecht, 2. A., 1999, Rn. 1635; *Streinz*, Europarecht, 5. A., Rn. 909.

191 *Koenig*, Die Europäische Sozialunion als Bewährungsprobe der supranationalen Gerichtsbarkeit, EuR 1994, 175 (184); Art. 1 des Protokolls über die Sozialpolitik.

192 Art. 2 des Protokolls über die Sozialpolitik.

erlassenen Rechtsakte und die finanziellen Folgen – mit Ausnahme der Verwaltungskosten für die Organe – galten zudem nicht für Großbritannien.[193]

Das *Abkommen über die Sozialpolitik* hingegen beinhaltete die Ziele, Rechtsgrundlagen und Abstimmungsmodalitäten der gemeinsamen Sozialpolitik der anfänglich elf Mitgliedstaaten. Anfangs war die Frage umstritten, ob es sich bei dem Protokoll und dem Abkommen um Gemeinschaftsrecht bzw. um einen integralen Bestandteil des *acquis communautaire* handelte: Art. 3 des Protokolls besagte selbst, dass dieses dem Vertrag zur Gründung der EG beigefügt werden sollte, wodurch es zu dessen festem Bestandteil wurde.[194] Zudem räumte der in Maastricht neu eingefügte Art. 311 EGV die letzten Zweifel aus, nachdem im gegenseitigen Einvernehmen der Mitgliedstaaten beigefügte Protokolle Bestandteil des Vertrages sind. Im Abkommen ist jeweils von der Gemeinschaft insgesamt,[195] vom Rat[196] sowie von der Kommission die Rede, so dass dies ebenfalls als Beleg dafür gewertet wurde, dass die am Abkommen teilnehmenden elf Mitgliedstaaten als Gemeinschaft handeln.[197] Weiter wurde aus dem Wortlaut geschlossen, dass das Abkommen einen inhärenten Bestandteil des Protokolls darstellte und daher auch i.S.d. Art. 311 Bestandteil des EGV war.[198] Im Nachhinein bestätigten auch alle wichtigen Institutionen der EU, dass das Protokoll und das Abkommen integraler Bestandteil des Gemeinschaftsrechts waren und somit die gleiche Verbindlichkeit hatten wie der Vertrag selbst.[199] [200] Bei den in Anwendung des Abkommens vom Rat erlassenen Rechtsakten handelte es sich damit um Gemeinschaftsrechtsakte i.S.v. Art. 249 EGV, die in den Mitgliedstaaten mit Ausnahme Großbritanniens entsprechend den gemeinschaftsrechtlichen Bestimmungen anwendbar waren.[201] In der Zeit vom Maastrichter bis zum Amsterdamer Vertrag bestanden eigentlich zwei Rechtsgrundlagen für die EG-Sozialpolitik nebeneinander. Das Protokoll erklärte aber ausdrücklich, dass durch dieses selbst und das Abkommen

---

193 *Falkner*, Das Maastrichter Sozialprotokoll: Differenzierte Integration wider Willen, in: Breuss/ Griller, Flexible Integration in Europa, 1998, S. 79 (90 f.).

194 *Coen*, Abgestufte soziale Integration nach Maastricht, EuZW 1995, 50 (51).

195 Z.B. Art. 1 des Abkommens über die Sozialpolitik, ABl. EG 1992, Nr. C 191/ 91.

196 Z.B. Art. 2 Abs. 2 und 3, ABl. EG 1992, Nr. C 191/ 90

197 *Schutz*, Flexibilität in der EU, 1998, S. 184; *Whiteford*, Social Policy after Maastricht, ELR 1993, 202 (215).

198 *Falkner*, Das Maastrichter Sozialprotokoll: Differenzierte Integration wider Willen, in: Breuss/ Griller, Flexible Integration in Europa, 1998, S. 79 (89).

199 Antwort des Rates vom 23.12.1992 auf Anfrage Nr. 595/92 Vandemeulebroucke, ABl. EG 1993, Nr. C 40/ 12.

200 A.A. z.B. *Coen*, Abgestufte soziale Integration nach Maastricht, EuZW 1995, 50 (51); *Schweitzer/ Hummer*, Europarecht, 5. A., 1996, Rn. 1514, wonach zwar beiden Vereinbarungen primärer Gemeinschaftsrechtscharakter zukommt, jedoch nur das Protokoll gemäß Art. 311 EGV integraler Bestandteil des EGV geworden ist, während das Abkommen außerhalb des EGV steht.

201 Antwort des Rates vom 23.12.1992 auf Anfrage Nr. 595/92 Vandemeulebroucke, ABl. EG 1993, Nr. C 40/ 12; *Schweitzer/ Hummer*, Europarecht, 5. A., Rn. 1514.

der EGV, insbesondere die Bestimmungen welche die Sozialpolitik betreffen, nicht berührt werden.[202]

3. Sonderstatus Dänemarks im Vertrag von Maastricht

Im Verlauf der Ratifikation des Vertrages von Maastricht durch die Mitgliedstaaten machte es der negative Ausgang eines Volksentscheides in Dänemark erforderlich, eine neue Verhandlungsgrundlage auszuarbeiten, die der dänischen Bevölkerung in einem zweiten Referendum präsentiert wurde und auf diese Weise zu einer Ratifikation des Maastrichter Vertrages auch durch Dänemark führte.[203] Dabei war das Dilemma, vor dem die ratifizierungswilligen Staaten und Dänemark standen, den Maastrichter Vertrag zu ergänzen, ohne ihn ändern zu müssen.[204] Schließlich erfolgten auf der Ratstagung von Edinburgh am 12.12.1992 ein Beschluss und zwei Erklärungen, die den Sonderstatus Dänemarks regeln sollten: Die wichtigsten Vereinbarungen enthält der „Beschluss der im Europäischen Rat vereinigten Staats- und Regierungschefs zu bestimmten von Dänemark aufgeworfenen Problemen betreffend den Vertrag über die Europäische Union".[205] Darin wurde die Vorwegnahme der Dänemark im Vertrag von Maastricht zugestandenen „opt out"-Option[206] betreffend die dritte Stufe der WWU akzeptiert, jedoch mit dem Zusatz, dass Dänemark nicht das Recht habe, das weitere Voranschreiten der anderen Mitgliedstaaten zu verhindern.[207] Klargestellt wird darin aber Dänemarks Teilnahme an der zweiten Stufe der Wirtschafts- und Währungsunion,[208] was jedoch nur die damalige Vertragslage bestätigte.[209] Darüber hinaus verpflichtet sich Dänemark, weiterhin am Wechselkurmechanismus des EWS teilzunehmen. Klarstellende Funktion haben die anderen Abschnitte des Beschlusses, in denen Dänemark erklärte, dass das nationale Staatsangehörigkeitsrecht nicht durch die Unionsbürgerschaft berührt wird und Dänemark hinsichtlich deren weiterer Entwicklung ein Vetorecht zugestanden wird. Einen Beitritt zur WEU und damit eine Teilnahme an verteidigungspolitischen Entscheidungen der EU wird ausdrücklich ausgeschlossen, wozu aber bereits nach der vorherigen Vertragslage keine Verpflichtung bestand.[210] Vielmehr bezieht sich der diesbezügliche Verzicht auf eine in der Zukunft zu begründende Verteidigungspolitik ein-

---

[202] Letzter Satz der Begründungserwägung des Protokolls über die Sozialpolitik, ABl. EG 1992, Nr. C 191/ 90.

[203] Vgl. hierzu u.a. *Schuster*, Der Sonderstatus Dänemarks im Vertrag über die EU, EuZW 1993, 177 m.w.N.

[204] *Schuster*, Der Sonderstatus Dänemarks im Vertrag über die EU, EuZW 1993, 177 (177).

[205] Agence Europe No. 5878 (n.s.), Special Edition, vom 13. Dezember 1992, S. 9 f.

[206] Vgl. *2. Teil, C. II. 1. b) aa).*

[207] *Schutz*, Flexibilität in der EU, 1998, S. 215.

[208] Sektion B Nr. 3 des Beschlusses.

[209] *Schuster*, Der Sonderstatus Dänemarks im Vertrag über die EU, EuZW 1993, 177.

[210] *Schuster*, Der Sonderstatus Dänemarks im Vertrag über die EU, EuZW 1993, 177 (177).

schließlich Mitgliedschaft in der WEU. Inhaltlich bedeutet dies, dass sich Dänemark weder an der Ausarbeitung noch an der Durchführung von Beschlüssen und Maßnahmen der EU in diesem Bereich beteiligen wird.

Dänemark erklärte sich zur Mitarbeit in den Bereichen Inneres und Justiz unter der Bedingung bereit, dass jede Übertragung nationaler Kompetenzen in diesem Bereich in den EGV der Einstimmigkeit unterliegt, obgleich nach den Vorgaben des Maastrichter Vertrages sowieso für jeden Mitgliedstaat ein diesbezügliches Veto besteht. In beiden Fällen – die EU-Staatsbürgerschaft und die Bereiche Justiz und Inneres betreffend – handelt es sich somit nicht um „opt-outs", sondern eher um symbolische Zugeständnisse, die der dänischen Bevölkerung verdeutlichen sollten, dass ihr Land sich mit dem Eintritt in die EU keinem sich verselbständigenden Prozess in Richtung eines europäischen Bundesstaates anschließen würde.[211] Schließlich geben die „Regelungen" im Wesentlichen die geltende Rechtslage wieder und setzen der Entwicklungsperspektive der genannten Bereiche deutliche Grenzen, was eine dänische Mitwirkung anbelangt.

Was die Rechtsnatur des Beschlusses betrifft, so handelt es sich um mehr als einen politischen Ratsbeschluss, sondern er ist als völkerrechtlicher Vertrag anzusehen, der den Inhalt des Unionsvertrages erläutert, ohne diesen inhaltlich zu ändern.[212] Die Sonderregelungen von Edinburgh sollten aber, wie von den Staats- und Regierungschefs deutlich gemacht wurde, ausschließlich auf Dänemark angewendet werden.[213] Bezüglich des Aufschließens Dänemarks hält der Beschluss fest, dass Dänemark jederzeit zur Vollintegration der anderen Mitgliedstaaten in den fraglichen Bereichen nachrücken kann.

4. Rechts- und Innenpolitik: Die Schengener Abkommen

a) Die Anfänge

Vor dem Hintergrund von Art. 14 EGV, der im Zuge der Verwirklichung des Binnenmarktes den Abbau der innergemeinschaftlichen Grenzkontrollen vorsieht, entschlossen sich die Benelux-Staaten, Deutschland und Frankreich nach dem Scheitern entsprechender Bemühungen auf Gemeinschaftsebene zu einem gesonderten Vorgehen, das schließlich zur Unterzeichnung der Abkommen von Schengen führte.[214]

Mit den Abkommen wird ein gemeinschaftliches Ziel – der Abbau von Grenzkontrollen – über ein völkerrechtliches Instrumentarium verwirklicht. Ein-

---

211 *Schutz*, Flexibilität in der EU, 1998, S. 218.

212 *Schuster*, Der Sonderstatus Dänemarks im Vertrag über die EU, EuZW 1993, 177 (178).

213 *Schuster*, Der Sonderstatus Dänemarks im Vertrag über die EU, EuZW 1993, 177 (180).

214 Übereinkommen betreffend den schrittweisen Abbau der Kontrollen an den gemeinsamen Grenzen vom 14.6.1985, Schengen I, GMBl. 1986, 79 sowie Übereinkommen zur Durchführung des Übereinkommens von Schengen betreffend den schrittweisen Abbau der Kontrollen an den gemeinsamen Grenzen, Schengen II, BAnz Nr. 217a vom 32.11.1990.

her ging damit zum einen die Vorwegnahme einer zukünftigen unionsweiten Lösung, da diese außerhalb der Verträge getroffene Regelung Grundlage der später in den Gemeinschaftsrahmen überführten Regelung wurde. Zum anderen weist das Schengen-Abkommen im Vergleich zum Gemeinschaftsrecht institutionelle Mängel dahingehend auf, dass an der Entstehung weder das Europäische Parlament noch die Parlamente der Vertragsstaaten in entscheidungserheblicher Weise beteiligt waren. Darüber hinaus ist keine gerichtliche Kontrolle der Einhaltung der Abkommen und nur eine sehr eingeschränkte bezüglich der Vereinbarkeit mit Gemeinschaftsrecht vorgesehen gewesen.[215]

b) Nach dem Vertrag von Amsterdam

Mit dem Vertrag von Amsterdam wurde der sog. „Schengen-Besitzstand“ in den Rahmen der Europäischen Union einbezogen und stellt nun eine Differenzierung innerhalb des Gemeinschaftsrahmens dar.[216] Damit ist zumindest der Kritik in Bezug auf die institutionelle Einbindung in die Strukturen der EU Rechnung getragen: Das „Schengen-Protokoll“[217] stellt das notwendige Instrumentarium zur Überführung des Schengen-Besitzstandes in den Rahmen der EU und zu seiner Weiterentwicklung zur Verfügung. In Art. 1 des Protokolls ist in Bezug auf den Schengen-Besitzstand eine Bestimmung zur Verwirklichung einer differenzierten Integration in diesem Bereich vorgesehen. Im Verhältnis zu der allgemeinen Vorschrift in Art. 11 EGV enthält das Protokoll für den von ihm erfassten Bereich Sondervorschriften, so dass bezüglich des bestehenden Schengen-Besitzstandes ein Rückgriff auf Art. 11 EGV aufgrund von dessen Absatz fünf ausgeschlossen ist. Jedoch findet auf neue Initiativen auf der Grundlage des Schengen-Besitzstandes gemäß Art. 5 des Schengen-Protokolls Art. 11 EGV Anwendung. Die verstärkte Zusammenarbeit der betroffenen Mitgliedstaaten hat insofern eine primärrechtliche Grundlage erhalten, in dem sie in Art. 1 S. 1 Schengen-Protokoll ausdrücklich hierzu ermächtigt werden. Zu unterstreichen ist, dass die materielle Reichweite der Ermächtigung insofern beschränkt ist, als sie sich nur auf den Schengen-Besitzstand bezieht, während dessen Fortentwicklung der allgemeinen Vorschrift gemäß Art. 11 EGV und Art. 40 EUV unterworfen ist.[218]

---

215 *Epiney*, Schengen – ein Modell differenzierter Integration, in: Breuss/ Griller (Hrsg.), Flexible Integration in Europa, 1998, S. 127 (132 f.).

216 Inzwischen sind alle Mitgliedstaaten mit Ausnahme von Großbritannien und Irland sog. „Schengen-Staaten“. Zudem wurde mit Norwegen und Island aufgrund der Erhaltung der Passunion der nordischen Staaten ein Kooperationsabkommen geschlossen; vgl. Art. 6 Protokolls zur Einbeziehung des Schengen-Besitzstandes in den Rahmen der EU.

217 Protokoll zur Einbeziehung des Schengen-Besitzstandes in den Rahmen der Europäischen Union („Schengen-Protokoll“).

218 Zur genauen Abgrenzung der Anwendung von Art. 1 S. 1 Schengen Protokoll und der Regelungen über die verstärkte Zusammenarbeit des EGV/ EUV vgl. *3. Teil, B. I. 2. j) bb).*

c) Stellung Dänemarks, Irlands und Großbritanniens

Dänemark nimmt insofern eine Sonderrolle ein, als es an den im Rahmen des neuen Titels „Personenverkehr" des EGV gefassten Beschlüssen grundsätzlich nicht teilnimmt.[219] Daher ist vorgesehen, dass bezüglich derjenigen Teile des Schengen-Besitzstandes, für die Titel IV EGV als Rechtsgrundlage festgelegt wird, Dänemark dieselben Rechte und Pflichten im Verhältnis zu den übrigen Schengen-Staaten zukommen wie vor der Festlegung.[220] Demnach haben derartige Bestimmungen und Beschlüsse des Schengen-Besitzstandes für Dänemark weiterhin den Charakter von im Rahmen des Titels VI des EU-Vertrages angenommenen Rechtsakten. Folglich ist Dänemark in diesem Bereich nur nach den Vorgaben der dritten Säule der Gerichtsbarkeit des EuGH unterworfen. Dänemark steht jedoch die Möglichkeit offen, Maßnahmen zur Weiterentwicklung des Schengen-Besitzstandes, die auf der Grundlage von Titel IV des EGV erlassen wurden, in innerstaatliches Recht umzusetzen. Innerhalb von sechs Monaten nach Erlass einer Bestimmung durch den Rat hat Dänemark eine solche Entscheidung zu treffen, die dann eine völkerrechtliche Verpflichtung gegenüber den übrigen Schengen-Staaten begründet.[221]

Großbritannien und Irland sind nicht Vertragsparteien der Schengen-Abkommen. Es sind jedoch für diese Staaten sowohl bezüglich des bestehenden Besitzstands als auch bezüglich dessen Weiterentwicklung bestimmte Garantien vorgesehen. So ist bestimmt, dass Irland und Großbritannien jederzeit beantragen können, dass einzelne oder alle Bestimmungen des Schengen-Besitzstandes auf sie Anwendung finden sollen,[222] worüber der Rat im Gegensatz zu den Regelungen in Art. 40 b EUV und Art 11 a EGV, die eine qualifizierte Mehrheit vorsehenden, einstimmig entscheiden muss.[223] Somit besteht für jene Mitgliedstaaten kein Anspruch auf Teilnahme am Schengen Besitzstand, zumal die einstimmige Entscheidung abschlägig beschieden werden kann.[224] Hinsichtlich der Einbindung der beiden Staaten in die Weiterentwicklung des Schengen-Besitzstandes ist in Art. 5 Abs. 1 UA. 2 Schengen-Protokoll vorgesehen, dass sie dem Ratspräsidenten ihre Beteiligungsabsicht innerhalb eines vertretbaren Zeitraumes mitteilen müssen, ansonsten gilt eine Ermächtigung i.S.d. Art. 40 a EUV und Art. 11 EGV als erteilt. Großbritannien und Irland ist es somit grundsätzlich möglich, nur an einzelnen Weiterentwicklungsbeschlüssen anstatt an Schengen insgesamt teilzunehmen.[225]

---

219 Art. 1 des Protokolls betreffend die Position Dänemarks.
220 Art. 3 S. 1 Schengen-Protokoll.
221 *Epiney*, Schengen-ein Modell differenzierter Integration, in: Breuss/ Griller, S. 127 (141).
222 Art. 4 S. 1 Schengen Protokoll.
223 Vgl. Art. 4 S. 2 Schengen-Protokoll.
224 *Epiney*, Schengen-ein Modell differenzierter Integration, in: Breuss/ Griller, S. 127 (140).
225 *Epiney*, Schengen-ein Modell differenzierter Integration, in: Breuss/ Griller, S. 127 (140).

5. Differenzierte Integration in anderen Bereichen

a) Differenzierungen gemäß Art. 95 IV EGV [226]

Art. 95 EGV enthält die Rechtsgrundlage zur Angleichung der Rechtsvorschriften im Binnenmarkt und ist die wichtigste Grundlage zur Harmonisierung der für den freien Warenverkehr relevanten Rechtsvorschriften.[227] In Art. 95 IV bis IX EGV ist für einzelne Mitgliedstaaten, die für bestimmte Schutzgüter ein höheres als das in der Harmonisierungsmaßnahme bereits erreichte Niveau beanspruchen, eine Abweichungsmöglichkeit („Escape-Klausel") eingeräumt, wodurch in Abweichung vom Prinzip des exklusiven Vorrangs einer gemeinschaftsrechtlichen Regelung die Beibehaltung nationaler Vorschriften trotz Harmonisierung durch eine Maßnahme des Rates oder Kommission gestattet ist. Dabei dürfen gemäß Art. 95 IV EGV nur bereits existierende nationale Maßnahmen beibehalten werden. Neue nationale Reglungen dürfen gemäß Art. 95 V für den Fall erlassen werden, dass sie auf neue wissenschaftliche Erkenntnisse gestützt sind und auf einem spezifischen Problem für den betreffenden Mitgliedstaat beruhen, das sich erst nach Erlass der Harmonisierungsmaßnahmen ergeben hat. Beibehaltene oder neu eingeführte Abweichungen müssen grundsätzlich immer ein höheres Schutzniveau als die gemeinschaftliche Harmonisierungsmaßnahme zum Ziel haben, wobei nur die Berufung auf wichtige Erfordernisse i.S.d. Art. 30 EGV oder den Schutz der Arbeitsumwelt oder den Umweltschutz zulässig ist, nicht aber die übrigen „zwingenden Erfordernisse" der "Cassis"-Formel.[228] Die Zulässigkeit ist zudem abhängig von der Billigung der Kommission, die nach Antragstellung sechs Monate Zeit zur Überprüfung der beibehaltenen oder neu eingeführten Maßnahme hat.

b) Umweltpolitik gemäß Art. 175 V EGV

Für den Fall, dass eine zu beschließende Maßnahme gemäß Art. 174 EGV im Bereich der Umwelt mit unverhältnismäßig hohen, den Haushalt eines Mitgliedstaates spürbar und offensichtlich belastenden Kosten verbunden ist, hat der betroffene Mitgliedstaat hinsichtlich des „ob" einer Ausnahmeregelung gemäß Art. 175 V EGV einen Anspruch auf eine solche.[229] Im Ermessen des Rates steht es dann, als eine Möglichkeit auf den betroffenen Mitgliedstaat Rücksicht zu nehmen, gemäß Art. 175 V EGV eine vorübergehende gänzliche oder teilweise Aus-

---

[226] Vereinzelt wird diese Form der Differenzierung nicht als eine solche angesehen, sondern als vertragliche Beschränkung des Harmonisierungsziels, vgl. *Martenczuk*, Differenzierte Integration und die föderale Struktur der EU, EuR 2000, 351 (354). Zustimmend aber *Becker*, Differenzierung der Rechtseinheit, EuR Beiheft 1/98, 29 (38); *Ehlermann*, Engere Zusammenarbeit nach dem Amsterdamer Vertrag, EuR 1997, 362 (364 f.); *Ost*, Flexibilität des Gemeinschaftsrechts, DÖV 1997, 495 (497 ff.).

[227] *Streinz*, Europarecht, 5. A., Rn. 960.

[228] EuGH, – *Cassis de Dijon*, Slg. 1979, S. 649 (Rn. 8).

[229] *Calliess*, in: Calliess/ Ruffert, EUV/ EGV Kommentar, 2. A., Art. 175, Rn. 35 f.

nahmeregelung vom gemeinschaftsrechtlichen Schutzniveau vorzusehen. Diese Ausnahmeregelung darf aber nur vorübergehend sein, der Endtermin der zeitlichen Befristung muss von Anfang an bekannt und bestimmt sein.[230]

c) Art. 168 – 172 EGV

Ein Bereich der Gemeinschaftspolitiken, in dem es als erstes zu Differenzierungen innerhalb der EG/ EU kam, war die Forschungs- und Entwicklungspolitik.[231] Zunächst durch die Schaffung von Eureka[232] in 1985 unternahmen Deutschland und Frankreich den Versuch, einen politischen und finanziellen Rahmen für europaweite Forschungsprojekte vor allem auf dem Gebiet zukunftsorientierter Technologien bereitzustellen. Dieses Angebot einer variablen Form der Zusammenarbeit wurde im Rahmen des Gemeinschaftsrechts in Art. 168 bis 172 EGV rechtlich verankert.

III. Ergebnis

Differenzierte Integration stellt bereits seit langem einen Weg dar, bestehenden Unterschieden in der Leistungsfähigkeit und Integrationsbereitschaft zwischen Mitgliedstaaten Rechnung zu tragen. Die zunächst als Formen intergouvernementaler Zusammenarbeit erfolgten Differenzierungen haben mit dem Maastrichter Vertrag eine neue Qualität erfahren. Dieser kann als Aufgabe des Prinzips der unbedingten einheitlichen Integration innerhalb der Verträge gesehen werden. Mit den Regelungen über die Wirtschafts- und Währungsunion sowie die Sozialpolitik wurde erstmals in wichtigen Kompetenzbereichen innerhalb der Verträge ein unterschiedliches Integrationsniveau geschaffen. Die Konvergenzerfordernisse im Bereich der WWU dienten der Überbrückung von Unterschieden in der wirtschaftlichen Leistungsfähigkeit von Mitgliedstaaten. Das hier zugrunde liegende Konzept entspricht im Wesentlichen dem Modell der abgestuften Integration, da einheitliche Ziele aller Mitgliedstaaten festgelegt wurden, deren Erreichung jedoch aufgrund des Erfordernisses der Erfüllung objektiver Kriterien nicht garantiert ist. Die für Dänemark und Großbritannien enthaltenen Ausnahmen sind hingegen auf politische Meinungsverschiedenheiten über die Zielerreichung zurückzuführen und können eine Beibehaltung eines unterschiedlichen Integrationsniveaus auf Dauer zur Folge haben. Gleiches galt für die inzwischen nicht mehr bestehende Ausnahme zugunsten Großbritanniens in der Sozialpolitik. Dieser Weg wurde durch den Amsterdamer Vertrag mit den Ausnahmen für Irland und Großbritannien bezüglich der Geltung des Schengenbesitzstandes fortgeführt, der

---

[230] *Epiney/ Furrer*, Umweltrecht nach Maastricht. Ein Europa der drei Geschwindigkeiten?, EuR 1992, 369 (404 f.).

[231] Vgl. *Blanke*, in: Grabitz/ Hilf, Recht der EU, Kommentar, Bd. 1, 20. EL, vor Art. 43-45 EUV, Rn. 12.

[232] European Research Co-ordination Agency.

eine erfolgreiche Überführung einer völkerrechtlichen Zusammenarbeit in die Verträge und ein Beispiel für die Sogwirkung differenzierter Integration darstellt. Diese Differenzierungen entsprechen am ehesten dem Konzept der variablen Geometrie. Auch wenn Differenzierungen gegenüber diesen Mitgliedstaaten gehäuft vorkommen, sind sie nicht dem Konzept Kerneuropa zuzuordnen, da ihnen keine konsequente geographische Teilung zugrunde liegt.

3. Teil: Die verstärkte Zusammenarbeit im Vertrag von Nizza

Die Bestimmungen der verstärkten Zusammenarbeit im Vertrag von Nizza sind sowohl im Vertrag über die Europäische Union (EUV) als auch im Vertrag über die Europäische Gemeinschaft (EGV) enthalten.

Die Art. 43 bis 45 EUV sehen „allgemeine Vorschriften" bzw. Rahmenregelungen der verstärkten Zusammenarbeit vor, die durch „besondere Vorschriften" in Art. 11 f. EGV für den Bereich des Gemeinschaftsvertrags, in Art. 40 ff. EUV für die polizeiliche und justitielle Zusammenarbeit in Strafsachen (PJZS) sowie durch Art. 27 a ff. EUV für den Bereich der gemeinsamen Außen- und Sicherheitspolitik (GASP) ergänzt werden.

A. Revision der verstärkten Zusammenarbeit durch den Vertrag von Nizza

Die Voraussetzungen des erst mit dem Vertrag von Amsterdam eingeführten Instruments der verstärkten Zusammenarbeit sind – ohne dass diese in der Zwischenzeit auch nur entfernt Bedeutung erlangt hätte oder in einem konkreten Fall deren Anwendung auch nur diskutiert wurde – auf der Konferenz der Staats- und Regierungschefs vom 7. bis 11. Dezember 2000 in Nizza einer Überarbeitung unterzogen worden.[233]

Zunächst war eine Reform der verstärkten Zusammenarbeit im Rahmen der Regierungskonferenz im Jahr 2000 nicht vorgesehen, da sich diese mit den sog. Amsterdam „left-overs" befassen und sicherstellen sollte, dass die EU auch nach der Erweiterung effizient arbeiten kann.[234] Hierbei handelte es sich um jene Themen, über die während der Regierungskonferenz 1997 keine Einigung erzielt werden konnte und die im Wesentlichen die Zusammensetzung und Arbeitsweise der Organe betrafen. Vor allem die Größe und Zusammensetzung der Kommission, die Stimmengewichtung im Rat sowie die Ausweitung von Abstimmungen mit qualifizierter Mehrheit blieben streitige Themen. In Amsterdam wurde beschlossen, jene streitigen Punkte zu vertagen und zum Thema einer weiteren Regierungskonferenz zu machen.[235] Kurz nach Inkrafttreten des Amsterdamer Vertrages beschloss daher der Europäische Rat von Köln am 3. und 4. Juni 1999, für das Jahr 2000 eine Regierungskonferenz einzuberufen, welche die in Amster-

---

233 Vgl. zum Verlauf der Regierungskonferenz, die zum Vertrag von Nizza führte *Wiedmann*, Der Vertrag von Nizza – Genesis einer Reform, EuR 2001, 185 ff.; *de Zwaan*, Het Verdrag van Nice, SEW 2001, 42 ff.

234 Vgl. *Borchmann*, Der Vertrag von Nizza, EuZW 2001, 170 f.; *Hatje*, Die institutionelle Reform der EU, EuR 2001, 143 (146).

235 Vgl. Art. 1 und 2 des Protokolls über die Organe im Hinblick auf die Erweiterung der EU

dam nicht geregelten Fragen, die aber vor der Erweiterung geregelt werden müssten, lösen sollte und weitere Vertragsänderungen behandeln konnte, soweit sie sich in Bezug auf die Organe im Zusammenhang mit den vorgenannten Fragestellungen und im Zuge der Umsetzung des Vertrages von Amsterdam ergeben.[236] Die verstärkte Zusammenarbeit war als nicht zu den sog. Amsterdam „left-overs" gehörend zunächst nicht als Gegenstand der Regierungskonferenz vorgesehen. Sie wurde erstmalig im Vorfeld der Regierungskonferenz während eines informellen Treffens der Gruppe der Vertreter der Mitgliedstaaten in Sintra/ Portugal am 14. und 15. April 2000 diskutiert. Nach anfänglichem Widerstand einiger kleinerer Mitgliedstaaten wurde die verstärkte Zusammenarbeit schließlich doch auf der Tagung des Europäischen Rates am 19. und 20. Juni 2000 in Santa Maria da Feira als formeller Tagesordnungspunkt auf die Agenda der Regierungskonferenz gesetzt.[237]

I. Positionen der Verhandlungsparteien und anderer Akteure

Die Kommission, das Europäische Parlament und die einzelnen Mitgliedstaaten trugen zur Revision der verstärkten Zusammenarbeit Vorschläge und Positionen vor, die sich in einigen wichtigen Punkten unterschieden. Zudem meldeten sich die Beitrittskandidaten mit eigenen Positionen zur Regierungskonferenz zu Wort, die auch die verstärkte Zusammenarbeit betrafen.

1. Die Kommission

Wie aus den Ausführungen der Kommission deutlich wird, steht diese der verstärkten Zusammenarbeit zwar grundsätzlich kritisch gegenüber. Jedoch nimmt sie die Differenzierung in Abweichung zur Gemeinschaftsmethode als faktische Konsequenz der politischen Realitäten in Kauf, die dem Fortschreiten der Integration dienlich sein könnte. So stellt die Kommission in ihrer Stellungnahme zu den Themen der Regierungskonferenz fest, dass mit den anstehenden Erweiterungen die Notwendigkeit einer verstärkten Zusammenarbeit größer werden könnte.[238]

Die Kommission hält es für besonders wichtig, in jedem Fall zu vermeiden, dass sich die Mitgliedstaaten zwecks Durchführung von Projekten differenzierter Integration außerhalb des Gemeinschaftsrahmens bewegen. Deshalb müsse die verstärkte Zusammenarbeit so gestaltet werden, dass sie auch umsetzbar ist. Die Kommission schlug vor, an den förmlichen Bedingungen der verstärkten Zusammenarbeit der Amsterdamer Fassung kleinere Änderungen vorzunehmen. Um eine größere Zahl verstärkter Zusammenarbeiten und damit die Gefahr einer übermä-

---

236 Europäischer Rat von Köln vom 3./4. Juni 1999, Schlussfolgerungen des Vorsitzes, Rn. 52 f.

237 *Yataganas*, The Treaty of Nice: The Sharing of Power and the Institutional Balance, S. 8.

238 Stellungnahme der Kommission nach Art. 48 EUV zur Einberufung der Konferenz der Vertreter der Mitgliedstaaten vom 26.1.2000, KOM (2000) 34, S. 35.

ßigen Zersplitterung der Union zu vermeiden, sollten Art. 11 I EGV und 43 I EUV[239] weitestgehend unverändert bleiben. Die materiellen Voraussetzungen für eine verstärkte Zusammenarbeit hielt die Kommission für strikt genug.

Im Wesentlichen machte die Kommission drei Änderungsvorschläge:[240] Diese sahen vor das Vetorecht abzuschaffen, das Kriterium der Mindestzahl der teilnehmenden Mitgliedstaaten von der Hälfte auf ein Drittel zu verringern sowie die Anwendung der verstärkten Zusammenarbeit auf die GASP auszudehnen.

2. Das Europäische Parlament

Das Europäische Parlament sprach sich in seinem Bericht über die verstärkte Zusammenarbeit[241] grundsätzlich für deren Reform aus. Es unterstrich die Notwendigkeit des Erhalts des einheitlichen institutionellen Rahmens und die Entwicklung der verstärkten Zusammenarbeit ausschließlich innerhalb des Unionsgefüges. Der Anwendungsbereich der verstärkten Zusammenarbeit sollte zudem auf die GASP erweitert werden.[242] Das Parlament forderte darüber hinaus einen stärkeren Einfluss der Organe:[243] Es sprach sich für ein generelles Initiativrecht der Kommission sowie eine Mitentscheidung des Parlaments in allen Säulen aus. Das Ermächtigungsverfahren sollte in den Säulen einheitlich sein. Außerdem wurde vorgeschlagen, das Vetorecht der Mitgliedstaaten abzuschaffen.

3. Die Mitgliedstaaten

Im Gegensatz zu den anderen diskutierten Bereichen der Agenda der Regierungskonferenz, kam es bei der verstärkten Zusammenarbeit nicht zu einer Teilung zwischen großen und kleinen Mitgliedstaaten. Obwohl alle Konferenzteilnehmer darin übereinstimmten, dass das Konzept der verstärkten Zusammenarbeit in einer weniger homogenen EU von Bedeutung sei, sprachen sich allein drei große Staaten (Deutschland, Frankreich und Italien) sowie die Benelux-Staaten uneingeschränkt – und somit bezeichnender Weise die sechs Gründungsmitglieder – für die Reformvorschläge der Kommission aus.[244]

---

[239] Art. 11 EGV und 43 EUV jeweils in der Fassung von Amsterdam.

[240] Stellungnahme der Kommission zur Einberufung der Konferenz der Vertreter der Mitgliedstaaten vom 26.1.2000, KOM (2000) 34, S. 36.

[241] Europäisches Parlament, Bericht über die verstärkte Zusammenarbeit (2000/2162 (INI)) vom 12.10.2000 - Ausschuss für konstitutionelle Fragen (Berichterstatter: *Gil-Robles Gil-Delgado*), A5-0288/2000.

[242] Europäisches Parlament, Bericht über die verstärkte Zusammenarbeit (2000/2162 (INI)) vom 12.10.2000, S. 6.

[243] Europäisches Parlament, Bericht über die verstärkte Zusammenarbeit (2000/2162 (INI)) vom 12.10.2000, S. 7 f.

[244] *Yataganas*, The Treaty of Nice: The Sharing of Power and the Institutional Balance, S. 27.

Deutschland und Italien legten der Regierungskonferenz einen gemeinsamen konkreten Textvorschlag[245] mit erläuternden Aufzeichnungen vor, der im Wesentlichen die vertraglichen Bestimmungen von Amsterdam zur Grundlage machte. Mit Hinweis auf die faktische Unmöglichkeit der Anwendung der bestehenden Regelungen schlugen sie vor, insbesondere das Vetorecht abzuschaffen, die Zahl der eine Zusammenarbeit begründenden Mitgliedstaaten auf acht oder aber ein Drittel zu senken sowie das Kriterium des „letzten Mittels" zu streichen. Darüber hinaus sollte die zu unbestimmte Formulierung „Interessen" in Art. 43 I lit. c) EUV aus dem gleichen Grund wie das „letzte Mittel" – beides Fragen der politischen Einschätzung, die zu unbestimmt seien – gestrichen werden. Außerdem sollte die verstärkte Zusammenarbeit in der GASP möglich sein.

Das Positionspapier der Beneluxstaaten[246] wich von dem deutsch-italienischen Papier inhaltlich kaum ab. Es unterstrich deutlich die Bedeutung der verstärkten Zusammenarbeit für die integrationswilligen und -fähigen Länder, die ohne eine Lockerung der Bedingungen der verstärkten Zusammenarbeit außerhalb der Verträge eine Form der flexiblen Zusammenarbeit suchen könnten. Bemerkenswert und wohl nicht gerade zufällig ist, dass vor allem die sechs Gründungsmitglieder der Gemeinschaft sich der Vereinfachung der institutionalisierten Differenzierung der Integration annehmen.

Die anderen kleineren Staaten[247] sowie Spanien[248] und das Vereinigte Königreich[249] standen einer Reform der verstärkten Zusammenarbeit distanziert gegenüber.[250] Dabei bildeten jene Mitgliedstaaten aufgrund ihrer unterschiedlichen Beweggründe keine einheitliche Opposition gegen die verstärkte Zusammenarbeit. So waren einige Länder besorgt, nicht in der Lage zu sein, mit den integrationswilligen Mitgliedstaaten mithalten zu können, andere wiederum wollten keine Vertiefung der Integration, insbesondere in Bereichen, in denen sie hofften, volle nationale Souveränität beizubehalten. Beiden Seiten gemeinsam war die Sorge

---

245 CONFER 4783/00 vom 6.10.2000, gemeinsamer Übermittlungsvermerk der deutschen und der italienischen Delegation betreffend die verstärkte Zusammenarbeit.

246 CONFER 4787/00 vom 19.8.2000, Informatorische Aufzeichnung – Memorandum der Benelux-Staaten, S. 5 ff.

247 Vgl. u.a. CONFER 4723/00 vom 7.3.2000, Contribution from the Finnish Government, S. 16.

248 Spanien sprach sich jedoch engagiert für eine Ausdehnung der verstärkten Zusammenarbeit auf die zweite Säule (GASP) aus; vgl. CONFER 4760/00 vom 14.7.2000, Übermittlungsvermerk der Spanischen Delegation über eine verstärkte Zusammenarbeit im zweiten Pfeiler, S. 2 ff.

249 Unterhaus des Vereinigten Königreiches (House of Commons), Ausschuss für auswärtige Belange, sechster Bericht, S. 1 ff.; *Wallace*, Possible Futures for the European Union: A British Reaction, in: Joerges/ Mény/ Weiler, What Kind of Constitution for What Kind of Polity? – Responses to Joschka Fischer, 139 (148 f.).

250 *Yataganas*, The Treaty of Nice: The Sharing of Power and the Institutional Balance, S. 27.

darüber, welche negativen Auswirkungen eine Vertiefung der Integration ohne ihre Teilnahme für sie haben könnte.[251]

Im Verlauf der Verhandlungen verschob sich jedoch die Position einiger kleiner Mitgliedstaaten. Sie sahen ihre Zukunft eher darin, die Herausforderung des Eintretens in den Kreis der Vorreiter anzunehmen, als zum Kreis jener Nachzügler zu gehören, der sich voraussichtlich überwiegend aus den zehn neuen Mitgliedstaaten zusammensetzen wird.[252] Die Gegenargumente unterstrichen immer wieder die Befürchtungen eines weniger kohäsiven Europas[253] und die Tatsache, dass bisher mit dem im Amsterdamer Vertrag angelegten Mechanismus der verstärkten Zusammenarbeit noch keine Erfahrungen gemacht wurden.[254]

4. Die Beitrittskandidaten

Zwar äußerten sich nur einige Regierungen der Beitrittskandidaten in ihren Übermittlungsvermerken ausdrücklich zur verstärkten Zusammenarbeit, jedoch wurde in diesen deren ablehnende Haltung deutlich.[255] In ihrem Fall dominierte die Befürchtung, dass man sich sogleich in der zweiten Reihe Europas wieder finde, kaum dass die Hürden des Beitritts überwunden sind.[256] Motiviert war ihre Besorgnis sicherlich durch die Gewissheit, dass die mittel- und osteuropäischen Staaten aufgrund ihres wirtschaftlichen Rückstandes im Falle eines Vertiefungsprojektes zuerst zum Kreis der nicht teilnahmefähigen Mitgliedstaaten gehören und dadurch schnell in der Peripherie der Gemeinschaft landen könnten.[257]

Es wurde zudem der Verdacht gehegt, dass die verstärkte Zusammenarbeit zu einem Instrument der „alten" Mitgliedstaaten werden könnte, das diesen eine Vertiefung der Integration ohne Rücksichtnahme auf die neuen Mitgliedstaaten ermöglichen wird.[258] Denn mittels der verstärkten Zusammenarbeit könnten die

---

[251] *Wallace*, Possible Futures for the European Union: A British Reaction, in: Joerges/ Mény/ Weiler, What Kind of Constitution for What Kind of Polity? – Responses to Joschka Fischer, 139 (146 ff.).

[252] *Yataganas*, The Treaty of Nice: The Sharing of Power and the Institutional Balance, S. 14.

[253] Vgl. z.B. CONFER 4719/00 vom 3.3.2000, Memorandum from the Greek Government to the Intergovernmental Conference, S. 8.

[254] *Janning*, Verstärkte Zusammenarbeit im Vertrag von Nizza, in: Weidenfeld (Hrsg.), Nizza in der Analyse, 2001, 145 (157).

[255] CONFER/VAR 3951/00 vom 24.2.2000, Contribution from the government of Cyprus, S. 3; CONFER/VAR 3958/00 vom 24.2.2000, Contribution from the government of the Czech Republic, S. 3 f.; CONFER/VAR 3967/00 vom 3.7.2000, Contribution from the government of Poland, S. 18 f.

[256] *Zielonka*, Enlargement and the Finality of European Integration, in: Joerges/ Mény/ Weiler, What Kind of Constitution for What Kind of Polity?, 151 (153 f.).

[257] *Zielonka*, Enlargement and the Finality of European Integration, in: Joerges/ Mény/ Weiler, What Kind of Constitution for What Kind of Polity?, 151 (153 ff.).

[258] So etwa andeutungsweise in CONFER/VAR 3967/00 vom 3.7.2000, Contribution from the government of Poland, S. 18 f.

alten Mitgliedstaaten zur Umsetzung eines geplanten Integrationsprojekts, welches die neuen Mitgliedstaaten aus wirtschaftlichen Gründen nicht in der Lage sind mitzutragen, in die differenzierte Integration ausweichen, anstatt auf die neuen Mitgliedstaaten zu warten oder diese durch kostspielige Kohäsionsmaßnahmen in die Lage zu versetzen teilzunehmen, wie dies in der Vergangenheit im Fall der mangelnden Fähigkeit zur Teilnahme häufig praktiziert wurde.

II. Der Verhandlungsverlauf

Bereits im Vorfeld der Konferenz von Nizza fand während der vorausgehenden Arbeitstreffen die eigentliche Diskussion und thematische Arbeit an der Reform der verstärkten Zusammenarbeit statt.

1. Allgemeine Überlegungen – Ansätze zur Reform der bestehenden Artikel der verstärkten Zusammenarbeit

Was die Ermächtigungsbedingungen betraf, so war schon zu Anfang die Mehrzahl der Delegationen der Auffassung, dass diese revidiert werden müssten, um die Inanspruchnahme der verstärkten Zusammenarbeit innerhalb des institutionellen Rahmens der Union attraktiver zu machen und eine Verwirklichung außerhalb der Verträge zu verhindern.[259] Insbesondere die bisherige Zahl der Mindestteilnehmer sowie die Möglichkeit eines Vetos wurden als zu restriktiv betrachtet.[260]

Nicht durchsetzen konnten sich die folgenden Vorschläge: Im Rahmen der Diskussion über die allgemeinen Ziele einer verstärkten Zusammenarbeit wurde hinsichtlich der „Förderung der Integration“ erwogen, die verstärkte Zusammenarbeit – neben der bewährten Gemeinschaftsmethode gemäß dem Prinzip „alle oder keiner“ – in den Rang eines „Mittels der Integration“ zu heben.[261]

Darüber hinaus wurde vorgeschlagen, einen Aufholmechanismus für nicht teilnehmende Mitgliedstaaten zu installieren, wobei insbesondere transparente und nichtdiskriminierende Zugangsbedingungen für alle Mitgliedstaaten einschließlich der künftigen Mitglieder der Union ausgearbeitet werden sollten.[262]

Vorgeschlagen wurde auch, die verstärkte Zusammenarbeit als Mechanismus einzuführen, der es unter bestimmten Bedingungen ermöglicht, Formen der Zusammenarbeit in den Verträgen zu verankern, die zwar zur Verwirklichung der Ziele der Union beitragen sollen, aber außerhalb der Institutionen angesiedelt sind und sich auf Bereiche beziehen, die außerhalb der Anwendungsbereiche von EGV, GASP und PJZS liegen. Hierbei wurde an die außerhalb des institutionellen Rahmens entwickelten Fälle der verstärkten Zusammenarbeit gedacht, wie die

---

[259] CONFER 4761/00 vom 18.7.2000, Vermerk des Vorsitzes zur verstärkten Zusammenarbeit, S. 2.

[260] CONFER 4761/00 vom 18.7.2000, Vermerk des Vorsitzes, S. 2.

[261] CONFER 4761/00 vom 18.7.2000, Vermerk des Vorsitzes, S. 1.

[262] CONFER 4761/00 vom 18.7.2000, Vermerk des Vorsitzes, S. 1.

Schengen-Zusammenarbeit oder bestimmte Formen der Zusammenarbeit im Verteidigungs- und Rüstungsbereich, die aber in einem offensichtlichen Zusammenhang mit der Verwirklichung der Ziele der Union stehen.[263]

2. Verstärkte Zusammenarbeit im Bereich des EGV

Für den Bereich des EGV wurde diskutiert, die Bedingungen für eine Ermächtigung nach Themengebieten zu trennen: Rechtsetzungstätigkeiten im Zusammenhang mit dem Funktionieren des Binnenmarktes, d.h. den vier Grundfreiheiten, den gemeinsamen Politiken, bei denen die Integration weit vorangeschritten ist, sowie dem wirtschaftlichen und sozialen Zusammenhalt könnten strengeren Bedingungen als die übrigen Bereiche unterworfen werden und deshalb separat behandelt werden. Daher wurde vorgeschlagen, zwei Arten der Zusammenarbeit mit unterschiedlichen Bedingungen der Inanspruchnahme zu unterscheiden, nämlich eine Zusammenarbeit, die Aktivitäten im Zentrum des Integrationsprozesses betrifft und eine solche, die jene Aktivitäten betrifft, bei denen die Integration weniger weit vorangeschritten ist.[264]

Hinsichtlich der Durchführungsbedingungen wurde eine einzelfallbezogene Lockerung der internen Regeln, wie z.B. längere Vorsitzdauer oder häufigerer Rückgriff auf die qualifizierte Mehrheit, vorgeschlagen, falls die Beteiligten im konkreten Fall damit einverstanden sind.[265]

Zudem wurde vorgeschlagen, die Angleichung der Rechts- und Verwaltungsvorschriften der Mitgliedstaaten, welche die Errichtung und das Funktionieren des Binnenmarktes zum Gegenstand haben, die Änderung der Bedingungen für den Zugang zur Einheitswährung, die Annahme von Vorschriften betreffend die Unionsbürgerschaft sowie die Strukturfonds und den Kohäsionsfonds von der verstärkten Zusammenarbeit auszuschließen.[266]

3. Verstärkte Zusammenarbeit in der Gemeinsamen Außen- und Sicherheitspolitik (GASP)

Die Einbeziehung einer verstärkten Zusammenarbeit im Bereich der GASP war bereits auf der Konferenz von Amsterdam am Widerstand einiger Mitgliedstaaten gescheitert. Während der vorbereitenden Arbeitstreffen der Delegationen der Mitgliedstaaten wurde eine Einbeziehung der GASP jedoch erneut vorgeschlagen

---

263 CONFER 4761/00 vom 18.7.2000, Vermerk des Vorsitzes, S. 4.

264 CONFER 4761/00 vom 18.7.2000, Vermerk des Vorsitzes, S. 2.

265 CONFER 4761/00 vom 18.7.2000, Vermerk des Vorsitzes, S. 4.

266 CONFER 4766/00 vom 30.8.2000, Aufzeichnung des Vorsitzes zur verstärkten Zusammenarbeit, S. 3.

und ausgearbeitet.[267] Streitig waren diesbezüglich im Vorfeld der Konferenz von Nizza vor allem drei Punkte:[268]

Der erste Streitpunkt war die Rolle der Kommission. Der vom Vorsitz vorgeschlagene Text sah für die Kommission die gleiche Rolle vor, die ihr auch im Rahmen des Titels V des EUV zukommt, wohingegen einige Delegationen dafür eintraten, die Rolle der Kommission insbesondere dadurch zu stärken, dass im Falle einer ablehnenden Stellungnahme der Kommission der Rat einstimmig beschließen muss.

Zweitens wurde hinsichtlich der Mindestzahl der teilnehmenden Mitgliedstaaten eine verstärkte Zusammenarbeit mit weniger als acht Teilnehmern diskutiert. Deutschland und Italien schlugen eine Verringerung der Anzahl der teilnehmenden Mitgliedstaaten auf fünf vor.[269]

Letztlich war zwischen den Delegationen die verstärkte Zusammenarbeit im Bereich der Sicherheit und der Verteidigung umstritten. Es herrschten geteilte Ansichten darüber, ob eine spezielle Bestimmung für den Bereich Sicherheit und Verteidigung – etwa mittels eines Protokolls im Anhang zum Vertrag oder aber einer speziellen Ermächtigungsklausel[270] – und das entsprechende Verfahren zur Einleitung einer verstärkten Zusammenarbeit aufgenommen werden sollte. Hierbei waren insbesondere die Mindestzahl der teilnehmenden Mitgliedstaaten und die Regelung für die Abstimmung im Rat bei der Beschlussfassung umstritten. Gegen die Ausdehnung der verstärkten Zusammenarbeit auf jenen Bereich stellte sich vor allem jedoch die Regierung Großbritanniens.[271]

4. Verstärkte Zusammenarbeit im Bereich der polizeilichen und justitiellen Zusammenarbeit in Strafsachen (PJZS)

Im Bereich der PJZS wurden vor allem die Frage des Initiativrechts für eine Ermächtigung diskutiert, das entweder von den betreffenden Mitgliedstaaten oder aber von der Kommission ausgeübt werden kann und die daraus resultierenden Konsequenzen für den Abstimmungsmodus der Ermächtigung.

Zudem sollte für eine noch zu bestimmende Anzahl von Mitgliedstaaten die Möglichkeit bestehen, eine Verschiebung des Projekts zu beantragen. In diesem Fall könnte der Rat die beantragte Ermächtigung erst nach Ablauf eines Jahres erteilen. Somit wäre das Vetorecht aufgehoben und durch eine zeitliche Suspendierung ersetzt worden. In beiden Optionen war vorgesehen, dass für den Fall,

---

267 Vgl. CONFER 4803/00 vom 17.11.2000, Aufzeichnung des Vorsitzes zur verstärkten Zusammenarbeit, S. 8 ff.

268 CONFER 4803/00 vom 17.11.2000, Aufzeichnung des Vorsitzes zur verstärkten Zusammenarbeit, S. 1 f.

269 CONFER 4783/00 vom 6.10.2000, Übermittlungsvermerk der deutschen und italienischen Delegation, S. 4.

270 CONFER 4761/00 vom 18.7.2000, Vermerk des Vorsitzes, S. 3.

271 *Yataganas*, The Treaty of Nice: The Sharing of Power and the Institutional Balance, S. 41.

dass eine verstärkte Zusammenarbeit eine direkte Auswirkung auf die aufgrund des EGV durchgeführten Maßnahmen hätte, der Rat bei einer negativen Stellungnahme der Kommission einen einstimmigen Beschluss fassen müsste.[272]

III. Die veränderte verstärkte Zusammenarbeit nach Nizza

Am Ende der Vertragsverhandlungen von Nizza war eine verstärkte Zusammenarbeit entstanden, die im Vergleich zur Fassung von Amsterdam nicht grundlegend reformiert wurde, sondern die auf den ersten Blick eher kleine Änderungen sowohl systematischer als auch verfahrensrechtlicher und materieller Natur erfahren hatte.[273]

In systematischer Hinsicht sind die Voraussetzung und das Verfahren einer verstärkten Zusammenarbeit neu gegliedert: Die allgemeinen Grundsätze – Voraussetzungen, Beschluss-, Beteiligungs- und Finanzierungsmodalitäten – sind zukünftig für alle Bereiche in Titel VII EUV, Art. 43 bis 45 EUV zusammengefasst. Das Verfahren der Begründung einer verstärkten Zusammenarbeit richtet sich nach den jeweiligen bereichsspezifischen Bestimmungen für die GASP (Art. 27 a bis 27 e EUV), die Kooperation in der polizeilichen und justitiellen Zusammenarbeit in Strafsachen (Art. 40 bis 40 b EUV) und die Gemeinschaftspolitiken des EGV (Art. 11 und 11 a EGV).

Eine der wichtigsten Neuerungen im Bereich der Beschlussfassung ist, dass das „Vetorecht“ einzelner Mitgliedstaaten im Bereich des EGV und der PJZS nicht mehr besteht und damit nicht mehr ein Mitgliedstaat allein das Fortschreiten der Integration in einer verstärkten Zusammenarbeit blockieren kann. Die Zusammenarbeit ablehnende Mitgliedstaaten können lediglich eine Befassung des Europäischen Rates mit der Angelegenheit verlangen, der die Sache nochmals erörtert. Besteht jedoch eine qualifizierte Mehrheit für die verstärkte Zusammenarbeit, so kann diese nicht mehr verhindert werden.

Zudem wurde die Mindestzahl der an einer verstärkten Zusammenarbeit teilnehmenden Staaten von „der Mehrheit der Mitgliedstaaten“ auf acht verändert, wobei durch die Festschreibung dieser konkreten Zahl erst seit der erfolgten Erweiterung eine Verringerung der Teilnehmerzahl liegt.

Neu eingeführt wurde die verstärkte Zusammenarbeit im Bereich der gemeinsamen Außen- und Sicherheitspolitik in Art. 27a ff. EUV. Der Anwendungsbe-

---

[272] CONFER 4766/00 vom 30.8.2000, Aufzeichnung des Vorsitzes zur verstärkten Zusammenarbeit, S. 8 f.

[273] Vgl. zu den Ergebnissen von Nizza: *Borchmann*, Der Vertrag von Nizza, EuZW 2001, 170 ff; *Epiney/ Freiermuth-Abt/ Mosters*, Der Vertrag von Nizza, DVBl. 2001, 941 (945 ff.); *Giering/ Janning*, Flexibilität als Katalysator der Finalität? Die Gestaltungskraft der „verstärkten Zusammenarbeit“ nach Nizza, Integration 2001, 146 ff.; *Hatje*, Die institutionelle Reform der Europäischen Union, EuR 2001, 143 (160 ff.); *Pache/ Schorkopf*, Der Vertrag von Nizza, NJW 2001, 1376 (1383); *Wiedmann*, Der Vertrag von Nizza, EuR 2001, 185 (209 ff.); *de Zwaan*, Het Verdrag van Nice, SEW 2001, 42 (47 f.).

reich wurde aber auf die Durchführung gemeinsamer Aktionen sowie die Umsetzung gemeinsamer Standpunkte begrenzt. Die Annahme grundlegender Beschlüsse steht einer verstärkten Zusammenarbeit demnach nicht offen, sondern nur deren Ausführung. Außerdem ist eine Zusammenarbeit mit militärischen oder verteidigungspolitischen Bezügen ausgeschlossen. Zudem besteht für die GASP ein Vetorecht eines Mitgliedsstaates, wie es ehemals für die Zusammenarbeit im Bereich des EGV und der PJZS bestand.

In verfahrensrechtlicher Hinsicht neu ist, dass die bei einer verstärkten Zusammenarbeit im Rahmen der PJZS der Antrag der Mitgliedstaaten nicht mehr direkt an den Rat geht und die Kommission lediglich um eine Stellungnahme ersucht wird, sondern gemäß Art. 40 a I EUV wie bei der Zusammenarbeit im Bereich des EGV ein Antrag an die Kommission zu richten ist, die einen entsprechenden Vorschlag unterbreiten kann.

Mit Art. 43 lit. f) EUV, der besagt, dass eine Zusammenarbeit keine Behinderung oder Diskriminierung des Handels zwischen den Mitgliedstaaten darstellen und die Wettbewerbsbedingungen zwischen diesen nicht verzerren darf, wurde eine materielle Voraussetzung der Ermächtigung zu einer verstärkten Zusammenarbeit in die allgemeinen Voraussetzungen in Art. 43 EUV überführt, die zuvor nur für den Bereich des EGV galt und in Art. 11 I lit. e) EGV geregelt war. Zudem sah die Vorschrift anstatt einer *Behinderung* vorher eine *Beschränkung* vor.

Das ehemals in Art. 43 lit. c) EUV enthaltene Kriterium des „letzten Mittels" ist in abgewandelter Form mit Art. 43 a EUV in einen eigenen Artikel gefasst worden. Ursprünglich war das Kriterium des letzten Mittels eines jener in Art. 43 I EUV aufgezählten Kriterien, die für eine Ermächtigung zu einer verstärkten Zusammenarbeit erfüllt sein mussten. Dabei blieb offen, auf welche Weise das Vorliegen des letzten Mittels festgestellt wird. Jetzt ist vorgesehen, dass der Rat zu dem Schluss gelangen muss, dass die mit der verstärkten Zusammenarbeit angestrebten Ziele nicht in einem vertretbaren Zeitraum unter Anwendung der einschlägigen Bestimmungen verwirklicht werden können. Die Voraussetzung ist damit inhaltlich konkreter geworden und die Feststellung des Vorliegens einem Organ zugeschrieben worden.

Nun mehr oder weniger geklärt durch eine Kodifikation ist die Frage des rechtlichen Status der Rechtsakte und Beschlüsse der verstärkten Zusammenarbeit: Diese gehören gemäß Art. 44 I lit. 2 EUV nicht zum Besitzstand der Union (*acquis communautaire*). Damit ist die Frage zu verneinen, ob neu beitretende Staaten die Regelungen aus den verstärkten Zusammenarbeiten übernehmen müssen.[274] Anders sieht dies für den Schengenbesitzstand aus, an dem inzwischen alle Mitgliedstaaten außer Großbritannien und Irland beteiligt sind. In Art. 8 des Schengen-Protokolls ist gesondert geregelt, dass dieser von den Beitrittskandidaten vollständig übernommen werden muss.[275]

---

274 *de Zwaan*, Het Verdrag van Nice, SEW 2001, 42 (47).
275 *de Zwaan*, Het Verdrag van Nice, SEW 2001, 42 (47).

Daneben bestehen noch einige weniger bedeutende Änderungen, auf deren Erwähnung aufgrund ihrer geringeren Bedeutung an dieser Stelle verzichtet wird.[276]

B. Gründung einer verstärkten Zusammenarbeit

Der Ablauf einer verstärkten Zusammenarbeit erfolgt in zwei Schritten: Zuerst ergeht ein *Ermächtigungsakt („Ermächtigung")* durch die Gesamtheit der Mitgliedstaaten (vgl. I.) und danach erfolgt die *Durchführung* des Integrationsprojektes durch die ermächtigten Mitgliedstaaten (vgl. II.).

Die verstärkte Zusammenarbeit ist nach ihrer Überarbeitung im Rahmen des Vertrags von Nizza, was ihre strukturelle Gliederung anbelangt, klar in einen so genannten „allgemeinen Teil" in Art. 43 bis 45 EUV unterteilt worden, der jene Voraussetzungen enthält, die jede verstärkte Zusammenarbeit erfüllen muss, und einen „besonderen Teil" in Form von speziellen Regelungen über die konkrete Anwendung im Bereich des EGV (Art. 11 und 11a EGV) sowie für den Bereich der GASP (Art. 27 a, b, c, d und e EUV) und der PJZS (Art. 40, 40 a und b EUV).[277]

Die Mitgliedstaaten, die eine verstärkte Zusammenarbeit im Bereich des EGV begründen wollen, müssen hinsichtlich der Einleitung eines Ermächtigungsverfahrens gemäß Art. 11 I EGV zuerst einen Antrag an die Kommission richten. Die Kommission kann ausschließlich auf diesen Antrag hin und nicht auf eigene Initiative dem Rat in der Zusammensetzung aller Mitgliedstaaten einen Vorschlag für eine verstärkte Zusammenarbeit unterbreiten. Zur Annahme des Vorschlags und damit der Ermächtigung zu einer verstärkten Zusammenarbeit bedarf es gemäß Art. 11 II EGV einer qualifizierten Mehrheit der Stimmen aller Mitgliedstaaten. Das Europäische Parlament ist vorher anzuhören, bzw. in den Fällen des Art. 251 EGV ist dessen Zustimmung erforderlich. Nach erfolgter Ermächtigung können die mindestens acht Mitgliedstaaten, die sich zu einer Zusammenarbeit

---

276 Neu eingefügt wurde Art. 43 lit. e) EUV, der vorsieht, dass der Binnenmarkt im Sinne des Art. 14 EGV sowie der wirtschaftliche und soziale Zusammenhalt nach Titel XVII des EGV nicht beeinträchtigt werden dürfen. Ebenfalls neu ist das in Art. 45 EUV enthaltene Gebot der Überwachung der Kohärenz, nach dem Rat und Kommission dafür sorgen müssen, dass die Maßnahmen aufgrund einer verstärkten Zusammenarbeit mit den Unions- und Gemeinschaftspolitiken in Einklang stehen. Weggefallen ist die ehemals in Art. 11 lit. b EGV (A.) enthaltene Vorschrift, wonach die Gemeinschaftspolitiken, -aktionen oder -programme nicht beeinträchtigt werden dürfen, die aber teilweise in dem Gebot der Beachtung des Besitzstandes der Gemeinschaft und der nach Maßgabe der sonstigen Bestimmungen getroffenen Maßnahmen gemäß Art. 43 lit. c) EUV (A.) aufgeht. Weiterhin weggefallen sind die Klauseln in Art. 11 lit. c) EGV (A.), wonach die Zusammenarbeit nicht die Unionsbürgerschaft betrifft und auch keine Diskriminierung zwischen Staatsangehörigen der Mitgliedstaaten bedeutet.

277 *Blanke*, in: Grabitz/ Hilf, Recht der EU, Kommentar Bd. I, 20. EL, vor Art. 43-45 EUV, Rn. 17.

entschlossen haben, Rechtsakte und Beschlüsse zur Durchführung der verstärkten Zusammenarbeit erlassen.

Im Bereich der polizeilichen und justitiellen Zusammenarbeit in Strafsachen (PJZS oder „dritte Säule“) ist im Wesentlichen ein identisches Verfahren vorgesehen. Jedoch können die Mitgliedstaaten, falls die Kommission auf den Antrag hin keinen Vorschlag für eine verstärkte Zusammenarbeit vorlegt, im Unterschied zum Bereich des EGV, selbst einen solchen an den Rat richten.

Anders sieht es für den Bereich der GASP aus: Die an einer Zusammenarbeit interessierten Mitgliedstaaten richten einen Antrag an den Rat, der zur Stellungnahme an die Kommission und zur Information an das Parlament weitergeleitet wird. Der Rat entscheidet dann gemäß Art. 23 II UA. 2 und 3 EUV mit qualifizierter Mehrheit über die Ermächtigung, wobei gemäß Art. 23 II UA. 3 EUV jeder Mitgliedstaat ein Vetorecht hat. Die auf diese Weise ermächtigte Gruppe kann dann nach den allgemeinen Bestimmungen die Durchführung einer gemeinsamen Aktion oder die Umsetzung eines gemeinsamen Standpunktes beschließen. Damit stehen der Beschluss über gemeinsame Strategien und, wie in Art. 27 b S. 2 EUV explizit erwähnt, Fragen mit militärischen und verteidigungspolitischen Bezügen einer verstärkten Zusammenarbeit nicht offen.

Sowohl für den Bereich des EGV, der GASP als auch der PJZS sind die allgemeinen Vorschriften der Art. 43 bis 45 EUV zu berücksichtigen.

I. Die Ermächtigung zu einer verstärkten Zusammenarbeit

Bevor ein Teil der Mitgliedstaaten im Rahmen einer verstärkten Zusammenarbeit tätig werden kann, muss er dazu durch einen Ratsbeschluss der Gesamtheit aller Mitgliedstaaten ermächtigt werden. Inhalt des Ratsbeschlusses ist die Ermächtigung der an der verstärkten Zusammenarbeit teilnehmenden Mitgliedstaaten, unter den Voraussetzungen des Art. 43 ff. EUV, Art. 11 f. EGV, Art. 40 ff., Art. 27 a ff. EUV die Organe, Verfahren und Mechanismen der Verträge in Anspruch zu nehmen. Im folgenden Abschnitt werden der Ablauf und die Voraussetzungen der Ermächtigung zu einer verstärkten Zusammenarbeit erörtert. Dabei werden das Ermächtigungsverfahren [vgl. I.1.] und die Zulässigkeitsvoraussetzungen einer verstärkten Zusammenarbeit [vgl. I.2.] dargestellt und analysiert.

1. Das Ermächtigungsverfahren

Das Ermächtigungsverfahren unterscheidet sich für den Bereich des EGV, der PJZS und der GASP in einigen Punkten. Aus diesem Grund erfolgt eine getrennte Erörterung der Verfahren in den jeweiligen Bereichen. Der Bereich des Verfahrens ist derjenige, der durch die Vertragsreform von Nizza eine Reihe wichtiger Modifikationen erfahren hat.

a) Im Bereich des EGV

Für den Bereich des EGV ist das Verfahren der Gründung einer verstärkten Zusammenarbeit in Art. 11 I und II EGV geregelt. Demnach legt die Kommission auf Antrag der Mitgliedstaaten [vgl. aa)] einen Vorschlag zur Ermächtigung [vgl. bb)] vor. Diese wird dann vom Rat mit qualifizierter Mehrheit nach Anhörung des Europäischen Parlaments erteilt [vgl. cc)].

aa) Antrag der Mitgliedstaaten

Gemäß Art. 11 I EGV richten die Mitgliedstaaten, die gemeinsam beabsichtigen eine verstärkte Zusammenarbeit in einem in den EGV fallenden Bereich zu gründen, einen Antrag an die Kommission mit dem Anliegen, dem Rat einen entsprechenden Vorschlag zu unterbreiten. Das Vorschlagsrecht kann nicht von einem einzelnen Mitgliedstaat ausgeübt werden, sondern nur von einer Gruppe von mindestens acht Mitgliedstaaten, die tatsächlich beabsichtigt, gemeinsam eine verstärkte Zusammenarbeit durchzuführen.[278] Die Mindestzahl von acht Mitgliedstaaten muss für die Kommission zur Überprüfung der Zulässigkeit der geplanten verstärkten Zusammenarbeit ersichtlich sein.

In den Verträgen finden sich keine Angaben, wie der Antrag inhaltlich konkret ausgestaltet sein muss. Zur Beurteilung der Zulässigkeit des Antrags durch die Kommission sind aber eine Reihe von Angaben erforderlich: Hierzu gehören auf jeden Fall die Angabe des Gegenstands der geplanten verstärkten Zusammenarbeit, die in deren Rahmen beabsichtigten Maßnahmen und angestrebten Ziele sowie die daran teilnehmenden Mitgliedstaaten.[279]

bb) Vorschlag der Kommission

Auf den Antrag der Mitgliedstaaten hin kann die Kommission gemäß Art. 11 I EGV dem Rat einen entsprechenden Vorschlag vorlegen. Legt sie keinen Vorschlag vor, so teilt sie den betroffenen Mitgliedstaaten ihre Gründe dafür mit. Wie einerseits aus der Formulierung „kann“ und andererseits der Tatsache, dass die Kommission den Mitgliedstaaten die Gründe dafür mitzuteilen hat, wenn sie dem Antrag nicht entspricht, deutlich wird, ist sie nicht zur Vorlage eines Vorschlages verpflichtet. Im Vergleich zum gewöhnlichen Gesetzgebungsverfahren[280] auf europäischer Ebene hingegen, in dem die Kommission ein Initiativmonopol besitzt, ist ihre Macht in der verstärkten Zusammenarbeit eingeschränkt: Ein Vorschlag der Kommission ist daran gebunden, dass diesem ein Antrag der Mitgliedstaaten auf Gründung einer verstärkten Zusammenarbeit vorausgeht.[281]

---

[278] *Becker*, Differenzierungen der Rechtseinheit, EuR-Beiheft 1/1998, 29 (51).
[279] *Hatje*, in: Schwarze, EU-Kommentar, Art. 11 EGV, Rn. 13.
[280] Vgl. Art. 251 EGV f.
[281] *Bribosia*, Différenciation et avant-gardes, CDE 2000, 57 (70).

Die Kommission ist prinzipiell verpflichtet, über den Antrag der Mitgliedstaaten zu entscheiden. Sollte sie dies nicht tun, haben die betroffenen Mitgliedstaaten die Möglichkeit einer Untätigkeitsklage gemäß Art. 232 EGV.[282] [283] Legt die Kommission keinen Vorschlag vor, so muss sie die betroffenen Mitgliedstaaten davon unterrichten und ihre Gründe angeben.[284]

Darüber hinaus ist sie in der Ausübung ihres Vorschlagsrechts zu einem gewissen Grad auch inhaltlich an den Antrag der Mitgliedstaaten gebunden und damit in ihrem Handlungsspielraum nochmals eingeschränkt. Unklar ist allerdings das Ausmaß dieser inhaltlichen Bindung. Gemäß dem Vertragstext kann die Kommission einen „entsprechenden Vorschlag"[285] vorlegen. Dies lässt den Schluss zu, dass die Bindung an den Antrag weniger strikt ist. Etwas anderes widerspräche auch der Funktion der Kommission im Ermächtigungsverfahren, die eher einer unabhängigen, dem Gemeinschaftsinteresse verpflichteten Kontrollinstanz ähnelt. Anstatt einer Ablehnung muss es der Kommission daher möglich sein, einen abweichenden Vorschlag zu unterbreiten, der den Erfordernissen der Vertragsbestimmungen und dem Gemeinschaftsinteresse eher entspricht. Auf jeden Fall ist die Kommission aber hinsichtlich der zu regelnden Materie der verstärkten Zusammenarbeit an den Vorschlag der Mitgliedstaaten gebunden.

Im Rahmen der Überprüfung des Antrags und der Erarbeitung eines Vorschlags nimmt die Kommission ihr rechtliches Überprüfungsrecht wahr und überprüft die Vereinbarkeit der beabsichtigten verstärkten Zusammenarbeit mit den in Art. 43 EUV enthaltenen rechtlichen Voraussetzungen. Demgemäß ergeben sich aus Art. 43 EUV auch die Gründe, die zur Ablehnung eines Vorschlags führen können, wenn die Kommission die verstärkte Zusammenarbeit für rechtlich nicht zulässig hält. Einige der in Art. 43 EUV enthaltenen Kriterien eröffnen der Kommission einen weiten Auslegungsspielraum, da diese vage formuliert sind.[286] Diese hat die Kommission in ihrer Rolle als Hüterin der Verträge im Lichte des Gemeinschaftsinteresses auszulegen. Mit der Auslegung der Voraussetzungen des Art. 43 EUV ist auf die Kommission eine umfangreiche Gestaltungsmacht übertragen worden, wodurch ihre wichtige Kontrollfunktion im Ermächtigungsverfahren unterstrichen wird. Zudem hat die Kommission gemäß Art. 43 b Satz 3 EUV dafür Sorge zu tragen, dass eine möglichst große Zahl von Mitgliedstaaten zur Beteiligung angeregt wird.

---

[282] *Becker*, Differenzierungen der Rechtseinheit, EuR-Beiheft 1/1998, 29 (51); *Hatje*, in: Schwarze, EU-Kommentar, Art. 11 EGV, Rn. 14.

[283] Vgl. zur gerichtlichen Kontrolle des Handelns der Kommission im Ermächtigungsverfahren *3. Teil, D. III. 1.*

[284] Art. 11 I S. 2 EGV.

[285] Art. 11 I S.1 EGV.

[286] Vgl. zu den Kriterien im einzelnen *3. Teil, B.I.2.*, „Zulässigkeitsvoraussetzungen der verstärkten Zusammenarbeit".

In der zentralen Rolle der Kommission im Ermächtigungsverfahren liegt eine wichtige Sicherung der Gemeinschaftsverträglichkeit der verstärkten Zusammenarbeit, indem die Kommission die Rolle des Anwalts des Gemeinschaftsinteresses wahrnimmt, der eine neutrale Abwägung zwischen den Interessen der integrationswilligen Mitgliedstaaten, der aus welchen Gründen auch immer nicht teilnehmenden Mitgliedstaaten und letztlich dem Gemeinschaftsinteresse vollzieht und in seinen Vorschlag einbezieht.

cc) Beschluss über die Ermächtigung

Die Ermächtigung wird vom Rat mit qualifizierter Mehrheit erteilt [vgl. (3)]. Zuvor ist das Europäische Parlament entsprechend den Vorgaben zu beteiligen [vgl. (1)], das Vorliegen des „letzten Mittels" durch den Rat festzustellen [vgl. (2)] sowie unter Umständen auf Verlangen eines Mitgliedstaats der Europäische Rat zu befassen [vgl. (3)]. Für das Verfahren gelten die allgemeinen Vorschriften.[287] Demnach kann der Rat den Vorschlag der Kommission gemäß Art. 250 EGV nur einstimmig abändern, die Kommission wiederum ist berechtigt, den Vorschlag bis zur Abstimmung zurückzuziehen.

(1) Beteiligung des Europäischen Parlaments

Für eine verstärkte Zusammenarbeit im Bereich des EGV bestehen zwei Formen der Beteiligung des Europäischen Parlaments: Grundsätzlich ist das Parlament gemäß Art. 11 II UA 1 EGV vor der Abstimmung des Rates über die Ermächtigung lediglich anzuhören. Eine durch den Vertrag von Nizza eingeführte Neuerung ist, dass in den Bereichen des EGV, für die das Verfahren gemäß Art. 251 EGV („Mitentscheidungsverfahren") gilt, anstatt einer Anhörung des Parlaments auch für die verstärkte Zusammenarbeit dessen Zustimmung erforderlich ist.

(2) Feststellung des „letzten Mittels" durch den Rat[288]

Gesondert in Art. 43 a EUV ist das Kriterium geregelt, dass eine verstärkte Zusammenarbeit nur als „letztes Mittel" aufgenommen werden darf, wenn der Rat zu dem Schluss gelangt ist, dass die mit der Zusammenarbeit angestrebten Ziele unter Anwendung der einschlägigen Bestimmungen der Verträge nicht in einem vertretbaren Zeitraum verwirklicht werden können. Im Vergleich zu den in Art. 43 EUV enthaltenen Kriterien fällt auf, dass es hinsichtlich des „letzten Mittels" explizit dem Rat obliegt, dessen Vorliegen formell im Verlauf des Ermächtigungsverfahrens festzustellen. Da in den Vorschriften über die verstärkte Zusam-

---

[287] *Hatje*, in: Schwarze, EU-Kommentar, Art. 11 EGV, Rn. 17.
[288] Vgl. zum Kriterium des letzten Mittels: *3. Teil, B. I. 2. l).*

menarbeit nichts hinsichtlich des Verfahrens dieser Feststellung enthalten ist, ist davon auszugehen, dass der Rat mit der Mehrheit seiner Mitglieder beschließt.[289]

(3) Abstimmung mit qualifizierter Mehrheit

Der Rat erteilt die Ermächtigung gemäß Art. 11 II UA 1 EGV mit der qualifizierten Mehrheit seiner Mitglieder, d.h. aller Mitgliedstaaten der EU, im Sinne des Art. 205 II EGV. Demnach erfolgt die Ermächtigung durch mindestens 62 Stimmen, die von mindestens zehn Mitgliedstaaten abzugeben sind.

Die Erteilung der Ermächtigung mit qualifizierter Mehrheit – und nicht etwa durch einstimmigen Beschluss – ist von grundlegender Bedeutung für die Anwendbarkeit der verstärkten Zusammenarbeit. Ein einstimmiger Beschluss nähme der verstärkten Zusammenarbeit das Drohpotential gegenüber Mitgliedstaaten, die sich einer Kompromissfindung völlig versperren. Gegen ihren Willen käme es keinesfalls zu einer Einigung. Die Aussicht auf eine verstärkte Zusammenarbeit hingegen, die mit qualifizierter Mehrheit eingeführt werden kann, kann in zum Erliegen gekommenen Verhandlungen den Anreiz zur Kompromissfindung verstärken, da der sich sperrende Mitgliedstaat mittels dieser umgangen werden könnte. Damit kann für die Bereiche mit einstimmiger Beschlussfassung eine ähnliche Wirkung erzielt werden, wie dies sonst nur bei Materien der qualifizierten Mehrheit der Fall ist.[290] Denn die Drohung mit einer verstärkten Zusammenarbeit dürfte in jenen Bereichen die gleiche Wirkung in Verhandlungen haben, wie die Aussicht durch eine qualifizierte Mehrheit überstimmt zu werden und somit letztlich die Kompromissfindung erleichtern.[291] Damit dürften in den Bereichen des EGV, die der Einstimmigkeit unterliegen,[292] die Hauptanwendungsbereiche der verstärkten Zusammenarbeit liegen.

Das verdeutlicht auch, warum die qualifizierte Mehrheit im Rahmen des Ermächtigungsverfahrens in den Vertragsverhandlungen von Amsterdam kontroverser Diskussion ausgesetzt war und warum Mitgliedstaaten wie Großbritannien bis zuletzt Einstimmigkeit forderten.[293]

Im Vergleich zum Amsterdamer Vertrag ist als eine der wichtigsten Neuerungen der verstärkten Zusammenarbeit das Vetorecht der nicht teilnehmenden Mitgliedstaaten weggefallen, durch das ein Mitgliedstaat die Gründung einer verstärkten Zusammenarbeit blockieren konnte, wenn er dafür wichtige Gründe der nationalen Politik geltend machte. Die Ausgestaltung und das Verfahren dieses

---

289 Vgl. Art. 205 EGV – „Beschlussfassung des Rates".

290 *Bribosia*, Les coopérations renforcées au lendemain du traité de Nice, RDUE 2001, 111 (138).

291 *Bribosia*, Différenciation et avant-gardes, CDE 2000, 57 (70).

292 Beispielsweise Titel IV EGV (Visa, Asyl, Einwanderung und andere Politiken betreffend den freien Personenverkehr), Steuerpolitik, Sozialpolitik sowie in der 2. und 3. Säule.

293 *Tuytschaever*, Nauwere samenwerking volgens het verdrag van Amsterdam, SEW 1999, 270 (275).

Vetorechts erinnerten stark an den sog. „Kompromiss von Luxemburg“,[294] der damit zum ersten Mal in den Verträgen kodifiziert war.[295] Das Vetorecht galt als einer der wesentlichen Gründe, die Zweifel an der tatsächlichen Anwendbarkeit der verstärkten Zusammenarbeit begründeten.

Seit der Vertragsrevision von Nizza hat ein nicht teilnehmender Mitgliedstaat, der Einwände gegen die Ermächtigung hegt, nun als einziges Abwehrmittel die Möglichkeit, auf sein ausdrückliches Verlangen hin gemäß Art. 11 II UA 2 EGV vor der Abstimmung über die Ermächtigung den Europäischen Rat mit der Materie zu befassen. Mit diesem Mittel kann er die verstärkte Zusammenarbeit aber lediglich verzögern. Ein Vetorecht oder eine sonstige Blockademöglichkeit steht ihm damit aber nicht zu.

b) Im Bereich der PJZS

Für den Bereich PJZS ist das Ermächtigungsverfahren in Art. 40 a EUV geregelt.

aa) Vorschlag

Das Verfahren zur Erteilung einer Ermächtigung beginnt gemäß Art. 40 a I EUV wie in der Zusammenarbeit im Bereich des EGV mit einem Antrag an die Kommission durch die Mitgliedstaaten, die eine Zusammenarbeit begründen wollen. Die Kommission kann daraufhin dem Rat einen entsprechenden Vorschlag vorlegen und hat im Fall der Nichtvorlage den betroffenen Mitgliedstaaten ihre Gründe dafür mitzuteilen.

Im Unterschied zum Bereich des EGV sieht Art. 40 a EUV jedoch für den Fall, dass die Kommission keinen Vorschlag vorlegt, die Möglichkeit vor, dass mindestens acht betroffene Mitgliedstaaten selbst dem Rat eine Initiative unterbreiten können, die auf Erteilung einer Ermächtigung zur Einleitung der betreffenden verstärkten Zusammenarbeit abzielt. Damit könnten die Mitgliedstaaten ohne den Willen der Kommission eine Initiative einbringen und sich über diese hinwegsetzen, wohingegen im Bereich des EGV die Mitgliedstaaten nicht an einer sich widersetzenden Kommission vorbei agieren können. Dies entspricht jedoch auch der Funktion der dritten Säule als Plattform intergouvernementaler Zusammenarbeit.

Die Fassung von Amsterdam sah vor, dass der Antrag der Mitgliedstaaten direkt an den Rat geht und die Kommission lediglich um eine Stellungnahme ersucht wird.[296] Im Vergleich dazu stellt die neue Regelung eine stärkere Orientie-

---

[294] Vgl. zum Kompromiss von Luxemburg u.a. *Schweitzer/ Hummer*, Europarecht, 5. A., Rn. 171 ff; *Streinz*, Die Luxemburger Vereinbarung, 1984.

[295] *Gaja*, How Flexible is Flexibility, CMLRev 1998, 855 (864); *Tuytschaever*, Nauwere samenwerking volgens het verdrag van Amsterdam, SEW 1999, 270 (275); *Pingel-Lenuzza*, in: Léger, UE/ CE Commentaire, Art. 11 TCE, Rn. 8.

[296] Art. 40 II S. 1 EUV (Amsterdam).

rung hin zur Vergemeinschaftung der dritten Säule dar, indem auf jeden Fall ein Verfahren vorgeschaltet wird, das die Kommission stärker einbindet.

bb) Beschluss über die Ermächtigung

Die Ermächtigung wird gemäß Art. 40 a II EUV vom Rat mit qualifizierter Mehrheit und nach Anhörung des Europäischen Parlaments erteilt.

(1) Anhörung des Europäischen Parlaments

Im Vergleich zum Vertrag von Amsterdam ist die Rolle des Parlaments im Rahmen der Zusammenarbeit im Bereich der PJZS aufgewertet worden: Sollte das Parlament zuvor von dem Vorschlag nur unterrichtet werden, wird diesem im Verfahren der Ermächtigung jetzt das Recht der Anhörung zugestanden.

(2) Abstimmung mit qualifizierter Mehrheit

Auch im Bereich der PJZS wird die Ermächtigung gemäß Art. 40 a II EUV mit qualifizierter Mehrheit erteilt, nachdem das Vorliegen des „letzten Mittels" festgestellt wurde.[297] Zwecks Stimmengewichtung und -zählung wird auf die Definition der qualifizierten Mehrheit auf Art. 205 II EGV verwiesen.

Wie in dem Verfahren im Bereich des EGV kann gemäß Art. 40 a II UA 2 EUV ein Mitgliedstaat verlangen, dass der Europäische Rat mit dem Anliegen befasst wird. Auch hier besteht kein Vetorecht mehr.

c) Im Bereich der GASP

Das Verfahren zur Begründung einer verstärkten Zusammenarbeit ist in Art. 27 c EUV geregelt.

Die verstärkte Zusammenarbeit im Bereich der GASP ließ sich in den Verhandlungen von Amsterdam nicht durchsetzen und ist schließlich erst durch den Vertrag von Nizza eingeführt worden. Letztlich war sie aber nur in Kombination mit einigen einschränkenden Bedingungen durchsetzbar.[298] So fand das in Nizza für die erste und dritte Säule abgeschaffte Vetorecht hier erneut Eingang in den EUV.

aa) Antrag an den Rat

Gemäß Art. 27 c UA. 1 EUV richten die Mitgliedstaaten, welche die Begründung einer verstärkten Zusammenarbeit beabsichtigen, einen entsprechenden Antrag an den Rat. Im Gegensatz zu den anderen Bereichen bleibt es hier bei der Betonung

---

[297] Vgl. zum letzten Mittel *3. Teil, B. I. 1. a) cc) (2)* sowie *B. I. 2. l)*.

[298] Vgl. hierzu insbesondere unter *3. Teil, I. 2. n)* zu den zusätzlichen Voraussetzungen einer verstärkten Zusammenarbeit im Bereich der GASP.

der intergouvernementalen Natur, weswegen der Kommission der entsprechende Antrag nur zur Stellungnahme übermittelt wird. Dabei nimmt die Kommission insbesondere zur Kohärenz der beabsichtigten verstärkten Zusammenarbeit mit der Unionspolitik Stellung. Die Beteiligungsrechte der Kommission bleiben damit nur formaler Natur. Die Möglichkeit eigener Einwirkung, wie bei der Erarbeitung eines Vorschlags im Bereich des EGV und der PJZS gegeben, steht ihr nicht zu. Dem Parlament wird der Antrag nur zur Unterrichtung übermittelt.

bb) Beschlussfassung

Die Beschlussfassung über die Ermächtigung durch den Rat erfolgt gemäß Art. 23 Abs. 2 UA. 2 und 3 mit qualifizierter Mehrheit.

Anders als für die Zusammenarbeit im Bereich des EGV und der PJZS ist für die GASP ein Vetorecht gemäß Art. 23 Abs. 2 UA. 2 EUV vorgesehen. Demnach kann ein Mitgliedstaat erklären, dass er aus zwingend zu nennenden Gründen der nationalen Politik die Absicht hat, einen mit qualifizierter Mehrheit zu fassenden Beschluss abzulehnen, so dass keine Abstimmung erfolgt. Im Wesentlichen handelt es sich bei dieser Klausel um die Kodifizierung des Luxemburger Kompromiss, wie er für die erste und dritte Säule der verstärkten Zusammenarbeit in der Fassung von Amsterdam galt.

d) Ergebnis

Für jede der drei Säulen ist ein eigenes Ermächtigungsverfahren vorgesehen, das eine unterschiedlich starke Beteiligung der EU-Organe vorsieht. Der Wegfall des Vetorechts stellt eine erhebliche und wohl auch die wichtigste Erleichterung gegenüber der Version von Amsterdam dar.

2. Zulässigkeitsvoraussetzungen einer verstärkten Zusammenarbeit

Die verstärkte Zusammenarbeit muss hinsichtlich ihres Teilnehmerkreises, Gegenstandes und Inhalts bereits durch die Ermächtigung so weit bestimmt sein, dass damit ein hinreichend konkreter Rahmen für deren Durchführung vorgegeben ist.[299] Die Bedingungen, die an eine zu begründende verstärkte Zusammenarbeit gestellt werden, müssen schon zum Zeitpunkt der Ermächtigung vorliegen und geprüft werden. Sie sind in dem für jede verstärkte Zusammenarbeit geltenden Art. 43 EUV aufgezählt. Die in Art. 43 EUV enthaltenen Voraussetzungen gelten jedoch nicht nur für den konstitutiven Akt der Ermächtigung. Sie gelten vielmehr für die verstärkte Zusammenarbeit schlechthin, so dass sie auch für konkretisierende und durchführende Rechtsakte und Beschlüsse zu beachten sind.[300]

---

[299] Vgl. *Becker*, Differenzierungen der Rechtseinheit, EuR-Beiheft 1/1998, 29 (49 f.).
[300] *Blanke*, in: Grabitz/ Hilf, Recht der EU, Kommentar, Bd. I, 20. EL, Art. 43 EUV, Rn. 11.

Dieser Teil der Vorschriften über die verstärkte Zusammenarbeit hat durch die Vertragsreform von Nizza einige wichtige Änderungen erfahren, die im Folgenden zu erörtern sind.

a) Förderung der Ziele, Schutz der Interessen und Stärkung des Integrationsprozesses – Art. 43 lit. a) EUV

Gemäß Art. 43 lit. a) EUV muss jede verstärkte Zusammenarbeit darauf ausgerichtet sein, „die Ziele der Union und der Gemeinschaft zu fördern, ihre Interessen zu schützen und diesen zu dienen sowie ihren Integrationsprozess zu stärken".

Die im Programmsatz des lit. a) genannten Anforderungen an die verstärkte Zusammenarbeit werden in den diesem nachfolgenden Abschnitten des Art 43 EUV erst näher konkretisiert, so dass diesem selbst keine konkreten Bedingungen oder gar justitiable Grenzen der verstärkten Zusammenarbeit zu entnehmen sind.[301] Vielmehr wird einleitend vorangeschickt, dass ein Abweichen vom Integrationsprogramm, wie es die Zielbestimmungen der Verträge aufstellen, ausgeschlossen ist.[302] Damit sind vor allem Rückschritte in der Integration in Form von Maßnahmen, die hinter dem gegenwärtigen Integrationsstand zurückblieben, gemeint. Hierzu gehörten beispielsweise die Rücknahme bestehender Rechtsakte oder eine Renationalisierung von Zuständigkeiten. Art. 43 lit. a) EUV unterstreicht, dass verstärkte Zusammenarbeiten einzig in eine Richtung zulässig sind und zwar in Richtung einer Vertiefung der Integration.[303]

Ausgeschlossen ist selbstverständlich jede Veränderung des Primärrechts, wie etwa die Änderung der Verträge und der ihnen anhängenden Protokolle.[304] Verstärkte Zusammenarbeiten dürfen daher allein im Bereich des Sekundärrechts erfolgen. Des Weiteren sind die Mitgliedstaaten verpflichtet, verstärkte Zusammenarbeiten im Rahmen der Kompetenzordnung der Verträge auszuführen und diese nicht zu überschreiten.[305]

Das bedeutet jedoch nicht, dass die Mitgliedstaaten in Angelegenheiten, die außerhalb des Zuständigkeitsbereichs der EU liegen, keine andere Form der Zusammenarbeit wählen können. Ausgeschlossen sind dabei nur das Instrument der

---

301 Vgl. auch *Martenczuk*, Differenzierte Integration nach dem Vertrag von Amsterdam, ZEuS 1998, 447 (462).

302 *Hatje*, in: Schwarze, EU-Kommentar, Art. 43 EUV, Rn. 17.

303 *Ehlermann*, Engere Zusammenarbeit nach dem Amsterdamer Vertrag, EuR 1997, 362 (372); *Hatje*, in: Schwarze, EU-Kommentar, Art. 43 EUV, Rn. 17; *Hofmann*, Wieviel Flexibilität für welches Europa, EuR 1999, 713 (723); *Kortenberg*, Closer Cooperation in the Treaty of Amsterdam, CMLRev 1998, 833 (845).

304 *Hatje*, in: Schwarze, EU-Kommentar, Art. 43 EUV, Rn. 17.

305 *Bribosia*, Différenciation et avant-gardes au sein de l'Union européenne, CDE 2000, 57 (66); *Kortenberg*, Closer Cooperation in the Treaty of Amsterdam, CMLRev 1998, 833 (845).

verstärkten Zusammenarbeit und die Inanspruchnahme der Organe, Verfahren und Mechanismen der Verträge.[306]

b) Einheitlicher institutioneller Rahmen – Art. 43 lit. b) EUV

Gemäß Art. 43 lit. b) EUV muss eine Zusammenarbeit den EUV und den EGV sowie den einheitlichen institutionellen Rahmen der Union beachten.

Mit der Nennung der Bindung an die Verträge, den einleitend genannten EUV und den EGV wird die bereits in lit. a) enthaltene materielle Bindung an das vertragliche Integrationsprogramm und die Inkorporation in den vertraglichen Rahmen bekräftigt.

Demnach dürfen die Mitgliedstaaten im Rahmen einer verstärkten Zusammenarbeit keine neuen Institutionen neben den bereits existierenden Institutionen der EU schaffen. Dies versteht sich aber von selbst, zumal es das erklärte und bezweckte Ziel ist, mit der verstärkten Zusammenarbeit einen Rahmen zu schaffen, der Differenzierungen innerhalb der Verträge und damit automatisch innerhalb des institutionellen Rahmens der Verträge ermöglicht.[307] Dadurch soll eine institutionelle Zersplitterung der EU durch Differenzierungen verhindert werden.[308]

c) Beachtung des gemeinschaftlichen Besitzstandes – Art. 43 lit. c) EUV

Eine verstärkte Zusammenarbeit muss den Besitzstand der Gemeinschaft – den sog. *acquis communautaire* – sowie alle nach Maßgabe der sonstigen Bestimmungen der Verträge getroffenen Maßnahmen beachten. Hierzu gehört die Gesamtheit aller geschriebenen und ungeschriebenen Rechtsnormen, die die Rechtsordnung der EU bilden; Primärrecht, Sekundärrecht und ungeschriebenes Recht sowie alle anderen aufgrund von Vorschriften des EUV und EGV erlassenen Maßnahmen.[309] Dadurch wird das in Art. 43 lit. a) EUV formulierte Ziel konkretisiert, dass die verstärkte Zusammenarbeit die Ziele der Union und der Gemeinschaft fördern und ihren Integrationsprozess stärken muss.[310]

Eindeutig lässt sich demnach sagen, dass es den Mitgliedstaaten im Rahmen der verstärkten Zusammenarbeit verboten ist, den von allen Mitgliedstaaten gemeinsam beschlossenen gemeinschaftsrechtlichen oder unionsrechtlichen Besitzstand in Form einer Abänderung oder Aufhebung von geltenden Bestimmungen, Maßnahmen oder Politiken anzutasten. Diese Schutzklausel zugunsten des beste-

---

306 Vgl. zur Möglichkeit der Zusammenarbeit außerhalb der Verträge: *4. Teil, D.*

307 *Kortenberg*, Closer Cooperation, CMLRev 1998, 833 (845).

308 *Martenczuk*, Die differenzierte Integration nach dem Vertrag von Amsterdam, ZEuS 1998, 447 (461).

309 Vgl. *Pechstein/ Koenig*, Die Europäische Union, 3. A., Rn. 426; *Streinz*, Europarecht, 5. A., Rn. 63, 80.

310 *Ehlermann*, Engere Zusammenarbeit nach dem Vertrag von Amsterdam, EuR 1997, 362 (373); *Hatje*, in: Schwarze, EU-Kommentar, Art. 43 EUV, Rn. 21.

henden Rechts unterstreicht, dass die verstärkte Zusammenarbeit als Integrationsbeschleuniger für die Zukunft und keinesfalls als Hebel zur vereinfachten Revision bereits bestehender Regelungen oder zur Umsetzung von Rückschritten in der Integration eingefügt wurde.[311] Auch soll ein in einer verstärkten Zusammenarbeit zusammengeschlossener Teil von Mitgliedstaaten nicht in die Lage versetzt werden, den bereits erreichten Integrationsstand der EU zu unterlaufen, indem durch jene Mitgliedstaaten Neuregelungen geschaffen werden, die hinter geltendem Recht zurückbleiben.[312]

Art. 43 lit. c) EUV verbietet jedoch nicht nur die formelle Änderung des Besitzstandes, sondern er verlangt darüber hinaus dessen Beachtung. Hieraus folgt ein Verbot von solchen im Rahmen einer verstärkten Zusammenarbeit erlassenen Maßnahmen, deren tatsächliche Auswirkung auf den Besitzstand der Gemeinschaft oder sonstige nach Maßgabe der Verträge getroffene Maßnahmen einer formellen Änderung gleich kommen könnte. Daher hat jede mögliche inhaltliche Überschneidung der Regelungsbereiche mit Rücksicht auf den Besitzstand zu unterbleiben.

Mit der Vertragsrevision von Nizza wurde die Formulierung von „den Besitzstand nicht beeinträchtigt“ in „den Besitzstand beachtet“ geändert.[313] Unklar ist was mit der Ersetzung des Wortes beabsichtigt war. Zu mehr Klarheit oder Präzision hat sie jedenfalls nicht geführt. Vereinzelt wurde angenommen, dass das Gebot der „Beachtung“ des Besitzstandes eine weniger strenge Formulierung als das Verbot der „Beeinträchtigung“ des Besitzstandes sei.[314] Ein qualitative Veränderung ist in der neuen Fassung jedoch nicht zu sehen. Es scheint sich vielmehr um eine redaktionelle Änderung zu handeln, bei der die negative Formulierung durch eine positive ersetzt wurde und somit der in Art. 43 lit. b) und h) EUV verwendeten Wortwahl angeglichen wurde.

d) Zulässige Anwendungsbereiche – Art. 43 lit. d) EUV

Die im Rahmen einer verstärkten Zusammenarbeit zu regelnde Materie muss gemäß Art. 43 lit. d) EUV im Rahmen der Zuständigkeit der Union oder der

---

[311] U.a. *Kortenberg*, Closer Cooperation, CMLRev 1998, 833 (846); *Martenczuk*, Die differenzierte Integration nach dem Vertrag von Amsterdam, ZEuS 1998, 447 (462).

[312] Vgl. *Dittert*, Die ausschließlichen Kompetenzen der Europäischen Gemeinschaft, S. 96.

[313] So auch in den anderen Sprachversionen: Von „to affect“ (A.) zu „to respect“ (N.), (engl.); von „affecter“ (A.) zu „respecter“ (N.), (frz.); von „afbreuk doen“ (A.) zu „stroken“ (N.), (nl.); von „pregiudire“ (A.) zu „rispettare“ (N.), (it.).

[314] Vgl. auch *von Buttlar*, Rechtsprobleme der verstärkten Zusammenarbeit nach dem Vertrag von Nizza, ZEuS 2001, 649 (669); *Bribosia*, Les coopérations renforcées au lendemain du traité de Nice, RDUE 2001, 111 (128, Fn. 70): „...(version d’Amsterdam) était plus restrictif en imposant de ne pas „affecter“ l’acquis communautaire“.

Gemeinschaft bleiben und darf sich nicht auf jene Bereiche erstrecken, die unter die ausschließliche Zuständigkeit der Gemeinschaft fallen.[315]

aa) Innerhalb der Zuständigkeit von EU/ EG – Art. 43 lit. d) 1. Alt. EUV

Grundsätzlich gilt für jegliches Tätigwerden der EU/ EG das „Prinzip der begrenzten Einzelermächtigung".[316] Demnach besitzt die EU/ EG keine umfassende und uneingeschränkte Rechtsetzungskompetenz („Kompetenz-Kompetenz"), wie sie souveränen Staaten zukommt, sondern sie ist nur dann zur Rechtsetzung in einem Bereich zuständig und befugt, wenn die Verträge eine ausdrückliche Ermächtigung zum Tätigwerden enthalten.[317] Zudem ist sie bei einer Regelung auf die vertraglich vorgesehenen Instrumente beschränkt und die Anwendung sowie der Vollzug der Norm sind grundsätzlich den Mitgliedstaaten zugewiesen.[318]

Für das Gemeinschaftsrecht ist es jedoch nicht erforderlich, dass die im Einzelfall bestehende Zuständigkeit ausdrücklich im Vertrag festgeschrieben ist, sondern es genügt, dass sie aus dem Vertrag ableitbar ist. So wird im Gemeinschaftsrecht gemäß der vom EuGH in ständiger Rechtsprechung[319] entwickelten sog. „implied powers-Lehre" eine ungeschriebene Kompetenz der Gemeinschaft kraft Sachzusammenhang anerkannt.[320]

Der Grundsatz des Prinzips der begrenzten Einzelermächtigung gilt auch für die verstärkte Zusammenarbeit, indem gemäß Art. 43 lit. d) EUV hinsichtlich der zu regelnden Materie eine Zuständigkeit der Union gegeben sein muss. Damit darf eine verstärkte Zusammenarbeit nur in den aufgeführten Zuständigkeitsbereichen

---

315 Die Fassung von Amsterdam sah ehemals in Art. 11 I lit. a) EGV eine ähnlich lautende Formulierung vor, die eine Anwendung der verstärkten Zusammenarbeit in Bereichen der ausschließlichen Zuständigkeit untersagte. Zudem besagte Art. 11 I lit. d) EGV (A.) bzw. Art. 40 I lit. a) EUV (A.), dass die verstärkte Zusammenarbeit die der Gemeinschaft zugewiesenen Befugnisse nicht überschreiten dürfe, was in etwa außer der Erweiterung um die Union dem ersten Teil des Art. 43 lit. d) EUV entspricht. Die Überführung der Regelung aus dem „besonderen Teil" für Bereiche des EGV in den „allgemeinen Teil" des EUV dürfte jedoch nur redaktionelle Gründe haben.

316 Vgl. zum „Prinzip der begrenzten Einzelermächtigung" EuGH, Gutachten 2/94 - EMRK, Slg. 1996, I-1759, Rn. 23 ff.; *Bleckmann*, Europarecht, 6. A., Rn. 380 ff.; *Calliess*, in: Calliess/ Ruffert, EGV/ EUV Kommentar, 2. A., Art. 5, Rn. 8 ff.; *Kraußer*, Das Prinzip begrenzter Einzelermächtigung im Gemeinschaftsrecht des EWG-Vertrages, 1991, S. 16 ff.; *Oppermann*, Europarecht, 2. A., Rn. 513 ff.; *Schweitzer/ Hummer*, Europarecht, 5. A., Rn. 335 ff.

317 Vgl. BVerfGE 89, 155 (195 ff.) – Maastricht.

318 *Calliess*, in: Calliess/ Ruffert, EGV/ EUV Kommentar, 2. A., Art. 5, Rn. 8.

319 Vgl. EuGH, Rs. 22/70 – *AETR*, Slg. 1971, S. 263 (Rn. 15, 19); verb. Rs. 3, 4 und 6/76 - *Cornelis Cramer* u.a., Slg. 1976, S. 1279 (Rn. 19 f., 30 ff); Gutachten 2/91 – IAO, Slg. 1993, I-1061 (Rn. 7); *Stadlmeier*, Die "Implied Powers" der Europäischen Gemeinschaft, ZÖR 1997, 353 ff.

320 Das wichtigste Beispiel der „implied powers" ist die vom EuGH entwickelte Vertragsschließungskompetenz der EG. Eine ausdrückliche Verleihung von Kompetenzen zur Wahrnehmung von Außenbeziehungen ist sonst auf wenige Gebiete beschränkt.

der Verträge – d.h. in denen der Europäischen Gemeinschaften, der dritten Säule und mit dem Vertrag von Nizza in der zweiten Säule – ausgeführt werden.[321] Demnach darf die verstärkte Zusammenarbeit nicht zu einer Ausweitung der Zuständigkeiten der Union unter Umgehung des Vertragsänderungsverfahrens führen.[322]

Eine Anwendung der verstärkten Zusammenarbeit auf Regelungsbereiche außerhalb der Verträge und damit die Schaffung eines Instruments für die Durchführung jeglicher Differenzierung – ob innerhalb oder außerhalb der Verträge – ist damit ausgeschlossen.[323]

bb) Keine ausschließliche Gemeinschaftszuständigkeit – Art. 43 lit. d) 2. Alt. EUV

Von den der Europäischen Gemeinschaft übertragenen Kompetenzen sind gemäß Art. 43 lit. d) EUV jene Bereiche einer verstärkten Zusammenarbeit nicht zugänglich, die in deren ausschließliche Zuständigkeit fallen. Die Einschränkung bezieht sich ausdrücklich nur auf die Gemeinschaft, weil nur diese ausschließliche Zuständigkeiten kennt.

Der Begriff der ausschließlichen Zuständigkeit ist, obwohl er in den vertraglichen Bestimmungen neben Art. 43 lit. d) EUV noch in Art. 5 II EGV im Zusammenhang mit dem Subsidiaritätsprinzip verwendet wird, in den Verträgen nicht definiert. Auch nehmen die Verträge hinsichtlich der Arten von Zuständigkeiten keine Kategorisierung dahingehend vor, ob es sich um eine ausschließliche handelt oder nicht. Der überwiegende Teil im Schrifttum unterteilt die bestehenden Zuständigkeiten der Gemeinschaft jedoch in Anlehnung an die Kompetenzordnung im nationalen Verfassungsrecht neben den ausschließlichen noch in konkurrierende und parallele Kompetenzen.[324]

Inhaltlich hat im Bereich der ausschließlichen Kompetenzen eine vollständige und endgültige Zuständigkeitsübertragung von den Mitgliedstaaten auf die Gemeinschaft stattgefunden, so dass hier einzig die Gemeinschaft rechtsetzungsbefugt ist.[325] Ausnahmsweise können die Mitgliedstaaten auf den betreffenden Gebieten tätig werden, wenn diese dazu ausdrücklich ermächtigt werden.[326] Oder

---

[321] *Bribosia*, Les coopérations renforcées au lendemain du traité de Nice, RDUE 2001, 111 (127).

[322] *Constantinesco*, Les clauses de coopération renforcée, RTDE 1997, 751 (760); *Martenczuk*, Die differenzierte Integration nach dem Vertrag von Amsterdam, ZEuS 1998, 447 (465).

[323] Vgl. zur verstärkten Zusammenarbeit und Differenzierungen außerhalb der Verträge unter *4. Teil, D.*

[324] *Bogdandy/ Bast*, Die vertikale Kompetenzordnung der EU, EuGRZ 2001, 441(446 ff.); *Lienbacher*, in: Schwarze, EU-Kommentar, Art. 5 EGV, Rn. 11.

[325] *Ahlt*, Europarecht, 2. A., S. 40.

[326] EuGH, Rs. 41/76 – *Donckerwolcke*, Slg. 1976, S. 1921 (Rn. 31, 37); Rs. 804/79 – *Kommission./.Vereinigtes Königreich („Seefischerei Erhaltungsmaßnahmen")*, Slg. 1981, S. 1045 (Rn. 20).

aber soweit die Gemeinschaft von ihrer Kompetenz keinen Gebrauch macht, können die Mitgliedstaaten als „Sachwalter des gemeinsamen Interesses" nach Konsultation der Kommission tätig werden.[327]

Zu klären bleibt, welche Regelungsgebiete nun zu den ausschließlichen Gemeinschaftszuständigkeiten gehören. Zur Bestimmung jener Materien, die zu den ausschließlichen Zuständigkeiten gemäß Art. 43 lit. d) EUV gehören, kann auf das in Art. 5 II EGV Gesagte zurückgegriffen werden: Beide Begriffe der „ausschließlichen Zuständigkeit" sind als einander entsprechend anzusehen.[328] Neben der wörtlichen Übereinstimmung haben die Formulierungen in Art. 5 II EGV und Art. 43 lit. d) EUV eine vergleichbare Funktion. In beiden Vorschriften geht es darum, eine rechtliche Differenzierung für jene Sachgebiete auszuschließen, die im Interesse der Zielerreichung zwingend gemeinschaftlich geregelt werden müssen.[329] Die Frage, auf welche Art und Weise ausschließliche Kompetenzen der EG zu bestimmen sind und welche Bereiche konkret dazu gehören, ist in Rechtsprechung und Literatur umstritten:[330]

(1) Rechtsprechung und Praxis

Die Rechtsprechung des EuGH gibt keinen eindeutigen Aufschluss darüber, ob die Bestimmung einer ausschließlichen Zuständigkeit einem allgemeingültigen Konzept zugrunde liegt, sondern qualifiziert bestimmte, in den jeweiligen Entscheidungen betroffene Bereiche punktuell als ausschließliche Gemeinschaftszuständigkeiten.[331] Die Entscheidungen stammen zudem aus der Zeit vor der Einfü-

---

[327] EuGH, Rs. 804/79 – *Kommission./.Vereinigtes Königreich*, Slg. 1981, S. 1045 (Rn. 27); *Schweitzer/ Hummer*, Europarecht, 5. A., Rn. 343.

[328] *Constantinesco*, Les clauses de Coopération renforcée, RTDE 1997, 751 (760); *Hatje*, in: Schwarze, EU-Kommentar, Art. 11 EGV, Rn. 6 f.; *Martenczuk*, Die differenzierte Integration nach dem Vertrag von Amsterdam, ZEuS 1998, 447 (465)

[329] *Hatje*, in: Schwarz, EU-Kommentar, Art. 11 EGV, Rn. 6.

[330] Vgl. zum Diskussionsstand zur Bestimmung ausschließlicher Kompetenzen *Dittert*, Die ausschließlichen Kompetenzen der EG im Bereich des EGV, 2001, S. 49 ff.

[331] Vgl. zu den *Außenkompetenzen im Bereich der Gemeinsamen Handelspolitik*: EuGH, Gutachten 1/75 – *Lokale Kosten*, Slg. 1975, S. 1355 (1363 f.); Rs. 41/76 – *Donckerwolcke*, Slg. 1976, S. 1921, (Rn. 31, 37); Rs. 174/84 – *Bulk Oil*, Slg. 1986, S. 559 (Rn. 29 ff.); Gutachten 1/94 – *WTO*, Slg. 1994, I-5267 (Rn. 22); zur *inneren Organisation der Gemeinschaft*: EuGH, Rs. 149/85 – *Wybot./.Faure*, Slg. 1986, S. 2391 (Rn. 12 f.); zu den *Erhaltungsmaßnahmen im Bereich der Seefischerei*: EuGH, Rs. 804/79 – *Kommission./.Vereinigtes Königreich* („*Seefischerei Erhaltungsmaßnahmen*"), Slg. 1981, S. 1045 (Rn. 20, 27); zur Ansicht, dass die EG nach Erlass eines Sekundärrechtsaktes auf dem Gebiet eine ausschließliche Zuständigkeit habe: EuGH, Rs. 151/78 – *Sukkerfabriken Nykøbing*, Slg. 1979, S. 1 (Rn. 17); Rs. 40/69 – *Bollmann*, Slg. 1970, S. 69 (Rn. 4); Rs. 159/73 – *Hannoversche Zucker*, Slg. 1974, 121, Rn. 4; Rs. 48/85 – *Kommission./.Bundesrepublik Deutschland*, Slg. 1986, S. 2549 (Rn. 12); Rs. 255/86 – *Kommission./.Belgien*, Slg. 1988, 693 (Rn. 8 ff.); Rs. 61/90 – *Kommission./.Griechenland*, Slg. 1992, I-2407, Rn. 22.

gung des Begriffs der ausschließlichen Zuständigkeit mit Art. 5 II in den EGV bzw. Art. 43 d) in den EUV[332] durch die Verträge von Maastricht und Amsterdam.

Nach Ansicht der Kommission wird eine ausschließliche Zuständigkeit durch zwei Merkmale bestimmt, ein funktionales und ein materielles Element. [333] Das funktionale Element liegt vor, wenn die EG eine klare, aus dem Vertrag ableitbare Handlungsverpflichtung trifft. Ihr muss demnach die Verpflichtung zukommen, als allein zuständige Instanz bei der Wahrnehmung bestimmter Aufgaben tätig zu werden. Auf materieller Seite wird ein einseitiges Tätigwerden der Mitgliedstaaten ausgeschlossen, wenn die Gemeinschaft aufgrund ihrer Kompetenz beschlossen hat, eine abschließende Regelung zu treffen.[334] Darüber hinaus ist die Abgrenzung der ausschließlichen Zuständigkeit ein dynamischer Vorgang, der durch die Fortschritte in der europäischen Integration bestimmt wird.[335]

(2) Literatur

Vielfältig und sich teilweise erheblich voneinander unterscheidend sind die in der Literatur vertretenen Ansätze. In der Tendenz lassen sich hier aber – abgesehen von vereinzelten Ansichten, die eine ausschließliche Zuständigkeit der EG ganz verneinen[336], sie als Niederschlag des Vorrangs des Gemeinschaftsrechts verstehen[337] oder gar die Existenz nicht-ausschließlicher Kompetenzen verneinen[338] – zwei Grundströmungen unterscheiden:[339] Von einem Teil der Literatur wird der Begriff der ausschließlichen Zuständigkeit weit verstanden. Konkret bedeutet dies, dass diese einerseits die Binnenmarktkompetenz als eine ausschließliche ansehen[340] und zudem von der Existenz einer sog. „nachträglichen ausschließli-

---

332 Art. 43 lit. d) EUV ist eigentlich erst durch den Vertrag von Nizza eingefügt worden. Zuvor fand sich das Kriterium der ausschließlichen Zuständigkeit in Art. 11 EGV.

333 Das Subsidiaritätsprinzip, Mitteilung der Kommission an den Rat und das EP vom 27.10.1992, Bulletin EG 10/1992, S. 118 ff.

334 Ebenda (Mitteilung der Kommission), Ziff. II.1, Bulletin EG, S. 118 (122 f.).

335 Ebenda (Mitteilung der Kommission), Ziff. II.2.b. So jetzt auch im „Protokoll über die Anwendung der Grundsätze der Subsidiarität und der Verhältnismäßigkeit (Protokoll Nr. 30 zum EUV/ EGV in der Fassung des Vertrages von Amsterdam, Bull. BReg. vom 27.11.1997, Nr. 94, S. 1134 = Sart. II Nr. 151.

336 *Stewing*, Subsidiarität und Föderalismus in der EU, 1992, S. 105.

337 *Everling*, Subsidiaritätsprinzip und „ausschließliches Gemeinschaftsrecht", FS-Stern, 1997, S. 1227 (1236).

338 *Toth*, The Principle of Subsidiarity in the Maastricht Treaty, CMLRev 1992, 1079 (1080 f.; 1085).

339 Vgl. *Dittert*, Die ausschließlichen Kompetenzen der EG, S. 50 ff.

340 Vgl. u.a. *Constantinesco*, Les clauses de „coopération renforcée, RTDE 33 (1997), 751 (760); *Langguth*, in: Lenz, EGV Kommentar, 2. A., Art. 5 EGV, Rn. 19; *Müller-Graff*, Binnenmarktauftrag und Subsidiaritätsprinzip, ZHR 159 (1995), 34 (71., 76); *Schwartz*, Subsidiarität und EG-Kompetenzen, AfP 1993, 409 (413 ff.); *Toth*, The Principle of Subsidiarity in the Maastricht Treaty, CMLRev 29 (1992), 1079 (1094).

chen“ Kompetenz ausgehen[341]. Die Gegenansicht hingegen betrachtet beide Zuständigkeiten überwiegend als konkurrierende.[342]

Der Konstruktion der sog. nachträglichen ausschließlichen Zuständigkeit liegt die Annahme zugrunde, dass die EG durch Inanspruchnahme einer ursprünglich nur konkurrierenden Zuständigkeit in dem betreffenden Bereich eine ausschließliche Zuständigkeit erlangt. Damit würde sich der Umfang der ausschließlichen Zuständigkeit mit der Zeit durch die Regelung neuer Materien verändern. Dies wird von der Gegenansicht mit dem Argument abgelehnt, dass konkurrierende Zuständigkeiten nach ihrer Ausübung lediglich eine Sperrwirkung gegenüber einer möglichen Rechtsetzung durch die Mitgliedstaaten entfalten, es wird dadurch aber keinesfalls eine ausschließliche Zuständigkeit neu begründet.[343]

(3) Analyse

Im Ergebnis hängt die Frage, welche Bereiche des EGV einer verstärkten Zusammenarbeit verschlossen bleiben, davon ab, auf welche Weise die ausschließlichen Zuständigkeiten bestimmt werden.

Der Ansatz der Kommission erscheint insofern problematisch, als die Definition der ausschließlichen Zuständigkeit letztlich an die Gemeinschaftsorgane übertragen wird. Vor allem wird sich fast immer ein Binnenmarktbezug begründen lassen, so dass die Gefahr eines Leerlaufens der Anwendbarkeit der verstärkten Zusammenarbeit bestünde.

Dem Teil der Literatur, der von einem weiten Verständnis der ausschließlichen Zuständigkeit ausgeht und die Existenz sog. „nachträglicher ausschließlicher“ Kompetenzen annimmt, sind Argumente entgegenzuhalten, die in Art. 43 EUV selbst angelegt sind: Nach dieser Ansicht wäre der Binnenmarkt und der Besitzstand den ausschließlichen Kompetenzen zugeordnet. Diese Zuordnung begegnet jedoch Bedenken, da sich Art. 43 in lit. c) und e) EUV ausdrücklich auf jene beiden Bereiche bezieht und der Anwendbarkeit der verstärkten Zusammenarbeit hier ausdrücklich Schranken setzt. Das lässt den Schluss zu, dass die Ver-

---

341 *Bieber*, Zur Rolle der Mitgliedstaaten bei der Ausfüllung von Lücken im EG-Recht, in: Bieber/ Ress (Hrsg.), Die Dynamik des Europäischen Gemeinschaftsrechts, 1987, S. 283 (297 f.); *Müller-Graff*, Binnenmarktauftrag und Subsidiaritätsprinzip, ZHR 1995, 34 (60); *Schwartz*, Subsidiarität und EG-Kompetenzen, AfP 1993, 409 (416); *Thun-Hohenstein*, Der Vertrag von Amsterdam, S. 119.

342 *Ahlt*, Europarecht, 2. A. 1996, S. 41; *von Borries*, Das Subsidiaritätsprinzip im Recht der EU, EuR 1994, 263 (274); *Calliess*, Der Schlüsselbegriff der ausschließlichen Zuständigkeit im Subsidiaritätsprinzip, EuZW 1995, 693 (698 ff.); *Jarass*, Die Kompetenzverteilung zwischen der EG und den Mitgliedstaaten, AöR 1996, 173 (186 ff., 191); *Ress*, Die neue Kulturkompetenz der EG, DÖV 1992, 944 (948); *Ukrow*, Die Fortentwicklung des Rechts der EU durch den Vertrag von Amsterdam, ZEuS 1998, 141 (147).

343 *von Borries*, Das Subsidiaritätsprinzip im Recht der EU, EuR 1994, 263 (274); *Calliess*, in: Calliess/ Ruffert, EGV/ EUV Kommentar, 2. A., Art. 5 Rn. 31; *Jarass*, Die Kompetenzverteilung zwischen der EG und den Mitgliedstaaten, AöR 1996, 173 (186 ff.).

handlungsparteien des Vertrages von Nizza nicht davon ausgingen – bzw. es zumindest für fraglich hielten –, dass jene Bereiche bereits von Art. 43 lit. d) EUV abgedeckt sind, so dass sie gesonderten Eingang fanden.

Zur Bestimmung einer ausschließlichen Zuständigkeit erscheint es daher sinnvoller, durch Auslegung von Wortlaut sowie Sinn und Zweck der betreffenden Norm die Frage der Ausschließlichkeit der Kompetenz zu klären.[344] Eine solche ist nur dann anzunehmen, wenn die Mitgliedstaaten unabhängig vom konkreten Tätigwerden der EG nicht handlungsbefugt sind.[345] In jenen Bereichen ist davon auszugehen, dass alle Zuständigkeiten auf die EG übergegangen sind und den Mitgliedstaaten keine Befugnis zur Rechtsetzung bleibt.

Schließlich sind eindeutig die Zuständigkeiten im Bereich der Zollunion, d.h. die Festlegung des Gemeinsamen Zolltarifs (Art. 26 EGV), für die Gemeinsame Handelspolitik (Art. 133 I-IV EGV) und die Gemeinsame Währungspolitik, d.h. die gemeinsame Geld-, Kredit und Zinspolitik [346] (Art. 105 ff. EGV) als ausschließlich zu qualifizieren. Überwiegend wird zudem eine ausschließliche Kompetenz für die Erhaltung der Fischbestände (Art. 102, Beitrittsakte von 1972), die wesentlichen Elemente der Verkehrspolitik (grenzüberschreitender Verkehr, Kabotage und Dienstleistungsfreiheit von Verkehrsunternehmen gemäß Art. 71 I a) und b))[347] sowie das interne Organisations- und Verfahrensrecht der Union[348] angenommen.[349] Außerdem führt gemäß den Grundsätzen der AETR-Rechtsprechung[350] die Wahrnehmung einer Kompetenz im Innern der Gemeinschaft zu einer entsprechenden ausschließlichen Zuständigkeit der Gemeinschaft im Außenverhältnis, d.h. zum Abschluss völkerrechtlicher Verträge mit Drittländern („implied powers"-Lehre).[351]

---

344 *Calliess*, in: Calliess/ Ruffert, EUV/ EGV Kommentar, 2. A., Art. 5, Rn. 25; *Schwartz*, Subsidiarität und EG-Kompetenzen, AfP 1993, 409 (413); *Bieber*, Zur Rolle der Mitgliedstaaten bei der Ausfüllung von Lücken im EG-Recht, in: Bieber/ Ress (Hrsg.), Die Dynamik des Europäischen Gemeinschaftsrechts, S. 283 (293).

345 *von Borries*, Das Subsidiaritätsprinzip im Recht der EU, EuR 1994, 263 (274).

346 Einzig in Art. 106 I 1 EGV ist eine ausschließliche Zuständigkeit ausdrücklich zugewiesen: „Die EZB hat das ausschließliche Recht, die Ausgabe von Banknoten innerhalb der Gemeinschaft zu genehmigen".

347 *Calliess*, in: Calliess/ Ruffert, EUV/ EGV Kommentar, 2. A., Art. 5, Rn. 26.

348 *von Bogdandy/ Nettesheim*, in: Grabitz/ Hilf, Recht der EU, Kommentar Archivband I, Art. 3 b EGV, Rn. 30.

349 Vgl. die Auffassung der Kommission, „Mitteilung der Kommission an den Rat und das EP betreffend das Subsidiaritätsprinzip", Anhang II, Agence Europe/ Dokumente NR. 1804/05 vom 30.10.1992; *Hatje*, in: Schwarze, EU-Kommentar, Art. 5 EGV, Rn. 13; *Lienbacher*, in: Schwarze, EU-Kommentar, Art. 11 EGV, Rn. 7; *Langguth*, in: Lenz, EGV Kommentar, 2. A., Art. 5, Rn. 19.

350 EuGH, Rs. 22/70 – *AETR*, Slg. 1971, S. 263 (Rn. 20, 22). Vgl. zu den Außenkompetenzen *4. Teil, C. II.*

351 Vgl. EuGH, Rs. 22/70 – *AETR*, Slg. 1971, S. 263 (Rn. 15, 19); Rs. 3, 4 und 6/76 – *Cornelis Cramer*, Slg. 1976, 1279 (1309 f., Rn. 16ff.).

Problematisch ist dabei, dass die genannten Bereiche größtenteils derartig offen sind, dass eine genaue und hinreichende Abgrenzung in der Praxis schwierig sein wird. Vielfach sind sogar nur umfangreiche Zielformulierungen zu finden.[352] Unter diesen vielen, juristisch für eine Grenzziehung kaum mehr fassbaren Kriterien können mit guter Begründung wohl je nach Interessenstandpunkt viele Argumente für oder gegen das Vorliegen einer ausschließlichen Kompetenz vorgebracht werden. Dies ist abhängig davon, ob eine Angelegenheit aus der Sicht der Recht setzenden Gemeinschaftsorgane oder aus der Sicht der Mitgliedstaaten betrachtet wird. Es liegt nahe, dass damit zunächst die Recht setzenden Organe weitgehend autonom den Anwendungsbereich der ausschließlichen Kompetenz und somit letzten Endes der verstärkten Zusammenarbeit bestimmen können. Eine genaue Klärung der Frage der Ausschließlichkeit obläge dann im Streitfall dem EuGH.

e) Beeinträchtigung des Binnenmarkts – Art. 43 lit. e) 1. HS EUV

Diese durch den Vertrag von Nizza neu in lit. e) eingeführte Klausel verbietet eine Beeinträchtigung des Binnenmarkts im Sinne von Art. 14 II EGV durch die verstärkte Zusammenarbeit.

Der in Art. 14 II EGV legal definierte Binnenmarkt umfasst einen Raum ohne Binnengrenzen, in dem der freie Verkehr von Waren, Personen, Dienstleistungen und Kapital gemäß den Bestimmungen des EGV gewährleistet ist. Wie im Folgenden kurz erläutert wird, ist der Binnenmarkt ein sehr weites Feld, in dessen Zusammenhang verschiedenste Regelungskomplexe stehen:

Der zentrale Bestandteil des Binnenmarktes ist die Verwirklichung der vier Grundfreiheiten. Diese hängt wesentlich davon ab, inwiefern es gelingt, die abschottende Wirkung der nationalen Rechtsordnungen zu beseitigen.[353] Mittel zur Überwindung von Mobilitätshindernissen ist zunächst die Anwendung des Herkunfts- bzw. Ursprungslandsprinzips, das einher geht mit der gegenseitigen Anerkennung von Produkt- und Qualifikationsstandards und so den Abbau technischer Schranken vollzieht.[354] Daneben trägt vor allem die Rechtsangleichung – und diese ist für die Anwendung der verstärkten Zusammenarbeit relevant – zur Errichtung und zum Funktionieren des Binnenmarktes bei.[355] Ein weiteres zentrales Element des Binnenmarktes liegt im Abbau materieller Schranken in Form von Grenzkontrollen von Waren und Personen.[356] Über den Abbau der Grenzkontrollen als Hindernis des Warenverkehrs, die Arbeitnehmerfreizügigkeit und den sonstigen Leistungsaustauschs hinaus, wurde durch einen Teil der Mitgliedstaaten

---

352 *Lienbacher*, in: Schwarze, EU-Kommentar, Art. 5 EGV, Rn. 13

353 *Hatje*, in: Schwarz, EU-Kommentar, Art. 14 EGV, Rn. 8.

354 *Hatje*, in: Schwarz, EU-Kommentar, Art. 14 EGV, Rn. 8; *Kahl*, in: Calliess/ Ruffert,, EUV/ EGV Kommentar, 2. A., Art. 14 EGV, Rn. 18.

355 *Schweitzer/ Hummer*, Europarecht, Rn. 1226.

356 *Kahl*, in: Calliess/ Ruffert, EUV/ EGV Kommentar, 2. A., Art. 14 EGV, Rn. 16.

außerhalb der Verträge durch die Schengener Übereinkommen der Abbau jeglicher Grenzkontrolle vollzogen.[357]

Als ebenfalls zum Binnenmarkt gehörend ist die gemeinschaftsrechtliche Wettbewerbsordnung zu nennen.[358] Diese enthält ein Verbot wettbewerbsbehindernder Vereinbarungen und Beschlüsse, das Verbot des Missbrauchs einer marktbeherrschenden Stellung, das Recht der öffentlichen Unternehmen sowie das Beihilfenregime.[359]

Lit. e) erklärt eine Beeinträchtigung der aufgezählten Bereiche für unzulässig. Damit stellt sich die Frage, ob der gesamte Binnenmarktbereich als solcher einer verstärkten Zusammenarbeit versperrt ist. Das hätte zur Folge – zumal der Großteil der gemeinschaftlichen Regelungen in irgendeiner Weise Binnenmarktrelevanz hat –, dass der Anwendungsbereich einer verstärkten Zusammenarbeit extrem eingeengt wäre.

Die Errichtung des Binnenmarkts ist ein noch andauernder Prozess. Seine Fertigstellung – nimmt man z.B. die Steuerharmonisierung, die noch nicht sehr weit fortgeschritten ist – ist noch nicht absehbar und wird vor allem rechtliche Harmonisierung in vielen anderen Bereichen erfordern.

Erlaubt dürften daher im Rahmen einer verstärkten Zusammenarbeit rechtsvereinheitlichende Maßnahmen sein, die ein „Mehr" an Integration in Richtung einer umfangreicheren Vereinheitlichung des Binnenmarktrechts bedeuten, auch wenn dies zunächst nur für einen Teil der Mitgliedstaaten gilt. Verboten sind Zusammenarbeiten, die im Vergleich zum erreichten Binnenmarktstatus einen Rückschritt bedeuten würden und geltende binnenmarktrelevante Gemeinschaftsregelungen für einen Teil der Mitgliedstaaten abänderten.

Dass die Verwirklichung eines „Mehr" an Vereinheitlichung im Binnenmarkt auf jeden Fall zulässig ist, wird aus dem Umkehrschluss deutlich, dass alternativ jeder Mitgliedstaat für sich eigene nationale Regelungen beibehalten würde und der Binnenmarkt in jenen Bereichen weiterhin nicht voll entwickelt wäre. Durch eine verstärkte Zusammenarbeit wird aber zumindest für acht oder mehr Mitgliedstaaten eine einheitliche Regelung eingeführt, die unter Umständen zu einer Sogwirkung und damit zu einer Übernahme der Regelung der verstärkten Zusammenarbeit durch alle Mitgliedstaaten führen könnte. Beispielsweise verlangt der Binnenmarktsbegriff einen Abbau der steuerlichen Schranken.[360] Dies würde u.a. eine Harmonisierung der wichtigsten indirekten Steuern erfordern, wobei hier insbe-

---

[357] Vgl. zum Verbot einer Berührung des Schengenprotokolls durch eine verstärkte Zusammenarbeit und dessen Überführung in die Verträge: *3. Teil, B. I. 2. c) aa) (5).*

[358] So EuGH, Rs. C-300/89 – *Kommission./.Rat*, Slg. 1991, I-2867 (Rn. 13, 23); *Grabitz*, Über die Verfassung des Binnenmarktes, in: FS-Steindorff, 1990, 1229 (1240 ff.); *Hatje*, in: Schwarze, EU-Kommentar, Art. 14 EGV, Rn. 10; *Kahl*, in: Calliess/ Ruffert, EUV/ EGV Kommentar, 2. A., Art. 14 EGV, Rn. 20.

[359] *Kahl*, in: Calliess/ Ruffert, EUV/ EGV Kommentar, 2. A., Art. 14 EGV, Rn. 20.

[360] *Kahl*, in: Calliess/ Ruffert, EUV/ EGV Kommentar, 2. A., Art. 14, Rn. 19.

sondere an die Umsatz- und Verbrauchssteuern zu denken ist. Bisher wurde als wichtigste Errungenschaft im Bereich der Steuerharmonisierung die Einführung eines gemeinsamen Mehrwertsteuersystems erreicht, das zwar in allen Mitgliedstaaten gilt, aber weiterhin keine einheitlichen Steuersätze vorsieht.[361] In diesem Bereich ist der Binnenmarkt folglich keinesfalls vollendet, so dass hier mögliche Anwendungsbereiche einer verstärkten Zusammenarbeit lägen. Diese darf jedoch keinesfalls den erreichten Besitzstand im Bereich des Binnenmarkts verändern oder beeinträchtigen, indem durch die Regelung der verstärkten Zusammenarbeit der Marktzugang für Marktteilnehmer aus nicht teilnehmenden Mitgliedstaaten erschwert würde.

Letztlich ist das Verbot der Beeinträchtigung des Binnenmarkts mit dem Gebot der Beachtung des Besitzstandes[362] vergleichbar. Beide verbieten zunächst eine Abänderung bestehenden Gemeinschaftsrechts im Rahmen einer verstärkten Zusammenarbeit. Zwar ist der Begriff des Besitzstandes weiter gefasst und beinhaltet alle Binnenmarktregelungen. Jedoch bildet der Binnenmarkt den Kern des *acquis communautaire*, so dass dessen ausdrückliche Nennung im Kriterienkanon der verstärkten Zusammenarbeit eigentlich überflüssig ist.[363] Der Schutzbereich der Binnenmarktbeeinträchtigung ist bereits vollständig in der Beachtung des Besitzstandes enthalten.

f) Beeinträchtigung des wirtschaftlichen und sozialen Zusammenhalts – Art. 43 lit. e) 2. HS EUV

Durch den Vertrag von Nizza wurde in Art. 43 lit. e) EUV neu eingefügt, dass eine verstärkte Zusammenarbeit den wirtschaftlichen und sozialen Zusammenhalt des Titels XVII EGV nicht beeinträchtigen darf. Titel XVII EGV über den wirtschaftlichen und sozialen Zusammenhalt beinhaltet die Zuständigkeit der Gemeinschaft für regionalpolitische Maßnahmen. Gemäß Art. 158 EGV ist es das Ziel der Gemeinschaft, den wirtschaftlichen und sozialen Zusammenhalt der Mitgliedstaaten zu stärken und die Unterschiede im Entwicklungsstand der verschiedenen Regionen sowie den Rückstand der am stärksten benachteiligten Gebiete oder Inseln einschließlich der ländlichen Gebiete zu verringern.

Die Gemeinschaft versucht dieses Ziel u.a. durch die Kontrolle nationaler Regionalpolitiken mittels der Wettbewerbsvorschriften (Art. 87 ff. EGV)[364] und der Koordinierung der nationalen Regionalpolitik (Art. 159 I S. 1 EGV) zu erreichen. Das wesentliche und wichtigste Instrument zur Förderung des wirtschaftlichen und sozialen Zusammenhalts ist aber die Steuerung der regionalen Entwicklung

---

361 *Kahl*, in: Calliess/ Ruffert, EUV/ EGV Kommentar, 2. A., Art. 14, Rn. 19.

362 Vgl. zu Art. 43 lit. c) EUV *3. Teil, B. I. 2. c)*.

363 *von Buttlar*, Rechtsprobleme der verstärkten Zusammenarbeit nach dem Vertrag von Nizza, ZEuS 2001, 649 (668); *Ruffert*, in: Calliess/ Ruffert, EUV/ EGV Kommentar, 2. A, Art. 43 EUV, Rn. 16.

364 *Schweitzer/ Hummer*, Europarecht, 5. A., Rn. 1544.

durch eigene finanzielle Intervention der EG.[365] Hierzu zählen die drei Strukturfonds (Regionalfonds, Art. 160 EGV; Sozialfonds, Art. 146-148 EGV; Ausgleichs- und Garantiefonds für die Landwirtschaft, Art. 34 III EGV), der Kohäsionsfonds (Art. 161 III EGV), die Europäische Investitionsbank sowie spezifische Aktionen außerhalb der Fonds (Art. 159 III EGV).

Ermächtigungsgrundlagen in Titel XVII für gemeinschaftliches Handeln sind vor allem Art. 161 I EGV, der die Rechtsgrundlage für Regelungen zu Aufgaben, Zielen und Organisation der Strukturfonds enthält.[366] Art. 162 I EGV ermächtigt zum Erlass von Durchführungsbeschlüssen für den Regionalfonds.[367] Eine weitere Ermächtigungsgrundlage für spezifische Aktionen außerhalb der Fonds ist in Art. 159 III EGV geregelt.

Das vorliegende Kriterium des Art. 43 lit. e) 2. Alt. EUV verlangt nun, dass eine verstärkte Zusammenarbeit „den wirtschaftlichen und sozialen Zusammenhalt nach Titel XVII des EGV nicht beeinträchtigt". Zu denken ist dabei an zwei mögliche Konstellationen einer verstärkten Zusammenarbeit im Verhältnis zu Titel XVII: Einerseits geht es um verstärkte Zusammenarbeiten im Bereich von Titel XVII selbst, andererseits um verstärkte Zusammenarbeiten in jedem anderen Bereich, der die unter den wirtschaftlichen und sozialen Zusammenhalt gefassten Ziele beinträchtigen könnte.

Wesentlicher Anwendungsbereich des Titels XVII ist die Organisation und Verwendung der Fonds. Eine Anwendung der verstärkten Zusammenarbeit auf jenen Regelungsbereich ist gänzlich ausgeschlossen. Die Fonds sind Teil der Verwaltung der Kommission und die in deren Rahmen getätigten Ausgaben sind Teil des Gemeinschaftshaushalts.[368] In der Natur der Fonds liegt es, dass diese mit finanziellen Mitteln versehen werden, die wieder gemäß den Zielsetzungen der einzelnen Fonds nach den für die Vergabe von Geldern festgelegten Kriterien durch die Kommission vergeben werden. Da die Fonds mit Mitteln aller Mitgliedstaaten ausgestattet sind und diese gemeinsam die Fonds errichtet haben und die Vergabe der Geldmittel geregelt haben, kann verständlicherweise nicht ein Teil der Mitgliedstaaten im Rahmen einer verstärkten Zusammenarbeit koordinierend und steuernd eingreifen, indem etwas anderes bestimmt wird.

Bliebe als einzige Möglichkeit einer verstärkten Zusammenarbeit im Bereich von Titel XVII die Ermächtigung zu spezifischen Aktionen außerhalb der Fonds gemäß Art. 159 III EGV. Darin ist eine vage formulierte Auffangkompetenz enthalten. Diese ermöglicht es, neue Finanzierungsinstrumente in eng umgrenzten

---

365 *Priebe*, in: Schwarze, EU-Kommentar, Art. 159 EGV, Rn. 5 f.

366 Die Rechtsgrundlagen für die Errichtung der Fonds selbst ist darin jedoch nicht enthalten; vgl. Hinweise oben.

367 Art. 162 stellt klar, dass hinsichtlich des Agrar- und des Sozialfonds die einschlägigen Vertragsermächtigungen in Art. 37 und 148 EGV anwendbar sind und nicht von Art. 161 EGV verdrängt werden.

368 *Priebe*, in: Schwarze, EU-Kommentar, Art. 161 EGV, Rn. 3.

Bereichen zu schaffen.[369] Auf diese Norm können spezifische Aktionen im Interesse der Ziele des Art. 158 EGV gestützt werden, wenn sie zur Zielverwirklichung erforderlich sind und die Förderkompetenzen von Titel XVII und die in anderen Politikbereichen vorgesehenen Gemeinschaftskompetenzen nicht ausreichen.[370] Die Grenzen der Anwendung dieses Bereiches sind bisher vom Verfahren der Einstimmigkeit des Rates und den finanziellen Möglichkeiten bestimmt,[371] was aber durch die Möglichkeit einer verstärkten Zusammenarbeit anders aussehen könnte.

Die Besonderheit der Kohäsion ist, dass als gestaltendes Instrument zur Verwirklichung des vertraglichen Ziels nicht juristische Mittel wie Gesetzgebung und Verwaltungshandeln angewendet werden, sondern versucht wird, die Ziele mittels Einsatz finanzieller Mittel als Steuerungsinstrument zu erreichen. Bei den finanziellen Mitteln handelt es sich um Gemeinschaftsmittel, mit denen die Fonds ausgestattet sind. Letztlich erfolgt aber meist eine Umverteilung von wohlhabenderen Mitgliedstaaten auf weniger wohlhabende Mitgliedstaaten. Die Schaffung spezifischer Aktionen außerhalb der Fonds, d.h. die Schaffung weiterer Instrumente der Finanzsteuerung, im Rahmen einer verstärkten Zusammenarbeit hätte zur Folge, dass nur die „Kohäsionsregionen" der an der verstärkten Zusammenarbeit teilnehmenden Mitgliedstaaten davon profitieren würden. Der Förderung des wirtschaftlichen und sozialen Zusammenhalts der Gemeinschaft als Ganzes und damit den Zielen des Art. 158 EGV würde eine solche verstärkte Zusammenarbeit aber zuwider laufen. Keinesfalls zulässig unter diesem Gesichtspunkt wäre eine verstärkte Zusammenarbeit in diesem Titel, die eine spezifische Aktion vorsähe, an deren Teilnahme bestimmte Mitgliedstaaten gehindert sind, weil sie dazu vor allem wirtschaftlich nicht in der Lage wären, insbesondere, weil die eine solche Zusammenarbeit anregenden Mitgliedstaaten gewisse Hürden gesetzt haben, die einem Ausschluss gleich kämen.

Anders könnte der Fall gelagert sein, dass ein Mitgliedstaat nicht teilnehmen will[372], die übrigen Mitgliedstaaten jedoch willens und in der Lage sind, das Projekt insbesondere finanziell zu bestreiten. Zu denken wäre hier vor allem an regionale oder geographische Gegebenheiten, von denen nur ein Teil der Mitgliedstaaten betroffen ist[373] und deshalb auch nur ein Teil der Mitgliedstaaten an einem weiteren Kohäsionsinstrument in diesem Bereich interessiert ist. Eine solche verstärkte Zusammenarbeit jedenfalls wäre zulässig.

Eine weitere Bedeutung des Kriteriums liegt darin, dass eine verstärkte Zusammenarbeit nicht den in Art. 158 EGV genannten Zielen zuwider laufen darf.

---

369 *Stabenow*, in: Grabitz/ Hilf, Recht der EU, Kommentar Bd. II, 16. EL, Art. 159 EGV, Rn. 5.
370 *Puttler*, in: Calliess/ Ruffert, EUV/ EGV Kommentar, 2. A., Art. 159 EGV, Rn. 6.
371 *Stabenow*, in: Grabitz/ Hilf, Recht der EU, Kommentar Bd. II, 16. EL., Art. 159 EGV, Rn. 5.
372 Nahe liegend wäre im Fall der Kohäsion, dass es sich um einen Mitgliedstaat handelt, der Nettozahler des Projektes wäre und deshalb weniger Interesse hätte teilzunehmen.
373 Z.B. Ostseeanrainer, Mittelmeeranrainer, Gebirgsanrainer, schiffbauende Staaten etc.

Eine im Rahmen einer verstärkten Zusammenarbeit beschlossene Regelung darf demnach nicht dazu führen, dass sich die Unterschiede im Entwicklungsstand der verschiedenen Regionen vergrößern.

Dazu gehören aber nicht jene Vergrößerungen der Unterschiede des Entwicklungsstandes, die als mittelbare Folge auftreten, weil etwa eine Maßnahme der Zusammenarbeit einen größeren wirtschaftlichen Erfolg der Regionen der teilnehmenden Mitgliedstaaten zur Folge hat. Ansonsten wäre eine Abgrenzung kaum möglich, bzw. die Anwendung dieses Kriteriums könnte ins Uferlose führen, weil jede Form der Vergemeinschaftung das Ziel verfolgt, dass sich die Wirtschaft dadurch besser entwickelt. Bei nicht an der verstärkten Zusammenarbeit teilnehmenden Staaten hätte dies im Umkehrschluss zur Folge, dass davon ausgegangen wird, dass deren ökonomische Situation dahinter zurück bleibt und eine Vergrößerung der Entwicklungsrückstände somit die mittelbare Folge wäre.

Nicht zulässig sind folglich Regelungen, die unmittelbar und offensichtlich eine Vergrößerung des Entwicklungsrückstandes zum Ziel haben und gegenüber den nicht teilnehmenden Mitgliedstaaten eine verminderte Solidarität zur Folge hätten.

g) Handelsdiskriminierung und Wettbewerbsverzerrung – Art. 43 lit. f) EUV

Die verstärkte Zusammenarbeit darf keine Behinderung oder Diskriminierung des Handels zwischen den Mitgliedstaaten darstellen und zudem die Wettbewerbsbedingungen zwischen diesen nicht verzerren.

Dieses Kriterium könnte, je nachdem wie eng oder weit es ausgelegt wird, den Anwendungsbereich einer verstärkten Zusammenarbeit erheblich beschränken, so dass dessen Auslegung für die verstärkte Zusammenarbeit von großer Bedeutung ist. Denn letztlich dürfte im Bereich des EGV kaum eine verstärkte Zusammenarbeit vorstellbar sein, die ohne Auswirkung auf den innergemeinschaftlichen Handel oder den Wettbewerb bliebe.[374] Beispielsweise hätte eine verstärkte Zusammenarbeit im Bereich des Umweltrechts regelmäßig eine Auswirkung auf den Handel und den Wettbewerb im Binnenmarkt. Würde eine solche verstärkte Zusammenarbeit eine Verschärfung des geltenden Rechts vorsehen, in deren Folge etwa die Anpassung an die geltende Rechtslage für die Unternehmen in den jeweiligen Teilnehmerstaaten mit Kosten verbunden ist, die indirekt zu höheren Produktionskosten führen, hätten sich dadurch die Wettbewerbsbedingungen für die betroffenen Unternehmen gegenüber jenen in den nicht teilnehmenden Mitgliedstaaten verschlechtert. Damit wäre letzten Endes der Wettbewerb durch eine verstärkte Zusammenarbeit verzerrt.

Gleiches ließe sich im Bereich der Steuerharmonisierung feststellen. Abhängig davon, ob der harmonisierte Steuersatz der verstärkten Zusammenarbeit für

---

[374] *Hatje*, in: Schwarze, EU-Kommentar, Art. 11 EGV, Rn. 11.

die teilnehmenden Mitgliedstaaten zu einer Hebung oder Senkung ihres Satzes führt, bzw. ob jener Satz über oder unter dem der nicht teilnehmenden Mitgliedstaaten liegt, sind die Marktteilnehmer in den Mitgliedstaaten begünstigt oder belastet. Auf jeden Fall wären verzerrende Auswirkungen auf den Handel und Wettbewerb im Binnenmarkt zu verzeichnen.

Jede Auswirkung auf Handelsströme oder den Wettbewerb unterbinden zu wollen, kann nicht Sinn und Zweck von lit. f) sein. Eine solch restriktive Auslegung würde dazu führen, dass für eine verstärkte Zusammenarbeit im Bereich des EGV kaum Regelungsbereiche offen stünden. Unter Bezugnahme auf das durch dieses Kriterium zu schützende Rechtsgut, den Binnenmarkt der Gemeinschaft, für den freier Handel und Wettbewerb unerlässlich sind,[375] ist festzustellen, dass es dazu keiner so restriktiven Auslegung bedarf, die einem Verbot oder zumindest erheblichen Einschränkung der Veränderungsmöglichkeiten der Wettbewerbsbedingungen gleich kommt. Vielmehr ist beispielsweise die Veränderung der Steuersätze bisher im Wettbewerb der Staaten ein legitimes Mittel und die Verbesserung der Umweltstandards ein legitimes Anliegen des wirtschaftspolitischen Handlungsspielraums. Daher darf das Kriterium nicht so eng ausgelegt werden, dass daraus ein Verbot der Veränderung der Wettbewerbs- und Handelsbedingungen wird und für die verstärkte Zusammenarbeit kein Anwendungsbereich mehr bleibt.[376]

Vorliegend dürfte es vielmehr darum gehen, Handel und Wettbewerb vor missbräuchlichen Verzerrungen und Behinderungen und einem Zurückbleiben hinter dem Besitzstand der Gemeinschaft zu schützen.

Zur genauen Definition des Kriteriums könnte man zunächst daran denken – ähnlich wie bei der Bestimmung der „ausschließlichen Zuständigkeit“[377] – gleich oder ähnlich lautende Begriffe in anderen Normen des EGV vergleichend heranzuziehen, zu denen bereits eine weitreichende Rechtsprechung des EuGH existiert.[378]

---

375 *Thun-Hohenstein*, Verstärkte Zusammenarbeit in der EU, in: Hummer, EU nach dem Vertrag von Amsterdam, 1998, 125 (132).

376 *Thun-Hohenstein*, Verstärkte Zusammenarbeit in der EU, in: Hummer, EU nach dem Vertrag von Amsterdam, 1998, 125 (132).

377 Vgl. *3. Teil, B. I. 2. c) aa) (2).*

378 Vgl. u.a.: Art. 30 I S. 2 EGV: „...Verbote oder Beschränkungen dürfen jedoch weder ein Mittel zur willkürlichen Diskriminierung noch eine verschleierte Beschränkung des Handels zwischen den Mitgliedstaaten...“

Art. 81 I EGV: „...Vereinbarungen zwischen Unternehmen (...), welche den Handel zwischen den Mitgliedstaaten zu beeinträchtigen geeignet sind und eine Verhinderung, Einschränkung oder Verfälschung des Wettbewerbs innerhalb des Gemeinsamen Marktes bezwecken...“

Art. 82 EGV: „...Ausnutzung einer beherrschenden Stellung (...) durch ein oder mehrere Unternehmen, soweit dies dazu führen kann, den Handel zwischen Mitgliedstaaten zu beeinträchtigen.“

Wie im Folgenden aufgezeigt wird, sind die Normen des EGV, die zwar eine gleiche oder zumindest ähnliche Terminologie aufweisen oder auf den ersten Blick systematisch in den Kontext passen, nicht ohne Bedenken auf die verstärkte Zusammenarbeit übertragbar.

So ist Art. 81 f. EGV unmittelbar nur an Unternehmen und Unternehmensvereinigungen gerichtet. Dieser regelt das Wettbewerbsrecht öffentlicher und privater Unternehmen und richtet sich somit nicht an staatliche Handelsschranken.[379] Ähnlich geht es bei Art. 82 EGV inhaltlich um die marktbeherrschende Stellung eines Unternehmens, die zu Beeinträchtigungen oder Verzerrungen des Wettbewerbs durch Private führt. Art. 87 I EGV regelt zwar die Zulässigkeit von Beilhilfen, die von staatlicher Seite gewährt werden, was inhaltlich hinsichtlich der Akteure einem Zusammenschluss von Mitgliedstaaten in einer verstärkten Zusammenarbeit etwas näher kommt. Jedoch ist das Instrument der Verzerrung eine Beihilfe und keine gesetzliche Regelung.

Vereinzelt wird vorgeschlagen, Art. 95 IV, VI EGV zur Auslegung des Kriteriums vergleichend heranzuziehen.[380] Gemäß Art. 95 IV EGV ist es Mitgliedstaaten erlaubt, nach Annahme einer einheitlichen Gemeinschaftsregelung unter bestimmten Bedingungen weiterhin nationale Regelungen anzuwenden. Der Kommission obliegt es festzustellen, dass die Beibehaltung der nationalen Regelung weder ein Mittel zur willkürlichen Diskriminierung ist, noch eine verschleierte Beschränkung des Handels zwischen den Mitgliedstaaten darstellt. Dazu wird vertreten, der Grundgedanke hinter den Regelungen sei ähnlich.[381] Die verstärkte Zusammenarbeit darf weder auf eine Teilung des Binnenmarktes hinauslaufen, noch den in den teilnehmenden Mitgliedstaaten produzierten und vertriebenen Waren Wettbewerbsvorteile gegenüber den Waren der nicht teilnehmenden Mitgliedstaaten verschaffen.[382] Es ist jedoch in diesem Zusammenhang der wesentliche Unterschied der zu vergleichenden Konstellationen hervorzuheben. Art. 95 VI EGV erlaubt eine Einführung nationaler Regelungen in Abweichung zu bestehenden gemeinschaftsrechtlichen Regelungen. Damit kann den Mitgliedstaaten ein Abweichen vom geltenden Besitzstand der Gemeinschaft aus bestimmten Gründen gestattet werden, ein Verhalten, dass im Rahmen der verstärkten Zusammen-

---

Art. 87 I EGV: „...die durch die Begünstigung bestimmter Unternehmen oder Produktionszweige den Wettbewerb verfälschen oder zu verfälschen drohen (...), soweit sie den Handel zwischen Mitgliedstaaten beeinträchtigen."

Art. 95 VI EGV: „...ob sie ein Mittel zur willkürlichen Diskriminierung und eine verschleierte Beschränkung des Handels zwischen den Mitgliedstaaten darstellen und ob sie das Funktionieren des Binnenmarktes behindern."

379 *Weiß*, in: Calliess/ Ruffert, EUV/ EGV Kommentar, 2. A., Art. 81 EGV, Rn. 13.

380 *Constantinesco*, Les clauses de coopération renforcée, RTDE 1997, 750 (761); *Kortenberg*, Closer Cooperation, CMLRev 1998, 833 (849).

381 *Constantinesco*, Les clauses de coopération renforcée, RTDE 1997, 750 (761); *Kortenberg*, Closer Cooperation, CMLRev 1998, 833 (849).

382 *Constantinesco*, Les clauses de coopération renforcée, RTDE 1997, 750 (761).

arbeit ausdrücklich verboten ist.[383] Das Kriterium will aber gerade eine Behinderung oder Diskriminierung des Handels bzw. eine Verzerrung des Wettbewerbs durch eine Regelung verhindern, die im Vergleich zum Besitzstand ein „Mehr" an Integration bedeutet. Aus diesem Grund ist auch eine vergleichende Heranziehung des Art. 95 IV, VI EGV abzulehnen.

Im Ergebnis ist das Kriterium dahingehend auszulegen, dass zunächst jede Form der rechtlichen Diskriminierung zwischen den an der verstärkten Zusammenarbeit teilnehmenden Mitgliedstaaten und den nicht teilnehmenden Mitgliedstaaten ausgeschlossen ist. Faktische Auswirkungen auf Handel und Wettbewerb sind jedoch bei einer verstärkten Zusammenarbeit im Bereich des EGV wie bereits dargestellt unausweichlich, so dass hier ein Ausgleich zu suchen ist zwischen solchen Behinderungen oder Verzerrungen, die zulässig sind und solchen spürbaren, die das zulässige Maß überschreiten.[384] Solange die Ungleichbehandlung und Verzerrung sich im Rahmen des Zulässigen bewegt, ist die verstärkte Zusammenarbeit und das durch sie geförderte Fortschreiten der Integration selbst Rechtfertigung genug. Ob sich diese im Rahmen des Zulässigen befinden, ließe sich mittels des Verhältnismäßigkeitsprinzips beurteilen. Diesbezüglich wird von einem gewissen Ermessensspielraum und einer Einschätzungsprärogative der Kommission auszugehen sein, deren Kontrolle im Rahmen des Vorschlagsrechts die Begründung einer verstärkten Zusammenarbeit im Gemeinschaftsrecht unterliegt.

h) Mindestzahl der teilnehmenden Mitgliedstaaten – Art. 43 lit. g) EUV

An der verstärkten Zusammenarbeit müssen gemäß Art. 43 lit. g) EUV mindestens acht Mitgliedstaaten teilnehmen. Der Vertrag von Amsterdam sah noch die Teilnahme der „Mehrheit der Mitgliedstaaten" vor,[385] wobei es einige Teilnehmer der Regierungskonferenz im Jahr 2000 auch belassen wollten. Die Kommission und das Parlament[386] hingegen schlugen ein Drittel der Mitgliedstaaten als „kritische Masse"[387] vor. Die französische Ratspräsidentschaft brachte schließlich im Verlauf der Verhandlungen in ihren Syntheseentwürfen die Zahl der acht Mitgliedstaaten ein, auf die man sich letztlich einigen konnte.[388] [389] Den vorgeschla-

---

383 Vgl. Art. 43 lit. c) EUV.

384 Vgl. *Hatje*, in: Schwarze, EU-Kommentar, Art. 43 EGV, Rn. 11.

385 Art. 43 d) EUV (Amsterdam).

386 Europäisches Parlament, Bericht über die verstärkte Zusammenarbeit (A5-0288/2000), Berichterstatter *Gil-Robles Gil-Delgado*, vom 12.10.2000, S. 7.

387 Häufig wird das Kriterium der Mindestzahl der an einer verstärkten Zusammenarbeit teilnehmenden Mitgliedstaaten kurz als die „kritische Masse" beschrieben. Vgl. *Bribosia*, Les coopérations renforcées au lendemain du traité de Nice, RDUE 2001, 111 (136); *Ehlermann*, Engere Zusammenarbeit nach dem Amsterdamer Vertrag: Ein neues Verfassungsprinzip?, EuR 1997, 362 (373); *Hatje*, in: Schwarze, EU-Kommentar, Art. 43 EUV, Rn. 20.

388 Dokumente der französischen Ratspräsidentschaft zur Regeierungskonferenz in CONFER 4810/00, 4813/00 sowie zur verstärkten Zusammenarbeit in CONFER 4780/00, 4786/00, 4798/00.

genen Mindestteilnehmerzahlen liegen keine funktionalen Begründungen zugrunde, sondern ihre Wahl wurde willkürlich in den Raum gestellt.

Die im Vertrag von Amsterdam noch vorgesehene „Mehrheit" der Mitgliedstaaten lag zwar in der EU mit 15 Mitgliedstaaten ebenfalls bei acht Mitgliedstaaten, so dass in der Festlegung der kritischen Masse auf acht Mitgliedstaaten zunächst kein nennenswerter Unterschied ersichtlich ist. Dieser zeigt sich jedoch, wenn man die Erweiterung der EU auf 25 Mitgliedstaaten berücksichtigt: In einer EU mit 25 Mitgliedstaaten etwa liegt „die Mehrheit" bei immerhin 13 Teilnehmern, acht Mitgliedstaaten entsprechen hingegen etwas weniger als einem Drittel. Der darin liegende substantielle Unterschied, der in der Festlegung auf eine konkrete Zahl im Vergleich zu einer relativen Menge liegt, erweist sich damit erst seit der Erweiterung der EU als wesentliche Erleichterung gegenüber der Amsterdamer Fassung.

Die Mindestzahl der acht Teilnehmer schien sich auf der Regierungskonferenz von Nizza nicht zuletzt auch deshalb unter den Skeptikern der verstärkten Zusammenarbeit durchgesetzt zu haben, weil davon ausgegangen wurde, dass es wohl eher die mittel- und osteuropäischen Mitgliedstaaten sein werden, die im Vergleich zu den alten Mitgliedstaaten Schwierigkeiten haben werden, im Integrationsprozess voranzuschreiten.[390] Diese dürften eher Gefahr laufen, zum Kreis der nicht teilnehmenden Mitgliedstaaten zu gehören, weil es sie am Ende der Übergangsperiode genug Anstrengungen kosten wird, zunächst den gegenwärtigen Besitzstand umzusetzen.[391] Indiz hierfür ist auch der neu eingeführte Art. 44 Abs. 1 UA. 2 EUV, wonach die im Rahmen der Durchführung einer verstärkten Zusammenarbeit geschaffenen Bestimmungen nicht Teil des gemeinschaftlichen Besitzstandes sind und dementsprechend nicht von Beitrittskandidaten verpflichtend umgesetzt werden müssen.[392] Im Hinblick auf die erfolgte Erweiterungsrunde erleichtert eine kritische Masse von acht Mitgliedstaaten vor allem den „alten" Mitgliedstaaten, eine Allianz unter sich zu bilden, falls die „neuen" Mitgliedstaaten einen Integrationsschritt nicht mittragen können oder wollen.

Gemäß dem Grundsatz der Gleichbehandlung macht es natürlich keinen Unterschied, ob es sich bei den Teilnehmern um kleine oder große Mitgliedstaaten handelt. Allerdings ist beim Ermächtigungsakt die unterschiedliche Stimmengewichtung zu berücksichtigen. Insbesondere aber für die Frage der Sogwirkung auf die einer verstärkten Zusammenarbeit fernbleibenden Mitgliedstaaten und damit für die baldige Übernahme der Bestimmungen der Zusammenarbeit durch alle

---

389 Der Vorschlag tauchte erstmals in einem Dokument der Benelux-Staaten auf, CONFER 4721/00 vom 7.März 2000, und wurde in einem deutsch-italienischen Positionspapier aufgegriffen, CONFER 4783/00, vom 6.10.2000.

390 *Franzmeyer*, Osterweiterung, Kerneuropa, Währungsunion – Zentrale Weichenstellungen in der Integrationspolitik, in: Hrbek/ Jopp, Die Europäische Union als Prozess, 1998, 592 (597).

391 *Bribosia*, Les coopérations renforcées au lendemain du traité de Nice, RDUE 2001, 111 (138).

392 *Bribosia*, Les coopérations renforcées au lendemain du traité de Nice, RDUE 2001, 111 (138).

Mitgliedstaaten dürfte es von großer Bedeutung sein, welche Mitgliedstaaten teilnehmen. Sicherlich wird eine Zusammenarbeit der größeren und einflussreicheren Mitgliedstaaten auf die außenstehenden Mitgliedstaaten eine größere Sogwirkung entwickeln als die von kleineren und in der Peripherie liegenden.

Was das Ermächtigungsverfahren anbelangt, so ist zu unterstreichen, dass die Zahl von acht Mitgliedstaaten selbst in der EU mit 15 Mitgliedstaaten eine zu geringe Anzahl von Stimmen darstellte, um aus eigener Kraft aus dem Kreis der teilnahmewilligen Mitgliedstaaten heraus die erforderliche qualifizierte Mehrheit für die Ermächtigung aufzubringen. Demnach muss eine deutlich größere Anzahl von Mitgliedstaaten bereit sein, die verstärkte Zusammenarbeit in ihrem Entstehen zu unterstützen, auch wenn diese sich nicht an dieser beteiligen werden.

i) Beachtung der Zuständigkeit, Rechte und Pflichten der nicht beteiligten Mitgliedstaaten – Art. 43 lit. h) EUV

Das Gebot, dass eine verstärkte Zusammenarbeit die Zuständigkeiten, Rechte und Pflichten der an ihr nicht beteiligten Mitgliedstaaten beachten muss, stellt eine Ausdehnung des Gebots der Gemeinschaftstreue gemäß Art. 10 II 2 EGV auf die verstärkte Zusammenarbeit dar.[393]

Umgekehrt gibt Art. 44 II 3 EUV den an der verstärkten Zusammenarbeit nicht beteiligten Mitgliedstaaten auf, der Durchführung der verstärkten Zusammenarbeit durch die anderen Mitgliedstaaten nicht im Wege zu stehen. Diese beiden Bestimmungen konkretisieren, dass der Grundsatz der Gemeinschaftstreue zwischen den Mitgliedstaaten aus Art. 10 II Satz 2 EGV sich auf beide Seiten einer verstärkten Zusammenarbeit erstreckt, sowohl auf die teilnehmenden als auch die nicht teilnehmenden Mitgliedstaaten.[394] Letztlich erfolgt hier eine Übernahme des Prinzips auf die Unionsebene und seine ausdrückliche Erstreckung auf die verstärkte Zusammenarbeit.[395]

Durch diese beiden Klauseln wird für die nicht teilnehmenden Mitgliedstaaten ein Ausgleich zwischen Schutz (Art. 43 lit. h) EUV) und Verpflichtung (Art. 44 II 3 EUV) geschaffen. Es wird beiden Seiten eine gewisse Selbstbeschränkung auferlegt, die für das gegenseitige Verhältnis und Verständnis förderlich ist.[396] Es

---

393 *von Buttlar*, Rechtsprobleme der verstärkten Zusammenarbeit, ZEuS 2001, (669); *Constantinesco*, Les clauses de coopération renforcée, RTDE 1997, 751 (759); *Ehlermann*, Engere Zusammenarbeit nach dem Amsterdamer Vertrag, EuR 1997, 362 (373); *Hatje*, in: Schwarze, EU-Kommentar, Art. 43 EUV, Rn. 22; *Hofmann*, EuR 1999, (723); *Martenczuk*, Differenzierte Integration, ZEuS 1998, (462).

394 *Ehlermann*, Engere Zusammenarbeit nach dem Amsterdamer Vertrag, EuR 1997, 362 (373); *Hatje*, in: Schwarze, EU-Kommentar, Art. 43 EUV, Rn. 22.

395 *Ehlermann*, Engere Zusammenarbeit nach dem Amsterdamer Vertrag, EuR 1997, 362 (373); *Hofmann*, Wieviel Flexibilität für welches Europa?, EuR 1999, 713 (723).

396 *Philippart/ Edwards*, The provisions on closer co-operation in the Treaty of Amsterdam, JCMS 1999, 87 (91).

verdeutlicht aber auch, dass ein Konfliktpotential zwischen den teilnehmenden und nicht teilnehmenden Mitgliedstaaten bei der Konzeption der verstärkten Zusammenarbeit vorausgesehen und mit bedacht wurde.

In der Amsterdamer Fassung war nicht davon die Rede, dass *„die Zuständigkeiten, Rechte und Pflichten (...) beachtet"*[397] werden müssen, sondern dass diese *„nicht beeinträchtigt"* werden dürfen.[398] Hier erfolgte eine identische Auswechslung des Verbs, wie sie auch in Art. 43 lit. c) EUV vorgenommen wurde. Inwiefern hierin eine inhaltliche oder bloß eine redaktionelle Änderung liegt, ist ebenso wie in Art. 43 lit. c) EUV fraglich. Der neu formulierten Bedingung ist weder ein weitergehender Gehalt, noch eine Präzisierung zu entnehmen. Einzig könnte daran zu denken sein, dass die neue Bedingung, die Rechte der übrigen Mitgliedstaaten zu beachten, im Vergleich zur „Beeinträchtigung" der Zuständigkeiten, Rechte und Pflichten weniger streng erscheinen mag.[399]

Ein konkretes Verbot oder Verhaltensgebot, das sich nicht schon aus anderen die Interessen und Rechte der nicht teilnehmenden Mitgliedstaaten schützenden Kriterien ergibt, ist hierin nicht zu sehen.

j) Nichtberühren des Schengenprotokolls – Art. 43 lit. i) EUV

Eine verstärkte Zusammenarbeit darf zudem nicht die Bestimmungen des Protokolls zur Einbeziehung des Schengen-Besitzstandes in den Rahmen der Europäischen Union[400] berühren.

aa) Exkurs: Das Schengenprotokoll

Mit jenem Protokoll wurde durch den Amsterdamer Vertrag der gesamte bisher außerhalb der Verträge und damit völkerrechtlich geregelte Regelungskomplex, der die Einzelheiten des Abbaus der Personenkontrollen zwischen den Mitgliedstaaten enthält[401], in den Rahmen der EU überführt. Mittels eines Protokolls war es möglich, einerseits dem Willen der Mehrheit der Mitgliedstaaten nach Überführung des Schengen-Besitzstandes in den Rahmen des EUV/ EGV gerecht zu werden und andererseits dem Verlangen Großbritanniens und Irlands, sich am Abbau der Grenzkontrollen nicht beteiligen zu müssen, sowie dem Anliegen Dänemarks nachzukommen, das zwar Schengen-Vertragsstaat war, aber die völkerrechtliche Geltung des Schengen-Abkommens beibehalten wollte.

---

397 Art. 43 lit. h) EUV (Nizza).

398 Art. 43 lit. f) EUV (Amsterdam).

399 *von Buttlar*, Rechtsprobleme der verstärkten Zusammenarbeit, ZEuS 2001, 649 (669).

400 Im weiteren Verlauf das „Schengen-Protokoll".

401 Der sog. Schengen-Besitzstand. Hierzu zählen gemäß dem Anhang zum Schengen-Protokoll die Übereinkommen von Schengen I und II, die Beitrittsprotokolle und –übereinkommen zu Schengen I und II sowie die Beschlüsse und Erklärungen des Schengen Exekutivausschusses und die Rechtsakte zur Durchführung des Übereinkommens, die von den Organen erlassen wurden, denen der Exekutivausschuss Entscheidungsbefugnisse übertragen hat.

Das Protokoll sah vor, dass der Rat mit einstimmigem Beschluss aller Mitglieder den Schengen-Besitzstand nachträglich den jeweils einschlägigen Rechtsgrundlagen von Titel IV EGV oder VI EUV zuordnete.[402] Dies geschah durch eine Entscheidung des Rates, die zunächst die Bestimmungen des Schengen-Besitzstandes definierte[403] und eine andere, die diesem die Rechtsgrundlagen zuwies.[404] [405] Mit Inkrafttreten des Vertrages von Amsterdam war der Schengen-Besitzstand für die teilnehmenden Mitgliedstaaten sofort anwendbar, der Rat trat an die Stelle des Schengen-Exekutivausschusses.[406]

Die im Protokoll für Großbritannien und Irland enthaltenen Ausnahmevorschriften sehen vor, dass diese nicht an den Schengen-Besitzstand gebunden sind; beide können jedoch beantragen, dass einzelne Bestimmungen des Schengen-Besitzstandes auf sie Anwendung finden sollen, was vom Rat in der Folge einstimmig zu beschließen ist.[407]

Zugunsten des Schengen-Vertragsstaats Dänemark besteht eine institutionelle Ausnahme, da Dänemark nicht von den Regelungen von Titel IV EGV gebunden sein wollte.[408] Daher richten sich die Rechte und Pflichten Dänemarks in Bezug auf die übrigen Schengen-Vertragsstaaten weiterhin nach völkerrechtlichen Regeln und nicht – soweit die Bestimmungen des Schengen-Besitzstandes Titel IV EGV zugeordnet sind – nach gemeinschaftsrechtlichen.[409]

Durch Art. 1 des Schengen-Protokolls werden die Schengen-Vertragsstaaten ermächtigt, untereinander im Rahmen dieser Übereinkommen eine als „Schengen-Besitzstand" bezeichnete verstärkte Zusammenarbeit zu begründen.[410] Damit stellt das Protokoll für die 13 Schengen-Vertragsstaaten eine Art primärrechtlich zugelassene Form der verstärkten Zusammenarbeit dar.[411] Diese verstärkte Zusammenarbeit wird an zwei verschiedenen Punkten deutlich: Einerseits wird der im Anhang an das Protokoll definierte Schengen-Besitzstand in den juristischen und institutionellen Rahmen der Union überführt, andererseits erfolgt die Weiterent-

---

402 Art. 2 I UA 2 Schengen-Protokoll.

403 Entscheidung vom 20. Mai 1999, EG Abl. L 176/1 vom 10.Juli 1999.

404 Entscheidung vom 20. Mai 1999, EG Abl. L 176/17 vom 10. Juli 1999.

405 *Bribosia*, Différenciation et avant-gardes au sein de l'UE, CDE 2000, 57 (89).

406 *Brechmann*, in: Calliess/ Ruffert, EUV/ EGV Kommentar, 2. A., Art. 61 EGV, Rn. 1; *Hilf/ Pache*, Der Vertrag von Amsterdam, NJW 1998, 705 (708).

407 Art. 4 Schengen-Protokoll.

408 *Martenczuk*, Differenzierte Integration nach dem Vertrag von Amsterdam, ZEuS 1998, 447 (472).

409 *Hailbronner/ Thiery*, Amsterdam – Vergemeinschaftung der Sachbereiche freier Personenverkehr, EuR 1998, 583 (613).

410 *Martenczuk*, Die differenzierte Integration nach dem Vertrag von Amsterdam, ZEuS 1998, 447(472).

411 *Bribosia*, Différenciation et avant-gardes au sein de l'UE, CDE 2000, 57 (89, 96); *Hilf/ Pache*, Der Vertrag von Amsterdam, NJW 1998, 705 (708); vgl. auch Art. 5 I UA. 2 Schengen-Protokoll.

wicklung des Besitzstandes in Übereinstimmung mit den Titeln IV EGV und VI EUV.[412]

Die Weiterentwicklung des Schengen-Besitzstandes erfolgt gemäß den in den Verträgen enthaltenen Vorschriften, entweder direkt oder gegebenenfalls entsprechend der Festlegung der Rechtsgrundlagen der Bestimmungen, die den Schengen-Besitzstand darstellen.[413] Die im EGV und EUV enthaltenen Vorschriften bilden die Rechtsgrundlage und schreiben das Verfahren für jene Bestimmungen vor.[414]

Die Zusammenarbeit der sog. „Schengen-Vertragsstaaten“ stellt somit einen speziellen Fall einer verstärkten Zusammenarbeit dar und hat nach den im Protokoll vorgesehenen Regelungen zu erfolgen.[415] Diese Regelung ist lex specialis zur allgemeinen verstärkten Zusammenarbeit in Art. 43 ff. 40 ff. EUV, 11 f. EGV.

bb) Verstärkte Zusammenarbeit und Schengen

Soweit es den Schengen-Besitzstand anbelangt, sind gemäß Art. 43 lit. i) EUV keine weiteren Differenzierungen hinsichtlich anderer Mitgliedstaaten möglich als die im Protokoll vorgesehenen gegenüber Großbritannien, Irland und Dänemark. Das Anliegen, hinsichtlich des Schengen-Besitzstandes keine weiteren Differenzierungen zuzulassen, wird zudem dadurch deutlich, dass das Protokoll in Art. 8 festlegt, dass der Schengen-Besitzstand und weitere diesbezügliche Maßnahmen zum durch neue Mitgliedstaaten zu übernehmenden Besitzstand gehören. Hingegen sind Rechtsakte und Beschlüsse einer verstärkten Zusammenarbeit nach den allgemeinen Regelungen gemäß Art. 44 I UA. 2 EUV kein Bestandteil des Besitzstandes der Union und müssen demnach von neu beitretenden Mitgliedstaaten nicht zwingend übernommen werden.

Abgesehen von den Bereichen von Titel IV EGV, die bereits vom Schengen-Besitzstand abgedeckt sind, ist hier aufgrund der unterschiedlichen Interessenlage großes Potential für die Anwendung einer verstärkten Zusammenarbeit.[416]

k) Offenstehen für alle Mitgliedstaaten – Art. 43 lit. j), 43 b EUV

Für jede verstärkte Zusammenarbeit gilt das Prinzip der jederzeitigen Offenheit. Gemäß Art. 43 lit. j) EUV, der auf Art. 43 b EUV verweist, steht eine verstärkte Zusammenarbeit bei ihrer Begründung und hinsichtlich einer späteren Teilnahme allen Mitgliedstaaten offen.[417]

---

412 *Bribosia*, Différenciation et avant-gardes au sein de l'UE, CDE 2000, 57 (89).

413 *Bribosia*, Différenciation et avant-gardes au sein de l'UE, CDE 2000, 57 (93).

414 *Bribosia*, Différenciation et avant-gardes au sein de l'UE, CDE 2000, 57 (93).

415 *Brechmann*, in: Calliess/ Ruffert, EUV/ EGV Kommentar, 2. A., Art. 40 EUV, Rn. 1.

416 *Hofmann*, Wieviel Flexibilität für welches Europa, EuR 1999, (725).

417 Art. 11 a EGV, Art. 27 e EUV sowie 40b EUV. Vgl. zum Verfahren der nachträglichen Teilnahme *3. Teil, B. III.*

Damit wird gleichzeitig eine wichtige Aussage über die integrationstheoretische Einordnung der verstärkten Zusammenarbeit getroffen: Die Bildung eines festen geographischen oder politischen Kerns von teilnehmenden Staaten, ein sog. „Kerneuropa“, sowie jede Form eines Ausschlusses aus politischen, wirtschaftlichen oder sozialen Gründen wird auf diese Weise verhindert. Eine verstärkte Zusammenarbeit kann daher nicht auf bestimmte Mitgliedstaaten beschränkt werden oder beschränkt bleiben. Sobald ein nicht teilnehmender Mitgliedstaat den Willen zur Teilnahme bekundet und dem Grundbeschluss sowie den in jenem Rahmen gefassten Beschlüssen nachkommt, gibt es keine Gründe, ihn von der Teilnahme auszuschließen.[418] Die Aufstellung darüber hinausgehender Kriterien ist somit nicht zulässig. Dadurch, dass nachträglich teilnehmenden Mitgliedstaaten ausdrücklich die Übernahme des gesamten erreichten Integrationsniveaus auferlegt wird, werden andererseits die bereits zusammenarbeitenden Mitgliedstaaten vor einer Aufweichung des Integrationsniveaus geschützt.

Eine Schwierigkeit besteht darin, die Grenze der Anwendbarkeit des Prinzips der Offenheit zu bestimmen. Das zuvor Erörterte gilt auf jeden Fall, wenn ein ehemals nicht teilnahmewilliger oder nicht teilnahmefähiger Mitgliedstaat sich später zu einer Teilnahme entschließt.

Es stellt sich aber die Frage, ob ein anfänglich teilnahmewilliger Mitgliedstaat, der jedoch inhaltlich andere Vorstellungen von dem geplanten Integrationsprojekt vertritt, sich im Zeitpunkt der Begründung der verstärkten Zusammenarbeit auf das Prinzip der Offenheit berufen kann, wenn aufgrund der unterschiedlichen Auffassung das Integrationsprojekt ohne ihn begründet werden soll. Die Schwierigkeit im vorliegenden Beispiel liegt darin, ob nun alle teilnahmewilligen Mitgliedstaaten daran gebunden sind, einen gemeinsamen Kompromiss zu finden oder ob es zu einer verstärkten Zusammenarbeit der übereinstimmenden Staaten kommt.

Für die Kompromisslösung spricht die Formulierung, dass ein Anschluss der teilnahmewilligen Mitgliedstaaten schließlich jederzeit möglich ist[419] und dass dies gemäß Art. 43 b S. 1 EUV ausdrücklich bereits bei der Begründung der verstärkten Zusammenarbeit gilt. Der in Art. 43 b EUV verliehene Nachdruck könnte daher zu der Ansicht verleiten, jeder Mitgliedstaat hätte einen Anspruch, auf jeden Fall teilnehmen zu dürfen, sobald er den Willen dazu bekundet und zwar auch dann, wenn er eine verstärkte Zusammenarbeit ganz anderen Inhalts anstrebt. In der Konsequenz könnte dies jedoch zu einer faktischen Blockade der mindestens acht Mitgliedstaaten führen, die sich über den Inhalt eines Integrationsprojektes bereits einig sind. Das Prinzip der Offenheit geriete so zum Einfallstor für Meinungsverschiedenheiten bezüglich der konkreten Ausgestaltung der verstärk-

---

418 Art. 43 b S. 2 EUV.

419 Art. 43 b S. 1 EUV, „at anytime“ (engl.); „à tout moment“ (frz.); „te allen tijden“ (nl.); „in qualsiasi momento“ (it.).

ten Zusammenarbeit, was deren Anwendbarkeit schmälern könnte.[420] Indirekt fände eine Art von Vetorecht, das ein übergangener Mitgliedstaat gemäß den Regelungen von Amsterdam noch hatte, über den Umweg der jederzeitigen Offenheit wieder Eingang in die verstärkte Zusammenarbeit. Eine solche Wiedereinführung durch die Hintertür kann jedoch nicht Sinn und Zweck der Vertragsänderung sein.

Auch bestünde hier in integrationspolitischer Hinsicht die Gefahr, dass die an einer Vertiefung interessierten Mitgliedstaaten auf eine solche innerhalb des Unionsrahmens verzichten und stattdessen in eine außervertragliche Kooperation ausweichen, wenn sich auf Betreiben der Kommission hin die Teilnahme eines weiteren Mitgliedstaaten abzeichnet, den diese Mitgliedstaaten aus welchen Gründen auch immer nicht für teilnahmefähig oder –willig halten.[421]

Aus der Sicht des zwar teilnahmewilligen, aber ein anderes Ziel verfolgenden Mitgliedstaats erscheint jedoch im Fall einer weniger strengen Auslegung der Offenheit problematisch, dass dieser vor die Wahl gestellt ist, entweder nicht an der Vertiefung teilzunehmen oder sich an der der übrigen Mitgliedstaaten zu beteiligen. Bei den gleichen Optionen wird es für diesen Mitgliedstaat auch für die Zukunft bleiben, da in der Regel nicht davon auszugehen sein wird, dass ein im Rahmen einer verstärkten Zusammenarbeit etabliertes Integrationsprojekt auf Wunsch der nicht teilnehmenden Mitgliedstaaten noch einmal von Neuem verhandelt wird. Seine Interessen und Vorstellungen bezüglich des konkreten Integrationsprojektes werden wohl zu keiner Zeit berücksichtigt werden. Jedoch liegt dem Instrument der verstärkten Zusammenarbeit bereits die Erkenntnis zugrunde, dass es unter den Mitgliedstaaten unüberwindliche Gegensätze gibt, die dazu führen können, dass Mitgliedstaaten im kleinen Kreis voranschreiten. Insofern ist auch innerhalb der verstärkten Zusammenarbeit zu akzeptieren, dass nicht immer ein Kompromiss gefunden wird, der allen Interessen gerecht wird. Die verstärkte Zusammenarbeit im Vertrag von Nizza hält jedoch dazu an, einen Kompromiss zu finden, in dem formell festzustellen ist, dass die verstärkte Zusammenarbeit das „letzte Mittel“ darstellt und somit das bestehende Kompromisspotential ausgelotet ist.

Art. 43 b S. 1 EUV sollte letztlich trotz allem dahingehend ausgelegt werden, dass kein Mitgliedstaat von vornherein von der Begründung der verstärkten Zusammenarbeit ausgeschlossen werden darf und die Mitgliedstaaten sowie die beteiligten Institutionen dafür Sorge tragen müssen, dass so viele Mitgliedstaaten wie möglich an einer verstärkten Zusammenarbeit teilnehmen. Kristallisieren sich jedoch unüberwindliche Gegensätze zwischen der Mehrheit der verhandelnden Mitgliedstaaten und anderen heraus, ist der Weg frei für die mindestens acht

---

420 *von Buttlar*, Rechtsprobleme der verstärkten Zusammenarbeit, ZEuS 2001, 649 (674).

421 So insb. *Gaja*, How Flexible is Flexibility, CMLRev 1998, (860); dazu auch *von Buttlar*, Rechtsprobleme der verstärkten Zusammenarbeit, Rechtsprobleme der verstärkten Zusammenarbeit, ZEuS 2001, 649 (673).

Mitgliedstaaten, allein in die verstärkte Zusammenarbeit auszuweichen. Sicherlich bleibt – wie bei einigen anderen Kriterien auch – ein schwieriges Abgrenzungsproblem, festzustellen, wann gegen das Prinzip der Offenheit verstoßen wurde und wann unüberwindliche Gegensätze vorliegen, deren Feststellung zu einer verstärkten Zusammenarbeit berechtigt.

l) Feststellung des „letzten Mittels" – Art. 43 a EUV

Gesondert ist in Art. 43 a EUV das Kriterium des „letzten Mittels" geregelt. Demnach kann „eine verstärkte Zusammenarbeit (...) nur als letztes Mittel aufgenommen werden, wenn der Rat zu dem Schluss gelangt ist, dass die mit der Zusammenarbeit angestrebten Ziele unter Anwendung der einschlägigen Bestimmungen der Verträge nicht in einem vertretbaren Zeitraum verwirklicht werden können."

aa) Formelle Feststellung

Eine der wichtigen Veränderungen gegenüber der Regelung von Amsterdam[422] ist, dass das Kriterium des „letzten Mittels" aus dem Kanon der übrigen jetzt in Art. 43 EUV geregelten Voraussetzungen herausgelöst und in einen eigenen Artikel überführt wurde und darüber hinaus als einziges Kriterium der verstärkten Zusammenarbeit formell vom Rat festgestellt werden muss. Der Akt der Feststellung selbst erfährt keine nähere Konkretisierung. Die Formulierung legt nahe, dass es sich bei der Feststellung selbst um eine Entscheidung des Rates handelt. Zwar werden nicht ausdrücklich die Worte „entscheiden" oder „Entscheidung" verwendet – weder in der deutschen noch in der Version anderer Vertragssprachen[423] –, jedoch bleibt dies die einzig schlüssige Folgerung, sofern man die gesonderte Regelung in Art. 43 a EUV unter bewusster Abgrenzung zu den anderen Kriterien in Art. 43 EUV im Vergleich zur Fassung von Amsterdam und der ausdrücklichen Zuweisung an den Rat bedenkt. Für die Beschlussfassung ist daher aufgrund des Fehlens einer spezifischen Regelung gemäß Art. 205 EGV eine einfache Mehrheit ausreichend, d.h. die Mehrheit der Mitglieder.[424] In der EU mit 15 Mitgliedstaaten reichten damit zur Feststellung des „letzten Mittels" die Stimmen von acht Mitgliedstaaten aus, und damit die gleiche Anzahl, die auch als

---

[422] Das Kriterium des „letzten Mittels" in Art. 43 Abs. 1 lit. c) EUV (Amsterdam).

[423] Art. 43 a EUV: Keine der herangezogenen Sprachversionen verwendet den Begriff *entscheiden*: *„...der Rat zu dem Schluss gelangt ist..."*; *„...it has been **established** within the Council..."* (engl.); *„...il a été **établi** au sein du Conseil..."* (frz.); *„...in de Raad is **vastgesteld...**"* (nl.); *„...sia stato **stabilito**, in sede di Consiglio..."* (it.).

[424] So auch *Bribosia*, Les coopérations renforcées au lendemain du traité de Nice, RDUE 2001, 111 (136).

Voraussetzung für die Begründung einer verstärkten Zusammenarbeit erforderlich war.

bb) Inhaltliche Auslegung

Inhaltlich gilt das Merkmal des „letzten Mittels“ sicherlich wegen der Auslegungsbedürftigkeit seiner Voraussetzungen als eines der uneindeutigen. Allgemein dient es vor allem dazu, den subsidiären Charakter der verstärkten Zusammenarbeit im Verhältnis zu Maßnahmen auszudrücken, die durch die Gesamtheit der Mitgliedstaaten getroffen werden.[425] Schließlich sollen Differenzierungen auch zukünftig die Ausnahme bleiben.

Zunächst stellt sich die Frage, inwiefern das vorliegende Kriterium objektiv bestimmbar ist. Die Formulierung des „letzten Mittels“ in der Version von Amsterdam[426] ist häufig so interpretiert worden, dass ein der verstärkten Zusammenarbeit vorangehender Vorschlag im Rat gescheitert sein muss.[427] Im Bereich des EGV bedeutete dies, dass zuvor mindestens ein Vorschlag der Kommission im Rat nicht die erforderliche Mehrheit fand.[428]

Die neue Formulierung des Art. 43 a EUV in der Fassung von Nizza lässt jedoch einen anderen Schluss zu: Demnach wäre die Gründung einer verstärkten Zusammenarbeit denkbar, ohne dass zuvor ein gewöhnliches Verfahren zum Erlass einer Maßnahme durchgeführt wurde.

Hierfür spricht einerseits, dass die Formulierung des Art. 43 a EUV – nach grammatikalischer Auslegung – nicht mehr von der Erreichbarkeit durch die in den Verträgen „festgelegten einschlägigen Verfahren“ spricht, sondern von „unter Anwendung der einschlägigen Bestimmungen“. Die Formulierung „einschlägige Bestimmungen“ ist weiter gefasst als die vorherige, sich explizit auf Verfahren beziehende und lässt andere Wege neben einem Entscheidungsverfahren offen.[429]

---

425 *Bribosia*, Les coopérations renforcées au lendemain du traité de Nice, RDUE 2001, 111 (138).

426 Art. 43 lit. c) EUV (Amsterdam): „...(sofern die Zusammenarbeit) nur als letztes Mittel herangezogen wird, wenn die Ziele der genannten Verträge mit den darin festgelegten einschlägigen Verfahren nicht erreicht werden konnten.”

427 So auch *Becker*, Differenzierungen der Rechtseinheit durch abgestufte Integrationen, EuR-Beiheft 1/1998, 29 (49); *Bribosia*, Différenciation et avant-gardes au sein de l'Union Européenne, CDE 2000, 57 (68); *Martenczuk*, Die differenzierte Integration nach dem Vertrag von Amsterdam, ZEuS 1998, 447 (462); *Tuytschaever*, Nauwere samenwerking volgens het verdrag van Amsterdam, SEW 1999, 270 (274).

428 *Becker*, Differenzierungen der Rechtseinheit durch abgestufte Integrationen, EuR-Beiheft 1/1998, 29 (49); *Martenczuk*, Die differenzierte Integration nach dem Vertrag von Amsterdam, ZEuS 1998, 447 (462).

429 Ersatz des Begriffes „***Verfahren***“ durch „***Bestimmungen***“ erfolgt durchgehend in den verglichenen Sprachversionen: “*...by applying the relevant **procedures** laid down therein (d.h. in den Verträgen)* ” (A.) und „ *...by applying the relevant **provisions** of the Treaties*” (N.), (engl.); „*...l'application des **procédures** pertinentes prevues par les traités*“ (A.) im Vergleich zu

Ausschlaggebend erscheint jedoch, dass nicht mehr davon die Rede ist, dass „die Ziele nicht erreicht werden konnten", sondern dass die Ziele nicht „verwirklicht werden können". Die Fassung von Amsterdam stellte dabei grammatikalisch klar auf einen vergangenen Zeitpunkt ab, wohingegen die Regelung von Nizza im Präsens formuliert ist.[430] Dies lässt den Schluss zu, es ginge um eine Ermessensentscheidung unter Abwägung des dem Rat inhärenten Meinungsbildes, ohne dass dies durch abgelaufene offizielle Entscheidungsverfahren zum gegenwärtigen Zeitpunkt objektivierbar sein muss.

Außerdem werden als die angestrebten Ziele nicht mehr die der Verträge, sondern die der verstärkten Zusammenarbeit benannt. Hier stellt sich zunächst grundsätzlich die Frage, welches die Ziele einer verstärkten Zusammenarbeit sind. Dass es sich bei der Formulierung um ein Redaktionsversehen handelt, lässt sich durch einen Vergleich mit den Formulierungen anderer Sprachversionen ausschließen.[431] Ziele der Verträge sind beispielsweise die in Art. 2 EUV oder der Präambel des EUV genannten. Jedoch enthält keine der Vorschriften über die verstärkte Zusammenarbeit eine Zielbestimmung, so dass mit den Zielen der verstärkten Zusammenarbeit die Verwirklichung des Regelungsziels der beabsichtigten Maßnahme auf Unionsebene gemeint sein muss, was nicht in einem vertretbaren Zeitraum möglich ist.

Auch der „vertretbare Zeitraum" muss nicht zwangsläufig aus einem Zeitraum des durchgeführten Versuchs der Regelung auf Gemeinschaftsebene bestehen, sondern aus einer Vorhersage, ohne tatsächlich ein Entscheidungsverfahren in Gang gesetzt zu haben.[432] Es wird somit im Ermessen des Rates liegen festzustellen, ob ein vertretbarer Zeitraum vorliegt. Folglich dürfte das Merkmal des letzen Mittels erfüllt sein, solange eine Erörterung des konkreten Integrationsprojektes mit einer Auswertung des Kompromisspotenzials zugunsten einer gemeinsamen Regelung abschließend erfolgte und der Rat daraufhin sein Vorliegen formal feststellt. Im Umkehrschluss liegt es nicht vor, wenn das Thema der Erörterung mehr als unwesentlich von dem der geplanten verstärkten Zusammenarbeit abweicht oder davon ausgegangen werden kann, dass die Positionen der Mitgliedstaaten gar nicht oder nur unzureichend erörtert wurden.

---

*„...en appliquant les **dispositions** pertinentes des traités"* (N.), (frz.); *„...door toepassing van in die Verdragen vastgelegde **procedures**"* (A.) und *„...op grond van de terzake geldende **bepalingen** van de verdragen..."* (N.), (nl.); *„...applicando le **procedure** pertinenti ivi contemplate"* (A.) und *„ applicando le pertinenti **disposizioni** dei trattati"* (N.), (it.).

430 Diese Änderung des Tempus erfolgte in jeder der verglichenen Sprachversionen.

431 *„...the objectives of such cooperations cannot be attained..."* (engl.); *„...les objectifs qui leur sont assignés ne peuvent être atteints";* (frz.); *„...de doelstellingen van de samenwerking (...) niet kunnen verwezenlijkt"* (nl.); *„...gli obiettivi che esse si prefiggono non possono essere conseguiti"* (it.).

432 Vgl. *Bribosia*, Les coopérations renforcées au lendemain du traité de Nice, RDUE 2001, 111 (136).

Im Ergebnis unbefriedigend ist, dass sich dieses Merkmal einer genauen Definition entzieht und damit nur bedingt justitiabel sein wird, auch wenn die Bedingungen, die zu einer verstärkten Zusammenarbeit führen, und damit auch Art. 43 a EUV grundsätzlich justitiabel sind.[433] Es wurden hinsichtlich der Justitiabilität des Kriteriums in der Amsterdamer Fassung während der Verhandlungen zum Vertrag von Nizza bereits mehrheitlich erhebliche Zweifel geäußert,[434] die von dieser Auslegung noch verstärkt werden dürften.[435]

m) Zusätzliche Voraussetzung im Bereich der PJZS: Raum der Freiheit, der Sicherheit und des Rechts – Art. 40 Abs. 1 EUV

Neben den allgemeinen Bedingungen des Art. 43 EUV gilt für eine verstärkte Zusammenarbeit im Bereich der PJZS gemäß Art. 40 I EUV zusätzlich, dass diese zum Ziel haben muss, die EU unter Wahrung der Zuständigkeiten der EG sowie der in den Bestimmungen über die PJZS festgelegten Ziele rascher zu einem Raum der Freiheit, der Sicherheit und des Rechts zu entwickeln.

Das Ziel der Erhaltung und Weiterentwicklung des Raums der Freiheit, der Sicherheit und des Rechts ist an verschiedenen anderen Stellen sowohl im EGV als auch EUV enthalten.[436] Gemäß Art. 29 EUV liegt dieses Ziel jeder Maßnahme im Bereich der dritten Säule zugrunde.

Inhaltlich geht es bei dem *Raum der Freiheit* im Wesentlichen um die Gewährleistung des freien Personenverkehrs sowie um den Schutz der Grundrechte und die Bekämpfung jeglicher Diskriminierung der Bürger. Der *Raum der Sicherheit* zielt auf die Bekämpfung und Verfolgung von Kriminalität. Mit dem *Raum des Rechts* soll das Ziel erreicht werden, allen Bürgern gleichen Zugang zum Recht zu ermöglichen und die Zusammenarbeit der Justizbehörden zu gewährleisten.[437]

In den Bereich der PJZS fällt dabei vor allem die Aufgabe, den Raum der Sicherheit in einem rechtsstaatlichen Rahmen zu entwickeln, während der Raum der Freiheit inzwischen vorwiegend in den EGV unter Teil 3, Titel IV[438] sowie Art. 18 fällt.[439]

Um dieses Ziel zu erreichen, werden die Mitgliedstaaten im Rahmen der PJZS zur Verhütung und Bekämpfung von Kriminalität (Art. 29 II) sowie von Rassis-

---

[433] *Kortenberg*, Closer Cooperation in the Treaty of Amsterdam, CMLRev 1998, 833 (846).

[434] CONFER 4761/00 vom 18.7.2000, Vermerk des Vorsitzes, S. 2.

[435] So auch im Ergebnis: *Hatje*, in: Schwarze, Kommentar, Art. 43 EUV, Rn. 19; *Janning*, Dynamik in der Zwangsjacke – Flexibilität in der EU nach Amsterdam, Integration 1997, (285); *Ruffert*, in: Calliess/ Ruffert, EUV/ EGV Kommentar, 2. A.., Art. 43 a, Rn. 1; *Thun-Hohenstein*, in: Hummer, die EU nach dem EGV von Amsterdam, 125 (131).

[436] Vgl. Art. 61 S. 1 EGV sowie Art. 2 UA. 4 und Art. 29 EUV.

[437] *Brechmann*, in: Calliess/ Ruffert, EUV/ EGV Kommentar, 2. A., Art. 61 EGV, Rn. 4.

[438] Visa, Asyl, Einwanderung und andere Politiken betreffend den freien Personenverkehr.

[439] *Röben*, in: Grabitz/ Hilf, Das Recht der EU, Kommentar Bd. I, Art. 29 EUV, Rn. 3.

mus und Fremdenfeindlichkeit (Art. 29 I) tätig.[440] Für die Tätigkeit in diesen Bereichen im Rahmen der PJZS sind drei Formen vorgesehen: die Zusammenarbeit der Polizei-, Zoll- und anderer zuständiger Verwaltungsbehörden einschließlich Europol, die Zusammenarbeit der Justizbehörden und die Annäherung der nationalen Strafvorschriften. [441] Bei der Schaffung bzw. Erhaltung des Raumes der Freiheit, der Sicherheit und des Rechts ist vor allem zwischen den Elementen der Freiheit und der Sicherheit ein ausgewogenes Verhältnis zu wahren.[442]

Im Ergebnis gibt es für die verstärkte Zusammenarbeit im Bereich der PJZS keine negative Liste von nicht zugänglichen Materien. Vielmehr sind alle Bereiche der PJZS einer verstärkten Zusammenarbeit zugänglich.

Dies kann mit der unterschiedlichen Natur der PJZS als intergouvernementale Säule erklärt werden, in der es aufgrund des Fehlens eines *acquis communautaire* keine spezifischen Gemeinschaftserrungenschaften zu verteidigen gibt.[443] Der Bereich des EGV ist wegen seiner Bedeutung als Kern der Integration zudem mit größerer Sensibilität zu betrachten und eine Zusammenarbeit und damit eine Differenzierung innerhalb des Gemeinschaftsrechtssystems mit mehr Zurückhaltung anzugehen. Dies dürfte im Bereich der PJZS auch von geringerer Bedeutung sein, da diese eher flankierende Maßnahmen zum Kernbereich des EGV enthält. Die Gefahr der Aufweichung des *acquis communautaire* im intergouvernementalen Bereich ist daher nicht so virulent wie in der EG. Darüber hinaus verhindert eine erleichterte verstärkte Zusammenarbeit die Entstehung von ad hoc- Koalitionen außerhalb des institutionellen Rahmens der EU, so dass vor allem kleine Mitgliedstaaten bei einer Zusammenarbeit innerhalb des Gemeinschaftsrahmens größere Einflussmöglichkeiten haben.[444] Insgesamt sind die Voraussetzungen weniger restriktiv formuliert als im Bereich des EGV oder gar der GASP, was die Anwendungsmöglichkeit der verstärkten Zusammenarbeit in der dritten Säule vergleichsweise leichter gestaltet.[445]

Demnach muss die verstärkte Zusammenarbeit im Bereich der PJZS den allgemeinen Zielen der PJZS dienen und eine Vertiefung der Integration zum Ziel haben. Ähnlich wie im Bereich des EGV ist damit ein Rückschritt hinter das bereits Erreichte nicht erlaubt.

Das Kriterium beinhaltet auch das Verbot, die Kompetenzen der EG zu verletzen und die Verfolgung der Ziele der PJZS zu beeinträchtigen. Demnach darf die verstärkte Zusammenarbeit vor allem nicht gegen im Rahmen der PJZS gefasste Maßnahmen verstoßen. Vielmehr wird positiv die Zielsetzung verlangt,

---

440 *Böse*, in: Schwarze, EU-Kommentar, Art. 29 EUV, Rn. 4.
441 *Böse*, in: Schwarze, EU-Kommentar, Art. 29 EUV, Rn. 4.
442 Vgl. KOM (1998) 459 endg., 1, 11.
443 *Philippart/ Edwards*, The Provisions on Closer Co-operation in the Amsterdam Treaty, JCMS 1999, 87 (100).
444 *Bender*, Die verstärkte Zusammenarbeit nach Nizza, ZaöRV 2001, 729 (752 f.).
445 *Constantinesco*, Les clauses de coopération renforcée, RTDE 1997, 751 (763).

dass die verstärkte Zusammenarbeit den Raum der Freiheit der Sicherheit und des Rechts schneller verwirklichen können muss, um damit den Integrationsprozess zu beschleunigen.[446] Die Wahrung der Zuständigkeit der EG unterstreicht die Konkurrenzregelung zwischen den Bereichen: Die PJZS hat auf jeden Fall eine Kollision mit den Zuständigkeiten der EG zu vermeiden.

Somit besteht für die verstärkte Zusammenarbeit in der PJZS dieselbe Zielvorgabe wie für eine Zusammenarbeit aller Mitgliedstaaten. Abgesehen von den bereits in Art. 43 EUV enthaltenen Einschränkungen bestehen für die verstärkte Zusammenarbeit in der PJZS damit keine zusätzlichen Beschränkungen.

n) Zusätzliche Voraussetzungen im Bereich der GASP

Auch die erst mit dem Vertrag von Nizza eingeführte verstärkte Zusammenarbeit im Bereich der GASP unterliegt Voraussetzungen, die über die allgemeinen Bedingungen in Art. 43 ff. EUV hinausgehen. Insgesamt ist diese vergleichsweise starken Einschränkungen unterworfen.

Versteht man die Bestimmungen zur verstärkten Zusammenarbeit in der zweiten Säule als Zwischenetappe der fortschreitenden Integration im Bereich der Außen- und Sicherheitspolitik und der Einbindung nationaler Akteure auf EU-Ebene, so lässt sich dieses „Mehr“ an Integration noch positiv bewerten: Was in der Konferenz von Amsterdam noch nicht mehrheitsfähig war, hat nun Eingang in die Verträge gefunden. Hinsichtlich der Effizienz, verbesserten Handlungsfähigkeit oder gar der Formierung einer Avantgarde ist der Wert der neuen Bestimmungen der verstärkten Zusammenarbeit in der GASP, wie im Folgenden deutlich wird, jedoch nicht ersichtlich.[447]

aa) Inhaltliche Beschränkung – Art. 27 b EUV

Art. 27 b EUV enthält für eine verstärkte Zusammenarbeit im Bereich der GASP zwei wesentliche inhaltliche Beschränkungen, die einer Anwendbarkeit enge Grenzen setzt: Die in einer verstärkten Zusammenarbeit zu beschließenden Maßnahmen sind auf die Durchführung einer gemeinsamen Aktion oder die Umsetzung eines gemeinsamen Standpunktes beschränkt. Zudem sind Fragen mit verteidigungspolitischen Bezügen von einer verstärkten Zusammenarbeit ausgeschlossen.

Mit der Beschränkung der verstärkten Zusammenarbeit auf die Umsetzung gemeinsamer Aktionen oder eines gemeinsamen Standpunktes kann sich diese folglich nicht auf die Verabschiedung grundlegender Beschlüsse beziehen, sondern nur auf die Ausführung bereits gemeinschaftlich durch alle Mitgliedstaaten beschlossene Akte und Beschlüsse gemäß Art. 14 oder 15 EUV.[448] Denn anderen-

---

[446] *Böse*, in: Schwarze, EU-Kommentar, Art. 40 EUV, Rn. 2.

[447] Vgl. *Regelsberger*, Die GASP nach Nizza, Integration 2001, 156 (159).

[448] *Cremer*, in: Calliess/ Ruffert, EUV/ EGV Kommentar, 2. A., Art. 27 b EUV, Rn. 1.

falls könnte über einen Antrag gemäß Art. 27 c EUV nicht sinnvoll beraten oder abgestimmt werden, wenn nicht vorher der gemeinsame Standpunkt oder die gemeinsame Aktion bereits fest stünde.[449] Dadurch sind nicht nur die richtungsweisenden gemeinsamen Strategien von einer verstärkten Zusammenarbeit ausgenommen, sondern die Grundsatzentscheidung erfolgt zudem einstimmig für Bereiche, die eigentlich schon mit qualifizierter Mehrheit entschieden werden.[450] Somit ist es zutreffender, bei der verstärkten Zusammenarbeit im Bereich der GASP von einer „verstärkten Vollzugszusammenarbeit" zu sprechen.[451]

Ausgeschlossen sind zudem Aspekte mit militärischen oder verteidigungspolitischen Bezügen und damit die gesamte europäische Sicherheits- und Verteidigungspolitik (ESVP). Diese Einschränkung erfolgte vor allem auf Drängen Großbritanniens.[452] Hintergrund dieses Anliegens dürfte sein zu verhindern, dass das Verhältnis einer Europäischen Sicherheits- und Verteidigungspolitik (ESVP) zur NATO dadurch belastet wird, dass eine verstärkte Zusammenarbeit das militärische und verteidigungspolitische Handeln innerhalb der EU zersplittert und schwerer durchschaubar macht.[453] Damit sind zwei integrationspolitisch neue Felder ausgeschlossen, auf denen die verstärkte Zusammenarbeit als Innovationsmotor dienen könnte.[454]

Die EU wird somit weiterhin einstimmig die Grundlinien ihrer Außen- und Sicherheitspolitik festlegen müssen. Eine praktische Relevanz kann die verstärkte Zusammenarbeit demnach vor allem bei der Durchführung gemeinsamer Aktionen haben,[455] [456] deren Durchführung im Interesse aller Mitgliedstaaten liegt, aber an der sich nicht alle beteiligen wollen. Zu denken ist hier an Standpunkte oder Aktionen, auf die sich alle Mitgliedstaaten zwar verständigen können, an deren Durchführung aber einige aus politischen oder historischen Gründen nicht teilnehmen können und/ oder wollen, wie z.B. der Einsatz von Hilfs- oder Polizeitruppen auf dem Balkan oder im Nahen Osten.

---

449 *Cremer*, in: Calliess/ Ruffert, EUV/ EGV Kommentar, 2. A., Art. 27 b EUV, Rn. 1.

450 *Giering/ Janning*, Flexibilität als Katalysator der Finalität? Die Gestaltungskraft der verstärkten Zusammenarbeit nach Nizza, Integration 2001, 146 (151).

451 Diesen Begriff verwendet treffend *Hatje*, Die institutionelle Reform der EU, EuR 2001, 143 (163).

452 *Yataganas*, The Treaty of Nice – The Sharing of Power and Institutional Balance, S. 41 f.

453 *Cremer*, in: Calliess/ Ruffert, EUV/ EGV Kommentar, 2. A., Art. 27 b EUV, Rn. 2.

454 *Giering/ Janning*, Flexibilität als Katalysator der Finalität? Die Gestaltungskraft der verstärkten Zusammenarbeit nach Nizza, Integration 2001, 146 (151).

455 Z.B. die Verwaltungs- und Aufbauhilfe für das ehemalige Jugoslawien. Vgl. eine Zusammenstellung der Gemeinsamen Aktionen bei *Krück*, in: *Schwarze*, EU-Kommentar, Art. 11-28 EUV, Rn. 14.

456 *Hatje*, Die institutionelle Reform der EU, EuR 2001, 143 (163).

bb) Beachtung der Grundsätze, Ziele, allgemeinen Leitlinien und Kohärenz – Art. 27 a Abs. 1 UA. 1 EUV

Gemäß Art. 27 a I UA. 1 EUV sind bei einer verstärkten Zusammenarbeit im Bereich der GASP die Grundsätze, die Ziele, die allgemeinen Leitlinien und die Kohärenz der GASP sowie die im Rahmen dieser Politik gefassten Beschlüsse zu beachten.

Damit wird im Wesentlichen vorausgesetzt, dass sich die verstärkte Zusammenarbeit im Bereich der GASP harmonisch in die bereits bestehende Struktur der GASP einfügt und sich dazu nicht in Widerspruch setzt. Demnach müssen die verstärkt zusammenarbeitenden Mitgliedstaaten ihre Zusammenarbeit in Einklang halten mit den in Art. 11 I EUV aufgeführten Zielen, den gemäß Art. 13 I EUV vom Europäischen Rat festgelegten Grundsätzen und allgemeinen Leitlinien sowie mit den im Rahmen der GASP gefassten Beschlüsse. Zu den GASP Beschlüssen gehören die vom Europäischen Rat angenommenen gemeinsamen Strategien[457], die vom Rat festgelegten Gemeinsamen Aktionen[458] und gemeinsamen Standpunkte[459] sowie von ihm angenommene Übereinkünfte.[460] [461]

Partikularinteressen oder gar eine Sonderpolitik, die nicht mit der bestehenden Politik in Einklang steht, oder gar einzig von der Gruppe der zusammenarbeitenden Mitgliedstaaten getragen wird, dürfen im Rahmen einer verstärkten Zusammenarbeit nicht verfolgt werden.[462] Die verstärkte Zusammenarbeit muss vielmehr entsprechend der Zielformulierung in Art. 27 a I S. 1 EUV auf die Wahrung der Werte der EU und auf die Verfolgung von deren Interessen gerichtet sein.[463] Vermieden werden muss jede Art der Zersplitterung der EU. Vielmehr soll ihre Identität als kohärente Kraft auf internationaler Ebene gewahrt werden.[464]

Im Ergebnis muss die GASP als Ganzes, inklusive der verstärkten Zusammenarbeit kohärent sein, eine Einheit bilden und darf sich nicht widersprechen.

cc) Kohärenz von Unionspolitik und außenpolitischem Handeln – Art. 27 a Abs. 1 UA. 3 EUV

Zudem hat eine Zusammenarbeit im Bereich der GASP die Kohärenz zwischen der Unionspolitik insgesamt und dem außenpolitischem Handeln der Union zu beachten.[465]

---

457 Art. 13 II EUV.
458 Art. 14 EUV.
459 Art. 15 EUV.
460 Art. 24 EUV.
461 *Cremer*, in: Calliess/ Ruffert, EUV/ EGV Kommentar, 2. A., Art. 27 a EUV, Rn. 3.
462 *Cremer*, in: Calliess/ Ruffert, EUV/ EGV Kommentar, 2. A., Art. 27 a EUV, Rn. 2.
463 *Cremer*, in: Calliess/ Ruffert, EUV/ EGV Kommentar, 2. A., Art. 27 a EUV, Rn. 2.
464 *Cremer*, in: Calliess/ Ruffert, EUV/ EGV Kommentar, 2. A., Art. 27 a EUV, Rn. 2.
465 Art. 27 a Abs. 1 UA. 3.

Im Unterschied zum Kohärenzgebot von Art. 27 a UA. 1 EUV, das sich auf die Kohärenz von GASP und konkreter verstärkter Zusammenarbeit bezieht, geht das Kohärenzgebot des dritten UA über den GASP-Kontext hinaus und verlangt die Beachtung des übergreifenden Zusammenhalts und Einklangs der Unionspolitik insgesamt.[466]

Besonders im Bereich der Außenpolitik ist ein einheitliches und kohärentes Auftreten eines Staatenverbundes von entscheidender Bedeutung.[467] Dies gilt vor allem für die EU, die erst seit wenigen Jahren an einem einheitlichen außenpolitischen Auftreten arbeitet. Hier wäre es kontraproduktiv, wenn das bislang Erreichte wieder durch Zersplitterungsbewegungen im Rahmen von verstärkten Zusammenarbeiten, die nur einen Teil der Mitgliedstaaten repräsentieren, konterkariert würde. Wenn zudem demnächst acht von 27 Mitgliedstaaten für die EU sprechen und handeln wollten, könnte keinesfalls von einer gemeinsamen Politik aller Mitgliedstaaten oder von einer einheitlichen Haltung der EU gesprochen werden. Dies käme einer außenpolitischen Selbstentmachtung gleich,[468] da sie jede Glaubwürdigkeit als außenpolitischer Akteur verlieren würde.[469] Das Ziel einer größeren Handlungsfähigkeit eines Teils der EU im Bereich der Außen- und Sicherheitspolitik hätte den Preis der Zersplitterung und des uneinheitlichen Auftretens der EU als Ganze.

Die Wahrung der Kohärenz im Rahmen einer verstärkten Zusammenarbeit im Bereich der GASP ist somit von überragender Wichtigkeit, anders als in den meisten innenpolitischen Bereichen, wo beispielsweise eine Avantgarde-Funktion einiger Mitgliedstaaten im Bereich der Umweltpolitik völlig unbedenklich ist.

o) Ergebnis

Die bedeutendste Veränderung durch Nizza im Bereich der inhaltlichen Ausgestaltung stellt die Festlegung der kritischen Masse auf acht Mitgliedstaaten und die Abkehr von einer relativen Zahl dar. Der thematische Anwendungsbereich einer verstärkten Zusammenarbeit im Bereich des EGV ist aufgrund der zahlreichen einschränkenden Kriterien weiterhin sehr eng. Insbesondere das Verbot der Binnenmarktbeeinträchtigung wirkt sich einschränkend aus. Zwar weisen einige der Kriterien eine überarbeitete Formulierung auf, jedoch bleiben sie überwiegend vage formuliert und lassen häufig keine eindeutige Interpretation zu. Weggefallen ist einzig das Verbot der verstärkten Zusammenarbeit im Bereich der Unionsbürgerschaft. Die enge Formulierung lässt erwarten, dass die verstärkte Zusammenarbeit nur in Ausnahmefällen und in Bereichen, die nicht zum Kernbereich des Integrationsprogramms gehören, zur Anwendung kommen wird.

---

466 *Cremer*, in: Calliess/ Ruffert, EUV/ EGV Kommentar, 2. A., Art. 27 a EUV, Rn. 3.

467 Vgl. *Kugelmann*, Die GASP, EuR Beiheft 2/1998, 99 (120).

468 Vgl. *Kugelmann*, Die GASP, EuR Beiheft 2/1998, 99 (120).

469 *Bender*, Die verstärkte Zusammenarbeit nach Nizza, ZaöRV 2001, (753).

In der GASP ist die Anwendung der verstärkten Zusammenarbeit grundsätzlich möglich, aber ihr Anwendungsbereich ist mit der Möglichkeit der Durchführung gemeinsamer Aktionen und der Umsetzung gemeinsamer Standpunkte äußerst beschränkt.

Umfangreichere Möglichkeiten der Anwendung bestehen im Bereich der PJZS.

II. Durchführung einer verstärkten Zusammenarbeit

Im folgenden Abschnitt werden die Besonderheiten dargestellt, die für die Durchführung einer verstärkten Zusammenarbeit in Abweichung zur „gewöhnlichen" Rechtsetzung in den drei Säulen EGV, PJZS und GASP gelten. Im Wesentlichen sind die Durchführungsmaßnahmen, bis auf einige im Folgenden darzustellende Ausnahmen, nach denselben Regelungen zu erlassen wie eine unionsweite Maßnahme in den jeweiligen Säulen unter Beteiligung aller Mitgliedstaaten.

Der folgende Abschnitt wird nun zunächst auf die Besonderheiten des Rechtsetzungsverfahrens in der verstärkten Zusammenarbeit – insbesondere die Beteiligung und Zusammensetzung der Organe – im Vergleich zum gewöhnlichen Verfahren (1.) und dessen Bindung an den vorgegebenen Rahmen der Ermächtigung (2.) eingehen. Weiterhin wird nach der Darstellung der Finanzierung der Durchführung der verstärkten Zusammenarbeit (3.) die Frage der Mitwirkungsrechte der nicht teilnehmenden Mitgliedstaaten im Rahmen der Durchführung erörtert (4.).

1. Das Verfahren zum Erlass von Durchführungsmaßnahmen

a) Die Vorgaben der Verträge

Mit der Ermächtigung sind die an der verstärkten Zusammenarbeit teilnehmenden Mitgliedstaaten befugt, sich der Organe der EU sowie deren Verfahren und Handlungsformen zur Durchführung zu bedienen.[470]

Darüber hinausgehend ist die Durchführung der verstärkten Zusammenarbeit – etwa der Umfang und die Form zum Erlass von Rechtsakten im Rahmen der Zusammenarbeit – nur in Grundzügen geregelt: Anwendung finden sollen gemäß Art. 44 I EUV die einschlägigen institutionellen Bestimmungen der Verträge.

Für den Bereich des EGV konkretisiert Art. 11 III EGV nochmals, dass die Rechtsakte und Beschlüsse, die im Rahmen einer verstärkten Zusammenarbeit erforderlich sind, den einschlägigen Bestimmungen des EGV unterliegen, soweit Art. 11 EGV sowie die Art. 43 bis 45 EUV nichts anderes bestimmen. Demnach gelten grundsätzlich alle Verfahrens- und Formvorschriften, die auch im Rechtsetzungsverfahren der EG anzuwenden sind. Die Kommission und das Parlament agieren damit entsprechend der Rolle, die ihnen in den Rechtsgrundlagen des

---

[470] Art. 43 I S. 1 EUV.

EGV für Rechtsakte in dem jeweiligen Bereich zugedacht ist. Die Durchführungsmaßnahmen müssen als Rechtsakt in einer der in Art. 249 EGV vorgesehenen Rechtsformen ergehen. Damit ist ausgeschlossen, dass die verstärkte Zusammenarbeit als Instrument zur Umgehung anderer Organe durch Sonderregelungen missbraucht wird.[471]

Für die Durchführung einer verstärkten Zusammenarbeit im Bereich der PJZS gelten gemäß Art. 44 I S. 1 EUV die allgemeinen Verfahrensregelungen der Art. 29 ff. EUV, die auch für gewöhnliche Maßnahmen im Bereich der PJZS gelten. Die ermächtigten Mitgliedstaaten können sich dabei vor allem der Handlungsinstrumente nach Art. 34 II EUV bedienen.

Das Verfahren der Durchführung der verstärkten Zusammenarbeit im Bereich der GASP richtet sich nach den allgemeinen Vorschriften in Art. 11 bis 27 EUV. Eine Besonderheit der verstärkten Zusammenarbeit im Bereich der GASP ist, dass diese hinsichtlich der Handlungsformen gemäß Art. 27 b EUV auf die Durchführung einer gemeinsamen Aktion oder die Umsetzung eines gemeinsamen Standpunkts beschränkt ist.

Der wesentliche Unterscheid zwischen dem Erlass einer unionsweiten Maßnahme und einer Maßnahme im Rahmen einer verstärkten Zusammenarbeit betrifft die Beschlussfassung im Rat.[472]

Im Ergebnis funktioniert die Durchführung der verstärkten Zusammenarbeit wie das gewöhnliche, für die jeweiligen Säulen vorgesehene Rechtsetzungsverfahren.

b) Institutionelle Folgen

Im Gegensatz zum Rat verändert sich die personelle Zusammensetzung von Kommission und Europäischem Parlament im Rechtsetzungsverfahren einer verstärkten Zusammenarbeit nicht. Sind die Gründe hierfür soweit es die Kommission angeht leicht nachvollziehbar, liegen sie für das Parlament – wie im Folgenden aufgezeigt wird – weniger zwingend auf der Hand.[473]

aa) Zulässige Organleihe

Aufgrund der Tatsache, dass die im Rahmen einer differenzierten Integration erlassene Maßnahme nicht in allen Mitgliedstaaten Rechtswirkung entfaltetet und nicht alle Mitgliedstaaten an deren Beschluss im Rat zu beteiligen waren, wurde bereits im Zusammenhang mit dem Maastrichter Sozialprotokoll von einer Organleihe durch die Unterzeichnerstaaten des Sozialabkommens gesprochen und eine

---

[471] *Hatje*, in: Schwarze, EU-Kommentar, Art. 11 EGV, Rn. 20.

[472] Vgl. dazu ausführlich unten *3. Teil, B. II. 1. b) cc).*

[473] *Bribosia*, Différenciation et avant-gardes, CDE 2000, 57 (73); *Tuytschaever*, Nauwere samenwerking volgens het Verdrag van Amsterdam, SEW 1999, 270 (276).

solche mehrheitlich angenommen.[474] Trotz bestehender Unterschiede zwischen der verstärkten Zusammenarbeit als einem allgemeinen Differenzierungsinstrument und dem Sozialprotokoll als einer bereichsspezifischen Differenzierung, handelt es sich bei beiden um eine primärrechtliche Regelung, aufgrund derer ein Teil der Mitgliedstaaten sich der EG-Organe bedienen darf.[475] Zudem wird sowohl in Ziffer 1 des Sozialprotokolls als auch in Art. 43 S. 1 EUV von einem in Anspruch nehmen der Organe durch die Unterzeichner- bzw. die Mitgliedstaaten gesprochen, so dass auch im Fall der verstärkten Zusammenarbeit eine Organleihe mit ähnlicher Begründung anzunehmen ist.[476] In derartigen Fällen der Organleihe entsteht ein Spannungsverhältnis zwischen dem in Art. 3 EUV enthaltenen Prinzip der Einheit der Institutionen und den organisatorischen Differenzierungen, da die Institutionen Aufgaben wahrnehmen, die nicht in allen Mitgliedstaaten Rechtswirkung entfalten.

Voraussetzung für die Übertragung von Aufgaben ist, dass die Verträge ausdrückliche Ermächtigungen zu entsprechendem Handeln der Organe enthalten und ein derartiges Handeln nicht die vertraglich vorgegebene Identität der Institutionen beeinträchtigt.[477] Gemäß Art. 7 I EGV handelt jedes Organ nach Maßgabe der ihm im EGV zugewiesenen Befugnisse, wozu auch die Vorschriften über die verstärkte Zusammenarbeit gehören,[478] so dass die in diesen enthaltenen Aufgaben von den Organen grundsätzlich übernommen werden können.[479] Eine Beeinträchtigung der vertraglich vorgegebenen Identität ist insofern nicht zu befürchten, als die Aufgaben im Rahmen der verstärkten Zusammenarbeit mit der Ermächtigung von allen Mitgliedstaaten legitimiert wurden und eine unionsweite Geltung der Maßnahmen das erklärte Ziel der Differenzierungen ist.

---

474 *Huber*, Differenzierte Integration und Flexibilität als neues Ordnungsmuster der EU?, EuR 1996, 347 (359); *Kempen*, Solidaritätsprinzip, europäisches Gemeinschaftsrecht und Tarifautonomie, KritV 1994, 13 (43); *Koenig*, Die Europäische Sozialunion als Bewährungsprobe der supranationalen Gerichtsbarkeit, EuR 1994 175 (184 ff.); *Schuster*, EuZW 1992, 178 (182); *Wank*, Arbeitsrecht nach Maastricht, RdA 1995, 10 (16). A.A. *Fröhling*, Die Maastrichter Vereinbarung zur Sozialpolitik, 2000, S. 117.

475 Das Maastrichter Sozialprotokoll als Bestandteil des primären Gemeinschaftsrechts in: *Fröhling*, Die Maastrichter Vereinbarung zur Sozialpolitik, 2000, S. 117; *Hailbronner*, Die EG-Sozialpolitik nach Maastricht, Grabitz-GS, 1995, S. 125 (137); *Kempen*, Solidaritätsprinzip, europäisches Gemeinschaftsrecht und Tarifautonomie, KritV 1994, 13 (43); *Koenig*, Die Europäische Sozialunion als Bewährungsprobe der supranationalen Gerichtsbarkeit, EuR 1994 175 (184 ff.); *Wank*, Arbeitsrecht nach Maastricht, RdA 1995, 10 (16).

476 Vgl. *Bieber*, in: Groeben, Kommentar zu EUV und EGV, Bd. 1, 6. A., Art. 7 EGV, Rn. 33 bezüglich der organisatorischen Differenzierung gemäß Art. 11 EGV.

477 *Bieber*, in: Groeben, Kommentar zu EUV und EGV, Bd. 1, 6. A., Art. 7 EGV, Rn. 33; Vgl. in diesem Zusammenhang auch EuGH, Gutachten 1/91 (EWR), Slg. 1991, I-6079.

478 Vgl. betreffend die Sozialunion *Fröhling*, Die Maastrichter Vereinbarung zur Sozialpolitik, 2000, S. 117.

479 *Bieber*, in: Groeben, Kommentar zu EUV und EGV, Bd. 1, 6. A., Art. 7 EGV, Rn. 33.

Im Ergebnis erscheinen daher Tätigkeiten der Institutionen im Rahmen der verstärkten Zusammenarbeit, die nicht für alle Mitgliedstaaten Wirkung entfalten, unbedenklich.[480] Die Möglichkeiten und Grenzen einer Beauftragung der Institutionen ist dadurch nicht überschritten.

bb) Die Kommission

Die Aufgaben und Kompetenzen der Kommission in der Durchführung der verstärkten Zusammenarbeit sind die gleichen, die ihr gewöhnlich in den drei Säulen zukommen. Dies gilt unabhängig von der Tatsache, ob deren Mitglieder Staatsbürger eines an der verstärkten Zusammenarbeit teilnehmenden Mitgliedstaats sind oder nicht. Im Wesentlichen wird das damit begründet, dass die Kommission zu den eigentlichen Gemeinschaftsinstitutionen gehört, deren Mitglieder nicht als Vertreter ihres Heimatstaates handeln, sondern unabhängig agieren.[481] Dies ist Ausdruck der in Art. 213 II EGV umschriebenen Pflicht zur Unabhängigkeit und Gemeinwohlverpflichtung der Kommissare.[482]

Im Bereich des EGV kommt der Kommission weiterhin das sog. Initiativmonopol[483] zu, wonach der Rat zumeist erst nach einem Kommissionsvorschlag Beschlüsse fassen kann. Wie bereits im Rahmen der Ermächtigung, hat die Kommission damit auch in der Durchführung der verstärkten Zusammenarbeit das Initiativrecht, so dass durch diese doppelte Initiativfunktion der Kommission eine zentrale Rolle zukommt und sie die verstärkte Zusammenarbeit im Sinne des Gemeinschaftsinteresses steuern kann. An der Kommission vorbei können die verstärkt zusammenarbeitenden Mitgliedstaaten im Bereich des EGV nicht agieren.

Im Bereich der PJZS[484] und der GASP[485] behält die Kommission ebenfalls ihre Rolle bei, die wie zuvor im Vergleich zum EGV – dem intergouvernementalen Charakter entsprechend – eine schwächere ist.[486] Zwar hat die Kommission gemäß Art. 34 II EUV ein umfassendes Vorschlagsrecht, jedoch ist dies wegen des konkurrierenden Vorschlagsrechts der Mitgliedstaaten von den politischen Einflussmöglichkeiten her gesehen nicht mit dem Initiativmonopol im Bereich des EGV vergleichbar.[487] Die Rolle als „Hüterin der Verträge" wie im Gemein-

---

480 *Bieber*, in: Groeben, Kommentar zu EUV und EGV, Bd. 1, 6. A., Art. 7 EGV, Rn. 33.

481 *Falkner*, Das Maastrichter Sozialprotokoll: Differenzierte Integration wider Willen, in: Breuss/ Griller, Flexible Integration in Europa, 79 (90 f.); *Hatje*, in: Schwarze, EU-Kommentar, Art. 44 EUV, Rn. 4.

482 Vgl. zur Pflicht zur Unabhängigkeit und Gemeinwohlverpflichtung u.a. *Jorna*, in: Schwarze, EU-Kommentar, Art. 213 EGV Rn. 3 ff.

483 Vgl. u.a. *Schweitzer/ Hummer*, Europarecht, 5. A., Rn. 203.

484 Vgl. u.a. *Brechmann*, in: Calliess/ Ruffert, EUV/ EGV Kommentar, 2. A., Art. 36 EUV, Rn. 2.

485 Vgl. u.a. *Cremer*, in: Calliess/ Ruffert, EUV/ EGV Kommentar, 2. A., Art. 18 EUV, Rn. 4.

486 *Böse*, in: Schwarze, EU-Kommentar, Art. 36 EUV, Rn. 4.

487 *Böse*, in: Schwarze, EU-Kommentar, Art. 36 EUV, Rn. 4.

schaftsbereich, wird ihr in der PJZS wie auch in der GASP ohnehin nicht zugestanden.[488]

cc) Der Rat

Einzig für den Rat sind gemäß Art. 44 EUV durch die verstärkte Zusammenarbeit institutionelle Veränderungen vorgesehen. Die Beschlussfassung erfolgt gemäß Art. 44 I Satz 2 EUV ausschließlich durch die an der verstärkten Zusammenarbeit beteiligten Mitgliedstaaten. Die nicht teilnehmenden Mitgliedstaaten sind von dieser ausgeschlossen. Dabei ist die Stimmenzahl zu modifizieren, die für die Annahme eines Vorschlags erforderlich ist: Für die qualifizierte Mehrheit gilt gemäß Art. 44 I Satz 3 EUV derselbe Anteil der gewogenen Stimmen und derselbe Anteil der Anzahl der betreffenden Mitglieder des Rates, wie er in Art. 205 II EGV festgelegt ist.

Aufgrund der Erweiterung der EU um 10 neue Mitgliedstaaten zum 1. Mai 2004 gilt hinsichtlich der Stimmengewichtung ab 1. November 2004 eine neue Regelung.[489] [490] Die Stimmgewichte der Mitgliedstaaten in Art. 205 II EGV sind neu festgelegt, die Anzahl der Stimmen wurde numerisch erhöht, um der Bevölkerungszahl stärker als bisher Rechnung zu tragen.[491] Von insgesamt 321 Stimmen ist dann für eine qualifizierte Mehrheit eine Mindestzahl von 232 Stimmen erforderlich (d.h. 72,27% der Stimmen); die Sperrminorität liegt bei 89 Stimmen.[492]

Liegt der Abstimmung ein Kommissionsvorschlag zugrunde, so müssen darüber hinaus die Stimmen von der Mehrheit der Mitglieder abgegeben worden sein, in den anderen Fällen müssen 2/3 der Mitglieder zugestimmt haben. Neu eingeführt wird in Art. 205 IV EGV zudem ein sog. „demographisches Sicherheitsnetz“, wonach ein Ratsmitglied beantragen kann, dass zu überprüfen ist, ob die qualifizierte Mehrheit mindestens 62 % der EU-Gesamtbevölkerung repräsentiert. Zwar verweist die wohl dynamische Verweisung des Art. 44 I S. 3 EUV zur Feststellung der qualifizierten Mehrheit nur auf Art. 205 II EGV, so dass zunächst

---

488 Vgl. u.a. *Brechmann*, in: Calliess/ Ruffert, EUV/ EGV Kommentar, 2. A., Art. 36 EUV, Rn. 2.

489 Während einer Übergangszeit zwischen dem Beitritt am 1. Mai 2004 und dem 31. Oktober galt die alte Stimmgewichtung im Rat gemäß Art. 205 II EGV inhaltlich unverändert. Sie wurde jedoch um die Stimmen der neuen Mitgliedstaaten ergänzt: Polen 8, Tschechien und Ungarn 5, Estland, Lettland, Litauen, Slowenien, Slowakei jeweils 3 sowie Zypern und Malta 2. Von insgesamt 124 Stimmen sind für eine qualifizierte Mehrheit dann 88 Stimmen (d.h. 70,97%) erforderlich. Vgl. *Hummer/ Obwexer*, in: Streinz, EUV/ EGV, Kommentar, Art. 205 EGV, Rn. 63 f.

490 Protokoll über die Erweiterung der Europäischen Union, Abl. C 80/01 vom 10.3.2001, S. 50.

491 *Hummer/ Obwexer*, in: Streinz, EUV/ EGV, Kommentar, Art. 205 EGV, Rn. 66 f. Demnach sieht die Stimmengewichtung wie folgt aus: Deutschland, Vereinigtes Königreich, Frankreich, Italien je 29, Polen, Spanien je 27, Niederlande 13, Griechenland, Tschechien, Belgien, Ungarn, Portugal je 12, Schweden, Österreich je 10, Slowakei, Dänemark, Finnland, Irland, Litauen je 7, Lettland, Slowenien, Estland, Zypern, Luxemburg je 4 und Malta 3 Stimmen.

492 *Hummer/ Obwexer*, in: Streinz, EUV/ EGV, Kommentar, Art. 205 EGV, Rn. 68.

fraglich sein könnte, inwiefern Art. 205 IV EGV anwendbar sein wird. Art. 205 IV EGV wird jedoch nicht zur Feststellung herangezogen, ob eine qualifizierte Mehrheit vorliegt, denn dies wird einzig anhand Art. 205 II EGV beurteilt. Art. 205 IV EGV enthält vielmehr das Recht eines Ratsmitglieds die Überprüfung zu beantragen, ob die Mitgliedstaaten, die die qualifizierte Mehrheit bereits bilden, auch mindestens 62% der Gesamtbevölkerung der Union repräsentieren. Ist diese Bedingung nicht erfüllt, kommt der Beschluss nicht zustande, obwohl eine qualifizierte Mehrheit vorliegt. Diese Voraussetzung wird auch zu 62 % der Gesamtbevölkerung aller an der verstärkten Zusammenarbeit teilnehmenden Mitgliedstaaten zu modifizieren sein. Damit ist die sog. „dreifach qualifizierte Mehrheit" aus Stimmenzahl, Anzahl der Mitgliedstaaten sowie Bevölkerungsanteil auf die Beschlussfassung im Rahmen der verstärkten Zusammenarbeit zu übertragen.

Hat eine Beschlussfassung einstimmig zu erfolgen, bezieht sich die Einstimmigkeit allein auf die an der verstärkten Zusammenarbeit teilnehmenden Mitglieder des Rates.

Gemäß Art. 44 I S. 2 EUV sind die nicht teilnehmenden Mitgliedstaaten jedoch nicht von den Beratungen im Rat ausgeschlossen.[493]

dd) Das Europäische Parlament

Die Beteiligungsrechte des Parlaments richten sich ebenfalls nach den in den allgemeinen Vorschriften vorgesehenen Handlungsermächtigungen für die jeweilige Maßnahme. Aufgrund des Fehlens anders lautender Vorschriften über die Beteiligung des Parlaments im Rahmen der Durchführung einer verstärkten Zusammenarbeit sind alle Mitglieder des Parlaments, mithin auch die Abgeordneten aus den nicht an der verstärkten Zusammenarbeit teilnehmenden Mitgliedstaaten, zur Abstimmung befugt.[494] Die Wahl dieser Regelung erscheint weniger deutlich nachvollziehbar als bei den anderen Organen.[495] Das Parlament kann bezüglich der Teilnahme der Abgeordneten aus nicht teilnehmenden Mitgliedstaaten als Grenzfall gesehen werden, denn ein Ausschluss der Abgeordneten aus den nicht teilnehmenden Mitgliedstaaten wäre unter Umständen vertretbar gewesen.[496]

---

493 Vgl. dazu unten: *3. Teil, B. II. 4.*

494 *Gaja*, How Flexible is Flexibility under the Amsterdam Treaty?, CMLRev 1998, 855 (866).

495 Vgl. zur personellen Besetzung des EuGH in Fällen, die eine verstärkte Zusammenarbeit betreffen *3. Teil, D. I.*

496 Kritisch zur Teilnahme u.a. *Ehlermann*, Engere Zusammenarbeit nach dem Amsterdamer Vertrag: Ein neues Verfassungsprinzip?, EuR 1997, 362 (374); *Hatje*, in: Schwarze, EU-Kommentar, Art. 44 EUV, Rn. 4; *Hofmann*, Wieviel Flexibilität für welches Europa?, EuR 1999, 713 (723); *Thun-Hohenstein*, Verstärkte Zusammenarbeit in der EU, (135); *Huber*, Differenzierte Integration und Flexibilität als neues Ordnungsmuster der Europäischen Union, EuR 1996, 347 (360) wollte die Beteiligung des Parlaments – unter Teilnahme aller Abgeordneter – auf eine Anhörung beschränken.

Schließlich ist das Parlament die Vertretung der jeweiligen Völker der Mitgliedstaaten.[497]

Der erste Entwurf für eine Differenzierungsregelung, die vom irischen Vorsitz im September 1996 vorgestellt wurde, zeigte in der Tat, dass die Mitgliedstaaten anfangs eher dazu neigten, nur die Abgeordneten der teilnehmenden Mitgliedstaaten an der Beschlussfassung teilnehmen zu lassen, falls die Maßnahmen das Mitentscheidungsverfahren gemäß Art. 251 EGV erfordern sollten.[498] [499]

Die geltende Regelung entspricht der Ansicht des Parlaments selbst, das im Zusammenhang mit der verstärkten Zusammenarbeit die unteilbare Natur des Europäischen Parlaments als eine Institution charakterisierte, die alle Bürger der Union repräsentiert.[500] Darüber hinaus repräsentiert es eine noch in der Entwicklung befindliche politische Einheit, die sich intern weniger nach der Staatsangehörigkeit unterscheidet, als nach der politischen Zugehörigkeit.[501] Zudem entspricht dies der Lösung, die auch für die Eröffnung der WWU und das Sozialprotokoll gewählt wurde.[502]

Den Gegnern einer Beteiligung aller Abgeordneten des Parlaments sei zugegeben, dass den Abgeordneten der nicht teilnehmenden Mitgliedstaaten unterstellt werden könnte, die Durchführungsmaßnahme verhindern zu wollen.[503] Diesbezüglich wird sogar angedacht, dass Art. 44 II S. 3 EUV, der den nicht teilnehmenden Mitgliedstaaten aufgibt, der Durchführung durch die daran beteiligten Mitgliedstaaten nicht im Wege zu stehen, einem solchen Verhalten juristisch entgegen gehalten werden könnte. Jedoch wird dieses Mittel zugleich als unzureichend angesehen.[504]

Zudem ist zu bedenken, dass die Abgeordneten aus den nicht teilnehmenden Mitgliedstaaten über eine Regelung mit abstimmen, welche die von ihnen vertretenen Wähler zunächst nicht betreffen wird. Dieses Argument wird jedoch damit entkräftet, dass für den Fall des späteren Beitritts eines nicht teilnehmenden Mitgliedstaats zur verstärkten Zusammenarbeit das Parlament nicht darüber abstimmt. Wären also die Abgeordneten aus den nicht teilnehmenden Mitgliedstaaten vorher von der Abstimmung ausgeschlossen, müsste deren Beteiligung später nachgeholt werden oder aber die Maßnahme würde hinsichtlich der Bürger der

---

497 *Hatje,* in: Schwarze, EU-Kommentar, Art. 44 EUV, Rn. 4.

498 CONFER 3914/96 vom 24. September 1996, Vermerk des Vorsitzes.

499 *Tuytschaever*, Nauwere samenwerking volgens het Verdrag van Amsterdam, SEW 1999, 270 *(276)*. Zudem hat der *„Club de Florence"* eine der Regelung für den Rat entsprechenden Lösung empfohlen, wonach nur die Abgeordneten der teilnehmenden Mitgliedstaaten abstimmungsbefugt sind, in: *Delors*, Europe: l'impossible statu quo, Paris, Stock, 1996, 242 ff.

500 *Europäisches Parlament, Resolution vom* 17.5.1995, doc. PE 190.441, Punkt 16. Der Forderung schloss sich die Kommission an, Europe Documents, 29. Januar 1997, Nr. 2022.

501 *Hatje,* in: Schwarze, EU-Kommentar, Art. 44 EUV, Rn. 4.

502 *Bribosia*, Différenciation et avant-gardes CDE 2000, 57 (73).

503 *Tuytschaever*, Nauwere samenwerking, SEW 1999, 270 (276).

504 *Tuytschaever*, Nauwere samenwerking, SEW 1999, 270 (276).

später der verstärkten Zusammenarbeit beigetretenen Mitgliedstaaten an einer unzureichenden demokratischen Legitimation leiden.

Darüber hinaus ist wichtig, das Parlament hinsichtlich seiner Funktion als integriertes und unteilbares Organ zu sehen. Dessen Abgeordnete agieren unabhängig und vertreten nicht im engeren Sinne ihren Heimatstaat, vielmehr sind sie politische Repräsentanten der EU-Bevölkerung als Ganze.[505] Sie sind verpflichtet, den Zielen der gesamten Union zu dienen. Außerdem werden durch diese Regelung die institutionellen Folgen der verstärkten Zusammenarbeit auf ein Minimum begrenzt.

Letztlich zeigt die Wahl der aktuellen Regelung, dass damit eine Entscheidung zugunsten des Strebens des Parlaments und seiner Abgeordneten hin zu einem „europäischen Status" geschaffen wurde und das Parlament nicht als Versammlung der Staatenvertreter gesehen wird. Es bleibt beim Prinzip der Unteilbarkeit des Parlaments.[506]

2. Einhaltung des Rahmens der Ermächtigung

In der Entscheidung über die Ermächtigung muss bereits der Rahmen und die Materie der verstärkten Zusammenarbeit hinreichend bestimmt sein. Schließlich müssen alle Mitgliedstaaten jene mindestens acht Mitgliedstaaten zu einer verstärkten Zusammenarbeit ermächtigen. Dies setzt natürlich voraus, dass die Durchführungsmaßnahme in der Entscheidung zumindest in den Grundzügen erkennbar ist und sie somit die Folgen ihrer Entscheidung abschätzen können. Da die Ermächtigung die Legitimationsgrundlage der Durchführungsmaßnahme ist, muss diese deren Vorgaben zwingend einhalten. Eine Überschreitung des festgelegten Rahmens hat zur Folge, dass die Durchführungsmaßnahme rechtswidrig ist.

Soweit der EuGH zur Überprüfung der Durchführungsmaßnahmen befugt ist,[507] ist er auch befugt die Maßnahme an den Vorgaben zu messen, welche die Ermächtigungsentscheidung vorgibt.[508]

3. Finanzierung

Die Frage der Kostentragung im Rahmen der verstärkten Zusammenarbeit wird gesondert in Art. 44 a EUV geregelt. Hinsichtlich der Ausgabenarten wird in diesem zwischen Verwaltungsaufgaben einerseits und operativen Ausgaben andererseits differenziert. Art. 44 a EUV sieht vor, dass die Verwaltungsaufgaben von

505 *Falkner*, Das Maastrichter Sozialprotokoll: Differenzierte Integration wider Willen, in: Breuss/ Griller, Flexible Integration in Europa, 79 (90 f.).

506 *Tuytschaever*, Nauwere samenwerking, SEW 1999, 270 (276).

507 Eine Rechtsprechungskompetenz des EuGH hinsichtlich der Durchführungsmaßnahmen der verstärkten Zusammenarbeit besteht nur für jene im Bereich des EGV sowie in der PJZS nach Maßgabe des Art. 35 EUV. Vgl. hierzu *3. Teil, D. III. 2.*

508 *Bribosia*, Les coopération renforcées au lendemain du traité de Nice, RDUE 2001, 111 (148); *Gaja*, How Flexible is Flexibility under the Amsterdam Treaty, CMLRev 1998, 855 (867).

allen Mitgliedstaaten gemäß gemeinschaftsrechtlichem Haushaltsrecht finanziert werden.[509] Gemäß Art. 268 II EGV sind diese Teil des Gesamthaushalts der Gemeinschaften.[510] [511]

Die operativen Ausgaben der Integrationsprojekte werden von den an der verstärkten Zusammenarbeit beteiligten Mitgliedstaaten finanziert.[512] Eine Ausnahme hiervon erfolgt durch einen anders lautenden einstimmigen Beschluss aller Mitglieder des Rates, nachdem – und hierin liegt eine Neuerung im Vergleich zu Amsterdam – das Europäische Parlament angehört wurde.

4. Beteiligung der nicht teilnehmenden Mitgliedstaaten

Die nicht beteiligten Mitgliedstaaten können gemäß Art. 44 I Satz 2 EUV an den Beratungen der an der Zusammenarbeit beteiligten Mitgliedstaaten im Rat teilnehmen. Damit hat sich die Regierungskonferenz von Amsterdam für das Modell der WWU und gegen das des Sozialprotokolls entschieden.[513]

Durch die Möglichkeit der Teilnahme an den Beratungen wird unterstrichen, dass die verstärkte Zusammenarbeit ein Anliegen von allgemeinem Interesse ist und nicht dazu bestimmt ist, die nicht teilnehmenden Mitgliedstaaten dauerhaft auszuschließen. Dies ist vor allem integrationspolitisch wichtig, weil so der grundsätzliche Anspruch auf Integration auch der anfänglich abseits stehenden Mitgliedstaaten aufrechterhalten wird. So wird der Anschein eines sich verschließenden Kerns vermieden und unterstrichen, dass es sich um nur vorübergehende Unterschiede in der Integrationstiefe handelt, mit dem Fernziel eines gemeinsamen Vorgehens.

Ein späterer Beitritt der nicht teilnehmenden Mitgliedstaaten wird erleichtert, indem gewährleistet wird, dass alle Mitgliedstaaten über die Inhalte, den Ablauf und mögliche Weiterentwicklungen der verstärkten Zusammenarbeit zu jeder Zeit informiert sind. Auf diese Weise ist eine frühest mögliche Einbindung der nicht teilnehmenden Mitgliedstaaten möglich, was einen späteren Anschluss erleichtert.

Ansonsten sind die nicht teilnehmenden Mitgliedstaaten am Zustandekommen einer Maßnahme nicht beteiligt.

---

509 *Hatje*, in: Schwarze, EU-Kommentar, Art. 44 EUV, Rn. 5.

510 *Hatje*, in: Schwarze, EU-Kommentar, Art. 44 EUV, Rn. 5.

511 Vgl. zum Haushaltsrecht der EU u.a. *Waldhoff*, in: Calliess/ Ruffert, EUV/ EGV Kommentar, 2. A., Art. 268 EGV.

512 Vgl. zur Frage, ob die operativen Ausgaben in den Gesamthaushalt der EG eingestellt werden oder getrennt davon finanziert werden müssen *Hatje*, in: Schwarze, EU-Kommentar, Art. 44 EUV, Rn. 6.

513 Das "Sozialprotokoll" sah keine Teilnahme Großbritanniens an den Beratungen des Rates in der Materie vor, vgl. *Gaja*, How Flexible is Flexibility under the Amsterdam Treaty, CMLRev 1998, 855 (865 f.).

III. Anschluss anfänglich nicht teilnehmender Mitgliedstaaten

Eine verstärkte Zusammenarbeit steht gemäß Art. 43 b S. 2 EUV allen Mitgliedstaaten jederzeit offen, sofern diese dem Grundbeschluss und den in jenem Rahmen gefassten Beschlüssen nachkommen. Folglich können die verstärkt zusammenarbeitenden Mitgliedstaaten sich nicht gegenüber anderen Mitgliedstaaten dauerhaft abgrenzen und etwa zu einer Art „Kerneuropa" verschließen. Bedingung der nachträglichen Teilnahme ist die Übernahme des „Besitzstandes" der verstärkten Zusammenarbeit.

1. Verfahren

Das Verfahren der nachträglichen Teilnahme ist für jede der drei Säulen gesondert geregelt: für die verstärkte Zusammenarbeit im Bereich des EGV in Art. 11 a EGV, die PJZS in Art. 40 b EUV und für die GASP in Art. 27 e EUV.

Durch den Vertrag von Nizza hat sich das Verfahren der nachträglichen Teilnahme im Vergleich zur Fassung von Amsterdam für die Bereiche des EGV und der PJZS nicht verändert. Die verstärkte Zusammenarbeit in der GASP und damit die korrespondierende Regelung über eine nachträgliche Teilnahme wurde erst durch den Vertrag von Nizza eingeführt.

Jedoch hängt die nachträgliche Teilnahme nicht allein vom Willen der teilnahmewilligen Mitgliedstaaten ab, wodurch sie sich von der anfänglichen Teilnahme im Zeitpunkt der Ermächtigung unterscheidet. Abhängig von der jeweiligen Säule haben die Kommission bzw. der Rat darüber zu entscheiden.

Identisch sind die Fristen des Verfahrens der nachträglichen Teilnahme: Mit der Mitteilung des teilnahmewilligen Mitgliedstaats beginnen zwei Verfahrensfristen zu laufen. Einerseits hat die Kommission ihre Stellungnahme dem Rat innerhalb von drei Monaten vorzulegen und andererseits muss innerhalb von vier Monaten über den Anschluss entscheiden werden. Dabei fangen beide Fristen zeitgleich an zu laufen.[514]

a) Im Bereich des EGV

Für den Anschluss an eine verstärkte Zusammenarbeit im Bereich des EGV ist gemäß Art. 11 a EGV vorgesehen, dass der teilnahmewillige Mitgliedstaat zunächst dem Rat und der Kommission seine diesbezügliche Absicht mitteilt. Die Kommission hat dem Rat daraufhin innerhalb von drei Monaten nach Eingang der Mitteilung des teilnahmewilligen Mitgliedstaats eine Stellungnahme dazu vorzulegen. Binnen vier Monaten nach Eingang der Mitteilung beschließt die Kommission über den Antrag und über eventuelle spezifische Regelungen, die sie im Zusammenhang mit der nachträglichen Teilnahme für notwendig hält. Dies können Regelungen sein, die einen reibungslosen Beitritt gewährleisten sollen, wie

---

[514] *Cremer*, in: Calliess/ Ruffert, EUV/ EGV Kommentar, 2. A, Art. 27 e EUV, Rn. 2.

z.B. Übergangsfristen oder Ausnahmevorschriften.[515] Eine Entscheidung der Kommission über den Beitritt ist somit spätestens vier Monate nach der Mitteilung des Mitgliedstaats zu fällen, wobei die einzige Möglichkeit der Beteiligung des Rates die Erklärung seines Standpunktes innerhalb jener Frist ist.[516] Die alleinige Entscheidungskompetenz liegt jedoch bei der Kommission. Verhindern können die verstärkt zusammenarbeitenden Mitgliedstaaten die nachträgliche Teilnahme also nicht. Es bliebe ihnen einzig die Möglichkeit der Verzögerung, vor dem EuGH gegen die Kommissionsentscheidung zu klagen.

Bemerkenswert ist in diesem Zusammenhang die Rolle der Kommission, die allein über die Teilnahme entscheidet und nicht etwa der Rat in der Zusammensetzung der verstärkt zusammenarbeitenden Mitgliedstaaten. Gegenüber dem Rat bestehen hingegen im Wesentlichen nur Informationspflichten. Dies unterstreicht, welch hohe Bedeutung der Kohärenz beigemessen wird, indem die Kommission als neutrale Wächterin des Gemeinschaftsrechts über die nachträgliche Teilnahme entscheidet. Dadurch ist ausgeschlossen, dass verstärkte Zusammenarbeiten im Bereich des EGV zu einem „Kerneuropa“ führen, dessen Mitglieder den Zutritt ausschließlich nach eigenem Willen und Ermessen gewähren.[517] Dies korrespondiert auch mit ihrer starken Rolle im Ermächtigungsverfahren, in dem die Kommission das alleinige Initiativrecht hat.

Mit der Aufgabe, gemäß Art. 11 a EGV über den Antrag auf Beitritt zu entscheiden, wird der Kommission eine Kontrollfunktion zuteil, aus der im Umkehrschluss folgt, dass sie ein Teilnahmegesuch auch ablehnen kann, wenn dafür gewichtige Gründe sprechen.[518] Dies erscheint insofern konsequent, als die Kommission sowohl das Gemeinschaftsinteresse als auch die Funktionsfähigkeit der verstärkten Zusammenarbeit zu gewährleisten hat.[519] Zudem ist die logische Folge der Beitrittsbedingung, die vorsieht, dass die teilnahmewilligen Mitgliedstaaten dem Grundbeschluss der verstärkten Zusammenarbeit und den in jenem Rahmen gefassten Beschlüssen nachkommen müssen, dass diese dazu überhaupt in der Lage sind. Ist ein Mitgliedstaat dazu nicht in der Lage, muss die Kommission befugt sein, im Rahmen ihrer Kontrollfunktion einen solchen Antrag negativ zu bescheiden.

Es bleibt anzumerken, dass eine Beteiligung des Europäischen Parlaments im Verfahren der nachträglichen Teilnahme nicht vorgesehen ist.

---

515 *Hatje*, in: Schwarze, EU-Kommentar, Art. 11 EGV, Rn. 31.

516 *Ruffert*, in: Calliess/ Ruffert, EUV/ EGV Kommentar, 2. A, Art. 11 a EGV, Rn. 1.

517 *Tuytschaever*, Nauwere samenwerking, SEW 1999, 270 (277).

518 *Wessels*, Verstärkte Zusammenarbeit: eine neue Variante flexibler Integration, in: Jopp/ Maurer/ Schmuck, Die EU nach Amsterdam, S. 187 (213).

519 *Hatje*, in: Schwarze, EU-Kommentar, Art. 11 EGV, Rn. 31.

b) Im Bereich der PJZS

Wie im Fall des EGV, teilt im Verfahren des nachträglichen Anschlusses in der PJZS der teilnahmewillige Mitgliedstaat gemäß Art. 40 b Satz 1 EUV dem Rat und der Kommission seine Absicht mit. Daraufhin legt die Kommission dem Rat binnen drei Monaten nach Eingang dieser Mitteilung eine Stellungnahme vor. Binnen vier Monaten nach Eingang der Mitteilung hat dann der Rat – und nicht wie im Bereich des EGV die Kommission – über den Antrag zu entscheiden. Dieser entscheidet mit qualifizierter Mehrheit in der Zusammensetzung der an der verstärkten Zusammenarbeit bereits teilnehmenden Mitgliedstaaten.[520] Hinsichtlich der Gewichtung der Stimmen einer qualifizierten Mehrheit wird ebenfalls auf die einschlägige Norm des Art. 205 II EGV verwiesen.

Die Entscheidung gilt grundsätzlich als angenommen, es sei denn der Rat beschließt innerhalb der Frist von vier Monaten sie zurückzustellen. In diesem Fall hat er die Gründe für seinen Beschluss anzugeben und eine Frist für deren Überprüfung zu setzen.

Zwar entscheidet in der PJZS der Rat in der Zusammensetzung der an der verstärkten Zusammenarbeit teilnehmenden Mitgliedstaaten und nicht die Kommission über den Anschluss. Jedoch ist auch hier von einer ausreichenden Sicherung des Prinzips der Offenheit auszugehen, da der Rat für den Fall, dass er dem Antrag nicht entspricht, keine Möglichkeit zu einer definitiven und dauerhaften Verweigerung des Anschlusses hat.[521] Er hat die Wahlmöglichkeit, den Antrag entweder anzunehmen bzw. nicht zu reagieren und die Fiktionswirkung eintreten zu lassen oder diesen zurückzustellen und gleichzeitig eine Frist für dessen Überprüfung zu setzen. Die beitrittswilligen Mitgliedstaaten wiederum haben dann die Möglichkeit, eine solche Entscheidung vor dem EuGH überprüfen zu lassen.[522]

Auch in der PJZS ist keine Beteiligung des Parlaments im Verfahren der nachträglichen Teilnahme vorgesehen.

c) Im Bereich der GASP

Anders als für den EGV und die PJZS, in der der teilnahmewillige Mitgliedstaat sowohl dem Rat als auch der Kommission seine Absicht mitteilt, teilt der Mitgliedstaat gemäß Art. 27 e EUV seine Absicht dem Rat mit, die Kommission hingegen hat er nur davon zu unterrichten. Bereits die Wortwahl verdeutlicht den im Vergleich zur PJZS weiterhin starken intergouvernementalen Charakter der GASP, der sich auch im Verfahren der nachträglichen Teilnahme widerspiegelt.

---

520 *Becker*, Differenzierung der Rechtseinheit durch abgestufte Integration, EuR Beiheft 1/1998, 29 (54); *Bribosia*, Les coopérations renforcées, RDUE 2001, 111 (142).

521 *Martenczuk*, Die differenzierte Integration nach dem Vertrag von Amsterdam, ZEuS 1998, 447 (467); *Rouchereau*, in: Léger, UE/ CE Commentaire des traités UE et CE, Art. 40 Rn. 15.

522 Vgl. *3. Teil, D. III.3.*

Binnen drei Monaten nach Eingang der Mitteilung legt dann die Kommission dem Rat eine Stellungnahme dazu vor. Welchen Inhalts die Stellungnahme zu sein hat, ist auch hier nicht näher umschrieben. Sicherlich muss sie jedoch ein Urteil darüber enthalten, ob der teilnahmewillige Mitgliedstaat – wie in Art. 43 b EUV gefordert – „dem Grundbeschluss und den in jenem Rahmen gefassten Beschlüssen nachkommt“ bzw. ob er dazu in der Lage sein wird.[523] Darüber hinaus obliegt es der Kommission sicherlich auch, die Auswirkungen eines Anschlusses zu bewerten und ein Urteil darüber abzugeben.

Innerhalb von vier Monaten nach Eingang der Mitteilung muss der Rat über den Antrag und über eventuelle spezifische Regelungen entscheiden, die er in diesem Zusammenhang für notwendig hält. Auch in der GASP gilt wie in der PJZS die Fiktion, dass die Entscheidung als angenommen gilt, es sei denn, der Rat beschließt innerhalb dieser Frist mit qualifizierter Mehrheit sie zurückzustellen. Auch hier hat der Rat im Fall einer Zurückstellung des Antrags, die Gründe für seinen Beschluss mitzuteilen und eine Frist für dessen Überprüfung anzusetzen. Diesen Beschluss fasst der Rat in der Zusammensetzung der an der verstärkten Zusammenarbeit teilnehmenden Mitgliedstaaten mit qualifizierter Mehrheit. Dabei ist der Anteil der gewogenen Stimmen und der Anteil der Anzahl der betroffenen Mitglieder des Rates relativ gesehen der gleiche wie bei gewöhnlichen Beschlüssen gemäß Art. 23 Abs. 2 UA. 3 EUV.

Jedoch dürfte im Verfahren der nachträglichen Teilnahme den bereits teilnehmenden Mitgliedstaaten Art. 23 II UA. 2 EUV nicht zur Verfügung stehen, welcher diesen ein Vetorecht aus wichtigen Gründen der nationalen Politik einräumt.[524] Ein solches ist nur für die Ermächtigung zu einer verstärkten Zusammenarbeit in der GASP vorgesehen.

2. Rechtliche Folgen des Beitritts

Mit seiner nachträglichen Teilnahme wird der Mitgliedstaat mit allen Rechten und Pflichten Teil der verstärkten Zusammenarbeit. Damit ist er an alle bisher im Rahmen der verstärkten Zusammenarbeit getroffenen Maßnahmen gemäß Art. 43 b Satz 2, 2. HS EUV gebunden und hat das Stimmrecht im Rat der verstärkten Zusammenarbeit.[525] Das Recht der verstärkten Zusammenarbeit wird damit automatisch Teil der Rechtsordnung des teilnehmenden Mitgliedstaats, wie es dies bisher nur für die anderen bereits teilnehmenden Mitgliedstaaten war. Dabei hat der beitretende Mitgliedstaat grundsätzlich keine Möglichkeit der Nachverhandlung oder sonstige nachträgliche Mitwirkungsmöglichkeiten am Inhalt des zu übernehmenden Rechts. Er hat die Wahl, die bereits bestehenden Maßnahmen so zu übernehmen, wie sie sind, oder der verstärkten Zusammenarbeit fernzubleiben.

---

523 *Cremer*, in: Calliess/ Ruffert, EUV/ EGV Kommentar, 2. A, Art. 27 e EUV, Rn. 1.

524 *Cremer*, in: Calliess/ Ruffert, EUV/ EGV Kommentar, 2. A, Art. 27 e EUV, Rn. 2.

525 *Hatje*, in: Schwarze, EU-Kommentar, Art. 11 EGV, Rn. 33.

Dies entspricht auch der bisherigen Praxis sonstiger Vergemeinschaftungen von Projekten flexibler Integration, wie z.B. der Übernahme des Schengenbesitzstandes und des Sozialabkommens.[526] Eine nachträgliche Teilnahme an nur einem Teil der Maßnahmen der verstärkten Zusammenarbeit ist ebenfalls ausgeschlossen. Einzige Möglichkeit hier zu einer Differenzierung zu kommen wäre beispielsweise die Einräumung von Übergangsfristen.[527]

3. Ergebnis

Im Vergleich zum Auslösemechanismus, der ein strengeres Verfahren mit engen inhaltlichen Kriterien vorsieht, privilegiert das Teilnahmeverfahren den Beitritt, das insbesondere für den Bereich des EGV den teilnahmewilligen Mitgliedstaaten nur geringe Hürden in den Weg stellt. Die Unterschiede der beiden Verfahren entkräften insofern die im Zusammenhang mit Differenzierungen vorgebrachten Befürchtungen, die von potentiell in solchen Fällen integrationsskeptischen Mitgliedstaaten vorgebracht wurden, zu einem „Kerneuropa" oder einem Europa der „zwei Klassen" zu führen. Ein willkürliches Fernhalten der nicht teilnehmenden Mitgliedstaaten wird insbesondere durch die starke Stellung der Kommission im wichtigsten Teil der Integration, der Europäischen Gemeinschaft, nahezu unmöglich gemacht.[528] Insofern ist davon auszugehen, dass im Beitrittsverfahren eine umfangreiche Sicherung der Rechte der nicht teilnehmenden Mitgliedstaaten gewährleistet ist.

Als fragwürdig anzumerken ist, dass das Parlament in keiner der drei Säulen im Verfahren der nachträglichen Teilnahme zu beteiligen ist. Das Anhörungsrecht, das dem Parlament etwa im Ermächtigungsverfahren im Bereich des EGV zugestanden wurde, ist nicht für das Verfahren der nachträglichen Teilnahme vorgesehen.[529]

In die Verträge fand kein Aufholmechanismus Eingang, der die nicht teilnahmefähigen Mitgliedstaaten in die Lage versetzt, nachträglich ihren Entwicklungsrückstand aufzuholen, wie er verschiedentlich von Mitgliedstaaten und auch in der Literatur gefordert wurde.[530]

---

526 *Wessels,* Verstärkte Zusammenarbeit: eine neue Variante flexibler Integration, in: Jopp/ Maurer/ Schmuck, Die EU nach Amsterdam, S. 187 (214).

527 *Hatje*, in: Schwarze, EU-Kommentar, Art. 11 EGV, Rn. 33.

528 Vgl. auch *Ehlermann,* Engere Zusammenarbeit nach dem Amsterdamer Vertrag, EuR 1997, 362 (378 f.).

529 In seinem „Bericht über die verstärkte Zusammenarbeit" (2000/2162 (INI)) vom 12.10.2000 schlägt das *Europäische Parlament* ein identisches Verfahren für die Ermächtigung und die nachträgliche Teilnahme unter Beteiligung des Parlaments in jeder der drei Säulen vor, A5-0288/2000, Rn. 13, 18 und 19.

530 Vgl. zur Aufnahme einer „Unterstützungsklausel" für nicht teilnahmefähige Mitgliedstaaten: *4. Teil, A. II. 4.*

C. Beendigung der verstärkten Zusammenarbeit

Dem Charakter der verstärkten Zusammenarbeit ist inhärent, dass sie von vorübergehender Natur ist. Jedoch ist in den Verträgen selbst keine Regelung über deren Beendigung oder ihre zeitliche Befristung enthalten.

Die einzige in den Verträgen vorgesehene Veränderung der ursprünglichen Zusammensetzung der verstärkten Zusammenarbeit ist der nachträgliche Beitritt nicht teilnehmender Mitgliedstaaten. Um aber eine dauerhafte und unbefristete Differenzierung wirksam ausschließen zu können, wäre eine auflösende Bedingung erforderlich gewesen.[531] Nach der bestehenden Regelung könnten die Anwendungsfälle der verstärkten Zusammenarbeit theoretisch jedoch dauerhaft bestehen bleiben. Eine solche dauerhafte Ausnahme könnte dann faktisch zu einer Integration der „géométrie variable“ führen.[532] [533]

Grundsätzlich sind im Zusammenhang mit der Beendigung einer verstärkten Zusammenarbeit im weiteren Sinn vier Konstellationen denkbar und zu erörtern: Zunächst liegt der in den Verträgen bereits vorgezeichnete Fall auf der Hand, dass sich mit der Zeit alle Mitgliedstaaten der EU der verstärkten Zusammenarbeit angeschlossen haben (I.). Weiterhin ist die Möglichkeit zu prüfen, ob die Kommission im Rahmen einer gemeinschaftsrechtlichen verstärkten Zusammenarbeit in einer Materie, die der Mehrheitsentscheidung unterliegt, anstatt des Verfahrens der nachträglichen Teilnahme eine Regelung für die gesamte EG vorlegen kann, wenn die teilnehmenden und teilnahmewilligen Mitgliedstaaten bereits die erforderliche Mehrheit bilden (II.). Weiter könnten die an der verstärkten Zusammenarbeit beteiligten Mitgliedstaaten versuchen, die verstärkte Zusammenarbeit durch einen einstimmigen Rücknahmebeschluss aufzulösen (III.). Letztlich bleibt die Frage, ob ein bereits an der verstärkten Zusammenarbeit teilnehmender Mitgliedstaat diese wieder verlassen und sich in die Gruppe der nicht teilnehmenden Mitgliedstaaten einreihen kann (IV.).

I. Beitritt aller Mitgliedstaaten

Der idealtypische Verlauf einer verstärkten Zusammenarbeit sieht so aus, dass diese nach einer gewissen Zeit auf die integrationsskeptischen Mitgliedstaaten eine solche Anziehungskraft ausübt, dass sie teilnehmen wollen, und die nicht teilnahmefähigen Mitgliedstaaten nach einer gewissen Zeit in der Lage sind, dass sie teilnehmen können.

Am Ende haben die Durchführungsmaßnahmen der verstärkten Zusammenarbeit mit dem Beitritt des letzten nicht teilnehmenden Mitgliedstaats unionsweite

---

531 *Becker*, Differenzierungen der Rechtseinheit durch abgestufte Integration, EuR Beiheft 1/1998, 29 (55).

532 *Wessels*, Verstärkte Zusammenarbeit: eine neue Variante flexibler Integration, in: Jopp/ Maurer/ Schmuck, Die EU nach Amsterdam, S. 187 (214).

533 Vgl. *2. Teil, B. IV.* zur Integration „à géométrie variable“.

Geltung, so dass das Erfordernis eines Differenzierungsinstruments nicht mehr gegeben ist. Für diesen Weg ist in den Vorschriften das Verfahren der nachträglichen Teilnahme vorgesehen.

Es stellt sich die rechtlich bedeutende Frage, welche Konsequenzen die unionsweite Geltung für die Durchführungsmaßnahme hat: Deren Übernahme in den *acquis communautaire* könnte sich entweder mit dem Beitritt des letzten Mitgliedstaats automatisch vollzogen haben oder aber es könnte eines weiteren „Übernahmeakts" durch den Rat bedürfen.

Die Stimmen in der Literatur, die zu dieser Frage Stellung nehmen, gehen davon aus, dass die verstärkte Zusammenarbeit automatisch endet, wenn ihr alle bisher nicht teilnehmenden Mitgliedstaaten beigetreten sind.[534] Aus dem im Rahmen der verstärkten Zusammenarbeit erlassenen Recht wird gewöhnliches Gemeinschaftsrecht,[535] wobei vereinzelt sogar angenommen wird, dass neben den Rechtsakten und Beschlüssen im Rahmen der Durchführung auch die Ermächtigung und damit das gesamte rechtliche Substrat der verstärkten Zusammenarbeit in den *acquis communautaire* übergeht.[536]

Als Argument für diese Ansicht kann angeführt werden, dass gemäß dem „Ausnahmeprinzip" das Erfordernis eines Überführungsaktes in den *acquis communautaire* in die Regelungen über die verstärkte Zusammenarbeit hätte Eingang finden müssen, wenn ein solcher vorgesehen wäre. Dies gilt vor allem in Anbetracht der Tatsache, dass der Beitritt aller Mitgliedstaaten der idealtypische vorgezeichnete Weg und das Ziel einer verstärkten Zusammenarbeit ist.

Die Ansicht, die das Erfordernis eines Übernahmeaktes verneint, trägt jedoch einen Widerspruch in sich: Die Durchführungsmaßnahme, die vom Rat in der Zusammensetzung der verstärkt zusammenarbeitenden Mitgliedstaaten erlassen wurde, würde ohne Umsetzungsakt mit dem Beitritt des letzten Mitgliedstaats einer gewöhnlichen sekundärrechtlichen Maßnahme gleichgesetzt, ohne dass der Rat in der Zusammensetzung aller Mitgliedstaaten die Maßnahme gemäß dem vorgesehenen Verfahren beschlossen hätte. Damit wäre die Durchführungsmaßnahme auch gleichzeitig mit dem Beitritt des letzten Mitgliedstaats Teil des *acquis communautaire* geworden, obwohl Durchführungsmaßnahmen gemäß Art. 44 I UA. 2 EUV ausdrücklich nicht dazu gehören. Zudem veränderte sich die Rechtsnatur der Durchführungsmaßnahme und ihre Stellung in der Normenhierar-

---

534 *Becker*, Differenzierungen der Rechtseinheit durch abgestufte Integration, EuR Beiheft 1/1998, 29 (55); *Becker*, in: Groeben, Kommentar zu EUV und EGV, Bd. 1, 6. A., Art. 43 EUV, Rn. 54; *Blanke*, in Grabitz/ Hilf, Recht der EU, Kommentar, 20. EL., Art. 43 b, Rn. 4; *Hatje*, in: Schwarze, EU-Kommentar, Art. 11 EGV, Rn. 34; *Pechstein*, in:. Streinz, EUV/ EGV, Kommentar, Art. 11 EGV, Rn. 9.

535 *Becker*, in: Groeben, Kommentar zu EUV und EGV, Bd. 1, 6. A., Art. 43 EUV, Rn. 54.

536 *Blanke*, in Grabitz/ Hilf, Recht der EU, Kommentar, 20. EL., Art. 43 b, Rn. 4.

chie, indem das partikulare Sekundärrecht zu gewöhnlichem Sekundärrecht würde.[537]

Das Erfordernis der Zustimmung des Rates in der Zusammensetzung aller Mitgliedstaaten kann nicht etwa dadurch ersetzt werden, dass dieser in der „Pionierphase" die Ermächtigung beschlossen hat, da einerseits die verstärkte Zusammenarbeit zu diesem Zeitpunkt nur in ihren Grundzügen bestimmt ist und es sich dabei noch nicht um die konkrete Durchführungsmaßnahme handelt und andererseits die Durchführung nicht einstimmig zu beschließen ist, was aber in Regelungsbereichen, die der Einstimmigkeit unterliegen, Voraussetzung für die Annahme einer Maßnahme ist. Es kann keinesfalls als Ersatz für eine Ratsentscheidung durch alle Mitgliedstaaten gesehen werden, dass die anfänglich teilnehmenden Mitgliedstaaten durch Ratsbeschluss die Durchführungsmaßnahme verabschieden und die nachträglich teilnehmenden Mitgliedstaaten diese mit zeitlicher Verzögerung im Zeitpunkt der Erklärung ihres Teilnahmewillens gegenüber der Kommission bestätigen. Daher ist eine gemeinschaftsrechtliche Durchführungsmaßnahme gemäß der für den Regelungsbereich erforderlichen Stimmengewichtung als zum *acquis communautaire* gehörende sekundärrechtliche Maßnahme durch den Rat zu bestätigen.

Die Ermächtigung ist mit der für ihren Erlass erforderlichen Stimmenzahl wieder aufzuheben. Mit dem Bestehen einer sekundärrechtlichen Maßnahme in dem Regelungsbereich der Ermächtigung wäre eine auf ihr basierende verstärkte Zusammenarbeit unzulässig.

II. Ersetzung durch eine gemeinschaftsrechtliche Maßnahme

Im Fall einer gemeinschaftsrechtlichen verstärkten Zusammenarbeit, die in einem Politikfeld stattfindet, für das der EGV eine Entscheidung mit qualifizierter Mehrheit vorsieht, ist die Konstellation denkbar, dass die verstärkte Zusammenarbeit durch einen gewöhnlichen Sekundärrechtsakt ersetzt wird. Anstatt des Verfahrens der nachträglichen Teilnahme gemäß Art. 11 III EGV könnte die Kommission einen Gesetzgebungsvorschlag einbringen, der exakt dem Inhalt der verstärkten Zusammenarbeit entspricht. Voraussetzung dafür ist, dass die bereits teilnehmenden und die nachträglich teilnahmewilligen Mitgliedstaaten die erforderliche qualifizierte Mehrheit bilden. Damit wäre eine gemeinschaftsweite Regelung eingeführt, die für alle Mitgliedstaaten gilt, anstatt die verstärkte Zusammenarbeit um einen weiteren Mitgliedstaat zu erweitern.

Einer solchen Vorgehensweise stehen keine rechtlichen Hindernisse gegenüber. Im Vertrag ist nicht vorgesehen, dass die nachträgliche Teilnahme ein exklusives Verfahren ist, d.h. dass einem Antrag auf Anschluss gefolgt werden

---

[537] Vgl. zum Verhältnis von partikularem und gewöhnlichen Sekundärrecht *4. Teil, B. II. 2. a) bb).*

muss.[538] Im Gegenteil wäre dem Gemeinschaftsinteresse mit einer solchen Lösung eher entsprochen, die anstatt einer Differenzierung die Kohärenz des Gemeinschaftsrechts wieder herstellt. Ein solches vorgehen könnte darüber hinaus sogar gemäß Art. 43 a EUV geboten sein, denn eine verstärkte Zusammenarbeit kann nur das letzte Mittel sein, wenn die mit ihr angestrebten Ziele unter Anwendung der einschlägigen Bestimmungen nicht verwirklicht werden können. Tritt die hier als Beispiel angeführte Konstellation ein, wäre auf jeden Fall die Möglichkeit gegeben, die Ziele des Vertrags unter Anwendung der einschlägigen Bestimmungen herbeizuführen. Die Erfüllung des Kriteriums des letzten Mittels wäre somit nachträglich entfallen.

Daher kann die Kommission anstatt des Verfahrens gemäß Art. 11 III EGV in einem Politikfeld, das der qualifizierten Mehrheit unterliegt, dem Rat einen Gesetzgebungsvorschlag im normalen Entscheidungsverfahren vorlegen.[539]

Die Durchführungsmaßnahme bleibt bis zu ihrer Aufhebung durch den Rat in der Zusammensetzung der an der verstärkten Zusammenarbeit teilnehmenden Mitgliedstaaten bestehen. Aufgrund des Vorrangs des gewöhnlichen Sekundärrechts vor dem partikularen finden die Durchführungsmaßnahmen aber keine Anwendung mehr.[540]

Die Ermächtigung entfaltet im Fall der Ersetzung der Durchführungsmaßnahme durch Sekundärrecht keine Rechtswirkung mehr. Es existiert mit dem Sekundärrecht eine unionsweite Regelung, der Erlass einer Durchführungsmaßnahme der verstärkten Zusammenarbeit wäre unzulässig. Die verstärkte Zusammenarbeit könnte nicht mehr das „letzte Mittel" gemäß Art. 43 a EUV darstellen. Außerdem würde der Erlass von Maßnahmen im Rahmen der Ermächtigung eine Missachtung des Besitzstands der Gemeinschaft gemäß Art. 43 lit. c) EUV bedeuten.

III. Beendigung durch die teilnehmenden Mitgliedstaaten

Die Vorschriften über die verstärkte Zusammenarbeit sehen keine Regelungen über deren Beendigung bzw. Auflösung vor. Grundsätzlich stellt sich daher die Frage nach der Möglichkeit der Beendigung durch die Mitgliedstaaten. Die Literatur kommt hier zu keinem eindeutigen Ergebnis. Sofern die Möglichkeit der Auflösung bzw. Beendigung einer verstärkten Zusammenarbeit angenommen wird, erfolgt dies uneinheitlich und zumeist ohne detaillierte Begründung:

---

538 Vgl. *Tuytschaever,* Nauwere samenwerking, SEW 1999, 270 (278).

539 Vgl. *Pechstein,* in: Streinz, EUV/ EGV Kommentar, Art. 11 EGV, Rn. 9; *von Buttlar,* Rechtsprobleme der verstärkten Zusammenarbeit nach dem Vertrag von Nizza, ZEuS 2001, 649 (686); *Tuytschaever,* Nauwere samenwerking volgens het Verdrag van Amsterdam, SEW 1999, 270 (278).

540 *Becker,* Differenzierungen der Rechtseinheit, EuR Beiheft 1/1998, 29 (53).

Unter Berücksichtigung der gewollt vorübergehenden Natur der verstärkten Zusammenarbeit wird vertreten, dass eine verstärkte Zusammenarbeit unter Mitwirkung ihrer Mitglieder wieder aufgelöst werden kann.[541]

Eine andere Ansicht hält es für zulässig, dass der Rat mit den Stimmen der an der verstärkten Zusammenarbeit beteiligten Mitgliedstaaten eine Aufhebung des Gründungsaktes beschließen könnte.[542] Dies wird von einer weiteren Ansicht dahingehend eingegrenzt, dass die Aufhebung der Ermächtigung möglich sei, sofern noch keine Durchführungsbestimmungen ergangen sind.[543] Ansonsten stelle sich die Frage, was nach Aufhebung der verstärkten Zusammenarbeit mit dem „Torso" des Sekundärrechts geschehe.[544] Diese Vorschriften dürften kaum *ipso jure* unwirksam sein, weil die im Rahmen der verstärkten Zusammenarbeit erlassenen Sachregelungen auf dem EGV beruhen, der weiterhin gelte.[545]

Dem ist insofern zuzustimmen, als es die Aufhebung der Ermächtigung betrifft, solange noch keine Durchführungsmaßnahme ergangen ist. Diese kann gemäß dem *actus contrarius*-Grundsatz auf demselben Weg wie sie ergangen ist durch einen Ratsbeschluss gemäß Art. 11 II EGV, Art. 40a oder Art. 27 c EUV wieder aufgehoben werden.[546] Ausgeschlossen ist die Aufhebung allerdings solange Durchführungsmaßnahmen noch fortbestehen. Diese sind zuvor ebenfalls gemäß dem *actus contrarius*-Grundsatz von den an der verstärkten Zusammenarbeit beteiligten Mitgliedstaaten aufzuheben.[547]

IV. Austritt eines teilnehmenden Mitgliedstaats

In den Verträgen ist die Möglichkeit nicht vorgesehen, dass ein teilnehmender Mitgliedstaat die verstärkte Zusammenarbeit aufkündigt und sich wieder in den Kreis der nicht teilnehmenden Mitgliedstaaten begibt. In der Praxis könnte es sich ergeben, dass eine Regierung an einer verstärkten Zusammenarbeit nicht mehr teilnehmen will. Denkbar wäre beispielsweise ein Regierungswechsel nach einer Wahl oder aber, dass eine Regierung im Rahmen der Durchführung einer verstärkten Zusammenarbeit in einer Materie des EGV, die der Mehrheitsentscheidung unterliegt, überstimmt wird und das Ergebnis für sie nicht mehr tragbar erscheint.

---

541 *von Buttlar*, Rechtsprobleme der verstärkten Zusammenarbeit nach dem Vertrag von Nizza, ZEuS 2001, 649 (687).

542 *Becker*, Differenzierungen der Rechtseinheit durch abgestufte Integration, EuR Beiheft 1/1998, 29 (55).

543 *Hatje*, in: Schwarze, EU-Kommentar, Art. 11 EGV, Rn. 34.

544 *Blanke*, in: Grabitz/ Hilf, Recht der EU, Kommentar Bd. I, 20. EL, Art. 43 b EUV, Rn. 3.

545 *Hatje*, in: Schwarze, EU-Kommentar, Art. 11 EGV, Rn. 34.

546 *Becker*, in: Groeben, Kommentar zu EUV und EGV, Bd. 1, 6. A., Art. 43 EUV, Rn. 55.

547 *Becker*, in: Groeben, Kommentar zu EUV und EGV, Bd. 1, 6. A., Art. 43 EUV, Rn. 55; *Pechstein*, in: Streinz, EUV/ EGV Kommentar, Art. 11 EGV, Rn. 9 f.

Vereinzelt wird vertreten, dass über die Zulässigkeit einer einseitigen Kündigung oder eines Austritts aus wichtigen, außerordentlichen Gründen nach den Grundsätzen zu Art. 312 und 292 EGV sowie den ungeschriebenen Rechtsgrundsätzen zu entscheiden ist.[548] [549] Eine Auflösung oder ein Austritt aus der EG/ EU erscheint u.a. mit Hinweis auf die Rechtsnatur der Gemeinschaft und die entstandenen Individualrechte der EU-Bürger[550] sowie den zu Art. 312 EGV überwiegend vertretenen Ansichten[551] fragwürdig. Die Sachverhalte lassen sich zwar insofern vergleichen, als ein Mitgliedstaat in beiden Fällen einseitig die Geltung von Gemeinschaftsrecht in seinem Territorium zu kündigen beabsichtigt.

Insgesamt und bei näherer Betrachtung der Fälle und ihrer rechtlichen Konsequenzen erscheint eine Übertragung der Ansätze über die Auflösung der EG/ EU auf die verstärkte Zusammenarbeit jedoch nicht sachgerecht. Die verstärkte Zusammenarbeit ist zuerst ein Instrument innerhalb der Verträge, den räumlichen Anwendungsbereich von sekundärrechtlichen Maßnahmen zu variieren. Zudem hat sie keine eigene Rechtspersönlichkeit. Der Status als Mitgliedstaat in der EG/ EU wäre durch eine einseitige Kündigung der verstärkten Zusammenarbeit nicht berührt. Die EG/ EU bestünde als Rechtsgemeinschaft fort, ihre Integrität wäre im Gegensatz zum Fall der Kündigung der Mitgliedschaft in der EU nicht in Frage gestellt. Der Mitgliedstaat würde vielmehr die Anwendbarkeit einer Maßnahme in seinem Territorium aufkündigen und die gleiche Stellung einnehmen wie die anderen nicht teilnehmenden Mitgliedstaaten. Rechtlich vollzöge sich hier die einseitige Aufgabe der Geltung einer gemeinschaftsrechtlichen Maßnahme im Staatsgebiet eines Mitgliedstaats.

Die Unzulässigkeit einer einseitigen Kündigung lässt sich mit der Natur der verstärkten Zusammenarbeit begründen. Innerhalb dieser werden sekundärrechtliche Maßnahmen erlassen, die eine Art Vorstufe zu einer unionsweiten einheitlichen Regelung sind. Damit ist die Richtung, in die sich die Integration entwickeln soll vorgegeben: Sie geht hin zu einer Vertiefung der Integration und sofern es die verstärkte Zusammenarbeit anbelangt zunächst zu einer Vergrößerung der Teilnehmerzahl.

Zudem ist zu bedenken, dass bei einer verstärkten Zusammenarbeit mit nur acht Teilnehmern diese nachträglich unzulässig würde, wenn nur noch sieben übrig blieben.[552] Eine Möglichkeit des Austritts davon abhängig zu machen, dass noch acht Mitgliedstaaten übrig bleiben, wäre jedoch willkürlich.

---

548 *Blanke*, in: Grabitz/ Hilf, Recht der EU, Kommentar, Bd. I, 20. EL, Art. 43 b EUV, Rn. 3.

549 Vgl. zur Frage des Austritts aus der EU *Everling*, Sind die Mitgliedstaaten der EG noch Herren der Verträge, FS-Mosler, S. 173 ff; *Götting*, Die Beendigung der Mitgliedschaft in der EU, 2000; *Waltemathe*, Austritt aus der EU, 2000.

550 *Waltemathe*, Austritt aus der EU, S. 84 f. (89 f.)

551 Vgl. m.w.N. *Schmalenbach*, in: Calliess/ Ruffert, EUV/ EGV Kommentar, 2.A., Art. 312 EGV, Rn. 2 ff.

552 *Blanke*, in: Grabitz/ Hilf, Recht der EU, Kommentar, Bd. I, 20. EL, Art. 43 b EUV, Rn. 3.

Hinzu kommt, dass die verstärkte Zusammenarbeit als Ergebnis umfangreicher Verhandlungen für einzelne Mitgliedstaaten nur deshalb Zustimmung gefunden haben könnte, weil bestimmte andere Mitgliedstaaten ebenfalls an dieser teilnehmen und deren Teilnahme für andere die Grundlage für die Entscheidung zur eigenen Teilnahme war. Deren Interessen wären durch die Möglichkeit einer einseitigen Kündigung verletzt.

Ebenso wenig wie ein Mitgliedstaat die Geltung sonstiger sekundärrechtlicher Maßnahmen einseitig kündigen kann, soll ihm dies daher im Rahmen einer verstärkten Zusammenarbeit möglich sein.

Möglich wäre aber gemäß dem *actus contrarius*–Grundsatz die Ermächtigung und die Durchführungsmaßnahme dahingehend abzuändern, dass ein Mitgliedstaat einvernehmlich die verstärkte Zusammenarbeit verlässt, solange die Teilnehmerzahl nicht unter acht sinkt.

Für den Fall, dass noch keine Durchführungsmaßnahmen erlassen wurden und die zu regelnde Materie der Einstimmigkeit unterliegt, kann ein Mitgliedstaat im Entscheidungsverfahren den Erlass und somit seine Teilnahme verhindern, indem er die Zustimmung verweigert. Die Mitgliedstaaten, die das Integrationsprojekt verwirklichen wollen, werden dann daran interessiert sein, jenem Mitgliedstaat die Nichtteilnahme zu ermöglichen und beispielsweise auf eine Änderung der Ermächtigung hinwirken. Im Fall der Mehrheitsentscheidung kann ein nicht mehr teilnahmewilliger Mitgliedstaat nur im Einvernehmen mit den anderen Mitgliedstaaten seine Nichtteilnahme erreichen, da er ebenso gut bei Erlass der Durchführungsmaßnahme von den anderen teilnehmenden Mitgliedstaaten überstimmt werden könnte.

V. Ergebnis

Eine verstärkte Zusammenarbeit ist beendet, wenn alle Mitgliedstaaten an ihr teilnehmen oder die in ihrem Rahmen erlassene Maßnahme durch eine unionsweite ersetzt wird. Eine Aufhebung der verstärkten Zusammenarbeit durch die Mitgliedstaaten ist gemäß dem *actus contrarius*-Grundsatz möglich. Ein Mitgliedstaat kann nicht einseitig seine Teilnahme an der verstärkten Zusammenarbeit kündigen.

D. Gerichtliche Kontrolle der verstärkten Zusammenarbeit

Hinsichtlich der gerichtlichen Kontrolle der verstärkten Zusammenarbeit ist zu erörtern, welche Kompetenz den Gerichten bei der Anwendung und Auslegung der Bestimmungen der verstärkten Zusammenarbeit und der Überprüfung der in ihrem Umfeld erlassenen Maßnahmen zukommt.

Zwar sieht der Vertrag von Nizza eine umfangreiche Reform der Gerichtsbarkeit vor,[553] jedoch sind in diesem keine wesentlichen Änderungen der im Vertrag von Amsterdam bereits vorgesehenen juristischen Kontrolle der verstärkten Zusammenarbeit enthalten. Nichtsdestotrotz könnten sich durch die Neuordnung der Vorschriften sowie bestimmte inhaltliche Veränderungen Auswirkungen auf Art und Umfang der Zuständigkeit des Gerichtshofs ergeben.

I. Personelle Besetzung der Spruchkörper

Bezüglich der personellen Besetzung der Spruchkörper des Gerichtshofs stellt sich, ähnlich wie für die anderen Organe,[554] die Frage, ob die verstärkte Zusammenarbeit Auswirkungen auf die Beteiligung von Organmitgliedern aus den nicht an der verstärkten Zusammenarbeit teilnehmenden Mitgliedstaaten hat. Weder die Vorschriften über die verstärkte Zusammenarbeit noch jene über die Gerichtsbarkeit sehen Sonderregelungen für die Mitarbeit der Richter in Verfahren im Umfeld der verstärkten Zusammenarbeit vor. Daher muss auch hier von dem Grundsatz der verstärkten Zusammenarbeit ausgegangen werden, dass keine Ausnahme zu den allgemeinen Regelungen der Verträge besteht, soweit die Vorschriften über die verstärkte Zusammenarbeit nichts anderes bestimmen. Demnach ist hinsichtlich der Besetzung der Spruchkörper in Fällen, die eine Maßnahme im Umfeld der verstärkten Zusammenarbeit betreffen, keine Ausnahme zu machen. Dies ist auch folgerichtig, da gemäß Art. 220 I EGV oberstes Ziel des EuGH als eine der „eigentlichen" Gemeinschaftsinstitutionen die Wahrung und Sicherung des Rechts ist. Schließlich ist der Gerichtshof keine Staatenvertretung, so dass die Richter weder als Repräsentanten der sie entsendenden Regierung noch ihres Heimatstaats agieren.[555] Dies lässt sich zudem dadurch unterstreichen, dass die Richter des EuGH gemäß Art. 223 I EGV jede Gewähr für Unabhängigkeit bieten müssen. Neben der Unabhängigkeit gegenüber gesellschaftlichen und politischen Gruppierungen, insbesondere aber gegenüber den Regierungen des Heimatstaates und deren nationalen Interessen.[556] Daher ergibt sich im Ergebnis für die personelle Besetzung der Spruchkörper durch die verstärkte Zusammenarbeit keine Veränderung.[557]

---

553 Vgl. im Überblick zur Reform der Gerichtsbarkeit durch den Vertrag von Nizza, die überwiegend Fragen der Gerichtsorganisation betrifft: *Hatje*, Die institutionelle Reform der EU, EuR 2001, 143 (164 ff.); *Lenz*, Die Gerichtsbarkeit in der EG nach dem Vertrag von Nizza, EuGRZ 2001, 433 ff.; *Wegener*, Die Neuordnung der EU-Gerichtsbarkeit durch den Vertrag von Nizza, DVBl. 2001, 1258 ff.

554 Vgl. zur Beteiligung der Mitglieder aus nicht teilnehmenden Mitgliedstaaten in Kommission, Europäischem Parlament und Rat *3. Teil, B II. b)*.

555 *Hatje*, in: Schwarze, EU-Kommentar, Art. 44 EUV, Rn. 4.

556 *Schwarze*, in: Schwarze, EU-Kommentar, Art. 223 EGV, Rn. 2.

557 *Tuytschaever*, Nauwere samenwerking, SEW 1999, 270 (276).

II. Rechtsprechungskompetenz im Bereich der primärrechtlichen Vorschriften

Der Vertrag von Nizza teilt die im EUV und EGV enthaltenen Regelungen über die verstärkte Zusammenarbeit klar auf in einen allgemeinen Teil und drei besondere Teile, die respektive die Bereiche des EGV, der PJZS und der GASP betreffen. Die Begründung und der Umfang der Zuständigkeit des EuGH, die primärrechtlichen Vorschriften über die verstärkte Zusammenarbeit auszulegen und anhand derer Sekundärmaßnahmen zu überprüfen, unterscheidet sich abhängig von der Natur der Vorschriften und der jeweiligen Säule, in der die verstärkte Zusammenarbeit durchgeführt wird.

1. Die Allgemeinen Vorschriften – Art. 43 bis 45 EUV

Art. 46 EUV zählt abschließend alle primärrechtlichen Vorschriften der Verträge auf, die der Zuständigkeit des EuGH und damit dessen gerichtlicher Kontrolle unterworfen sind. Daher folgt aus diesem, inwieweit Titel VII (Art. 43 bis 45 EUV) der Kontrolle durch den EuGH unterliegt.[558] Gemäß Art. 46 lit. c) EUV gelten die Vorschriften über die Zuständigkeit des EuGH und deren Ausübung für die Bestimmungen des Titels VII „nach Maßgabe der Artikel 11 und 11 a EGV und des Artikel 40 EUV“. Daraus folgt, dass die Vorschriften des Titels VII nur insoweit der Gerichtsbarkeit des EuGH unterliegen, als Art. 11, 11 a EGV und Art. 40 EUV dies vorsehen.[559] Damit können die allgemeinen Vorschriften des Titels VII nicht selbständig einer gerichtlichen Kontrolle unterzogen werden, sondern ausschließlich im Rahmen der in Art. 46 lit. c) EUV genannten Verweisungsnormen in EGV und PJZS.[560] Die Kontrolle einer Maßnahme in der GASP anhand der Vorschriften von Titel VII ist demnach ausgeschlossen. Die Justitiabilität der allgemeinen primärrechtlichen Bestimmungen in Art. 43 bis 45 EUV ist somit abhängig davon, in welcher Säule eine gerichtlich zu überprüfende verstärkte Zusammenarbeit durchgeführt wird.

2. Die primärrechtlichen Vorschriften des EGV – Art. 11, 11 a EGV

Die in Art. 46 lit. c) EUV aufgeführten Art. 11 und 11 a EGV enthalten keinerlei Maßgaben über die Zuständigkeit des EuGH. Dies ist auch nicht erforderlich, denn die Zuständigkeit des Gerichtshofs für die Auslegung und Anwendungsüberprüfung aller Vorschriften des EGV ergibt sich bereits aus Art. 220 EGV.[561] Die Einhaltung der Art. 11 und 11 a EGV können somit ebenso wie jede andere Norm des EGV Gegenstand einer gerichtlichen Kontrolle durch den EuGH sein,

---

558 *Bribosia*, Les coopérations renforcées au lendemain du traité de Nice, RDUE 2001, 111 (146); *Hernfeld*, in: *Schwarze*, EU-Kommentar, Art. 46 EUV, Rn. 10.

559 *Dörr/ Mager*, Rechtswahrung und Rechtsschutz nach Amsterdam, AöR 125 (2000), 386 (420).

560 *Pechstein*, Die Justitiabilität des Unionsrechts, EuR 1999, 1 (12).

561 *Dörr/ Mager*, Rechtswahrung und Rechtsschutz nach Amsterdam, AöR 125 (2000), 386 (420).

wie sie in den Art. 220 bis 245 EGV vorgesehen ist. Zudem unterstreicht Art. 11 III EGV, dass die für die Durchführung der Tätigkeit im Rahmen der verstärkten Zusammenarbeit erforderlichen Rechtsakte und Beschlüsse ausdrücklich allen einschlägigen Bestimmungen des EGV und damit auch den Vorschriften über die gerichtliche Kontrolle in Art. 220 bis 245 EGV unterworfen sind.[562]

Was die Inbezugnahme der allgemeinen Vorschriften des Titels VII EUV durch das Gemeinschaftsrecht angeht, erfolgt diese ausdrücklich einerseits für die Begründung einer verstärkten Zusammenarbeit in Art. 11 II EGV und andererseits für Akte der Durchführung in Art. 11 III EGV. Im Umfang dieser Verweisung wird die Einhaltung der Vorschriften des EUV materiell zu einem Gebot des EGV, wodurch sich die Prüfungszuständigkeit des EuGH auch auf die Art. 43 bis 45 ausdehnt.[563] Kraft dieser tatbestandlichen Inbezugnahme ist der EuGH bereits nach Art. 220 EGV zur Anwendung der allgemeinen Vorschriften aus Titel VII befugt.[564] Art. 46 c) EUV ist insofern nur von deklaratorischer Natur.[565]

3. Die primärrechtlichen Vorschriften der PJZS – Art. 40 bis 40 b EUV

Art. 46 lit. b) EUV sieht für die in Titel VI EUV enthaltenen Vorschriften der PJZS, zu denen auch jene über die verstärkte Zusammenarbeit in diesem Bereich[566] gehören, eine eingeschränkte juristische Kontrolle nach Maßgabe von Art. 35 EUV vor. Jedoch bestimmt Art. 40 III EUV in Abweichung davon ausdrücklich, dass der EuGH nach den Regeln der Art. 220 bis 245 EGV auch für die Anwendung und Auslegung der Normen über die verstärkte Zusammenarbeit im Bereich der PJZS (Art. 40, 40 a und 40 b EUV) zuständig ist. Im Unterschied zu den anderen Bestimmungen von Titel VI kann der EuGH jene Normen im Rahmen eines Verfahrens gemäß Art. 226 ff. EGV überprüfen, ohne dass dafür eine Zustimmung zur Jurisdiktionsgewalt des EuGH[567] durch die Mitgliedstaaten erforderlich ist.[568] Dies hat auch zur Folge, dass auch Gerichte aus Mitgliedstaaten, die im Bereich der dritten Säule die Vorabentscheidungskompetenz des Gerichtshofs im Sinne des Art. 35 II EUV nicht anerkennen, trotzdem etwa einen

---

562 *Cremer,* in: Calliess/ Ruffert, EUV/ EGV Kommentar, 2. A., Art. 46 EUV, Rn. 3.

563 *Cremer,* in: Calliess/ Ruffert, EUV/ EGV Kommentar, 2. A., Art. 46 EUV, Rn. 3.

564 *Dörr/ Mager*, Rechtswahrung und Rechtsschutz nach Amsterdam, AöR 125 (2000), 386 (420 f.); *Pechstein*, Die Justitiabilität des Unionsrechts, EuR 1999, 1 (12).

565 *Cremer,* in: Calliess/ Ruffert, EUV/ EGV Kommentar, 2. A., Art. 46 EUV, Rn. 3; *Pechstein*, Die Justitiabilität des Unionsrechts, EuR 1999, 1 (12).

566 Art. 40, 40 a und 40 b EUV.

567 Art. 35 II EGV. Vgl. hierzu *Dörr/ Mager*, Rechtswahrung und Rechtsschutz nach Amsterdam, AöR 125 (2000), 386 (406 ff.) sowie *Albors-Llorens*, Changes in the Jurisdiction of the ECJ under the Treaty of Amsterdam, CMLRev 1998, 1273 (1279 f.); *Donner,* De derde pijler en de Amsterdamse doolhof, SEW 1997, 370 (374 f.); *Pechstein*, Die Justitiabilität des Unionsrechts, EuR 1999, 1 (21 ff.).

568 *Brechmann*, in: Calliess/ Ruffert, EUV/ EGV Kommentar, 2. A., Art. 40, 40 a, 40 b EUV, Rn. 3.

Beschluss über die Begründung einer verstärkten Zusammenarbeit zum Gegenstand eines Vorabentscheidungsverfahrens gemäß Art. 234 EGV machen können.[569] Im Ergebnis können die speziellen Regelungen der verstärkten Zusammenarbeit im Bereich der PJZS im Rahmen einer juristischen Kontrolle herangezogen werden. Für die sonstigen Vorschriften von Titel VI, welche die materielle Ausgestaltung der PJZS regeln, gilt dies jedoch nicht.[570] Für diese bestimmt sich die Frage der juristischen Kontrolle weiterhin nach Art. 35 EUV.

Was die gerichtliche Kontrolle der allgemeinen Vorschriften in Titel VII EUV betrifft, so bestimmt sich diese wie bereits erwähnt gemäß Art. 46 c) EUV auch nach Maßgabe von Art. 40 EUV. Art. 40 III EUV wiederum erstreckt die Justitiabilität auf Art. 40 a II, der Titel VII mit in Bezug nimmt. In Art. 40 a II EUV finden die Art. 43 bis 45 EUV Eingang in die juristische Kontrolle einer verstärkten Zusammenarbeit im Bereich der PJZS. Hierin wird festgestellt, dass eine Ermächtigung nach deren Maßgabe zu erteilen ist.

Art. 40 III EUV begründet bereits selbst in vollem Umfang die Zuständigkeit des EuGH und deren Ausübung, ohne einer Verweisung durch Art. 46 lit. c) EUV zu bedürfen, so dass sich Art. 46 lit. c) EUV auch hier als rein deklaratorisch erweist.[571]

4. Die primärrechtlichen Vorschriften der GASP – Art. 27 a bis 27 e EUV

Wurde mit dem Vertrag von Amsterdam eine begrenzte juristische Kontrolle der PJZS durch den EuGH ermöglicht, findet eine solche im Bereich der GASP weiterhin nicht statt.[572] Die in Art. 27 a bis 27 e EUV geregelten Bestimmungen über die verstärkte Zusammenarbeit im Bereich der GASP sind demnach entsprechend aller in Titel V EUV enthaltenen Bestimmungen der Kontrolle durch den EuGH entzogen.[573]

5. Ergebnis

Die Justitiabilität der Vorschriften des Titels VII EUV richtet sich gemäß Art. 46 lit. c) EUV nach Art. 11 EGV und Art. 40 EUV. Nur im Rahmen dieser Vorschriften ist eine juristische Kontrolle der allgemeinen Vorschriften über die verstärkte Zusammenarbeit möglich, eine selbständige gerichtliche Kontrolle der Art. 43 bis 45 EUV scheidet aus. Die Möglichkeit der Anwendungsüberprüfung der Art. 11 und 11 a EGV ergibt sich aus deren Stellung als Regeln des EGV, die

---

569 *Herrnfeld*, in: Schwarze, EU-Kommentar, Art. 46 EUV, Rn. 12.

570 *Bribosia*, Les coopérations renforcées au lendemain du traité de Nice, RDUE 2001, 111 (146).

571 *Cremer*, in: Calliess/ Ruffert, EUV/ EGV Kommentar, 2. A., Art. 46 EUV, Rn. 4.

572 *Pechstein/ Koenig*, Die Europäische Union, 3. A., Rn. 504; *Vedder*, Die Unterscheidung von Unionsrecht und Gemeinschaftsrecht, EuR Beiheft 1/1999, 7 (16).

573 *Bribosia*, Les coopérations renforcées au lendemain du traité de Nice, RDUE 2001, 111 (146).

allesamt gemäß Art. 220 EGV der juristischen Kontrolle des EuGH unterliegen. Die Regeln in Art. 40, 40 a und 40 b EUV über die verstärkte Zusammenarbeit in der PJZS sind gemäß Art. 40 III EUV entsprechend den Vorschriften des EGV justitiabel. Art. 27 a bis 27 e EUV sind nicht justitiabel.

III. Kontrollkompetenz über primärrechtlich abgeleitete Rechtsakte

Die im Rahmen der verstärkten Zusammenarbeit vom Primärrecht abgeleiteten Rechtsakte lassen sich im Wesentlichen in drei Handlungsformen einteilen: die Entscheidung über die Ermächtigung (1.), die Maßnahmen der Durchführung durch die an der verstärkten Zusammenarbeit teilnehmenden Mitgliedstaaten (2.) und die Entscheidung über die nachträgliche Teilnahme anfänglich nicht teilnehmender Mitgliedstaaten (3.). Die Möglichkeit ihrer gerichtlichen Überprüfbarkeit lässt sich sowohl hinsichtlich ihres Charakters als auch der Säule innerhalb derer sie erlassen wurden unterscheiden.

1. Ermächtigung

In der ersten Säule übt der Gerichtshof seine gewöhnliche Zuständigkeit – abgesehen von der deklaratorischen Verweisung in Art. 46 lit. a) EUV – gemäß Art. 220 bis 245 EGV aus und kann damit die Ermächtigung anhand der in Art. 11 II EGV enthaltenen Voraussetzungen und jeder anderen Norm des EGV überprüfen.[574] Über die Bindung der Ermächtigung an die Art. 43 bis 45 EUV, nach deren Maßgabe diese gemäß Art. 11 II EGV zu erteilen ist, wird die Einhaltung der Vorschriften des Titels VII EUV zu einem Gebot des EGV, so dass die Ermächtigung auch anhand dieser Kriterien überprüft werden kann. Daher ist die Ermächtigung sowohl formell als auch materiell einer gerichtlichen Überprüfung zugänglich.

Innerhalb des Ermächtigungsverfahrens im Bereich des EGV ist die ergangene Entscheidung durch den Rat nicht der einzige Akt, der einer gerichtlichen Kontrolle unterzogen werden könnte. Denkbar sind außerdem Klagen im Zusammenhang mit dem Vorschlag der Kommission, eine verstärkte Zusammenarbeit zu begründen: Beispielsweise könnte es die Kommission gänzlich unterlassen, auf einen Vorschlag zu reagieren und dementsprechend weder einen Vorschlag vorlegen noch ihre Gründe dafür mitzuteilen. Lehnt sie hingegen die Vorlage eines Vorschlags ab und teilt ihre Gründe hierfür mit, so kann diese Weigerung etwa auf eine Klage eines Mitgliedstaats hin gerichtlich überprüft werden.[575] [576] Dies kann etwa aufgrund der Tatsache geschehen, dass die Kommission ein weiteres

---

[574] *Tuytschaever*, Nauwere samenwerking, SEW 1999, 270 (275).

[575] Vgl. hierzu *3. Teil, B. I. 1. a) bb)* zum Ermächtigungsverfahren. Die Kommissionsentscheidung kann einer begrenzten Ermessenskontrolle unterworfen werden.

[576] *von Buttlar*, Rechtsprobleme der verstärkten Zusammenarbeit nach dem Vertrag von Nizza, ZEuS 2000, 649 (676); *Tuytschaever*, Nauwere samenwerking, SEW 1999, 270 (275).

Verständnis von ausschließlichen Zuständigkeiten der Gemeinschaft als die Mitgliedstaaten hat und ihre Weigerung einen Vorschlag vorzulegen darauf basiert, dass eine verstärkte Zusammenarbeit aufgrund dessen nicht zulässig sei.[577] Abgesehen davon wäre es möglich, dass der vorgelegte Antrag der Kommission erheblich oder gänzlich von den Inhalten des Vorschlags der interessierten Mitgliedstaaten abweicht.

In der dritten Säule richtet sich die Ermächtigung nach Art. 40 a EUV. Diese wird gemäß Art. 40 a II EUV zudem „nach Maßgabe der Art. 43 bis 45 EUV [...] erteilt". Art. 40 III EUV wiederum sieht vor, dass Art. 40 a EUV der juristischen Kontrolle des EuGH gemäß den Befugnissen aus Art. 220 bis 245 EGV unterliegt. Damit ist die Ermächtigung in der PJZS sowohl in formeller (Art. 40 a I, II EUV) als auch in materieller Hinsicht gemäß Art. 40 a II EUV der gerichtlichen Kontrolle unterworfen.

Allerdings besteht im Rahmen des Ermächtigungsverfahrens der PJZS im Vergleich zum EGV der Unterschied, dass die an der verstärkten Zusammenarbeit interessierten Mitgliedstaaten nicht an den Vorschlag der Kommission gebunden sind. Legt diese keinen Vorschlag vor, so können mindestens acht Mitgliedstaaten dem Rat eine Initiative zur Begründung einer verstärkten Zusammenarbeit vorlegen. Der Bedarf eines Rechtmittels gegen die Entscheidung der Kommission besteht daher nicht.

Da weder die allgemeinen Vorschriften der GASP noch die Vorschriften über die verstärkte Zusammenarbeit in der GASP in Titel V oder Art. 46 EUV die Möglichkeit einer gerichtlichen Kontrolle vorsehen, ist eine Zuständigkeit des EuGH bezüglich der Ermächtigung in der GASP ausgeschlossen.

Im Ergebnis ist die Ermächtigung sowohl im Bereich des EGV als auch in der PJZS der umfassenden juristischen Kontrolle des Gerichtshofs in formeller und materieller Hinsicht unterworfen. Keine Möglichkeit der gerichtlichen Kontrolle besteht hingegen für die Ermächtigung in der GASP.

2. Durchführungsmaßnahmen

Der Gerichtshof hat eine umfassende Rechtsprechungskompetenz bezüglich der sekundärrechtlichen Akte der verstärkten Zusammenarbeit im Bereich des EGV. Gemäß Art. 11 III EGV unterliegen die durchführenden Rechtsakte und Beschlüsse allen einschlägigen Bestimmungen des EGV, soweit Art. 11 und Art. 43 bis 45 EUV nichts anderes bestimmen, zu deren gerichtlicher Kontrolle der Gerichtshof ebenfalls befugt ist. Die Durchführungsmaßnahmen im Bereich des EGV sind somit der vollständigen gerichtlichen Kontrolle unterworfen, wie sonstiges sekundäres Gemeinschaftsrecht auch.

Der EuGH ist zwar gemäß Art. 40 III EUV befugt, die Anwendung und Auslegung der Art. 40, 40 a und 40 b EUV zu überprüfen. Diese enthalten jedoch

---

[577] *Tuytschaever*, Nauwere samenwerking, SEW 1999, 270 (275).

keine Regelungen über die Durchführung der verstärkten Zusammenarbeit. Art. 40 II EUV erklärt hingegen für den Fall, dass die Art. 40 ff. EUV und Titel VII EUV nichts anderes vorsehen, die sonstigen Bestimmungen der PJZS anzuwenden sind. Dementsprechend gilt für die gerichtliche Überprüfung einzelner Maßnahmen im Rahmen der Durchführung uneingeschränkt das Prinzip des Art. 35 EUV, so dass diese gleich den sonstigen Maßnahmen der PJZS einer gerichtlichen Kontrolle unterzogen werden können.[578]

Die unterschiedliche Justitiabilität in der PJZS von Durchführungsmaßnahmen einerseits sowie Ermächtigung und Beitritt andererseits ist damit zu begründen, dass die Regierungskonferenz die letzteren vor allem aus der Sicht zukünftig nicht teilnehmender Mitgliedstaaten als zu wichtig ansahen, um sie nicht der gerichtlichen Kontrolle durch den EUV zu unterwerfen.[579] Zudem kann die Durchführung einer verstärkten Zusammenarbeit in diesem Bereicht hinsichtlich der Kontrollbefugnis des Gerichtshofs als vergleichbar mit einer sonstigen Maßnahme der dritten Säule angesehen werden, so dass hier nicht mehr Rechtsschutz für erforderlich gehalten wurde, als bei jeder anderen Maßnahme der PJZS, die von allen Mitgliedstaaten durchgeführt wird.

Für die Durchführungsmaßnahmen einer verstärkten Zusammenarbeit im Bereich der GASP gilt die gleiche Zuständigkeitsregelung wie bei jeder anderen Maßnahme in diesem Bereich: Sowohl die Durchführungsmaßnahmen der EU der 25 als auch die der verstärkten Zusammenarbeit sind der Kontrolle des EuGH entzogen.

3. Entscheidung über die nachträgliche Teilnahme

Über die nachträgliche Teilnahme eines nicht teilnehmenden Mitgliedstaats entscheidet je nach der betroffenen Säule die Kommission (Art. 11 a S. 2 EGV) oder der Rat (Art. 40 b S. 2 bzw. Art. 27 e S. 3 EUV).[580] Hinsichtlich der juristischen Kontrolle der verstärkten Zusammenarbeit gelten dabei dieselben Grundsätze wie für die Ermächtigung.

Im Bereich des EGV unterliegt die Entscheidung der vollständigen juristischen Kontrolle durch den EuGH gemäß Art. 220 EGV. Die Entscheidung über die nachträgliche Teilnahme in der PJZS erfolgt gemäß Art. 40 b EGV. Dieser gehört gemäß Art. 40 III EUV zu jenen Vorschriften über die PJZS, die der Rechtsprechungsbefugnis des EuGH gemäß Art. 220 bis 245 EGV unterworfen sind. Ebenso wie für die sonstigen Akte der verstärkten Zusammenarbeit in der GASP ist eine gerichtliche Kontrolle der Entscheidung über die nachträgliche Teilnahme ausgeschlossen.

---

578 *Brechmann*, in: Calliess/ Ruffert, EUV/ EGV Kommentar, 2. A., Art. 40, 40 a, 40 b EUV, Rn. 3; *Tuytschaever*, Nauwere samenwerking, SEW 1999, 270 (277).

579 *Tuytschaever*, Nauwere samenwerking, SEW 1999, 270 (277).

580 Vgl. zur nachträglichen Teilnahme anfänglich nicht teilnehmender Mitgliedstaaten *3. Teil, B. III. 1. a)*.

Was das insbesondere für den nachträglichen Beitritt wichtige Kriterium der jederzeitigen Offenheit in Art. 43 j) EUV anbelangt, so findet dies für den Bereich des EGV und die PJZS gemäß Art. 46 c) EUV über Art. 11 EGV und Art. 40 III EUV Eingang in die juristische Kontrolle.[581] Dabei kann sowohl die Verschiebung der Teilnahme durch den Rat oder die Verweigerung der Kommission durch den Mitgliedstaat, dem die Teilnahme verweigert wird, mit der Begründung angegangen werden, dass das Prinzip der jederzeitigen Offenheit verletzt sein könnte.[582]

4. Ergebnis

Sämtliche Rechtsakte und Beschlüsse der verstärkten Zusammenarbeit im Rahmen des EGV fallen unter die Kontrollbefugnis des EuGH. Damit unterliegen sowohl Voraussetzungen und Verfahren der Ermächtigung und der nachträglichen Teilnahme als auch die für die Durchführung der verstärkten Zusammenarbeit erforderlichen Rechtsakte und Beschlüsse der Gerichtsbarkeit des EuGH gemäß den Vorschriften des EGV.

Die Zuständigkeit des EuGH i.S.d. Art. 220 bis 245 EGV gilt gemäß Art. 40 III EUV nur für die Art. 40, 40 a und 40 b EUV, welche die Ermächtigung und den Beitritt zu einer verstärkten Zusammenarbeit regeln. Die Zuständigkeit für die Durchführungsmaßnahmen richtet sich wie bei den sonstigen Maßnahmen in der PJZS nach Art. 35 EUV. Dies bedeutet, dass die Begründung und die nachträgliche Teilnahme der verstärkten Zusammenarbeit der umfassenden Zuständigkeit des EuGH nach dem EGV unterliegt, das insoweit gesetzte Sekundärrecht hingegen unterliegt nur der eingeschränkten, insbesondere für das Vorabentscheidungsverfahren fakultativen Zuständigkeit des EuGH nach Maßgabe des Art. 35 EUV.[583]

Die verstärkte Zusammenarbeit in der GASP ist keiner juristischen Kontrolle unterworfen.

IV. Prozessuale Rechte der nicht teilnehmenden Mitgliedstaaten

Weitgehend ungeklärt ist die Frage, welche Rechte die nicht teilnehmenden Mitgliedstaaten bei der gerichtlichen Kontrolle der verstärkten Zusammenarbeit haben. Im Vordergrund steht hier das Problem, in welchem Umfang die nicht teilnehmenden Mitgliedstaaten im Umfeld einer verstärkten Zusammenarbeit

---

581 *Bribosia*, Les coopérations renforcées au lendemain du traité de Nice, RDUE 2001, 111 (148); *Tuytschaever*, Nauwere samenwerking, SEW 1999, 270 (278).

582 *Bribosia*, Les coopérations renforcées au lendemain du traité de Nice, RDUE 2001, 111 (148).

583 *Albors-Llorens*, Changes in the Jurisdiction of the ECJ under the Treaty of Amsterdam, CMLRev 1998, 1273 (1285); *Dörr/ Mager*, Rechtswahrung und Rechtsschutz nach Amsterdam, AöR 125 (2000), 386 (422); *Röben*, in: Grabitz/ Hilf, Das Recht der EU, Kommentar, 20. EL., Art. 40 EUV, Rn. 22.

klagen können und welche Modifikationen der prozessualen Rechte sich im Vergleich zum „Normalfall" ergeben. Fraglich ist beispielsweise, ob ein nicht teilnehmender Mitgliedstaat gegen eine Durchführungsmaßnahme der verstärkten Zusammenarbeit mit der Begründung klagen könnte, dass die objektive Rechtsordnung verletzt sei, weil einer der teilnehmenden Mitgliedstaaten eine Maßnahme nicht oder nicht richtig umgesetzt habe.[584] Zudem ist unklar, ob etwa nicht teilnehmende Mitgliedstaaten berechtigt sind, die Gültigkeit von Durchführungsmaßnahmen anzufechten und ob sie sich dabei neben der Verletzung der Vorschriften der verstärkten Zusammenarbeit auf die Verletzung sonstigen Gemeinschaftsrechts, z.B. Normen über das Entscheidungsverfahren oder die Kompetenzordnung, berufen können.

Ausdrücklich verneint *Gaja* ein Klagerecht der nicht teilnehmenden Mitgliedstaaten gegen Maßnahmen im Rahmen einer verstärkten Zusammenarbeit.[585] Er führt aus, dass nicht teilnehmende Mitgliedstaaten, für die Maßnahmen der verstärkten Zusammenarbeit nicht Teil des Gemeinschaftsrechts sind, nicht befugt sein dürften, die Wirksamkeit einer Maßnahme anzufechten. Eine Ausnahme hiervon gelte nur, wenn die Durchführungsmaßnahme den Rahmen der Ermächtigung überschreite oder aber die Materie außerhalb der Gemeinschaftszuständigkeit liege.

Die Vorschriften über die verstärkte Zusammenarbeit enthalten zunächst keine Regelungen, aus denen sich Hinweise auf den Umfang der Klageberechtigung nicht teilnehmender Mitgliedstaaten entnehmen lassen. Lediglich in Art. 43 lit. h) EUV hat die Sicherung der Zuständigkeit, Rechte und Pflichten der nicht teilnehmenden Mitgliedstaaten Eingang in die verstärkte Zusammenarbeit gefunden. Dies setzt wiederum voraus, dass nicht teilnehmenden Mitgliedstaaten auch die Möglichkeit der gerichtlichen Sicherung ihrer Zuständigkeit, Rechte und Pflichten gewährt werden muss. Wie weit diese geht, lässt sich aus Art. 43 lit. h) EUV jedoch nicht ableiten.

Anstatt die einzelnen Vorschriften der verstärkten Zusammenarbeit und deren Rechtswirkungen daraufhin zu untersuchen, inwiefern nicht teilnehmende Mitgliedstaaten aus diesen prozessuale Rechte herleiten können, empfiehlt es sich daher anhand der einzelnen Klagearten zunächst zu prüfen, unter welchen formellen Voraussetzungen Mitgliedstaaten generell klagen können.

Für das Vertragsverletzungsverfahren gemäß Art. 226, 227 EGV gilt, dass neben der Kommission auch ein Mitgliedstaat den EuGH anrufen kann, wenn er der Auffassung ist, ein anderer Mitgliedstaat habe gegen eine Verpflichtung aus dem

---

584 Ähnliche Fragen werden aufgeworfen von *Bribosia*, Les coopérations renforcées au lendemain du traité de Nice, RDUE 2001, 111 (148); *Tutschaever*, Nauwere samenwerking volgens het Verdrag van Amsterdam, SEW 1998, 270 (277).

585 *Gaja*, How Flexible is Flexibility under the Amsterdam Treaty?, CMLRev 1998, 855 (867).

EGV verstoßen.[586] Eine Klagebefugnis oder ein gesondertes Rechtsschutzbedürfnis des klagenden Mitgliedstaats ist hierbei nicht erforderlich. Zwar war die praktische Bedeutung dieser Klage in der Vergangenheit äußerst gering,[587] sie ist jedoch zumindest von theoretischer Bedeutung als Möglichkeit nicht teilnehmender Mitgliedstaaten, ihre Rechte prozessual geltend zu machen.

Auch im Rahmen einer Nichtigkeitsklage gemäß Art. 230 EGV müssen die Mitgliedstaaten als sog. privilegierte Kläger kein individuelles und unmittelbares Betroffensein[588] oder ein Rechtsschutzinteresse geltend machen.[589] Sie sind kraft ihrer besonderen Stellung im Gemeinschaftssystem befugt, jeden verbindlichen Gemeinschaftsakt vom Gerichtshof überprüfen zu lassen.[590] [591] Ebenso wenig sind für eine Untätigkeitsklage gemäß Art. 232 EGV die Geltendmachung einer Betroffenheit, einer Beeinträchtigung in eigenen Rechten oder ein besonderes Rechtsschutzbedürfnis des Mitgliedstaats erforderlich.[592]

Aus der Sicht der Mitgliedstaaten handelt es sich somit bei diesen Klagearten um ein objektives Verfahren, in welchem die Klageberechtigten im Interesse des Gemeinschaftsrechts *ipso jure* zur Klageerhebung befugt sind.[593] Es bedarf daher keines Nachweises eines Anspruchs auf den Erlass des begehrten Rechtsaktes bzw. der Geltendmachung einer besonderen Betroffenheit.[594] Schließlich können die privilegiert klageberechtigten Mitgliedstaaten auch gegen solche Rechtsakte klagen, die weder an sie gerichtet sind noch sie selbst unmittelbar betreffen.[595]

Aufgrund ihrer herausgehobenen Stellung im institutionellen System der Gemeinschaft ist ein objektives Interesse an der Wahrung des Gemeinschaftsrechts ausreichend und eine Klageerhebung an keine weitergehenden Zulässigkeitsvoraussetzungen gebunden. Es ist davon auszugehen, dass dies für nicht teilnehmen-

---

586 Unter „Verpflichtung aus dem Vertrag“ ist entgegen dem Wortlaut des Vertragstextes nicht nur das primäre, sondern auch das sekundäre Gemeinschaftsrecht zu verstehen. Vgl. EuGH, Rs. 20/59 – *Italien./.Hohe Behörde*, Slg. 1960, 681 (691); Rs. 25/59 – *Niederlande./.Hohe Behörde*, Slg. 1960, 743 (780 ff.).

587 Vgl. *Cremer*, in: Calliess/ Ruffert, EUV/ EGV Kommentar, 2. A, Art. 227 EGV, Rn. 1; *Oppermann*, Europarecht, 2. A., Rn. 733. Beispiele hierfür sind die Entscheidungen EuGH, Rs. 141/78 – *Frankreich./.Vereinigtes Königreich*, Slg. 1979, S. 2923; Rs. C-388/95 – *Belgien./.Spanien*, Slg. 2000, I-3123.

588 *Cremer*, in: Calliess/ Ruffert, EUV/ EGV Kommentar, 2. A., Art. 230 EGV, Rn. 19.

589 Vom EuGH für die Mitgliedstaaten ausdrücklich bestätigt in: Rs. 131/86 – *Vereinigtes Königreich./.Rat*, Slg. 1988, 905, (927, Rn. 6).; Rs. 41/83 – *Italien./.Kommission*, Slg. 1985, 873, (888, Rn. 29 f.).

590 *Rengeling/ Middeke/ Gellermann*, Rechtsschutz in der EU, Rn. 154.

591 Hierzu zählte beispielsweise eine Klage gegen die Entscheidung der Kommission, die diese gegenüber einer in einem anderen Mitgliedstaat ansässigen juristischen Person erlassen hat; vgl. EuGH, Rs. 41/83 – *Italien./.Kommission*, Slg. 1985, 873 (888, Rn. 30).

592 *Cremer*, in: Calliess/ Ruffert, EUV/ EGV Kommentar, 2. A., Art. 232 EGV, Rn. 12 f.

593 *Rengeling/ Middeke/ Gellermann*, Rechtsschutz in der EU, Rn. 223.

594 *Bleckmann*, Europarecht, 6. A., Rn. 830, 848, 904.

595 *Rengeling/ Middeke/ Gellermann*, Rechtsschutz in der EU, Rn. 223.

de Mitgliedstaaten in Verfahren im Umfeld der verstärkten Zusammenarbeit ebenfalls gilt. Schließlich ist das allgemeine Interesse an der Wahrung des Rechts dem konstitutionellen Rahmen der Verträge inhärent und muss konsequenter Weise auch für das Recht der verstärkten Zusammenarbeit gelten. Darüber hinaus entspricht die Möglichkeit der Mitgliedstaaten zur Klageerhebung gegen alle Akte der EG/ EU, soweit sie unter den Zuständigkeitsbereich des EuGH fallen, deren exponierten Stellung in der EU als „Herren der Verträge".

Erscheint eine Klagemöglichkeit der nicht teilnehmenden Mitgliedstaaten gegen die Ermächtigung noch eindeutig geboten, da sie an dieser durch die Abstimmung im Rat beteiligt sind, so gilt dies für die Durchführungsmaßnahme weniger zwingend. Jedoch ist auch hier eine Klagemöglichkeit anzunehmen, da ansonsten die Rechtsschutzmöglichkeiten der nicht teilnehmenden beschnitten würden. So kann gemäß Art. 230 Abs. 5 EGV eine Klage nur binnen einer Frist von zwei Monaten nach deren Bekanntmachung zu erheben. Würde man die Klagemöglichkeit auf die teilnehmenden Mitgliedstaaten beschränken, hätten die nicht teilnehmenden Mitgliedstaaten zu keinem Zeitpunkt eine Rechtsschutzmöglichkeit gegen die Maßnahme. Dies wäre zwar ein Schicksal, dass die nicht teilnehmenden mit jenen Mitgliedstaaten teilen, die erst später der EU beitraten und die den *acquis communautaire* übernehmen mussten, ohne dass ihnen nachträgliche Rechtsschutzmöglichkeiten zustanden. Jedoch ist in diesem Fall zu berücksichtigen, dass es sich bei den nicht teilnehmenden Staaten um Mitgliedstaaten handelt, gegenüber denen die Auswirkungen der Differenzierung so gering wie möglich gehalten werden sollten. Zudem ist es das erklärte Ziel einer jeden verstärkten Zusammenarbeit, dass ihre Durchführungsmaßnahmen mit einer gewissen zeitlichen Verzögerung einmal in allen Mitgliedstaaten gelten sollen. Damit sollten auch allen Mitgliedstaaten Rechtsschutzmöglichkeiten gegen die Akte zustehen.

Letztlich kann als Argument für diese Sichtweise der Grundsatz der verstärkten Zusammenarbeit herangezogen werden, dass deren Vorschriften für jene Bereiche Sonderregelungen enthalten, die im Vergleich zu den „gewöhnlichen" Regelungen der Verträge etwas anderes vorsehen. Im Umkehrschluss sind jene Angelegenheiten, die keine Klärung in den Vorschriften der verstärkten Zusammenarbeit gefunden haben, nach den allgemeinen Vorschriften zu beantworten. Dementsprechend hätte eine Beschränkung der Klagemöglichkeiten nicht teilnehmender Mitgliedstaaten, sofern sie gewollt wäre, auch Eingang in die Verträge finden müssen.

Damit ergibt sich im Ergebnis für die nicht teilnehmenden Mitgliedstaaten keine Einschränkung ihrer Rechte auf Klageerhebung. Sie können gemäß den Vorschriften des EGV über die Zulässigkeit von Klagen gegen jede Maßnahme im Umfeld der verstärkten Zusammenarbeit Klage erheben, sofern der Akt als solcher unter die Rechtsprechungsbefugnis des Gerichtshofs fällt.

V. Ergebnis

Im Ergebnis können die im Rahmen einer verstärkten Zusammenarbeit ergangenen Entscheidungen und Maßnahmen im Bereich des EGV und der PJZS – mit gewissen Einschränkungen, was die Durchführungsmaßnahmen anbelangt – in jeder Phase dem EuGH vorgelegt werden, der sie auf ihre vertragskonforme Anwendung hin kontrollieren kann. Eine Ausnahme ist die verstärkte Zusammenarbeit im Bereich der GASP, die in keinem Stadium dem EuGH vorgelegt werden kann.

Von der Interessenlage im Umfeld einer verstärkten Zusammenarbeit ausgehend sind verschiedenste Konstellationen vorstellbar, aus denen sich Rechtsstreitigkeiten vor dem EuGH ergeben könnten.[596] Insbesondere bezüglich der Wahrung der Rechte der nicht teilnehmenden Mitgliedstaaten könnte der EuGH eine wichtige Rolle spielen. Aber auch im Verlauf einer verstärkten Zusammenarbeit könnten sich Streitigkeiten hinsichtlich des ordnungsgemäßen Verfahrens ergeben, etwa soweit es die Beteiligungsrechte des Parlaments anbelangt. Darüber hinaus könnte wie in jedem anderen Gesetzgebungsverfahren das im Rahmen einer verstärkten Zusammenarbeit erlassene Sekundärrecht einer Rechtmäßigkeitskontrolle unterzogen werden.

---

596 Vgl. *Wessels*, verstärkte Zusammenarbeit: eine neue Variante flexibler Integration, in: Jopp/ Maurer/ Schmuck, Die EU nach Amsterdam, 1998, S. 215.

4. Teil: Verstärkte Zusammenarbeit in der Rechtsordnung der EU

Abgesehen von den Fragen, die sich aus der Anwendung der Vorschriften der verstärkten Zusammenarbeit im Rahmen der Ermächtigung, der Durchführung und der nachträglichen Teilnahme ergeben und die im 3. Teil beantwortet wurden, wirft die verstärkte Zusammenarbeit eine Reihe weiterer rechtlicher Probleme auf, die nicht unerhebliche Auswirkungen auf die Rechtsordnung der EU mit sich bringen. Hierzu gehört zunächst die besondere rechtliche Stellung der nicht teilnehmenden Mitgliedstaaten im Gefüge einer verstärkten Zusammenarbeit (A.). Zudem wurden mit der verstärkten Zusammenarbeit im Recht der Europäischen Union neue rechtserhebliche Handlungsformen geschaffen, die es vorher nicht gab: die Ermächtigung und die Durchführungsmaßnahmen (B.). Hierzu gehört auch die Frage der rechtlichen Einordnung des Zusammenschlusses der in der verstärkten Zusammenarbeit verbunden Mitgliedstaaten. Darüber hinaus hat die Durchführung einer verstärkten Zusammenarbeit gewisse Konsequenzen für die gemeinschaftliche Kompetenzordnung zur Folge, da sie sich der Kompetenztitel bedient, die der EU übertragen wurden (C.). Sobald im Rahmen der verstärkten Zusammenarbeit Maßnahmen erlassen wurden, ist zu klären, wie diese in die bestehende Rangordnung von Primär- und Sekundärrecht der EU einzuordnen sind (D.). Es bleibt außerdem die Frage, inwiefern die Mitgliedstaaten die Möglichkeit haben, außerhalb des vorgegebenen Rahmens der verstärkten Zusammenarbeit und außerhalb der Verträge differenziert und in flexibler Konstellation in der Integration voranzuschreiten (E.).

A. Stellung der nicht teilnehmenden Mitgliedstaaten

Ursache für jede Form von Differenzierung, die bisher in der europäischen Integration zur Anwendung kam und die sicherlich auch zukünftig jeder verstärkten Zusammenarbeit zugrunde liegen wird, war, dass aus gewissen Gründen ein gemeinsames Voranschreiten aller Mitgliedstaaten nicht möglich erschien. Ein solches Abweichen von der Gemeinschaftsmethode im Sinne eines „alle oder keiner" birgt jedoch vor allem die Gefahr der Desintegration.[597] Sollten die integrationsbereiten Mitgliedstaaten im Fall einer politischen Blockade einen Ausweg zunehmend in verstärkten Zusammenarbeiten suchen anstatt in schwierigen Kompromissfindungen, würde dies sicherlich langfristig die innere Einheit der Europäischen Union gefährden. Wenn es sich darüber hinaus bei den verstärkt zusammenarbeitenden Mitgliedstaaten immer um dieselbe Gruppe handeln sollte, wäre

---

[597] *Bender*, Die verstärkte Zusammenarbeit nach Nizza, ZaöRV 2001, 729 (736).

die Bildung eines Kerns und somit das von verschiedenen Seiten gefürchtete Kerneuropa die faktische Folge.[598]

Eine weitere wichtige Errungenschaft der Europäischen Integration, die durch eine hohe Zahl von Differenzierungen in Gefahr wäre, ist die Einheit der Rechtsordnung. Die einheitliche Geltung des Gemeinschaftsrechts in allen Mitgliedstaaten wäre nicht mehr selbstverständlich und folglich in jedem Einzelfall begründungsbedürftig.[599] Langfristig könnte dies zu einer Zersplitterung der Gemeinschaftsrechtsordnung und der Aufweichung des einheitlichen institutionellen Rahmens führen.[600]

Aufgrund der Gefahr, die von einer Differenzierung für das Projekt der europäischen Integration ausgeht, ist daher ein schonender Ausgleich zwischen den Interessen jener Mitgliedstaaten, die in der Integration voranschreiten wollen, denjenigen, die an dieser aus welchen Gründen auch immer nicht teilnehmen werden und dem Gemeinschaftsinteresse an einer einheitlichen Integration aller Mitgliedstaaten zu suchen. In diesem Zusammenhang erfolgt in diesem Abschnitt vorweg eine Einordnung der Beweggründe, die Mitgliedstaaten allgemein und, bezogen auf den gegenwärtigen Integrationsprozess, im Besonderen veranlassen könnte, an einem Integrationsprojekt nicht teilzunehmen (I.). Im einzelnen sind dann die Rechte, die dem Schutz der nicht teilnehmenden Mitgliedstaaten dienen und von ihnen geltend gemacht werden können, zu erörtern (II.).[601]

I. Einordnung der nicht teilnehmenden Mitgliedstaaten

Differenzierungen als solche sind – wie bereits im 2. Teil dargestellt – nicht neu. In Form von Übergangsregelungen, Ausnahmen, Übereinkünften außerhalb der Verträge etc. haben sie bereits in den verschiedensten Bereichen in den vergangenen Jahrzehnten Anwendung gefunden.

Für eine solche Differenzierung ließen sich in der Geschichte der europäischen Integration letztlich immer zwei wesentliche Beweggründe anführen, die auch in Hinblick auf die verstärkte Zusammenarbeit nach wie vor Gültigkeit haben werden: Sie sollte einerseits dem unterschiedlichen Leistungsstand der Mitgliedstaaten Rechnung tragen, andererseits war sie ein Instrument des Spannungsausgleichs und zugleich ein Puffer gegen nationale Widerstände gegenüber fortschreitender Integration, mit dem man der unterschiedlichen Integrationsbereitschaft der Mitgliedstaaten gerecht zu werden versuchte.[602]

---

598 *Ehlermann*, Engere Zusammenarbeit nach dem Amsterdamer Vertrag, EuR 1997, 362 (369).

599 *Martenczuk*, Differenzierte Integration und die föderale Struktur der EU, EuR 2000, 351 (363).

600 *Bender*, Die verstärkte Zusammenarbeit nach Nizza, ZaöRV 2001, 729 (736).

601 Vgl. zu den prozessualen Rechten der nicht teilnehmenden Mitgliedstaaten *3. Teil, D. IV.*

602 *Janning*, Differenzierung als Integrationsprinzip: die Flexibilität im neuen EU-Vertrag, in: Weidenfeld, Amsterdam in der Analyse, 2. A., S. 203.

Was die nicht teilnehmenden Mitgliedstaaten anbelangt, so lassen sich diese in zwei Gruppen einteilen: Die eine Gruppe sind die Mitgliedstaaten, die grundsätzlich gewillt sind, in der Integration voranzuschreiten, dazu aber nicht in der Lage sind. Die andere Gruppe sind jene integrationsskeptischen Mitgliedstaaten, die zwar in der Lage wären, einen Integrationsfortschritt mitzutragen, dies aber aus politischen Gründen nicht wollen.[603] [604] Beide Beweggründe können sich jedoch auch vermischen, so dass letztlich schwerlich zu unterscheiden ist zwischen mangelnder Fähigkeit und mangelndem Willen.[605]

1. Nicht teilnahmefähige Mitgliedstaaten

Hinsichtlich der nicht teilnahmefähigen Mitgliedstaaten lassen sich die Ursachen im Wesentlichen darauf zurückführen, dass sie entweder aufgrund objektiver Bedingungen, wie der Abweichung vom EU-Durchschnitt im wirtschaftlichen, sozialen oder ökologischen Entwicklungsstand, der nationalen Rechtskultur oder der geographischen Lage nicht im Stande sind, an einer fortschreitenden Integration teilzunehmen.[606] Aus Sicht des Gemeinschaftsinteresses sind die Fälle der teilnahmewilligen, aber nicht fähigen Staaten zunächst unproblematisch. Hier ist der Wille zur Integration nicht in Frage gestellt, sondern der Integrationsprozess gestaltet sich in der Form eines „Europa der unterschiedlichen Geschwindigkeiten" und ist demnach lediglich zeitlich gestaffelt.[607] Die nachträgliche Teilnahme ist von beiden Seiten gewollt und wird durch ein transparentes und genau vorgeschriebenes Verfahren begünstigt.

Seitens der Mitgliedstaaten, die in den Genuss finanzieller Transferleistungen kommen, besteht jedoch in Bezug auf die verstärkte Zusammenarbeit die Sorge, dass die Bereitschaft der leistungsfähigen Mitgliedstaaten zu Transfers in einem System erleichterter verstärkter Zusammenarbeit nachlassen könnte.[608] Hierbei

---

603 Vgl. *Wessels*, Verstärkte Zusammenarbeit: Eine neue Variante flexibler Integration, in: Jopp/ Maurer/ Schmuck, Die Europäische Union nach Amsterdam – Analysen und Stellungnahmen zum neuen EU-Vertrag, 1998, S. 187 (192 f.).

604 Auf diese beiden Kategorien wurde auch in der Diskussion über die Einführung einer Differenzierungsklausel abgestellt, vgl. z.B. den gemeinsamen Brief des damaligen Bundeskanzlers *Helmut Kohl* und Frankreichs Präsident *Jacques Chirac* an den Präsidenten des Europäischen Rates vom 6.12.1995, in dem diese von „Staaten, die dies wünschen und dazu in der Lage sind" sprechen. In Auszügen abgedruckt in: Jopp/ Schmuck, Reform der EU. Analysen, Positionen, Dokumente zur Regierungskonferenz 1996/97, S. 115 (117).

605 Vgl. z.B. die Umstände der Nichtbeteiligung Schwedens an der dritten Stufe der Währungsunion *2. Teil, C. II. 1. a)*.

606 *Bender*, Die verstärkte Zusammenarbeit nach Nizza, ZaöRV 2001, 729 (736); *Wessels*, Verstärkte Zusammenarbeit: Eine neue Variante flexibler Integration, in: Jopp/ Maurer/ Schmuck, Die Europäische Union nach Amsterdam, 1998, S. 187 (192 f.).

607 *Martenczuk*, Die differenzierte Integration in der erweiterten Union, in: Scholz, Europa als Union des Rechts, 1999, S. 187 (195).

608 *Ehlermann*, Engere Zusammenarbeit nach dem Amsterdamer Vertrag, EuR 1997, 362 (369).

wird die Gefahr gesehen, dass die Differenzierung Mittel zum Ausschluss schwächerer Mitgliedstaaten von Integrationsschritten werden könnte, die für diese vorteilhaft wären, deren Teilnahme sich aber für die Mehrheit der Mitgliedstaaten vor allem finanziell als belastend auswirken würde.[609]

So sträubten sich bereits im Vorfeld des Vertrags von Amsterdam Griechenland, Portugal und Spanien gegen die Einführung der verstärkten Zusammenarbeit.[610] Von diesen Mitgliedstaaten wurde einerseits befürchtet, dass eine Teilnahme an diesen Zusammenarbeiten ihre Produktionskosten erhöhen und damit ihre Wettbewerbsfähigkeit im Binnenmarkt verringern könnte, weil die Vorschriften beispielsweise zu höheren Verbraucher- oder Umweltschutzstandards führten; andererseits missfiel ihnen der Gedanke, außerhalb der Zusammenarbeiten zu bleiben und nicht in der Lage zu sein, die Regelungen zu beeinflussen, die sie früher oder später übernehmen würden und dann anzuwenden hätten.[611] Zudem war man über die Zukunft der Regionalpolitiken besorgt, falls die verstärkte Zusammenarbeit jemals in diesem Bereich angewendet würde.[612]

Eine größere Bedeutung wird der verstärkten Zusammenarbeit und mit ihr der Gruppe der potentiell nicht teilnahmefähigen Mitgliedstaaten nach der Osterweiterung der EU beigemessen werden. Innerhalb der EU bestand ein weitgehender Konsens, dass die Möglichkeit der Differenzierung und hierbei vor allem die verstärkte Zusammenarbeit eine wichtige Voraussetzung für die Durchführbarkeit der Osterweiterung und eine Vergrößerung der EU auf fast 30 Mitgliedstaaten darstellt.[613] In diesem Zusammenhang wurde die Notwendigkeit einer Reform der

---

609 *Martenczuk*, Die differenzierte Integration in der erweiterten Union, in: Scholz, Europa als Union des Rechts, 1999, S. 187 (195).

610 *de Areilza,* Enhanced Cooperations in the Treaty of Amsterdam: some critical remarks, Harvard Law School, The Jean Monnet Chair. Working Papers, 13/98, 1998, S. 6.

611 *de Areilza,* Enhanced Cooperations in the Treaty of Amsterdam, Working Papers, 13/98, S. 6.

612 *de Areilza,* Enhanced Cooperations in the Treaty of Amsterdam: Working Papers, 13/98, S. 6.

613 *Bergmann*, Recht und Politik der Europäischen Union – Der Integrationsverbund vor der Osterweiterung, 2001, Rn. 820 f.; *Chirac*, Rede vor dem deutschen Bundestag vom 27. Juni 2000, abrufbar: http://www.bundestag.de/blickpkt/2000/chirac2.html; *Delors,* Re-uniting Europe: Our Historic Mission, in: Agence Europe Nr. 7625 vom 3./4. Januar 2000, S. 3 f.; *Fischer*, Vom Staatenbund zur Föderation: Gedanken über die Finalität der europäischen Integration, Rede in der Humboldt-Universität vom 12.5.2000, Integration 2000, 149 ff.; *Franzmeyer*, Osterweiterung, Kerneuropa, Währungsunion – Zentrale Weichenstellungen in der Integrationspolitik, in: Hrbek/ Jopp, Die Europäische Union als Prozess, 1998, 592 (597); *Giering/ Janning*, Flexibilität als Katalysator der Finalität?, Integration 2001, 146 f.; *Manin*, Flexibilité et élargissement, in: Ehlermann, (Hrsg.), Rechtliche Grenzen eines Europas in mehreren Geschwindigkeiten und unterschiedlichen Gruppierungen, 1999, S. 141 (147 f.); *Scharpf*, Legitimate Diversity: The New Challenge of European Integration, ZSE 2003, 32 (43 f., 65 ff.); *Schmidt/ Giscard d'Estaing*, Die EU ist nicht reif für die Erweiterung, Welt am Sonntag von 23.4.2000, S. 34; *Thun-Hohenstein*, Die Möglichkeit einer „verstärkten Zusammenarbeit“ zwischen EU-Mitgliedstaaten, in: Hummer (Hrsg.), Die EU nach dem Vertrag von Amsterdam, 1999, S. 125 (127).

verstärkten Zusammenarbeit vor allem mit der Befürchtung einer Mehrzahl der Regierungen der Mitgliedstaaten begründet, die Erweiterung könnte eine Kooperationsintensivierung in bestimmten Politikbereichen hemmen und damit eine Integrationsvertiefung über Jahre hinweg unmöglich machen.

Die Beitrittskandidaten hingegen hegten gegenüber der verstärkten Zusammenarbeit und jeder Form von Differenzierung ein gewisses Misstrauen. Hintergrund ist, dass befürchtet wurde, die EU der 15 könnte auf diesem Wege zwar ihrer Selbstverpflichtung der Erweiterung nach Osten nachkommen, aber durch Differenzierungen den finanziellen Folgen der Erweiterung im Rahmen bestehender Politiken ausweichen.[614] Es wurde eine Mitgliedschaft zweiter Klasse befürchtet, wobei die entwickelteren Mitgliedstaaten sich mit dem Argument der nicht vorhandenen Leistungsfähigkeit in eine verstärkte Zusammenarbeit in kleinerer Runde zurückziehen könnten, anstatt durch große gemeinsame Anstrengungen – wohl insbesondere in Form von finanziellen Transfers, die das Aufschließen sicherstellen – nach der Gemeinschaftsmethode mit allen Mitgliedstaaten voranzuschreiten. Schließlich ist neben der vollen und uneingeschränkten Zugehörigkeit zu Europa für die Beitrittskandidaten mit der Mitgliedschaft in der EU sicherlich auch der Wunsch nach der durch Transfers bewiesenen Solidarität verbunden.

Vor diesem Hintergrund hat sich die Regierung Tschechiens ausdrücklich gegen eine Aufnahme der verstärkten Zusammenarbeit in die Reformagenda und demzufolge gegen deren Reform ausgesprochen.[615] Seitens Zyperns wurde zudem betont, die Idee eines „Europa à la carte“ oder einer „variablen Geometrie“ sollte nur mit großer Vorsicht angegangen werden, um die potentielle Gefahr der Auflösung von EU-Politiken zu vermeiden.[616] Die Befürchtung, nach dem Beitritt zur EU wieder zur Peripherie Europas zu gehören, wenn auch diesmal innerhalb der Gemeinschaft, wird auch aus den Ausführungen der polnischen Regierung zu unterschiedlichen Anlässen deutlich: Zwar hatte sie sich zumindest dem Wortlaut nach im Vorfeld von Nizza für eine Effektivierung der Regeln über die verstärkte Zusammenarbeit ausgesprochen,[617] jedoch mahnte sie an, die Überarbeitung der verstärkten Zusammenarbeit dürfe im Ergebnis keinesfalls dazu führen, dass nicht mehr alle Mitglieder am Prozess der europäischen Integration in vollem Umfang beteiligt oder gar zukünftige Mitgliedstaaten von wichtigen Integrationsschritten ausgeschlossen würden, bevor sie überhaupt die Chance hätten innerhalb der EU mitzuwirken.[618]

---

614 *Emmanouilidis*, Nizza aus der Beitrittsperspektive, in: Weidenfeld, Nizza in der Analyse, 261 (276; 291 ff.).

615 CONFER/VAR 3958/00 vom 24.2.2000, Contribution from the government of the Czech Republic, S. 3 f.

616 CONFER/VAR 3951/00 vom 24.2.2000, Contribution from the government of Cyprus, S. 3.

617 CONFER/VAR 3967/00 vom 3.7.2000, Contribution from the government of Poland, S. 18 f.

618 So der damalige polnische Außenminister *Wladyslaw Bartoszewski*, Vision and Potential: For a New Direction in European Integration, Rede beim Centre for European Policy Studies in Brüssel am 25.7.2000; abgedruckt in: Konrad-Adenauer-Stiftung, Poland's Position on the

2. Nicht teilnahmewillige Mitgliedstaaten

Die andere Gruppe der nicht teilnehmenden Mitgliedstaaten ist zwar objektiv in der Lage, jedoch – wie immer wieder in der Geschichte der Integration in verschiedenen Situationen dokumentiert wurde – subjektiv nicht willens, integrationspolitische Vorhaben anderer Mitgliedstaaten mitzutragen; hierbei werden vor allem Souveränitätsvorbehalte geltend gemacht.[619] Verwiesen wird dabei häufig auf blockierende Positionen Großbritanniens.[620]

Andere Bedenken als die „potentiell" nicht teilnahmefähigen Mitgliedstaaten hegten die integrationsskeptischen Mitgliedstaaten gegenüber der verstärkten Zusammenarbeit. Dabei führte die Angst der Befürworter der verstärkten Zusammenarbeit vor dem Integrationsstillstand durch eine erweiterte und heterogenere EU bei den integrationsskeptischen Mitgliedstaaten spiegelbildlich zu einem höheren Misstrauen gegenüber einer Flexibilisierungsklausel.[621] Dies erscheint auf den ersten Blick ungewöhnlich, da den Skeptikern die Flexibilität doch eigentlich gelegen kommen müsste, da es den Druck auf sie verringert, einem Integrationsprojekt zuzustimmen.[622] Zumindest aber sollte man meinen, dass es ihnen gleichgültig sei, solange sie nicht selbst gebunden werden. Bei genauerer Betrachtung zeigt sich jedoch, dass die Integrationsskeptiker wohl eher die Sogwirkung einer Zusammenarbeit fürchten, die das Draußenbleiben eher unangenehm machen kann.[623] So lässt sich auch der Sinneswandel der britischen Regierung erklären, die ursprünglich unter John Major ein „Europa à la carte" befürwortete und zahlreiche „opt-outs" und „opt-ins" erstritt, jedoch in der Regierungskonferenz von Amsterdam eine ablehnende Haltung gegenüber der Differenzierung einnahm.[624] Dabei war Großbritannien wohl insbesondere besorgt darüber, eine Art „Blankoscheck" zu unterzeichnen, dessen Folgen es nicht in der Lage sein würde

---

2000 Intergouvernemental Conference: A Critical Evaluation, Arbeitspapier der Vertretung der Konrad-Adenauer-Stiftung in Warschau, November 2000, S. 57 (59 f.).

619 *Bender*, Die verstärkte Zusammenarbeit nach Nizza, ZaöRV 2001, 729 (736); *Wessels*, Verstärkte Zusammenarbeit: Eine neue Variante flexibler Integration, in: Jopp/ Maurer/ Schmuck, Die Europäische Union nach Amsterdam, 1998, S. 187 (193).

620 Vgl. *Wessels*, Verstärkte Zusammenarbeit, in: Jopp/ Maurer/ Schmuck, Die Europäische Union nach Amsterdam, 1998, S. 187 (193).

621 *Thun-Hohenstein*, Möglichkeit einer Verstärkten Zusammenarbeit zwischen EU-Mitgliedstaaten, in: Hummer, Die EU nach dem Vertrag von Amsterdam, 1999, S. 125 (128).

622 *Thun-Hohenstein*, Möglichkeit einer Verstärkten Zusammenarbeit zwischen EU-Mitgliedstaaten, in: Hummer, Die EU nach dem Vertrag von Amsterdam, 1999, S. 125 (128).

623 *Ehlermann*, Engere Zusammenarbeit nach dem Amsterdamer Vertrag, EuR 1997, 362 (370); *Thun-Hohenstein*, Möglichkeit einer Verstärkten Zusammenarbeit zwischen EU-Mitgliedstaaten, in: Hummer, Die EU nach dem Vertrag von Amsterdam, 1999, S. 125 (128).

624 *de Areilza*, Enhanced Cooperations in the Treaty of Amsterdam: some critical remarks, Harvard Law School, The Jean Monnet Chair. Working Papers, 13/98, 1998, S. 5; *Thun-Hohenstein*, Möglichkeit einer Verstärkten Zusammenarbeit zwischen EU-Mitgliedstaaten, in: Hummer, Die EU nach dem Vertrag von Amsterdam, 1999, S. 125 (128).

zu kontrollieren.[625] Es wurde befürchtet, dass eine Autorisierung von Handlungen im Namen der EU ohne die Zustimmung aller Mitgliedstaaten eine Einladung für andere Staaten werden könnte, gegen britische Interessen zu handeln, weshalb Großbritannien auch als Voraussetzung für eine verstärkte Zusammenarbeit eine einstimmige Ermächtigung durchsetzte.[626]

3. Ausblick

Die Vollendung des Binnenmarkts hat bereits durch ein umfangreiches Gesetzgebungskonzept und ein anspruchsvolles kriteriengestütztes Konzept der Währungsunion sowohl die Grenzen der Fähigkeit als auch der Bereitschaft einiger Mitgliedstaaten zur Vertiefung erkennen lassen.[627] Bei zusätzlichen Erweiterungen wird darüber hinaus neben der zunehmenden objektiven Unterschiede auch eine zunehmende Heterogenität der politischen Interessen erwartet, so dass zu besorgen ist, dass mehr Mitgliedstaaten unabhängig von der objektiven Fähigkeit kein politisches Interesse an gemeinsamen Vorhaben haben könnten.[628]

Versucht man einige Mitgliedstaaten zu bestimmen, denen ein größeres Potential anhaftet, der Gruppe der an einer verstärkten Zusammenarbeit nicht teilnehmenden Mitgliedstaaten anzugehören, empfiehlt es sich einen Blick auf die Geschichte der europäischen Integration zu werfen: Dies lässt sich zunächst einmal daraus ablesen, aus welcher Richtung im Vorfeld der Regierungskonferenzen von Amsterdam und Nizza Bedenken oder gar Widerstände gegen das Differenzierungskonzept kamen, welche Regierungen es befürworteten und wo sich der meiste Widerstand gegen die Vergemeinschaftung neuer Bereiche regte. Außerdem kann ein Blick darauf, welche Mitgliedstaaten an bisherigen Differenzierungen außerhalb der Verträge wie z.B. Schengen teilnahmen, aufschlussreich sein.

Was die Integrationsfähigkeit der Mitgliedstaaten anbelangt, ein mit Kosten verbundenes und eine gewisse Wirtschaftskraft voraussetzendes Integrationskonzept mitzutragen, so kann dies überwiegend aus der in statistischen Zahlen ausgedrückten Wirtschaftskraft und Leistungsfähigkeit abgelesen werden. Vergleichend kann hierfür etwa auf die zweite Stufe der WWU verwiesen werden.

Diese Erkenntnisse abwägend, wird der Betrachter schnell und ohne vertiefend in dieses Thema einsteigen zu müssen zu dem Schluss gelangen, dass es wahrscheinlich sein wird, dass die verstärkte Zusammenarbeit um einen Kern von Mitgliedstaaten herum, der im Zentrum Europas liegt, zur Anwendung kommen wird. Es sind zudem tendenziell integrationsskeptische Mitgliedstaaten in der nördlichen Peripherie und wirtschaftlich schwächere Mitgliedstaaten in der südli-

---

[625] *de Areilza,* Enhanced Cooperations in the Treaty of Amsterdam, S. 5.

[626] *de Areilza,* Enhanced Cooperations in the Treaty of Amsterdam, S. 5.

[627] *Janning,* Differenzierung als Integrationsprinzip, in: Weidenfeld, Amsterdam in der Analyse, 2. A., S. 203 (204).

[628] Vgl. *Wessels,* Verstärkte Zusammenarbeit: Eine neue Variante flexibler Integration, in: Jopp/ Maurer/ Schmuck, Die Europäische Union nach Amsterdam, 1998, S. 187 (193).

chen und zukünftig östlichen Peripherie auszumachen. Somit ist eine größere Wahrscheinlichkeit gegeben, dass eine verstärkte Zusammenarbeit unter Teilnahme der Gründungsmitglieder um die deutsch-französische Achse herum stattfinden wird. Bei den tendenziell integrationsskeptischeren Mitgliedstaaten Großbritannien, Dänemark und Schweden auf der einen Seite und Griechenland, Portugal und Spanien sowie den mittel- und osteuropäischen Staaten auf der anderen wird die Wahrscheinlichkeit höher sein, bei verstärkten Zusammenarbeiten zumindest anfänglich außen vor zu bleiben als bei den übrigen Mitgliedstaaten.[629]

4. Präjudizwirkung der verstärkten Zusammenarbeit

Ziel einer jeden verstärkten Zusammenarbeit bleibt am Ende die Überführung der Regelungsmaterie in den Gesamtacquis, wenn ihr alle Mitgliedstaaten beigetreten sind.

Die Entscheidung über eine Sachmaterie, die am Ende einmal für alle Mitgliedstaaten bindend sein soll, wird jedoch in einen kleinen Entscheidungszirkel der verstärkt zusammenarbeitenden Mitgliedstaaten vorverlagert, wobei den anderen Mitgliedstaaten kein Mitspracherecht zusteht.

Um dies an einem Beispiel zu verdeutlichen: In einer Materie, die der Einstimmigkeit unterliegt, kann gegen den Willen eines Mitgliedstaats auf Unionsebene keine Maßnahme erlassen werden. Durch die Verlagerung in die verstärkte Zusammenarbeit entstünde eine völlig neue Situation. Dabei enthält die Ermächtigung eine weitgehende Festlegung von Inhalt und Ausgestaltung, die mit qualifizierter Mehrheit begründet werden kann. Eine qualifizierte Mehrheit legt damit den Inhalt fest, der später einmal von allen übernommen werden soll. Der integrationsskeptische Mitgliedstaat hat in einem Bereich, indem vorher ohne seine Zustimmung keine Regelung möglich war, später die Wahl, entweder weiterhin nicht teilzunehmen oder langfristig eine Regelung zu übernehmen, die ihm eigentlich widerstrebt.

Jene Mitgliedstaaten, die nicht von Anfang an mitarbeiten, nehmen sich somit das Recht und die Möglichkeit, den Integrationsschritt mitzugestalten. Damit ist zu besorgen, dass die nicht teilnehmenden Mitgliedstaaten aus einer Gemeinschaft der gleichberechtigten Entscheidungsträger in eine Gruppe von Beschlussempfängern abgedrängt werden, die im Extremfall von einer Kerngruppe dominiert werden könnte.[630]

Im Ergebnis ist aber dieser unüberwindliche Widerspruch nicht zu vermeiden. Es bleibt den nicht teilnahmewilligen Mitgliedstaaten somit zum Zeitpunkt der Ermächtigung einmal mehr zu bedenken, welche Konsequenz ihre Nichtteilnahme

---

629 Vgl. auch das mögliche Szenario von *Bergmann*, Recht und Politik der Europäischen Union – Der Integrationsverbund vor der Osterweiterung, 2001, Rn. 821.

630 Vgl. *Wessels*, Verstärkte Zusammenarbeit: Eine neue Variante flexibler Integration, in: Jopp/ Maurer/ Schmuck, Die Europäische Union nach Amsterdam, 1998, S. 187 (194).

hat: Sie begeben sich der Möglichkeit, das Integrationsprojekt mitzugestalten und haben später lediglich die Wahl einer bedingungslosen Übernahme des selbigen, wie dies beispielsweise bereits die anfänglich nicht teilnehmenden Mitgliedstaaten beim EWS oder Schengen hatten. Mit dieser Tatsache hatten sich nebenbei auch all jene Mitgliedstaaten abzufinden, die nach Jahrzehnten des Bestehens der EG dieser beitraten und ein etabliertes Rechtssystem und institutionelles Gefüge vorfanden, auf deren Ausgestaltung sie keinen Einfluss hatten. Es ist daher aus Sicht eines integrationskritischen Mitgliedstaats abzuwägen, ob es nicht vorteilhafter wäre, an einer unliebsamen Maßnahme von Anfang an teilzunehmen und einen Rest von Einfluss auf diese zu wahren, anstatt diese später bedingungslos und zu noch ungünstigeren Bedingungen übernehmen zu müssen.

II. Rechte und Pflichten der nicht teilnehmenden Mitgliedstaaten

Vielen Zulässigkeitskriterien und Verfahrensvorschriften der verstärkten Zusammenarbeit liegt inzident der unmittelbare oder mittelbare Schutz der Rechte und Interessen der nicht teilnehmenden Mitgliedstaaten zugrunde. Schließlich ist wohl das wichtigste Ziel der die Zusammenarbeit einschränkenden Vorschriften, die negativen Auswirkungen der Differenzierung auf das Gefüge der Union als Ganzes so gering wie möglich zu halten. Jene Kriterien und die ihnen zugrunde liegenden Schutzmechanismen sind bereits im Rahmen der Gründung einer verstärkten Zusammenarbeit erörtert worden, so dass auf sie an dieser Stelle nicht weiter eingegangen wird.[631]

Die Rechte der nicht teilnehmenden Mitgliedstaaten lassen sich im Wesentlichen in drei Kategorien einteilen: Zunächst sind die Beteiligungsrechte im Rahmen des Ablaufs einer verstärkten Zusammenarbeit zu nennen [1)]. Zudem gewährt das Prinzip der jederzeitigen Offenheit den Mitgliedstaaten zu jedem Zeitpunkt ein Teilnahmerecht an der verstärkten Zusammenarbeit [2)]. Sowohl Rechte als auch Pflichten enthält die gegenseitige Loyalitätspflicht, die in der verstärkten Zusammenarbeit eine neue besondere Ausprägung gefunden hat [3)]. Abschließend wird im Zusammenhang mit den Rechten der nicht teilnehmenden Mitgliedstaaten und der Erleichterung der nachträglichen Teilnahme die Frage erörtert, inwiefern die verstärkt zusammenarbeitenden Mitgliedstaaten diesen Unterstützungsmaßnahmen gewähren müssen [4)].

1. Beteiligungsrechte

Die Beteiligungsrechte sind in den drei Stadien der verstärkten Zusammenarbeit sowie in den jeweiligen Säulen unterschiedlich stark ausgeprägt:

---

[631] Vgl. zur Gründung einer verstärkten Zusammenarbeit *3. Teil, B.*

a) Ermächtigung

Die stärkste Form der Beteiligung wird den nicht teilnehmenden Mitgliedstaaten im Verfahren der Ermächtigung zugestanden: Sie stimmen im Rat mit ab über die Erteilung der Ermächtigung, die einer qualifizierten Mehrheit der Stimmen der Mitglieder des Rates i.S.d. Art. 205 II EGV bedarf.[632] Die Ermächtigung erfolgt demnach gegenwärtig durch mindestens 62 Stimmen, die von mindestens zehn Mitgliedstaaten abzugeben sind.

Im Vergleich zur verstärkten Zusammenarbeit in der Amsterdamer Fassung haben die nicht teilnehmenden Mitgliedstaaten im Ermächtigungsverfahren ein aus ihrer Perspektive wichtiges Recht verloren. Durch den Vertrag von Nizza ist das bis dahin für die verstärkte Zusammenarbeit im Bereich des EGV und der PJZS bestehende Vetorecht der nicht teilnehmenden Mitgliedstaaten weggefallen. Dieses Vetorecht ermöglichte es einem Mitgliedstaat, die Gründung einer verstärkten Zusammenarbeit zu blockieren, wenn er dafür wichtige Gründe der nationalen Politik geltend machte. Die Ausgestaltung und das Verfahren dieses Vetorechts erinnerten stark an den sog. „Kompromiss von Luxemburg“,[633] der damit zum ersten Mal in den Verträgen kodifiziert wurde.[634] Aus Sicht der Integrationsbefürworter war das Vetorecht einer der wesentlichen Gründe, die Zweifel an der praktischen Anwendbarkeit der verstärkten Zusammenarbeit begründeten.

Durch die Vertragsrevision von Nizza wurde das Vetorecht im Bereich des EGV und der PJZS durch die Möglichkeit der Anrufung des Europäischen Rates ersetzt. Ein nicht teilnehmender Mitgliedstaat, der Einwände gegen die Begründung der verstärkten Zusammenarbeit hat, kann nun als einziges Abwehrmittel vor der Abstimmung verlangen, dass der Europäische Rat mit der Materie zu befassen ist.[635] Nach der Befassung des Europäischen Rates kann die Ermächtigung – unabhängig vom Ausgang der Befassung – erteilt werden, sofern die erforderliche qualifizierte Mehrheit dafür stimmt.[636] Dadurch kann die Ermächtigung lediglich verzögert werden, eine weitergehende Blockademöglichkeit ist nicht vorgesehen.

Etwas anderes gilt für die Erteilung der Ermächtigung zu einer durch den Vertrag von Nizza neu eingefügten verstärkten Zusammenarbeit in der GASP. Anders als für die Zusammenarbeit im Bereich des EGV und der PJZS ist hier in Art. 23 II UA. 2 EUV ein Vetorecht vorgesehen. Demnach kann ein Mitgliedstaat erklären, dass er aus wichtigen Gründen der nationalen Politik, die er auch benennen

---

632 Art. 11 II UA 1 EGV, Art. 40 a II UA 1 EUV; Art. 27 c II EUV i.V.m. Art. 23 II UA 3 EUV.

633 Vgl. zum Kompromiss von Luxemburg u.a. *Schweitzer/ Hummer*, Europarecht, 5. A., Rn. 171 ff; *Streinz*, Die Luxemburger Vereinbarung, 1984.

634 *Gaja*, How Flexible is Flexibility, CMLRev 1998, 855 (864); *Tuytschaever*, Nauwere samenwerking volgens het verdrag van Amsterdam, SEW 1999, 270 (275); *Pingel-Lenuzza*, in: Léger, UE/ CE Commentaire, Art. 11 TCE, Rn. 8.

635 Art. 11 II UA 2 EGV; Art. 40 a II UA 2 EUV.

636 Art. 11 II UA 2 EGV; Art. 40 a II UA 2 EUV.

muss, die Absicht hat, einen mit qualifizierter Mehrheit zu fassenden Beschluss abzulehnen. Eine Abstimmung über die Ermächtigung erfolgt in diesem Fall dann nicht mehr. Somit hat ein einzelner Mitgliedstaat das Recht, eine verstärkte Zusammenarbeit in der GASP zu verweigern.

b) Durchführung

Auf den Erlass von Durchführungsmaßnahmen haben die nicht teilnehmenden Mitgliedstaaten keinen Einfluss. Art. 44 I S. 2 EUV schließt ausdrücklich ihre Beteiligung an der Beschlussfassung aus. Jedoch können die nicht teilnehmenden Mitgliedstaaten gemäß Art. 44 I S. 2 EUV an den Beratungen teilnehmen.

Für die verstärkte Zusammenarbeit in der GASP ist darüber hinaus eine Informationspflicht vorgesehen. Gemäß Art. 27 d EUV trägt der Hohe Vertreter der GASP dafür Sorge, dass alle Mitglieder des Rates in vollem Umfang über die Durchführung jeder verstärkten Zusammenarbeit in diesem Bereich der GASP unterrichtet werden.

c) Anschluss nicht teilnehmender Mitgliedstaaten

Die nicht teilnehmenden Mitgliedstaaten haben jederzeit das Recht, sich der verstärkten Zusammenarbeit anzuschließen.[637]

Im Bereich des EGV und der PJZS ist eine Mitteilung an die Kommission und den Rat sowie in der GASP eine Mitteilung an den Rat und eine Unterrichtung der Kommission erforderlich.[638] Seitens der nicht teilnehmenden Mitgliedstaaten zu erfüllende Voraussetzung für eine nachträgliche Teilnahme ist, dass sie dem Grundbeschluss und den in jenem Rahmen gefassten Beschlüssen nachkommen müssen. Der nachträgliche Anschluss steht zudem unter dem Vorbehalt der Zustimmung durch Kommission bzw. Rat: Im Bereich des EGV liegt die alleinige Entscheidungskompetenz über den Antrag bei der Kommission, die zudem eventuelle spezifische Regelungen, die sie im Zusammenhang mit der nachträglichen Teilnahme für notwendig hält, beschließen kann. Die Entscheidung darüber könnte auch negativ ausfallen. In dem Fall könnte der abgelehnte Mitgliedstaat die Entscheidung vom EuGH überprüfen lassen. Einzige Möglichkeit der Einflussnahme des Rates im Bereich des EGV ist die Erklärung seines Standpunktes.

In der PJZS und in der GASP entscheidet der Rat mit qualifizierter Mehrheit über die nachträgliche Teilnahme. Er hat die Wahlmöglichkeit, den Antrag entweder anzunehmen bzw. nicht zu reagieren und die Fiktionswirkung eintreten zu lassen oder diesen zurückzustellen. Der Rat hat im Fall einer Zurückstellung des Antrags die Gründe für seinen Beschluss mitzuteilen und eine Frist für deren Überprüfung anzusetzen. Somit hat er für den Fall, dass er dem Antrag nicht

---

637 Vgl. ausführlich zur nachträglichen Teilnahme *3. Teil, B. III.*

638 Vgl. Art. 43 b EUV; Art. 11 a EGV; Art. 40 b und Art. 27 e EUV

entspricht, keine Möglichkeit zu einer definitiven und dauerhaften Verweigerung des Anschlusses.[639]

2. Prinzip der jederzeitigen Offenheit

Auf das Prinzip der jederzeitigen Offenheit, das in Art. 43 lit. j) und Art. 43 b EUV enthalten ist, kann sich ein Mitgliedstaat zu jedem Zeitpunkt berufen, sowohl bei der Begründung einer verstärkten Zusammenarbeit hinsichtlich der anfänglichen Teilnahme, als auch später bei einem nachträglichen Anschluss.[640]

Kein Mitgliedstaat darf von vornherein von der Begründung der verstärkten Zusammenarbeit ausgeschlossen werden. Die Mitgliedstaaten sowie die beteiligten Institutionen müssen dafür Sorge tragen, dass so viele Mitgliedstaaten wie möglich an einer verstärkten Zusammenarbeit teilnehmen. Die Mitgliedstaaten könnten sich etwa unter Berufung auf das Prinzip der Offenheit gegen die Bildung eines festen geographischen oder politischen Kerns von teilnehmenden Staaten, ein sog. „Kerneuropa", sowie jede Form eines Ausschlusses aus politischen, wirtschaftlichen oder sozialen Gründen wehren. Eine verstärkte Zusammenarbeit kann daher nicht auf bestimmte Mitgliedstaaten beschränkt werden oder beschränkt bleiben.

Mit der Berufung auf das Prinzip der jederzeitigen Offenheit geht für den teilnahmewilligen Mitgliedstaat die Pflicht einher, dass er auf der anderen Seite dem Grundbeschluss zur verstärkten Zusammenarbeit und den im Rahmen der Durchführung gefassten Beschlüssen nachkommt. Sobald ein nicht teilnehmender Mitgliedstaat sowohl den Willen zur Teilnahme bekundet, als auch dem Grundbeschluss sowie den in jenem Rahmen gefassten Beschlüssen nachkommt, gibt es keine Gründe, ihn von der Teilnahme auszuschließen.[641] Durch die ausdrückliche Verpflichtung zur Übernahme des gesamten erreichten Integrationsniveaus werden die bereits zusammenarbeitenden Mitgliedstaaten ihrerseits vor einer Aufweichung des Integrationsniveaus geschützt.

3. Gegenseitige Loyalitätspflicht

Die Vorschriften über die verstärkte Zusammenarbeit enthalten eine Konkretisierung der gegenseitigen Loyalitätspflicht der Mitgliedstaaten aus Art. 10 EGV.[642]

---

639 *Martenczuk,* Die differenzierte Integration nach dem Vertrag von Amsterdam, ZEuS 1998, 447 (467); *Rouchereau,* in: Léger, UE/ CE Commentaire des traités UE et CE, Art. 40 Rn. 15.

640 Art. 11 a EGV, Art. 27 e EUV sowie 40b EUV. Vgl. zum Verfahren der nachträglichen Teilnahme *3. Teil, B. III.*

641 Art. 43 b S. 2 EUV.

642 *Blanke*, in: Grabitz/ Hilf, Recht der EU, Kommentar Bd. I, 20. EL, Art. 43 EUV, Rn. 11; *von Buttlar*, Rechtsprobleme der verstärkten Zusammenarbeit, ZEuS 2001, 649 (669); *Constantinesco*, Les clauses de coopération renforcée, RTDE 1997, 751 (759); *Ehlermann*, Engere Zusammenarbeit nach dem Amsterdamer Vertrag, EuR 1997, 362 (373); *Hatje*, in Schwarze,

Korrespondierend zur in Art. 43 lit. h) EUV enthaltenen Pflicht der verstärkt zusammenarbeitenden Mitgliedstaaten, die Zuständigkeiten, Rechte und Pflichten der nicht an der Zusammenarbeit beteiligten Mitgliedstaaten zu achten, verpflichtet Art. 44 II S. 3 EUV die nicht teilnehmenden Mitgliedstaaten der Durchführung der verstärkten Zusammenarbeit nicht im Wege zu stehen. Hiermit erfolgt eine Übertragung der Loyalitätspflicht auf die Unionsebene und ihre ausdrückliche Erstreckung auf die verstärkte Zusammenarbeit.[643]

Die beiden Vertragsvorschriften schaffen für die nicht teilnehmenden Mitgliedstaaten einen Ausgleich zwischen Schutz (Art. 43 lit. h) EUV) und Verpflichtung (Art. 44 II 3 EUV), indem beiden Seiten eine gewisse Selbstbeschränkung auferlegt wird, die für das gegenseitige Verhältnis und Verständnis förderlich ist.[644]

Über einen Programmsatz hinaus ist der gegenseitigen Loyalitätspflicht wenig inhaltliche Substanz zu entnehmen, ein konkretes Verbot oder Verhaltensgebot, das nicht schon durch andere Kriterien konkretisiert wird, ist hierin gegenwärtig nicht ersichtlich.

4. Pflicht zur Unterstützung nicht teilnahmefähiger Mitgliedstaaten

Im Verlauf der Diskussion über die Einführung der verstärkten Zusammenarbeit wurde von verschiedenen Seiten angeregt, dem Instrument eine Art Aufholmechanismus beizufügen, der Unterstützungsmaßnahmen für integrationsbereite, aber nicht teilnahmefähige Mitgliedstaaten vorsieht, um diese schneller in die Lage zu versetzen, sich der verstärkten Zusammenarbeit anzuschließen.

So forderte das Europäische Parlament im Vorfeld des Amsterdamer Vertrages im Zusammenhang mit der Einführung einer Flexibilisierungsklausel, dass Solidaritätsleistungen für die Länder sicherzustellen seien, die an einer Teilnahme interessiert sind, damit diese die objektiven Kriterien erfüllen können.[645] Die Griechische Regierung verlangte im Verlauf der zum Vertrag von Nizza führenden Regierungskonferenz die Einführung einer „Solidaritätsklausel", die eine Unterstützung für jene Mitgliedstaaten vorsieht, die zwar an der verstärkten Zusammenarbeit teilnehmen möchten, dies aber im gegenwärtigen Zeitpunkt nicht können.[646] Auch der portugiesische Ratsvorsitz schlug vor darüber zu beraten, ob für eine verstärkte Zusammenarbeit ein „Aufholmechanismus" vorgesehen wer-

---

EU-Kommentar, Art. 43 EUV, Rn. 22; *Hofmann*, Wieviel Flexibilität für welches Europa?, EuR 1999, (723); *Martenczuk*, Differenzierte Integration, ZEuS 1998, (462).

643 *Ehlermann*, Engere Zusammenarbeit nach dem Amsterdamer Vertrag, EuR 1997, 362 (373); *Hofmann*, Wieviel Flexibilität für welches Europa?, EuR 1999, 713 (723).

644 *Philippart/ Edwards*, The provisions on closer co-operation in the Treaty of Amsterdam, JCMS 1999, 87 (91).

645 Europäisches Parlament, Protokoll der Sitzung vom 13. März 1997, EG Abl. 1997, C 115/167.

646 CONFER 4719/00 vom 3.3.2000, Memorandum from the Greek Government to the Intergovernmental Conference, S. 8, Rn. 27.

den sollte, der transparente und nicht diskriminierende Zugangsbedingungen für alle Mitgliedstaaten einschließlich der künftigen Mitgliedstaaten vorsieht.[647] Auch im Schrifttum wurde vereinzelt die Forderung nach einem Aufholmechanismus erhoben.[648] Letztlich fand eine solche Regelung keinen Eingang in die Verträge.

Was mit dem in den Forderungen immer wieder auftauchenden Begriff der Unterstützungsmaßnahmen konkret gemeint ist, wird nirgends deutlich erörtert. In Anbetracht der Tatsache, dass Mitgliedstaaten in der Regel aus dem Grund nicht teilnahmefähig sein werden, dass ihr wirtschaftlicher Entwicklungsstand oder ihre gegenwärtige wirtschaftliche Situation dies nicht erlaubt, ist davon auszugehen, dass es sich überwiegend um finanzielle Hilfen handeln dürfte.

Über die Gründe für die Nichtaufnahme eines Aufholmechanismus kann nur spekuliert werden. Die Perspektive neuer Beitritte von wirtschaftlich schwächeren Mitgliedstaaten und eine befürchtete Lähmung des Instruments durch eine Art Finanzausgleich könnte eine Erklärung dafür sein.[649]

Dies ist in Bezug auf die Auswirkungen und Gefahren für die Gemeinschaftsintegration nicht unbedenklich. Der Grundsatz der Solidarität[650] innerhalb eines Staatenzusammenschlusses wird durch Differenzierungen sicher gelockert werden.[651] Es besteht die Gefahr, dass die Differenzierung Mittel zum Ausschluss schwächerer Mitgliedstaaten von Integrationsschritten sein wird, die für diese zwar vorteilhaft wären, deren Teilnahme sich aber für die Mehrheit der Mitgliedstaaten belastend auswirken würde.[652] Der bestehenden Heterogenität wird dadurch nicht gezielt gegengesteuert und eine stärkere Solidarität nicht eingefordert, sondern die Gefahr einer Vertiefung der Unterschiede geschaffen.[653] Vor allem stellt sich die Frage, wenn einige Mitgliedstaaten bereits gegenwärtig aus wirtschaftlichen Gründen nicht in der Lage sind, einen Integrationsschritt mitzutragen, inwiefern dies zukünftig der Fall sein wird. Es ist darüber hinaus sicher dem Gemeinschaftsinteresse abträglich, wenn integrationswillige Mitgliedstaaten an einem Integrationsprojekt nicht beteiligt werden. Für die wirtschaftlich schwäche-

---

647 Vgl. CONFER 4761/00 vom 18. Juli 2000, Vermerk des Vorsitzes zur verstärkten Zusammenarbeit, S. 1, in dem dieser einen „Aufholmechanismus" zur Diskussion stellt.

648 Vgl. *Becker*, Differenzierungen der Rechtseinheit durch abgestufte Integration, EuR Beiheft 1/1998, 29 (55); *Bribosia*, Les coopérations renforcées au lendemain du traité de Nice, RDUE 2001, 111 (142); *Ehlermann*, Engere Zusammenarbeit nach dem Amsterdamer Vertrag, EuR 1997, 362 (379); *Ruffert*, in: Calliess/ Ruffert, EUV/ EGV Kommentar, 2. A., Art.11 a EGV, Rn. 2.

649 *Ehlermann*, Engere Zusammenarbeit nach dem Amsterdamer Vertrag, EuR 1997, 362 (379).

650 Vgl. allgemein zur Solidarität *Volkmann*, Solidarität in einem vereinten Europa, SuS 1998, 17 ff.

651 *Martenczuk*, Differenzierte Integration und die föderale Struktur der EU, EuR 2000, 351 (363).

652 *Martenczuk*, Die differenzierte Integration in der erweiterten Union, in: Scholz, Europa als Union des Rechts, 1999, S. 187 (195).

653 *Becker*, Differenzierungen der Rechtseinheit, EuR Beiheft 1/1998, 29 (55).

ren Mitgliedstaaten könnte die Frage des Aufholens von Entwicklungsrückständen im Zusammenhang mit verstärkter Zusammenarbeit von erheblicher Bedeutung für ihre Zukunft innerhalb Europas sein.

Auch wenn eine Pflicht der verstärkt zusammenarbeitenden Mitgliedstaaten, die nicht teilnahmefähigen Mitgliedstaaten zu unterstützen, keinen Eingang in die Verträge fand, könnte sich eine solche Verpflichtung aus anderen Rechtsprinzipien der EU ergeben. Zu denken wäre dabei etwa an das Prinzip der Solidarität.[654] [655] Wie der EuGH in seiner ständigen Rechtsprechung hervorgehoben hat, stellt die Solidarität unter den Mitgliedstaaten eines der tragenden Prinzipien der Gemeinschaft dar.[656] Aus der in Art. 10 EGV enthaltenen Loyalitätspflicht leitete er u.a. die Pflicht der Mitgliedstaaten zu Solidarität, gegenseitiger loyaler Zusammenarbeit und Rücksichtnahme auf die gegenseitigen Interessen ab.[657] Ein Mitgliedstaat ist demnach dazu verpflichtet, in seinem Handeln Rücksicht auf die Interessen der anderen Mitgliedstaaten zu nehmen. Als Glied der Union ist der Mitgliedstaat im Interesse des Ganzen verpflichtet, seine eigenen Interessen unter Berücksichtigung der gemeinsamen Interessen durchzusetzen.[658]

Neben Art. 10 EGV ist das Prinzip der Solidarität in einer Reihe von weiteren Vorschriften der Verträge zu finden.[659] So besagt bereits die Präambel des EUV in ihrem 5. Erwägungsgrund, dass es gewünscht sei, die Solidarität zwischen den Völkern der Union unter Achtung ihrer Geschichte, ihrer Kultur und ihrer Tradition zu stärken. Zu den in Art. 1 III 2 EUV aufgezählten Aufgaben der Union gehört, die Beziehungen zwischen den Mitgliedstaaten sowie zwischen ihren Völkern kohärent und solidarisch zu gestalten. Diese Aufgabe wird in Art. 2 EGV nochmals ausdrücklich für die Gemeinschaft wiederholt, wonach diese den wirtschaftlichen und sozialen Zusammenhalt und die Solidarität zwischen den Mitgliedstaaten zu fördern hat. Konkretisiert wird dieses Ziel durch das Protokoll

---

654 So angenommen von *Hieronymi*, Solidarität als Rechtsprinzip in der EU, 2003, S. 153; *Ruffert*, in: Calliess/ Ruffert, EUV/ EGV Kommentar, 2. A., Art.11 a EGV, Rn. 2.

655 Vgl. zum Solidaritätsprinzip *Calliess*, Subsidiaritäts- und Solidaritätsprinzip in der EU, 2. A. 1999, S. 185 ff.; *Hieronymi*, Solidarität als Rechtsprinzip der EU, 2003; *Marias*, Solidarity as an Objective of EU and EC, LIEI 2/1994, S. 84 ff.; *Martenczuk*, Differenzierte Integration und die föderale Struktur der EU, EuR 2000, 351 (362 f.); *Tomuschat*, Solidarität in Europa, in: LA Pescatore, 1987, S. 729 ff.; *Volkmann*, Solidarität in einem vereinten Europa, SuS 1998, 17 ff.

656 EuGH, verb. Rs. 6/69 und 11/69 – *Kommission./.Frankreich*, Slg. 1969, S. 523 (Rn. 14/ 17); Rs. 39/72 – *Kommission./.Italien* („*Schlachtprämien*"), Slg. 1973, S. 101 (115); Gutachten 1/76 - *Stilllegungsfonds für die Binnenschifffahrt*, Slg. 1977, S. 741 (759).

657 EuGH, Rs. 39/72 – *Kommission./.Italien* – „*Schlachtprämien*", Slg. 1973, S. 101 (Rn. 25); Rs. 54/81 – *Fromme./.Bundesanstalt für landwirtschaftliche Marktordnung*, Slg. 1982, S. 1449 (Rn. 5); Rs. 230/81 – *Luxemburg./.*Europäisches *Parlament*, Slg. 1983, S. 255 (Rn. 38). Vgl. auch *Blanquet*, L'article 5 du traité C.E.E, 1993, S. 223 ff.;

658 *Calliess*, Subsidiaritäts- und Solidaritätsprinzip in der EU, 2. A. 1999, S. 193.

659 Vgl. zu den rechtlichen Grundlagen des Solidaritätsprinzips in den Verträgen *Hieronymi*, Solidarität als Rechtsprinzip in der EU, S. 27 ff.

über den wirtschaftlichen und sozialen Zusammenhalt, in dem bekräftigt wird, dass die Förderung des selbigen für die umfassende Entwicklung und den dauerhaften Erfolg der Gemeinschaft wesentlich ist.[660] Eine spezielle Ausprägung des Solidaritätsprinzips ist durch die EEA mit den Art. 158-162 EGV über den wirtschaftlichen und sozialen Zusammenhalt in den EGV eingefügt worden,[661] die eine Rechtsgrundlage für die Errichtung und die Steuerung von Fonds als Mittel zur finanziellen Umverteilung vorsehen. Die wichtigsten Mittel zur Verwirklichung des Solidaritätsprinzips in Form einer Art von Finanzausgleich auf europäischer Ebene sind die drei Strukturfonds sowie der Kohäsionsfonds.[662] [663]

Eindeutig lässt sich daher den Normen der Verträge entnehmen, dass der EU die Solidarität als Strukturprinzip zugrunde liegt. Solidarität als solche ist jedoch ein weiter Begriff und drückt sich in verschiedenen Formen aus. Zunächst verpflichtet das Solidaritätsprinzip die Mitgliedstaaten und ihre Völker, nationale Eigeninteressen nicht zu Lasten der Interessen anderer Mitgliedstaaten zu verfolgen.[664] Hinsichtlich der Sachmaterien wird das Solidaritätsprinzip teilweise relativ weit im Sinne einer europäischen Gemeinwohlverpflichtung verstanden, die Bereiche wie Umweltpolitik, Sozialpolitik, Verbraucherschutz oder Gesundheitspolitik mit umfasst.[665] Auf jeden Fall fällt jedoch eine finanzielle Umverteilung, um die es bei den Unterstützungsmaßnahmen und Aufholmechanismen im Wesentlichen gehen würde, unter den Solidaritätsbegriff, egal, ob dieser eng oder weit verstanden wird.[666]

Nachdem nun Formen des Finanzausgleichs grundsätzlich unter den Solidaritätsbegriff fallen, stellt sich die Frage, ob dem Solidaritätsprinzip darüber hinaus die konkrete Pflicht zu entnehmen ist, nicht teilnahmefähigen Mitgliedstaaten finanzielle Hilfen zu gewähren.

Thematisch kommt dem Aufholmechanismus Titel XVII des EGV über den wirtschaftlichen und sozialen Zusammenhalt am nächsten. Dieser sieht mit der Rechtsgrundlage für die Errichtung und Steuerung von Fonds Handlungsformen der Solidarität vor, die eine konkrete finanzielle Umverteilung ermöglichen. Jedoch ist diesem hinsichtlich seiner Rechtswirkung keinesfalls ein Anspruch auf einen bestimmten finanziellen Ausgleich zu entnehmen, der von den Mitgliedstaaten eingefordert werden könnte. Im Gemeinschaftsrecht ist somit eine gewisse

---

660 *Calliess*, in: Calliess/ Ruffert, EUV/ EGV Kommentar, 2. A., Art. 1 EUV, Rn. 47.

661 *Tomuschat*, Solidarität in Europa, in: LA Pescatore, 1987, S. 729 (742 ff.).

662 *Calliess*, Subsidiaritäts- und Solidaritätsprinzip in der EU, 2. A. 1999, S. 192.

663 Vgl. *Samland*, Perspektiven der EU-Finanzverfassung und EU-Strukturpolitik, in: Caesar, Zur Reform der Finanzverfassung und Strukturpolitik der EU, 1997, S. 223 (227ff); *Schäfers*, Die Kohäsionspolitik in der EG, 1993, S. 52 ff.

664 *Stumpf*, in: Schwarze, EU-Kommentar, Art. 1 EUV, Rn. 47.

665 *Calliess*, in: Calliess/ Ruffert, EUV/ EGV Kommentar, 2. A., Art. 1 EUV, Rn. 44 ff.

666 *Calliess*, Subsidiaritäts- und Solidaritätsprinzip, 2. A., S. 187; *Stumpf*, in: Schwarze, EU-Kommentar, Art. 1 EUV, Rn. 47.

Umverteilung angelegt, deren Form und Ausmaß wird jedoch von den Mitgliedstaaten im Rat bestimmt.[667]

Auch Art. 10 EGV entfaltet keine dahingehende Rechtswirkung, dass aus diesem eine Pflicht zu Unterstützungsmaßnahmen abgeleitet werden kann. Die in Art. 10 EGV enthaltene Pflicht zur Solidarität sieht vielmehr einige Kooperations- und Rücksichtnahmepflichten vor, jedoch wenige konkret abzuleitende Rechtsfolgen.[668] Zwar wird vereinzelt Art. 10 EGV eine solche Pflicht zur Unterstützung mit der Begründung entnommen, dass die verstärkte Zusammenarbeit gemäß Art. 43 lit. a) EUV den Zielen der Gemeinschaft diene,[669] so dass nach dieser Ansicht zumindest für eine verstärkte Zusammenarbeit im Bereich des EGV eine Unterstützungspflicht denkbar wäre. Dies erscheint jedoch fraglich: Sicherlich ist einerseits anerkannt, dass Art. 10 EGV unter bestimmten Voraussetzungen grundsätzlich autonome zusätzliche Pflichten der Mitgliedstaaten begründen kann, die im Gemeinschaftsrecht nicht ausdrücklich angelegt sind, und somit Grundlage für selbständige Pflichten sein kann.[670] Ansonsten bedarf Art. 10 EGV aber der Konkretisierung – etwa durch andere hinreichend bestimmte primärrechtliche Vorschriften – um spezifische Pflichten zu erzeugen.[671] Auch Art. 43 lit. a) EUV kann nicht konkretisierend herangezogen werden, da dieser selbst eine Zielbestimmung der verstärkten Zusammenarbeit darstellt.

Die Vertragsziele aus Art. 2 EGV sind nicht als so weitgehend anzusehen, dass sich daraus im Einzelfall eine derartig konkrete Pflicht wie die zur Gewährung von Unterstützungsmaßnahmen ableiten ließe.[672] Vielmehr beinhalten sie allgemeine Grundsätze, welche die Richtung und Grenzen des gemeinschaftlichen Handelns markieren.[673] Die Vertragsziele enthalten demnach weder eine Handlungsermächtigung noch eine konkrete Handlungsverpflichtung.[674] Auch Art. 1 III S.2 EUV kann als allgemeine Aufgabenbeschreibung für die Union[675] keinesfalls eine dahingehende Bindungswirkung entnommen werden.

---

667 *Häde*, Finanzausgleich, 1996, S. 503.

668 *Hatje*, in: Schwarze, EU-Kommentar, Art. 10 EGV, Rn. 54 ff.; *Kahl*, in: Calliess/ Ruffert, EUV/ EGV Kommentar, 2. A., Art. 10 EGV, Rn. 53.

669 *Ruffert*, in: Calliess/ Ruffert, EUV/ EGV Kommentar, 2. A., Art.11 a EGV, Rn. 2.

670 *Kahl*, in: Calliess/ Ruffert, EUV/ EGV Kommentar, 2. A., Art. 10 EGV, Rn. 15.

671 EuGH, Rs. 78/70 – *Deutsche Grammophon*, Slg. 1971, S. 487 (Rn. 5); *Nicolaysen*, Europarecht I, 2. A., S. 153.
Kahl, in: Calliess/ Ruffert, EUV/ EGV Kommentar, 2. A., Art. 10 EGV, Rn. 15.

672 Vgl. zur Rechtswirkung der Vertragsziele u.a. *Müller-Graff*, in: Dauses, Handbuch des Wirtschafsrechts, Bd. 1, A.I. Rn. 176 ff.

673 *Geiger*, EUV/ EGV Kommentar, 3. A. Art. 2 EGV, Rn. 11.

674 *von Bogdandy*, in: Grabitz/ Hilf, Das Recht der EU, Kommentar Bd. I, 20. EL., Art. 2 EGV, Rn. 18; *Geiger*, EUV/ EGV Kommentar, 3. A. Art. 2 EGV, Rn. 11; *Müller-Graff*, in: Dauses, Handbuch des Wirtschafsrechts, Bd. 1, A.I. Rn. 177, 180;.

675 Vgl. *Stumpf*, in: Schwarze, EU-Kommentar, Art. 1 EUV, Rn. 43.

Auch wenn politisch Solidarität in Form von Umverteilung aus verschiedenen Gründen wünschenswert erscheinen mag und eine allgemeine Unterstützungspflicht den Verträgen inhärent ist, ist sie juristisch hinsichtlich einer konkreten Ausgestaltung nicht durchsetzbar. Vielmehr verfügen die Mitgliedstaaten bei der Ausgestaltung der Unterstützungspflicht über ein Ermessen. Letztlich war es eine politische Entscheidung, einen Aufholmechanismus nicht einzuführen.
Es ist außerdem zu bedenken, dass die Annahme einer Pflicht zu Unterstützungsmaßnahmen ein Motiv für die Einführung der verstärkten Zusammenarbeit erheblich relativieren würde: Die verstärkte Zusammenarbeit stellt zwar bei ihrer Begründung nicht auf bestimmte Unterschiede zwischen den Mitgliedstaaten ab. Jedoch war mit ihr nicht nur beabsichtigt, den Forstschritt der Integration gegenüber integrationsskeptischen Mitgliedstaaten zu vereinfachen, sondern auch hinsichtlich solcher Mitgliedstaaten, die zu vertiefenden Schritten gegenwärtig nicht in der Lage sind. Andernfalls könnte nicht teilnahmefähigen Mitgliedstaaten gleich zu Beginn eines Integrationsschrittes mit finanziellen Mitteln und längeren Übergangsfristen zur Teilnahme verholfen werden, ohne das es des Instruments der verstärkten Zusammenarbeit bedürfte. Auch dürfte die Aussicht auf eine EU mit einer deutlich größeren wirtschaftlichen Heterogenität, die sich um mehrere wirtschaftlich schwächere Mitgliedstaaten erweitert, zudem einen Finanzausgleich in größerem Umfang erschweren. Verstärkte Zusammenarbeit erscheint daher geradezu die Verkörperung des Spagats zwischen Erweiterung um eine Vielzahl von wirtschaftlich schwächeren Ländern auf der einen Seite und eine Aufrechterhaltung der Vertiefungsfähigkeit auf der anderen Seite zu sein. Letztlich erfolgte mit der gefundenen Lösung ein Kompromiss zwischen Fortschritt in der Integration und Wahrung der Kohärenz und Solidarität.

Allerdings verfügt die Kommission zumindest im Rahmen der gemeinschaftsrechtlichen Zusammenarbeit – die den Kern der Integration darstellt – und der Zusammenarbeit in der PJZS durch ihr Vorschlagsrecht über ausreichenden Einfluss, um korrigierend eingreifen zu können, wenn bei Gründung und Durchführung der Zusammenarbeit die Gefahr eines Missverhältnisses zwischen dem geplanten Integrationsfortschritt und den Nachteilen der nicht teilnehmenden Mitgliedstaaten auftreten sollte.[676] Im Ergebnis stellen die starke Rolle der Kommission, die einzig dem Gemeinschaftsinteresse und damit zu einem Ausgleich zwischen allen Mitgliedstaaten verpflichtet ist, sowie die engen Voraussetzungen, unter denen eine verstärkte Zusammenarbeit begründet werden kann, und das Prinzip der jederzeitigen Offenheit einen ausreichenden Schutz der Belange nicht teilnahmefähiger Mitgliedstaaten dar.

---

676 Vgl. *Becker*, Differenzierungen der Rechtseinheit durch abgestufte Integration, EuR Beiheft 1/1998, 29 (55); *Ehlermann*, Engere Zusammenarbeit, EuR 1997, 362 (379).

B. Rechtsnatur der verstärkten Zusammenarbeit

Mit der verstärkten Zusammenarbeit wurden im Recht der Europäischen Union drei neue rechtserhebliche Handlungsformen geschaffen, die dieses bisher nicht kannte: Hierzu zählt zunächst die *Ermächtigung* zu einer verstärkten Zusammenarbeit durch alle Mitgliedstaaten der EU (I.), die es wiederum den verstärkt zusammenarbeitenden Mitgliedstaaten gestattet, innerhalb des gesetzten Rahmens mit der *Durchführungsmaßnahme* eine weitere neue Handlungsform zu erlassen (II.). Zudem ist die Frage der rechtlichen Einordnung der *in der verstärkten Zusammenarbeit verbunden Mitgliedstaaten* zu erörtern (III.).

I. Die Ermächtigung

Die Ermächtigung zu einer verstärkten Zusammenarbeit stellt eine Art „Gründungsakt" der verstärkten Zusammenarbeit dar, die es einem Teil der Mitgliedstaaten gestattet, innerhalb der in der Ermächtigung umschriebenen Materie tätig zu werden.

Was ihre Rechtswirkung anbelangt, so erfüllt die Ermächtigung zwei Funktionen: Einerseits überträgt sie einer Gruppe von Mitgliedstaaten die Befugnis, die Organe, Verfahren und Mechanismen der Union in Anspruch zu nehmen.[677] Damit liegt ein Rechtsverhältnis zwischen der Gemeinschaft und den an der verstärkten Zusammenarbeit teilnehmenden Mitgliedstaaten vor, das zumindest funktionell an eine Organleihe erinnert.[678] Andererseits ist in der Ermächtigung der Gegenstand der verstärkten Zusammenarbeit festgelegt und deren Umfang und Grenzen bestimmt.

Die materiellen Voraussetzungen, die an eine Ermächtigung gestellt werden, sind mit Art. 43 EUV im Unionsvertrag allgemein geregelt. Das Ermächtigungsverfahren hingegen ist für jede der drei Säulen in Art. 11 I und II EGV, Art. 40 a EUV sowie in Art. 27 c EUV gesondert geregelt.

Die Funktion und der Ausnahmecharakter der Ermächtigung erfordern eine hinreichende inhaltliche Bestimmtheit, so dass erkennbar ist, welche Maßnahmen im Rahmen der Zusammenarbeit zulässig sind. Die Änderung der Ermächtigung unterliegt denselben Bedingungen wie ihre erstmalige Erteilung.[679]

Sowohl der Begriff als auch der Charakter der Maßnahme stellen eine Neuheit im Recht der Europäischen Union dar. Eine hinsichtlich der Rechtswirkung mit der Ermächtigung vergleichbare Rechtshandlung existierte bisher nicht.

Das Europarecht kennt aber neben der nicht abschließenden Aufzählung der Rechtsakte in Art. 249 EGV eine umfangreiche, rechtsdogmatisch noch wenig erschlossene Anzahl von Rechtshandlungen. All diesen Rechtshandlungen ist im Wesentlichen gemein, dass die Gemeinschaft oder ihr nahe Stellen mit ihnen

---

[677] Art. 43 S. 1 EUV.
[678] *Hatje*, in: Schwarze, EU-Kommentar, Art. 43 EUV, Rn. 26.
[679] *Hatje*, in: Schwarze, EU-Kommentar, Art. 43 EUV, Rn. 26.

gewisse Rechtswirkungen oder zumindest politische Effekte erzielen möchte und dass sie häufig das Instrumentarium darstellen, mit dem die EU/ EG ihr „Binnenrecht“[680] regelt.[681] Bezüglich der erlassenden Instanz, dem Grad und der Art der Wirkung und auch hinsichtlich der Adressaten sind diese Rechtsakte jedoch recht unterschiedlich und daher nur begrenzt einer Systematisierung zugänglich.[682] Überwiegend werden jene Rechtsakte, die nicht dem Katalog der Rechtshandlungen aus Art. 249 EGV zuzuordnen sind, als Rechtsakte „sui generis“ zusammengefasst.[683] Als gemeinschaftsinterner Rechtsakt „sui generis“ ist daher auch die Ermächtigung zur verstärkten Zusammenarbeit einzuordnen.[684]

II. Die Durchführungsmaßnahme

1. Rechtsnatur der Durchführungsmaßnahme

Mit der Durchführung erfolgt die eigentliche verstärkte Zusammenarbeit. Mit ihr wird das Integrationsprojekt, zu dessen Zweck zur verstärkten Zusammenarbeit ermächtigt wurde, in Form einer Maßnahme umgesetzt. Im Folgenden gilt es, die Rechtswirkung und Rechtsnatur dieser Umsetzungsakte zu analysieren. Dabei ist zwischen der Durchführung im Bereich des EGV und der intergouvernementalen Säulen zu unterscheiden.

a) Im Bereich des EGV

Mit der Ermächtigung sind die an der verstärkten Zusammenarbeit teilnehmenden Mitgliedstaaten berechtigt, sich der vertraglich vorgesehenen Handlungsformen zu bedienen. Für den Bereich des EGV bedeutet dies, dass sie sich der Handlungsformen aus Art. 249 EGV bedienen können und damit befugt sind, Verordnungen, Richtlinien und Entscheidungen zu erlassen sowie Empfehlungen und Stellungnahmen abzugeben.[685] Hierbei handelt es sich um dieselbe Lösung, die auch für das sog. „Sozialprotokoll“ des Vertrags von Maastricht gewählt wurde.[686] Diese Maßnahmen werden durch den Rat in der gemäß der verstärkten Zusammenarbeit modifizierten Besetzung angenommen und binden gemäß Art. 44 II Satz 2 EUV

---

680 Z.B. Organisationshandlungen, Inter-Organ-Beziehungen, Verfahrensregeln, sonstige innerdienstliche Handlungen u.ä.

681 *Oppermann*, Europarecht, 2. A. 1999, Rn. 577 f.

682 Vgl. hierzu und zu einem Versuch der Einteilung und Kategorisierung *Everling*, Zur rechtlichen Wirkung von Beschlüssen, Entschließungen, Erklärungen und Vereinbarungen des Rates oder Mitgliedstaaten der EG, GS-Constantinesco, 1983, S. 133 (141); *Oppermann*, Europarecht, 2. A. 1999, Rn. 577.

683 *Oppermann*, Europarecht, 2. A, 1999, Rn. 577; *Ruffert*, in: Calliess/ Ruffert, EUV/ EGV Kommentar, 2. A., 2002, Art. 249 EGV, Rn. 121.

684 *Hatje*, in: Schwarze, EU-Kommentar, Art. 43 EUV, Rn. 26; Art. 11, Rn. 17.

685 *Constantinesco*, Les clauses de coopération renforcée, RTD 1997, 751 (757).

686 *Constantinesco*, Les clauses de coopération renforcée, RTDE 1997, 757.

nur die Mitgliedstaaten, die sich an der verstärkten Zusammenarbeit beteiligt haben.

Damit steht dem Rat die gesamte Bandbreite der Handlungsformen des gemeinschaftlichen Sekundärrechts zur Verfügung. Die Rechtsnatur muss jedoch in Hinblick auf die fehlende Bindungswirkung gegenüber den nicht teilnehmenden Mitgliedstaaten, dem daraus resultierenden begrenzten räumlichen Geltungsbereich und deren Nichtbeteiligung an der Beschlussfassung eine andere sein.

Keine besonderen Probleme wirft dies für Richtlinien und Entscheidungen auf: Die Richtlinie ist für jeden Mitgliedstaat, an den sie gerichtet ist, hinsichtlich des zu erreichenden Ziels verbindlich.[687] Die Entscheidung ist für diejenigen verbindlich, die sie bezeichnet. Damit liegt diesen beiden Handlungsformen bereits in der Natur, dass sie einen begrenzten räumlichen Geltungsbereich, d.h. nicht auf alle Mitgliedstaaten bezogen, haben.[688]

Anders verhält es sich mit der Verordnung. Deren Rechtsstatus verleiht ihr gemäß Art. 249 UA 2 EGV allgemeine und unmittelbare Geltung in jedem Mitgliedstaat.[689] Dies gilt jedoch nicht für die im Rahmen einer verstärkten Zusammenarbeit ergangene Verordnungen, da diese gemäß Art. 44 II Satz 2 EUV nur in den beteiligten Mitgliedstaaten gelten und nur in diesen unmittelbare Wirkung haben. Dieser Grundsatz wird von Art. 44 II Satz 2 EUV dahingehend eingeschränkt, dass Rechtsakte der verstärkten Zusammenarbeit nur die Mitgliedstaaten binden, die sich daran beteiligen, und nur in diesen unmittelbare Geltung haben.

Somit enthalten die Bestimmungen über die verstärkte Zusammenarbeit insofern eine implizite Einschränkung bzw. Modifikation des Art. 249 EGV.[690]

Das gleiche Problem stellte sich auch bei verschiedenen der im Rahmen der Wirtschafts- und Währungsunion erlassenen Verordnungen, die eine zusätzliche Formulierung enthielten, dass deren Anwendbarkeit für das Vereinigte Königreich, Dänemark sowie alle übrigen Mitgliedstaaten mit Ausnahmeregelung ausgeschlossen wird.[691] [692]

Die teilnehmenden Mitgliedstaaten haben gemäß Art. 44 II Satz 1 EUV, soweit sie betroffen sind und sie an der Zusammenarbeit beteiligt sind, die Rechtsakte und Beschlüsse anzuwenden, die für die Durchführung der verstärkten Zu-

---

687 *Martenczuk*, Differenzierte Integration, ZEuS 1998, 447 (467).

688 Vgl. *Hatje*, in: Schwarze, EU-Kommentar, Art. 11 EGV, Rn. 23.

689 Vgl. *Hatje*, in: Schwarze, EU-Kommentar, Art. 11 EGV, Rn. 23.

690 *Constantinesco*, Les clauses de coopération renforcée, RTDE 1997, 757.

691 *Martenczuk*, Differenzierte Integration, ZEuS 1998, 447 (467).

692 Diese Verordnungen erhalten folgenden Schlussformel: „Gemäß dem Vertrag ist diese Verordnung in allen ihren Teilen verbindlich und gilt unmittelbar in jedem Mitgliedstaat, jedoch vorbehaltlich der Protokolle Nr. 11 und Nr. 12 sowie des Artikels 109 k I des Vertrages.“ Vgl. Verordnung (EG) Nr. 974/98 des Rats vom 3.5.1998 über die Einführung des Euro, ABl. EG Nr. L 139/ 1; Verordnung über die Stückelung und technischen Merkmale der für den Umlauf bestimmten Euro-Münzen, Abl. EG Nr. L 139/ 6.

sammenarbeit angenommen wurden. Damit wird die sich aus Art. 249 EGV ergebende Rechtsfolge unterstrichen.

Zwar ist anfangs das „ob“ der Teilnahme an einer verstärkten Zusammenarbeit den Mitgliedstaaten freigestellt. Nach dem Entschluss zur Teilnahme an der verstärkten Zusammenarbeit gibt es kein partielles „opting out“ oder sonstige Möglichkeiten, sich der Zusammenarbeit zu entziehen.[693] Sie sind zur Anwendung des im Rahmen der Durchführung erlassenen Rechts rechtlich verpflichtet.

Ganz überwiegend wird auch in der Literatur, meist ohne genauer auf die Frage einzugehen, angenommen, das in der Durchführung der verstärkten Zusammenarbeit gesetzte Recht sei sekundäres Gemeinschaftsrecht, wenn es im Bereich des EGV erlassen werde, da das Gemeinschaftsrecht selbst den Rahmen für die verstärkte Zusammenarbeit festlege und somit inzident die Frage der Rechtsnatur beantworte.[694]

Neu durch den Vertrag von Nizza ist jedoch, dass das in der verstärkten Zusammenarbeit geschaffene Recht gemäß Art. 44 I UA 2 EUV nicht Teil des Besitzstandes der Union ist. Inwiefern dies zu einer anderen Sichtweise führt ist fraglich. Einerseits ist die Tatsache, dass das Gemeinschaftsrecht den Besitzstand der Gemeinschaft ausmacht, unbestreitbar. Andererseits stellt sich die Frage, wie mit dem Recht der verstärkten Zusammenarbeit sekundäres Gemeinschaftsrecht vorliegen soll, wenn dieses nicht zum Besitzstand der Gemeinschaft gehört. Beides ließe sich eigentlich nicht miteinander vereinbaren.

Tatsächlich ist diese Klausel jedoch dahingehend zu interpretieren, dass damit eine Aussage über die Rangordnung des Rechts gemacht wurde. Das Recht der verstärkten Zusammenarbeit ist nachrangig gegenüber dem sonstigen Gemeinschaftsrecht zu berücksichtigen und stellt somit nach dem Primär- und Sekundärrecht eine dritte Abstufung dar. Der wichtigste Grund für die Einfügung dieser Klausel dürfte aber wohl sein, keine neue Hürde für die Beitrittskandidaten aufzubauen, die mit ihrem Beitritt den gesamten Besitzstand umsetzen müssen.

Betrachtet man schließlich die Unterschiede zwischen dem gewöhnlichen Sekundärrecht und dem Recht der verstärkten Zusammenarbeit, so kristallisieren sich folgende drei Unterschiede heraus: Diese bestehen darin, dass dieses Recht erstens nicht von allen Ratsmitgliedern erlassen wird, zweitens einen begrenzten geographischen Anwendungsbereich hat und drittens nicht zum Besitzstand der Union gehört. Dadurch verändert sich nicht allein die Qualität des Rechts. Alle anderen Merkmale – vor allem und ausdrücklich die Handlungsformen, aber auch

---

693 *Hatje*, in: Schwarze, EU-Kommentar, Art. 11 EGV, Rn. 27.

694 Vgl. u.a. *Becker*, Differenzierungen der Rechtseinheit durch abgestufte Integration, EuR Beiheft 1 1998, (53), *Constantinesco*, Les clauses de coopération renforcée, RTD 1997, 751 (757); *Gaja*, How Flexible is Flexibility under the Amsterdam Treaty?, CMLRev 1998, (866); *Martenczuk*, Differenzierte Integration, ZEuS 1998, 447 (467); *Ruffert*, in: Calliess/ Ruffert, EUV/ EGV Kommentar, 2. A., Art. 43 EUV, Rn. 22; *Hatje*, in: Schwarze, EU-Kommentar, Art. 11 EGV, Rn. 22.

dessen Justitiabilität[695] – entsprechen dem gewöhnlichen Sekundärrecht. Daher scheint es angemessen, eine Bezeichnung wie „sekundäres Sonderrecht"[696], „partikulares Sekundärrecht" oder „sekundäres Gemeinschaftsrecht mit eingeschränktem räumlichen Geltungsumfang" zu wählen.[697]

b) Im Bereich der GASP und PJZS

Hier gilt das gleiche Prinzip wie für das im Bereich des EGV erlassene Recht: Das im Rahmen der verstärkten Zusammenarbeit erlassene Recht teilt den Charakter der Maßnahmen, die in der EU der 25 erlassen werden.[698]

Für die GASP und PJZS ist die Frage der Rechtsnatur unproblematisch: Die in deren Rahmen beschlossenen Maßnahmen sind Rechtshandlungen der Gesamtheit der EU-Mitgliedstaaten.[699] Werden die Rechtshandlungen unter gewöhnlichen Umständen den 25 Mitgliedstaaten als Rechtsträgern zugerechnet und gelten dementsprechend als Völkerrecht – im Gegensatz zur Gemeinschaftsrechtsordnung, die eine Rechtsgemeinschaft eigener Art darstellt[700] – , so handelt es sich auch im Rahmen der verstärkten Zusammenarbeit um Völkerrecht der mindestens acht teilnehmenden Mitgliedstaaten.

2. Die Durchführungsmaßnahme in der Normenhierarchie

Die Durchführungsmaßnahmen einer verstärkten Zusammenarbeit nehmen in der bestehenden Rangordnung des Rechts der EU eine gesonderte Stellung ein. In diesem Zusammenhang ist das Verhältnis des partikularen Sonderrechts zum sonstigen Recht, mit dem es Berührungspunkte hat, zu untersuchen: Primäres und sekundäres Gemeinschaftsrecht, Unionsrecht und das nationale Recht der an der verstärkten Zusammenarbeit teilnehmenden Mitgliedstaaten.

a) Gemeinschaftsrecht

aa) Primäres Gemeinschaftsrecht

Für die Frage des Verhältnisses von partikularem Sekundärrecht zum Primärrecht gilt zunächst der Grundsatz des Art. 44 EUV, wonach die verstärkte Zusammenarbeit den einschlägigen Bestimmungen der Verträge unterliegt, sofern nichts anderes vorgesehen ist. Aufgrund des Fehlens anders lautender Vorschriften

---

695 Vgl. zur Justitiabilität *3. Teil, D. III.*

696 So etwa *Hatje*, in: Schwarze, EU-Kommentar, Art. 11 EGV, Rn. 23.

697 Zu einem anderen Schluss kommt man, wenn man der Ansicht *Bribosias* zur Rechtspersönlichkeit der verstärkten Zusammenarbeit folgt, vgl. B. III. sowie *Bribosia*, RDUE 2001, 111 (151 ff.).

698 *Becker*, Differenzierungen der Rechtseinheit, EuR-Beiheft 1/98, 29 (53).

699 *Schweitzer/ Hummer*, Europarecht, 5. A., Rn. 951.

700 EuGH, Rs. 6/64 – *Costa./ENEL*, Slg. 1964, S. 1141 (1270); Rs. 11/70 – *Internationale Handelsgesellschaft*, Slg. 1970, 1125 (Rn. 3).

gelten die allgemeinen Bestimmungen der Verträge, so dass die primärrechtlichen Vorschriften Vorrang gegenüber den aus diesen abgeleiteten sekundärrechtlichen Vorschriften haben, zu denen auch das partikulare Sekundärrecht gehört.

bb) Sekundäres Gemeinschaftsrecht

Schwieriger als für das Primärrecht ist die Frage der Kollisionsregelung zwischen partikularem Sekundärrecht und „gemeinem" Sekundärrecht zu beantworten. Eine Kollisionsregelung ist in den Verträgen nicht vorgesehen. Jedoch ist denkbar, dass der Rat eine Maßnahme auf der Grundlage derselben Zuständigkeitsnorm erlässt wie eine Regelung in der verstärkten Zusammenarbeit, wobei die Regelung des partikularen Sekundärrechts der des „allgemeinen" Sekundärrecht widerspricht.

Problematisch für die Frage der Rangordnung ist insbesondere, dass das im Rahmen der verstärkten Zusammenarbeit gesetzte Recht grundsätzlich die Rechtsnatur der gemeinschaftlichen Maßnahme teilt.[701] Schließlich finden auf diese Maßnahme gemäß dem Grundsatz der allgemeinen Geltung aus Art. 44 EUV dieselben Rechtsgrundlagen, Handlungsformen und Verfahren des Gemeinschaftsrechts Anwendung, die für jede sonstige gemeinschaftliche Maßnahme gelten.

Die gängigen Kollisionsregeln lex posterior und lex specialis sind im vorliegenden Fall jedoch nicht anwendbar, weil es sich um Normen verschiedener Normgeber handelt.[702] Zwar wird die Maßnahme in beiden Fällen durch den Rat erlassen, jedoch ist der Rat der verstärkten Zusammenarbeit aufgrund seiner unterschiedlichen Zusammensetzung nicht identisch mit dem Rat im regulären gemeinschaftsrechtlichen Rechtsetzungsverfahren. Der Rat in der verstärkten Zusammenarbeit kann zudem nicht das vom Rat der 25 erlassene Recht verändern oder gar aufheben,[703] weil ihm in Bezug auf die nicht teilnehmenden Mitgliedstaaten die Legitimation fehlt. Die Mitgliedstaaten können folglich das Sekundärrecht nur in der Zusammensetzung abändern, in der sie es erlassen haben. Das bedeutet für das gemeine Sekundärrecht, dass dieses durch den Rat der 25 geändert werden kann. Das partikulare Sekundärrecht kann dementsprechend durch dieselben Mitgliedstaaten, die es erlassen haben, sowie zuzüglich der nachträglich beigetretenen Mitgliedstaaten geändert werden.

Die Lösung des Kollisionsproblems ist daher aus der Funktion und der Natur der verstärkten Zusammenarbeit heraus und ihrem Verhältnis zur einheitlichen und gleichzeitigen Integration zu entwickeln.[704] Diese soll einerseits jene Fortschritte in der Integration ermöglichen, die im Kreise aller Mitgliedstaaten nicht

---

701 Vgl. hierzu *4. Teil, B. II.*

702 *Becker*, Differenzierungen der Rechtseinheit durch abgestufte Integration, EuR-Beiheft 1/1998, 29 (53); *Hatje*, in: Schwarze, EU-Kommentar, Art. 11 EGV, Rn. 24.

703 *Becker*, Differenzierungen der Rechtseinheit durch abgestufte Integration, EuR-Beiheft 1/1998, 29 (53); *Hatje*, in: Schwarze, EU-Kommentar, Art. 11 EGV, Rn. 24.

704 *Hatje*, in: Schwarze, EU-Kommentar, Art. 11 EGV, Rn. 24.

zu erreichen wären. Andererseits zeigt die Offenheit der verstärkten Zusammenarbeit in der Form der Möglichkeit eines jederzeitigen Aufschließens der nicht teilnehmenden Mitgliedstaaten, dass ihr Endziel ein gemeinsames Vorgehen bleibt.[705] Die verstärkte Zusammenarbeit ist insoweit ein Zwischenstadium auf dem Weg zur Einheit in der EU, eine dauerhafte Absonderung ist nicht gewollt. Daher ist dem Recht der verstärkten Zusammenarbeit, d.h. dem partikularen Sekundärrecht, ein niedrigerer Rang zuzuschreiben. Diese Nachrangigkeit der verstärkten Zusammenarbeit gegenüber der Integration aller Mitgliedstaaten spiegelt sich auch in den Voraussetzungen des Art. 43 EUV wider, insbesondere im Kriterium des letzten Mittels.[706]

Das gemeine Sekundärrecht hat daher immer Vorrang vor dem partikularen.[707] Die an der verstärkten Zusammenarbeit teilnehmenden Mitgliedstaaten haben in einem Kollisionsfall zwischen partikularem Sekundärrecht und Sekundärrecht das gemeine Sekundärrecht anzuwenden, gleich einem Kollisionsfall etwa von Primär- und Sekundärrecht oder sekundärem und nationalem Recht.

b) Unionsrecht

Etwas anderes muss für das im Rahmen einer verstärkten Zusammenarbeit in der GASP und PJZS geschaffene Recht gelten, denn im Gegensatz zur EG kommt der EU nach überwiegender Ansicht weder eine völkerrechtliche noch eine privatrechtliche Rechtsfähigkeit zu.[708] Diese kann auch nicht als implizit verliehen angesehen werden, da die EU über keine eigenen Kompetenzen verfügt.[709] Deren Rechtshandlungen sind folglich den Mitgliedstaaten selbst und nicht der EU als Rechtsträger zuzurechnen, weshalb aufgrund der unverkennbar intergouvernementalen Struktur von Akten der Gesamtheit der Mitgliedstaaten gesprochen wird.[710] Dies gilt allerdings nur in einem modifizierten Sinn, da GASP und PJZS als Formen des Zusammenwirkens im Unterschied zum sonstigen intergouvernementalen Zusammenwirken besonders institutionalisiert sind und sich nicht nur des Europäischen Rates als eines besonderen „Organs“, sondern auch der Institutionen der Europäischen Gemeinschaften bedienen.[711] Zudem benennt der Unionsvertrag konkrete Handlungsformen für GASP und PJZS.

---

705 *Hatje*, in: Schwarze, EU-Kommentar, Art. 11 EGV, Rn. 24.

706 *Hatje*, in: Schwarze, EU-Kommentar, Art. 11 EGV, Rn. 24.

707 *Becker*, Differenzierungen der Rechtseinheit, EuR Beiheft 1/1998, 29 (53).

708 *Annacker*, Der fehlerhafte Rechtsakt im Gemeinschafts- und Unionsrecht, 1998, S. 198 ff; *Pechstein/ Koenig*, Rechtspersönlichkeit für die EU, EuZW 1997, 225; *Schweitzer/ Hummer*, Europarecht, 5. A. Rn. 950 f.

709 *Annacker*, Der fehlerhafte Rechtsakt im Gemeinschafts- und Unionsrecht, 1998, S. 200.

710 *Pechstein/ Koenig*, Die Europäische Union, 3. A., Rn. 207 f.; *Schweitzer/ Hummer*, Europarecht, 5. A., Rn. 951, *Streinz*, Europarecht, 5. A, Rn. 422.

711 *Bergmann*, Recht und Politik der EU, Rn. 201; *Streinz*, Europarecht, 5. A, Rn. 422.

Dieser Unterschied wirkt sich auch auf die Rangordnung des EU-Rechts aus. Ähnlich wie es das Gemeinschaftsrecht kennt, kann auch für das Unionsrecht eine Unterscheidung in primäres und sekundäres Recht angenommen werden, die dessen Normenhierarchie und ihre Folgen bestimmt.[712] Das primäre Unionsrecht, d.h. der Unionsvertrag und die sich darauf beziehenden allgemeinen Rechtsgrundsätze, hat gegenüber dem sekundären, aufgrund der primärrechtlichen Verfahren durch die Organe geschaffenen Unionsrecht Geltungsvorrang.[713] Primärrechtswidrige intergouvernementale Rechtsakte der GASP und PJZS sind im Verhältnis zwischen den Mitgliedstaaten der Union demnach nicht nur unanwendbar, sondern zudem auch unwirksam.[714]

Der Geltungsvorrang des primären Unionsrechts vor dem sekundären wird zumindest für die Rechtsakte der PJZS von Art. 35 EUV bestätigt.[715] Eine solche Bestätigung ist für die GASP in den Verträgen nicht zu finden. Jedoch spricht die Vergleichbarkeit der Entstehung des intergouvernementalen sekundären Unionsrechts in der GASP und PJZS für eine einheitliche Einordnung der Vorrangverhältnisse für beide Bereiche, insbesondere was deren Stellung in den Verträgen, die Organzuständigkeiten und die vorgesehenen Verfahren anbelangt.[716] Es bedarf allerdings in Anbetracht des völkerrechtlichen Charakters und des lex-posterior-Grundsatzes einer weiteren Begründung, weshalb Unionsprimärrecht Anwendungsvorrang vor sekundärem Unionsrecht genießt. Schließlich ergibt sich dadurch eine Einschränkung der Gestaltungsfähigkeit der Mitgliedstaaten bei ihrem Handeln im Rahmen des Unionsrates. Dies wird allerdings mit dem völkervertragsrechtlich vereinbarten „Korsetteffekt" des Unionsvertrages begründet, denn mit diesem haben sich die Mitgliedstaaten der Union einen rechtlichen Rahmen auferlegt, zu dessen Einhaltung sie sich vertraglich verpflichtet haben.[717] Ein Ausbrechen aus diesem primärrechtlichen Vertragskorsett mittels eines sekundärrechtlichen Aktes hätte dessen Nichtigkeit zur Folge.[718]

Im Ergebnis ist die Rangordnung des Unionsrecht mit der des Gemeinschaftsrechts, abgesehen von deren unterschiedlichen Herleitung und Begründung sowie der anderen Rechtsnatur, identisch. Für das Verhältnis des im Rahmen der verstärkten Zusammenarbeit geschaffenen intergouvernementalen partikularen sekundären Unionsrechts zum gewöhnlichen sekundären Unionsrecht gilt daher das gleiche, wie für das Verhältnis des sekundären Gemeinschaftsrechts zum partikularen Sekundärrecht. Aus der Entstehungsgeschichte und den mit der verstärkten

---

712 *Pechstein/ Koenig*, Die Europäische Union, 3. A., Rn. 201.
713 *Pechstein/ Koenig*, Die Europäische Union, 3. A., Rn. 201.
714 *Pechstein/ Koenig*, Die Europäische Union, 3. A., Rn. 201.
715 *Annacker*, Der fehlerhafte Rechtsakt im Gemeinschafts- und Unionsrecht, 1998, S. 203; *Pechstein/ Koenig*, Die Europäische Union, 3. A., Rn. 201.
716 *Pechstein/ Koenig*, Die Europäische Union, 3. A., Rn. 201.
717 *Pechstein/ Koenig*, Die Europäische Union, 3. A., Rn. 202.
718 *Pechstein/ Koenig*, Die Europäische Union, 3. A., Rn. 202.

Zusammenarbeit verfolgten Zielen ist auch die Nachrangigkeit des Rechts der verstärkten Zusammenarbeit und des gemeinen sekundären Unionsrechts anzunehmen.

c) Nationales Recht der teilnehmenden Mitgliedstaaten

Die teilnehmenden Mitgliedstaaten sind gemäß Art. 44 II EUV verpflichtet, das im Rahmen der verstärkten Zusammenarbeit erlassene Recht anzuwenden. Gemäß Art. 44 I EUV gelten hierbei die allgemeinen Grundsätze der Verträge.

Was das partikulare Sekundärgemeinschaftsrecht anbelangt, so gilt damit der allgemeine Grundsatz des Vorrangs des Gemeinschaftsrechts vor nationalem Recht. Sinn und Zweck des Vorrangs des Gemeinschaftsrechts ist die Sicherung von dessen einheitlicher Wirksamkeit in allen Mitgliedstaaten.[719] Schließlich kann auch die verstärkte Zusammenarbeit ihre Ziele nur erreichen, wenn das in ihrem Rahmen beschlossene Recht einheitlich in allen an ihr beteiligten Mitgliedstaaten gilt.[720] Zudem bedient sich die verstärkte Zusammenarbeit im Bereich des EGV mit Art. 249 EGV der gewöhnlichen Handlungsformen des Gemeinschaftsrechts, so dass in der Konsequenz auch deren Rechtsfolgen und Wirkungen zur Anwendung kommen müssen.

Im Gegensatz zum Gemeinschaftsrecht können die Maßnahmen des partikularen sekundären Unionsrechts gleich dem gemeinen Sekundärunionsrecht keine unmittelbare Wirkung entfalten. Sie verpflichten lediglich die an der verstärkten Zusammenarbeit teilnehmenden Mitgliedstaaten, die Maßnahme anzuwenden und eventuell entsprechende innerstaatliche Umsetzungsmaßnahmen zu treffen. Hinsichtlich der Normenhierarchie kann schließlich auf das für sonstige zwischenstaatliche Vereinbarungen geltende verwiesen werden.

III. Der Zusammenschluss der verstärkt zusammenarbeitenden Mitgliedstaaten

Die Einbettung der verstärkten Zusammenarbeit in ein quasi-konstitutionelles System, das deren innere Funktion ordnet und sowohl das Ermächtigungsverfahren, die spätere Teilnahme der anderen Mitgliedstaaten als auch die institutionellen Anpassungen hinsichtlich der Entscheidung im Rat regelt, wirft die Frage nach der Rechtsnatur dieses Zusammenschlusses einiger Mitgliedstaaten auf. Schließlich ist dieser Zusammenschluss ermächtigt, etwa im Bereich der konkurrierenden Gesetzgebung des EGV Regelungen zu erlassen, die für die daran teilnehmenden Mitgliedstaaten bindend sind.

Die Erörterung dieser Frage fand bisher in der Literatur wenig Raum. Einige Autoren aber gehen sogar soweit und stellen die Überlegung an, ob die verstärkte

---

[719] EuGH, Rs. 11/70 – *Internationale Handelsgesellschaft*, Slg. 1970, S. 1125, Rn. 3.

[720] *Hatje*, Europäische Rechtseinheit durch einheitliche Rechtsdurchsetzung, EuR Beiheft 1 1998, 7 (26).

Zusammenarbeit eine Art Gemeinschaft in der Gemeinschaft – eine sog. „Mini-Gemeinschaft" – sei, d.h. ob sie eine organische Einheit mit Rechtspersönlichkeit darstelle.[721]

Diese Frage kann sich jedoch einzig auf die verstärkte Zusammenarbeit im Bereich des EGV beziehen. Denn folgt man der noch h.M. zur Frage der Rechtspersönlichkeit der EU, so ist bereits die EU keine eigenständige internationale Organisation und verfügt weder über völkerrechtliche noch innerstaatliche Handlungsfähigkeit.[722] Die Rechtshandlungen in der GASP und PJZS werden den Mitgliedstaaten selbst und nicht der EU als Rechtsträger zugerechnet.[723] Dementsprechend ist natürlich im Umkehrschluss auch eine Rechtspersönlichkeit der verstärkten Zusammenarbeiten in der zweiten und dritten Säule schon aus diesem Grund abzulehnen,[724] so dass sich die weitergehende Erörterung dieser Frage allein auf die verstärkte Zusammenarbeit im Bereich des EGV beziehen wird.

Die Verträge selbst enthalten hierzu keine Regelung, die eindeutige Rückschlüsse zulassen. Einzig Art. 44 EUV und Art. 11 EGV beschreiben das Verhältnis von EG und den verstärkt zusammenarbeitenden Mitgliedstaaten. Hiernach gelten gemäß Art. 44 EUV für die Annahme der Rechtsakte und Beschlüsse, die für die Durchführung erforderlich sind, die einschlägigen institutionellen Bestimmungen der Verträge. Gemäß Art. 11 III EGV unterliegen die für die Durchführung erforderlichen Rechtsakte im Rahmen einer verstärkten Zusammenarbeit allen einschlägigen Bestimmungen des EGV, soweit in den Regelungen über die verstärkte Zusammenarbeit nichts anderes bestimmt ist.

---

721 Die Frage wird aufgeworfen von *Bribosia*, Les coopérations renforcées au lendemain du traité de Nice, RDUE 2001, 111 (151 ff.); *von Buttlar*, Rechtsprobleme der verstärkten Zusammenarbeit nach dem Vertrag von Nizza, ZEuS 2001, 649 (681 ff.), der hypothetisch die Frage der organischen Selbständigkeit einer verstärkten Zusammenarbeit anspricht, ohne sie im Detail herzuleiten, um daran die Folgen für die Kompetenzordnung der Gemeinschaft durch eine unwiderrufliche Abtretung von Kompetenzen an die verstärkt zusammenarbeitenden Mitgliedstaaten zu demonstrieren, S. 683; vgl. auch *Philippart*, A New Mechanism of Enhanced Cooperation for the Enlarged European Union, Notre Europe – Research and European Issues N° 22, 2003, S. 29 f.

722 BVerfGE 89, 155 (195); *Annacker*, Der fehlerhafte Rechtsakt im Gemeinschafts- und Unionsrecht, 1998, S. 198 ff; *Müller-Graff*, The Legal Basis of the 3rd Pillar and its Position in the Framework of the Union Treaty, CMLRev 1994, 493 (494 f.); *Pechstein/ Koenig*, Rechtspersönlichkeit für die EU, EuZW 1997, 225; *Schweitzer/ Hummer*, Europarecht, 5. A., Rn. 950 f. A.A. *Beutler/ Bieber/ Pipkorn/ Streil*, Die Europäische Union, 5. A., Rn. 97; *Ress*, Ist die EU eine juristische Person, EuR Beiheft 2/1995, 27 (31 ff.); *Trüe*, Rechtspersönlichkeit der EU nach der Vertragsänderung von Amsterdam: Wer handelt in GASP und PJZS?, ZEuS 2000, 127 (129).

723 *Schweitzer/ Hummer*, Europarecht, 5. A. Rn. 950 f.

724 *Bribosia* hingegen erwägt, ob aufgrund der Tatsache, dass in den Regelungen über die verstärkte Zusammenarbeit von einer „Zuständigkeit der Union" (Art. 43 d) EUV) und einem „Besitzstand der Union" (Art. 44 I UA. 2 EUV) die Rede ist, sogar die Anerkennung der Rechtspersönlichkeit der Europäischen Union gefolgert werden könne, RDUE 2001, 111 (151).

Es ist somit wieder einmal von dem Grundsatz auszugehen, dass für die verstärkte Zusammenarbeit das Gleiche gilt, wie in der Gemeinschaft auch, es sei denn, es ist etwas anderes in den Bestimmungen über die verstärkte Zusammenarbeit vorgesehen. Dies ist für das Abstimmungsverfahren im Rat gemäß Art. 44 I EUV der Fall. Zudem binden die im Rahmen der verstärkten Zusammenarbeit beschlossenen Maßnahmen nur die an dieser beteiligten Mitgliedstaaten.[725] Damit ist zwar die Anordnung des Verfahrensgangs in Art. 44 EUV klar und eindeutig beschrieben, bezüglich des Charakters der Vorschrift ist aber zunächst nichts gesagt.

Es ist daher zu fragen, wie die Verweisung auf die gemeinschaftsrechtlichen Vorschriften zu verstehen ist: Muss die verstärkte Zusammenarbeit sich eng an die Gemeinschaft anlehnen und somit deren Entscheidungssystem weitestgehend übernehmen? Oder bedeutet die Übernahme des Gemeinschaftsverfahrens, dass die verstärkt zusammenarbeitenden Mitgliedstaaten sich zu einer sog. „Mini-Gemeinschaft" in einem in der Ermächtigung bezeichneten Bereich zusammenschließen, und eher Selbständigkeit als Anpassung ausüben?

In der Literatur wird meist, ohne genauer auf die Frage einzugehen, angenommen, das in der Durchführung der verstärkten Zusammenarbeit gesetzte Recht sei sekundäres Gemeinschaftsrecht, wenn es im Bereich des EGV erlassen werde und Unionsrecht (d.h. eine völkerrechtliche Vereinbarung), wenn es im Bereich der zweiten und dritten Säule erlassen werde.[726] Mit der Tatsache einhergehend, dass das Gemeinschafts- und das Unionsrecht selbst den Rahmen für die verstärkten Zusammenarbeiten festlegen, scheint damit auch die Bestimmung der Rechtsnatur getroffen zu sein.[727]

Für *Bribosia* ist der wesentliche Ansatzpunkt für die Beantwortung der Frage der Rechtspersönlichkeit, dass die im Rahmen der verstärkten Zusammenarbeit erlassenen Rechtsakte und Beschlüsse seit dem Vertrag von Nizza nicht zum Unionsbesitzstand gehören.[728] [729] Dadurch dass sie nicht Teil des Besitzstandes seien, könnten sie in der Folge kein Gemeinschafts- bzw. Unionsrecht darstellen. Zudem sei einer verstärkten Zusammenarbeit mit der Ermächtigung eine Zuständigkeit in einem bestimmten Bereich erteilt, so dass sie – ausgestattet mit einer gewissen Autonomie – eine Art Unter-Rechtsordnung errichten könne. Daher sei zumindest die Rechtspersönlichkeit einer verstärkten Zusammenarbeit im Bereich

---

725 Art. 44 II S. 2 EUV

726 Vgl. u.a. *Becker*, Differenzierungen der Rechtseinheit durch abgestufte Integration, EuR Beiheft 1 1998, (53), *Constantinesco*, Les clauses de coopération renforcée, RTD 1997, 751 (757); *Gaja*, How Flexible is Flexibility under the Amsterdam Treaty?, CMLRev 1998, (866); *Martenczuk*, Differenzierte Integration, ZEuS 1998, 447 (467); *Ruffert*, in: Calliess/ Ruffert, EUV/ EGV Kommentar, 2. A., Art. 43 EUV, Rn. 22; *Hatje*, in: Schwarze, EU-Kommentar, Art. 11 EGV, Rn. 22, der für den Bereich des EGV von „sekundärem Sonderrecht" spricht.

727 *von Buttlar*, Rechtsprobleme der verstärkten Zusammenarbeit, ZEuS 649 (683).

728 Art. 44 I UA. 2 EUV.

729 *Bribosia*, Les coopérations renforcées, RDUE 2001, 111 (151).

des EGV unbestreitbar, wenn nicht gar auch für die Bereiche der GASP und PJZS.[730] Denn wäre mit der Besitzstandsregelung nicht auch der Bezug zur Rechtsnatur der verstärkten Zusammenarbeit und des in deren Rahmen erlassenen Rechts beabsichtigt, sondern – wie gemeinhin angenommen – nur die Vermeidung zusätzlicher Lasten für die Beitrittskandidaten, hätte man lediglich eine Klausel hinzugefügt, die besagt, dass sich das Recht der verstärkten Zusammenarbeiten nicht auf die Beitrittskandidaten erstrecke.[731]

Die Annahme einer sog. „Mini-Gemeinschaft" mit eigener Rechtspersönlichkeit, die sich von der der EG unterschiede, und deren Recht kein Gemeinschaftsrecht wäre, erscheint äußerst bedenklich und ist im Ergebnis abzulehnen. Sie ginge weit über dass hinaus, was das entstehungsgeschichtliche Ziel der verstärkten Zusammenarbeit war. Denn das entstehungsgeschichtliche Konzept der verstärkten Zusammenarbeit ist eindeutig darauf ausgerichtet, einen einheitlichen institutionellen Rahmen der EU zu bewahren. Innerhalb dieses Rahmens soll einer Gruppe das Voranschreiten in der Integration gestattet werden. Ziel war und ist dabei aber immer, dass die Differenzierung nur vorübergehend bleibt und die anfangs nicht teilnehmenden Mitgliedstaaten später aufschließen sollen. Die verstärkte Zusammenarbeit ist als Konzept gedacht, das zu einer internen Dynamisierung des Integrationsprozesses führt, nicht aber zu Abspaltungen oder Ausgliederungen innerhalb der Gemeinschaft.

Die mit dem Vertrag von Nizza in Art. 44 I UA. 2 EUV hinzugefügte Regelung, dass die Rechtsakte der verstärkten Zusammenarbeit nicht zum Besitzstand der Union zählen, unterstreicht, dass Besitzstand all jene Regelungen meint, die einheitlich gelten und für alle Mitgliedstaaten bindend sind.

Politischer Hintergrund dieser Regelung war auch eher die Tatsache, dass die Beitrittskandidaten bereits Schwierigkeiten haben würden, den geltenden Besitzstand umzusetzen und dass ihnen die Übernahme von Regelungen aus einer verstärkten Zusammenarbeit, die unter Umständen nicht einmal von allen gegenwärtigen Mitgliedstaaten übernommen werden könnte, noch mehr Schwierigkeiten bereiten würde. Dies Argument ist auch nicht dadurch zu entkräften, dass in die Verträge einfach eine Klausel hätte eingefügt werden können, die besagt, dass die Regelungen der verstärkten Zusammenarbeiten nicht von den Beitrittskandidaten umzusetzen sind.[732] Die Besitzstandsregelung betont vielmehr auch die Nachrangigkeit des Rechts der Zusammenarbeiten gegenüber gewöhnlichem Gemeinschaftsrecht.

---

[730] *Bribosia*, Les coopérations renforcées, RDUE 2001, 111 (153). Einer Bejahung der Rechtspersönlichkeit der verstärkten Zusammenarbeiten im Bereich der GASP und PJZS geht voraus, dass der Union zuvor eine Rechtspersönlichkeit zuerkannt, was *Bribosia* dadurch gegeben sieht, dass von „Unionszuständigkeiten" und „Unionsbesitzstand" die Rede ist, S. 151 f.

[731] *Bribosia*, Les coopérations renforcées, RDUE 2001, 111 (154).

[732] So aber vertreten von *Bribosia*, Les coopérations renforcées, RDUE 2001, 111 (154).

Auch aus praktischer Sicht ist die Lösung der Rechtspersönlichkeit schwer vorstellbar: Wie sollte eine Gemeinschaft funktionieren, um die herum sich verschiedene Unter-Gemeinschaften gruppieren, deren Zweck die Regelung eines gemeinschaftsrechtlichen Teilbereichs ist und die sich bezüglich der Teilnehmer erheblich unterscheiden.

Im Ergebnis ist daher davon auszugehen, dass der Zusammenschluss der in der verstärkten Zusammenarbeit kooperierenden Mitgliedstaaten keine Rechtspersönlichkeit besitzt, sondern lediglich eine Modifikation des bestehenden Entscheidungsverfahrens darstellt. Mit diesem Entscheidungsverfahren ist jener Teil der Mitgliedstaaten befähigt, in der Rangordnung tiefer stehendes Recht zu schaffen, das hinsichtlich des geographischen Anwendungsbereichs variabel ist.

C. Die verstärkte Zusammenarbeit und die gemeinschaftsrechtliche Kompetenzordnung

Mit der Durchführung einer verstärkten Zusammenarbeit werden gewisse Veränderungen in der Kompetenzordnung der Gemeinschaft einhergehen.[733] Diese beschränken sich jedoch, da einzig der Bereich der konkurrierenden Gemeinschaftszuständigkeit einer verstärkten Zusammenarbeit zugänglich ist, auf diese und darüber hinaus auf die gemeinschaftliche Außenkompetenz.

I. Die konkurrierende Gemeinschaftszuständigkeit

Im Bereich der konkurrierenden Gemeinschaftszuständigkeit hat grundsätzlich die Gemeinschaft die Kompetenz, gesetzgeberisch tätig zu werden. Jedoch bleiben die Mitgliedstaaten, solange und soweit die EG von ihrer Kompetenz keinen Gebrauch macht, selbst befugt, in diesem Bereich Maßnahmen zu erlassen. Mit Erlass einer gemeinschaftsrechtlichen Regelung ist die konkurrierende Kompetenz ausgeübt und der Bereich darf vom nationalen Gesetzgeber nicht mehr durch Rechtsakte geregelt werden.

Mit der ersten Durchführungsmaßnahme im Rahmen einer verstärkten Zusammenarbeit im Bereich des EGV entsteht jedoch die Situation, dass aus Sicht der teilnehmenden Mitgliedstaaten die konkurrierende Zuständigkeit ausgeübt wurde und diese demnach keine nationale Regelung in diesem Bereich erlassen dürfen, da eine gemeinschaftsrechtliche Regelung besteht. Andererseits gilt diese gemeinschaftsrechtliche Regelung nicht für die nicht teilnehmenden Mitgliedstaaten, so dass aus deren Sicht keine Ausübung der konkurrierenden Zuständigkeit

---

733 Der Vollständigkeit halber sei erwähnt, dass sich diese Frage aufgrund des intergouvernementalen Charakters der GASP und PJZS ausschließlich auf den Bereich des EGV beziehen kann. Akteure in der GASP und PJZS bleiben die Mitgliedstaaten, denen die Akte in diesen Bereichen rechtlich zuzurechnen sind. Die EU verfügt hier über keine eigenen Kompetenzen. Vgl. *Schweitzer/ Hummer*, Europarecht, 5. A., Rn. 66.

durch die Gemeinschaft vorliegt und sie weiterhin befugt sind, in jenem Bereich Maßnahmen zu erlassen.

In diesem Zusammenhang können schließlich drei Kompetenzverhältnisse unterschieden werden, innerhalb derer Unterschiedliches gilt, nämlich das Verhältnis zwischen der EG und der verstärkten Zusammenarbeit (1.), zwischen der verstärkten Zusammenarbeit und den teilnehmenden Mitgliedstaaten (2.), zwischen der EG und den nicht teilnehmenden Mitgliedstaaten sowie zwischen der verstärkten Zusammenarbeit und den nicht teilnehmenden Mitgliedstaaten (3.).

1. EG und die verstärkte Zusammenarbeit

Im Verhältnis der EG der 25 zur verstärkten Zusammenarbeit und der Übertragung der Kompetenz, in einem bestimmten Bereich gesetzgeberisch tätig zu werden, stellt sich einerseits die Frage, von welcher Qualität diese Kompetenzübertragung ist und andererseits, welche Befugnisse der EG der 25 in diesem Bereich verbleiben, selbst tätig zu werden.

Diese Frage ist bisher in der Literatur wenig erörtert worden. Es wurde etwa von *von Buttlar* angedacht, dass die EG mit der Ermächtigung einen Teil ihrer Kompetenzen an die Gruppe der verstärkt zusammenarbeitenden Mitgliedstaaten unwiderruflich abgetreten haben könnte.[734] Die Gemeinschaft hätte damit einen Teil ihrer Kompetenzen verloren und wäre zu deren Widererlangung auf das Einverständnis der verstärkt zusammenarbeitenden Mitgliedstaaten angewiesen.

Die Annahme dieser Ansicht hätte für die nicht teilnehmenden Mitgliedstaaten ein qualitatives „Mehr“ an Kompetenz zur Folge: Denn mit der Übertragung an die verstärkte Zusammenarbeit wäre aus der Sicht der nicht teilnehmenden Mitgliedstaaten eine gemeinschaftliche Regelung nicht möglich.[735] Sofern sich diese nicht zu einem Beitritt zur verstärkten Zusammenarbeit entschließen, wäre eine gemeinschaftliche Regelung von der Rückübertragung der Kompetenz durch die verstärkte Zusammenarbeit an die EG der 25 abhängig. Dadurch würde zwischen den nicht teilnehmenden Mitgliedstaaten und der Gemeinschaft in der Frage der Ausübung der konkurrierenden Kompetenz keine materielle Verbindung mehr bestehen.[736] Zudem wären die Zuständigkeiten der nicht teilnehmenden Mitgliedstaaten hinsichtlich der übertragenen Kompetenz nur noch von den Vertragsvorschriften über die verstärkte Zusammenarbeit geregelt.

Das Konzept einer unwiderruflichen bzw. endgültigen Kompetenzübertragung ist aus verschiedenen Gründen abzulehnen. Zwar ist dem Vertragstext diesbezüglich nichts zu entnehmen, jedoch würde sich eine solche Sichtweise systematisch nicht in das System der Vorschriften einfügen. Denn schließlich wurde die verstärkte Zusammenarbeit als Instrument zur Förderung der Vertiefung der Integra-

---

[734] *von Buttlar*, Rechtsprobleme der verstärkten Zusammenarbeit, ZEuS, 649 (683).

[735] *von Buttlar*, Rechtsprobleme der verstärkten Zusammenarbeit, ZEuS, 649 (683).

[736] *von Buttlar*, Rechtsprobleme der verstärkten Zusammenarbeit, ZEuS, 649 (683).

tion geschaffen und nicht, um eine Abschottung einiger Mitgliedstaaten zu ermöglichen, die jedoch entstünde, wenn diese über die „Rückübertragung“ zu entscheiden hätten. Auch wenn keine Befristung der Differenzierung in den Verträgen vorgesehen ist, so ist deren Intention doch immer, nur vorübergehend eine Regelung mit differenzierter territorialer Anwendung zu schaffen. Der Idealfall sieht vor, dass der vorausgesetzte Erfolg des Integrationsprojektes eine Sogwirkung auf die nicht teilnehmenden Mitgliedstaaten entfaltet, der wiederum nach und nach zu einem Beitritt zur verstärkten Zusammenarbeit führt. Sobald dies gelungen ist, erledigt sich die Existenzberechtigung der verstärkten Zusammenarbeit und damit deren vertraglichen Voraussetzungen. Deshalb entspricht es dem System der verstärkten Zusammenarbeit, ihre Auflösung anzustreben und folglich die Ausübung der Zuständigkeit durch die EG der 25.

Das bedeutet, dass die Gemeinschaft ihre Kompetenz nicht an eine andere Einheit überträgt und sie dadurch auch nicht – wenn auch nur vorübergehend – verliert. Auch wenn sie die verstärkt zusammenarbeitenden Mitgliedstaaten ermächtigt und ihr dadurch die Kompetenz verleiht, für einen Teil der Mitgliedstaaten Regelungen zu erlassen, so bleibt die Kompetenz für eine gemeinschaftliche Regelung aller 25 Mitgliedstaaten trotzdem weiterhin bei der Gemeinschaft, die jederzeit eine solche gemeinschaftliche Regelung erlassen könnte, die derjenigen der verstärkten Zusammenarbeit dann vorginge. Eine endgültige Übertragung erscheint auch deshalb nicht plausibel, da der verstärkten Zusammenarbeit keine eigene Rechtsnatur zukommt.

Somit bleibt es bei der bestehenden Beschreibung der konkurrierenden Kompetenz aus Sicht der EG der 25 im Verhältnis zu den verstärkt zusammenarbeitenden Mitgliedstaaten. Soweit noch keine gemeinschaftsweite Regelung im Bereich einer konkurrierenden Zuständigkeit besteht, kann eine solche jederzeit erlassen werden. Dabei ist nicht maßgeblich, ob jeder Mitgliedstaat vorher eine eigene Regelung hatte oder aber ob bereits für mindestens acht Mitgliedstaaten im Rahmen einer verstärkten Zusammenarbeit eine einheitliche bestand.

2. Die verstärkte Zusammenarbeit und die teilnehmenden Mitgliedstaaten

Für die an der verstärkten Zusammenarbeit teilnehmenden Mitgliedstaaten gilt hinsichtlich des Kompetenzverhältnisses zur verstärkten Zusammenarbeit der Grundsatz des Art. 44 I EUV, wonach die einschlägigen institutionellen Bestimmungen anwendbar sind.

Mit der im Rahmen der Durchführung erlassenen Regelung besteht aus Sicht der teilnehmenden Mitgliedstaaten eine gemeinschaftsrechtliche Regelung, so dass die Gemeinschaft durch die verstärkte Zusammenarbeit von ihrer konkurrierenden Gemeinschaftskompetenz Gebrauch gemacht hat. Die Kompetenz ist damit auf die Gemeinschaft übergegangen, die teilnehmenden Mitgliedstaaten können kein anwendbares nationales Recht mehr setzen.[737]

3. Die EG, die verstärkte Zusammenarbeit und die nicht teilnehmenden Mitgliedstaaten

Aus der Sicht der nicht teilnehmenden Mitgliedstaaten ergibt sich für die Wahrnehmung der Kompetenz durch Erlass einer partikularen sekundärrechtlichen Lösung ebenfalls keine Veränderung. Die verstärkte Zusammenarbeit hat keine sich in irgendeiner Weise auf die nicht teilnehmenden Mitgliedstaaten erstreckende Kompetenz. Eine Ausübung der konkurrierenden Zuständigkeit durch die Gemeinschaft hat aus der Sicht der nicht teilnehmenden Mitgliedstaaten nicht stattgefunden. Sie können weiterhin in dem Regelungsfeld der verstärkten Zusammenarbeit nationale Regelungen erlassen, während parallel für die teilnehmenden Mitgliedstaaten die Kompetenz zu einer Gemeinschaftskompetenz geworden ist.

II. Außenkompetenzen und verstärkte Zusammenarbeit

Ein vergleichsweise häufig diskutiertes Problem betrifft die Frage, wie sich eine verstärkte Zusammenarbeit auf die Außenkompetenzen der Gemeinschaft auswirkt.[738] Diese Frage könnte sich in der Praxis stellen, wenn in einem im Rahmen einer verstärkten Zusammenarbeit geregelten Politikfeld des EGV eine völkerrechtliche Vereinbarung mir Drittstaaten geschlossen werden soll. Die Vorschriften über die verstärkte Zusammenarbeit selbst enthalten keine Regelung über die Ausübung der Außenkompetenz.

Grundsätzlich gelten für die Außenkompetenzen der Gemeinschaft[739] nach ständiger Rechtsprechung des EuGH[740] die in der AETR- Entscheidung entwickelten Grundsätze. Demnach führt die Wahrnehmung einer Kompetenz im Innern der Gemeinschaft zu einer entsprechenden ausschließlichen Zuständigkeit der Gemeinschaft im Außenverhältnis, d.h. zum Abschluss völkerrechtlicher

---

[737] Vgl. aber in Ausnahme zu diesem Grundsatz die Außenkompetenzen, unten: *4. Teil, C. II.*

[738] *Becker*, Differenzierungen der Rechtseinheit durch abgestufte Integration, EuR Beiheft 1/1998, 29 (54); *Dashwood*, The General Law of EC External Relations, 2000, S. 163; *Ehlermann*, Engere Zusammenarbeit nach dem Amsterdamer Vertrag, EuR 1997, 362 (379 f.); *Martenczuk*, Die differenzierte Integration nach dem Vertrag von Amsterdam ZEuS 1998, 447 (468); *Justus Lipsius*, The 1996 Intergovernmental Conference, ELR 1995, 235 (245).

[739] Vgl. zu den Außenbeziehungen der EG allgemein Oppermann, Europarecht, 2. A., Rn. 527 ff.; Schweitzer/ Hummer, Europarecht, 5. A., Rn. 627 ff. (insb. Rn. 650 ff. zur Vertragsschließungsgewalt der EG); Streinz, Europarecht, 5. A., Rn. 593 ff.

[740] EuGH, Rs. 22/70 – *AETR*, Slg. 1971, S. 263 (Rn. 15, 19); Rs. 3, 4 und 6/76 – *Cornelis Cramer*, Slg. 1976, 1279 (1309 f., Rn. 16ff.).

Verträge mit Drittländern („implied powers"-Lehre).[741] Es besteht folglich ein Parallelismus von Außen- und Innenkompetenz.[742]

Inwiefern diese Grundsätze auf die verstärkte Zusammenarbeit übertragen werden können ist allerdings fraglich. Hierzu werden im Wesentlichen zwei Ansätze vertreten:

1. Übertragung der AETR-Grundsätze

Ausgehend von der generellen Verweisung des Art. 44 EUV auf die allgemeinen Grundsätze der Verträge, sofern die Vorschriften über die verstärkte Zusammenarbeit keine Regelung vorsehen, könnte man aufgrund des Schweigens der Vorschriften zu dieser Frage geneigt sein, die „allgemeinen Regelungen" über die Außenkompetenzen, d.h. die Grundsätze der AETR-Rechtsprechung, auf die verstärkte Zusammenarbeit zu übertragen.[743]

So vertritt *Ehlermann*[744] hierzu, die Vorschriften der verstärkten Zusammenarbeit seien dahingehend auszulegen, dass in allen Fällen verstärkter Zusammenarbeit der AETR-Effekt entstehe, welcher der Gemeinschaft eine ausschließliche Vertragskompetenz gegenüber Drittländern für die an der verstärkten Zusammenarbeit teilnehmenden Mitgliedstaaten verleihe. Natürlich seien durch diese Abkommen nur die an der verstärkten Zusammenarbeit beteiligten Mitgliedstaaten gebunden, nicht jedoch die nicht teilnehmenden, deren völkerrechtliche Handlungsfähigkeit uneingeschränkt bestehen bliebe.[745]

Von einer Außenkompetenz der Gemeinschaft in allen Fällen einer verstärkten Zusammenarbeit geht auch *Martenczuk* aus.[746] Er sieht zwar das Problem, dass ein völkerrechtliches Abkommen die Gemeinschaft als ganze verpflichtet und damit auch die nicht teilnehmenden Mitgliedstaaten, die aber an dessen Abschluss nicht beteiligt sind, was zu einem Verstoß gegen Art. 43 lit. h) EUV führen könnte. Um den Rechten der nicht teilnehmenden Mitgliedstaaten gerecht zu werden, schlägt *Martenczuk* daher vor, dass diese durch geeignete Bestimmungen in dem völkerrechtlichen Abkommen von dessen Auswirkungen freizuhalten sind.[747]

Sowohl *Ehlermann* als auch *Martenczuk* führen als Argument für ihre Ansicht die für den Bereich der Währungspolitik in Art. 111 EGV getroffenen Regelungen

---

[741] EuGH, Rs. 22/70 – *AETR*, Slg. 1971, S. 263 (Rn. 20, 22).
[742] Vgl. hierzu *Streinz*, Europarecht, 5. A., Rn. 594.
[743] *Ehlermann*, Engere Zusammenarbeit nach dem Amsterdamer Vertrag, EuR 1997, 362 (379 f.); *Martenczuk*, Differenzierte Integration nach dem Vertrag von Amsterdam, ZEuS 1998, 447 (468); *Lenz*, EGV-Kommentar, 2. A., Rn. 23.
[744] *Ehlermann*, Engere Zusammenarbeit nach dem Amsterdamer Vertrag, EuR 1997, 362 (379 f.).
[745] *Ehlermann*, Engere Zusammenarbeit nach dem Amsterdamer Vertrag, EuR 1997, 362 (380).
[746] *Martenczuk*, Differenzierte Integration, ZEuS 1998, (468).
[747] *Martenczuk*, Differenzierte Integration, ZEuS 1998, (468).

an, die ebenfalls Vertragsschlusskompetenzen der Gemeinschaft unter den Bedingungen differenzierter Integration vorsehen.[748]

2. Nichtanwendbarkeit der AETR-Grundsätze

Mehrheitlich wird in der Literatur jedoch eine Außenkompetenz der Gemeinschaft im Rahmen einer verstärkten Zusammenarbeit abgelehnt.[749]

Als Argument hierfür wird mit gutem Grund vor allem die Gefahr der Beschneidung der Rechte von nicht teilnehmenden Mitgliedstaaten angeführt. Zudem war es Sinn und Zweck des AETR-Effekts, die Rechtseinheit in der gesamten Gemeinschaft durch Begründung einer gemeinsamen Außenvertretung zu sichern.[750] Einer gemeinsamen Außenvertretung im Rahmen einer verstärkten Zusammenarbeit korrespondiert hingegen eine gespaltene Rechtsordnung im Innern.[751] Selbst wenn man davon ausginge, dass die Gemeinschaft binnenrechtlich dazu verpflichtet würde, die nicht teilnehmenden Mitgliedstaaten von den Auswirkungen der völkerrechtlichen Verpflichtungen freizuhalten, stellte sich das Problem, dass sie nach außen hin trotzdem auch im Namen der nicht teilnehmenden Mitgliedstaaten handeln und diese wirksam völkerrechtlich binden könnte. In einem solchen Fall würde die Gemeinschaft völkerrechtliche Verpflichtungen eingehen, denen nur ein Teil der Mitgliedstaaten zugestimmt hätte und die binnenrechtlich nur von den Beteiligten der verstärkten Zusammenarbeit erfüllt werden müssten. Nichtsdestotrotz hätte die Gemeinschaft als Ganze die volle völkerrechtliche Verantwortung für die Vertragserfüllung.[752]

Zwar könnte die in Art. 111 EGV getroffene Regelung im Bereich der WWU als ein Indiz für eine Lösung der Frage der Außenkompetenzen in einem Zustand der Differenzierung herangezogen werden, in dem die Gemeinschaft für die beteiligten Mitgliedstaaten Abkommen mit Drittstaaten schließen kann. Allerdings kann man das Argument der Befürworter der Außenkompetenz mit derselben Begründung auch widerlegen: Denn aus der ausdrücklichen Verankerung jener speziellen Außenkompetenz im EGV kann man umgekehrt folgern, dass im Bereich der verstärkten Zusammenarbeit ein derartiger Kompetenzzuwachs trotz differenzierter Integration gerade nicht gewollt war.[753]

---

[748] Vgl. Art. 111 EGV, der gemäß Art. 122 III EGV nicht auf die Mitgliedstaaten mit Ausnahmeregelung anzuwenden ist.

[749] *Becker*, Differenzierungen der Rechtseinheit durch „abgestufte Integration", EuR Beiheft 1/1998, 29 (54), „kein Zuwachs paralleler Außenkompetenzen"; *Ruffert*, in: Calliess/ Ruffert, EUV/ EGV Kommentar, 2. A., Art. 11 EGV, Rn. 11. Unentschieden wegen einer fehlenden Regelung *Hofmann*, Wieviel Flexibilität für welches Europa?, EuR 1999, S. 713 (725).

[750] EuGH, Rs. 22/70 – *AETR*, Slg. 1971, S. 263 (Rn. 20, 22).

[751] *Calliess/ Ruffert*, EGV/ EUV Kommentar, 2. A., Art. 11 EGV, Rn. 6; *Hatje*, in: Schwarze, EU-Kommentar, Art. 11 EGV, Rn. 28.

[752] *Hatje*, in: Schwarze, EU-Kommentar, Art. 11 EGV, Rn. 28.

[753] Vgl. *Hatje*, in: Schwarze, EU-Kommentar, Art. 11 EGV, Rn. 28.

Mit diesen Gründen ist daher ist im Ergebnis anzunehmen, dass die Wahrnehmung der Befugnisse im Rahmen der verstärkten Zusammenarbeit keinesfalls zu einer ausschließlichen Außenkompetenz der Gemeinschaft im Sinne der AETR-Rechtsprechung in dem Politikfeld der verstärkten Zusammenarbeit führt.

3. Pflicht zur einvernehmlichen Gestaltung der Außenbeziehungen

Jedoch ist trotz der Verneinung der Außenkompetenz der Gemeinschaft im Bereich der verstärkten Zusammenarbeit zu berücksichtigen, dass einer Einheitlichkeit im Innern der Gemeinschaft entsprechend zumindest für die Mitgliedstaaten der verstärkten Zusammenarbeit eine gewisse Einheitlichkeit im Äußeren korrespondieren sollte. Deshalb ist unbedingt zu fordern, dass die an der verstärkten Zusammenarbeit teilnehmenden Mitgliedstaaten bei der Wahrnehmung der Außenkompetenzen in jenem Bereich einvernehmlich handeln. Eine solche Pflicht zur einvernehmlichen Gestaltung der Außenbeziehungen lässt sich aus dem Grundsatz der Gemeinschaftstreue gemäß Art. 10 EGV herleiten.[754]

Dies könnte in der Praxis so aussehen, dass die Kommission federführend für die verstärkt zusammenarbeitenden Mitgliedstaaten an völkerrechtlichen Abkommen mitwirkt und diese aushandelt, ohne dass Art. 300 EGV zur Anwendung käme. Der Vertragsschluss hingegen würde zwischen den Drittstaaten auf der einen Seite und den verstärkt zusammenarbeitenden Mitgliedstaaten auf der anderen erfolgen, so dass es sich in diesem Fall nicht um ein Abkommen der Gemeinschaft handeln würde.

D. Differenzierung außerhalb der Verträge

Mit der Einführung der verstärkten Zusammenarbeit, die erstmalig einen institutionalisierten Rahmen für bisher nahezu ausschließlich außerhalb der Verträge stattfindende Differenzierungen vorsieht, stellt sich die Frage, welche Auswirkungen dies auf die rechtliche Möglichkeit von Differenzierungen außerhalb der Verträge hat. Tatsächlich betrifft die Frage der Differenzierung außerhalb der Verträge zwei Aspekte: Zum einen kann ein Regelungsbereich Gegenstand einer Differenzierung sein, der außerhalb der Verträge, d.h. vollständig in der Kompetenz der Mitgliedstaaten, liegt, für den einige Mitgliedstaaten aber gern im Verfahren einer verstärkten Zusammenarbeit Regelungen erlassen würden. Zum anderen ist zu klären, inwiefern die Einführung eines Instruments der Differenzierung in Form der verstärkten Zusammenarbeit den Mitgliedstaaten noch Raum lässt in Bereichen, die einer verstärkten Zusammenarbeit zugänglich sind, für Differenzierungen im intergouvernementalen Rahmen.

---

[754] *Becker*, Differenzierungen der Rechtseinheit durch abgestufte Integration, EuR Beiheft 1/1998, 29 (54); *Hatje*, in: Schwarze, EU-Kommentar, Art. 11 EGV, Rn. 28. A.A. *Ehlermann*, Engere Zusammenarbeit nach dem Amsterdamer Vertrag, EuR 1997, 362 (380); *Lenz*, in: ders., EGV Kommentar, 2. A., Art. 11 EGV, Rn. 23.

Beispiele für Differenzierungen, d.h. Maßnahmen, an denen sich nicht alle Mitgliedstaaten beteiligt haben, fanden bisher ausschließlich außerhalb der Verträge in Form von intergouvernementalen Vereinbarungen statt. Zu nennen sind hier vor allem die sog. „Schengener Abkommen", einige gemeinsame Forschungsvorhaben wie ESA und Ariane sowie Kooperationen im sicherheits- und verteidigungspolitischen Bereich (WEU, Eurokorps), aber auch die Anfänge der währungspolitischen Zusammenarbeit im EWS.[755]

I. Differenzierung im Bereich mitgliedstaatlicher Kompetenz

Die Frage der Möglichkeit einer freiwilligen Anwendung des Instruments der verstärkten Zusammenarbeit auf Regelungsbereiche, die in die uneingeschränkte Souveränität der Mitgliedstaaten fallen, beantwortet Art. 43 EUV eindeutig. Eine freiwillige Anwendung des Instruments der verstärkten Zusammenarbeit in Bereichen, die nicht in den Regelungsbereich der Verträge fallen, ist kategorisch ausgeschlossen. Denn gemäß Art. 43 lit. d) EUV muss jede verstärkte Zusammenarbeit innerhalb des Rahmens der Zuständigkeit der Union oder der Gemeinschaft bleiben, so dass in allen Bereichen, in denen der EU keine Befugnisse zugeschrieben sind, die Anwendung des Instruments der verstärkten Zusammenarbeit von vornherein ausgeschlossen ist. Damit ist das Angebot eines Instruments für die Durchführung jeglicher Differenzierung – ob innerhalb oder außerhalb der Verträge – nicht beabsichtigt gewesen. Solch ein institutioneller Rahmen hätte beispielsweise die Interessen der nicht teilnehmenden Mitgliedstaaten und die angemessene Beteiligung der Organe sowie eine Beachtung von Gemeinschaftsprinzipien für alle Differenzierungen gewährleisten können. Eine Vertiefung der Integration durch die Erweiterung des Integrationsprogramms um neue Bereiche durch einen Teil der Mitgliedstaaten müsste daher auch weiterhin außerhalb des Gemeinschaftsrahmens in einem Verfahren vorgenommen werden, das dem Ermessen der teilnehmenden Mitgliedstaaten entspricht.

II. Differenzierung im Bereich der Gemeinschafts- und Unionskompetenzen

Weniger eindeutig wird die Frage der Differenzierung außerhalb der Verträge für jene Bereiche beantwortet, die einer verstärkten Zusammenarbeit grundsätzlich offen stehen. Hier stellt sich das Problem, inwiefern die Mitgliedstaaten weiterhin anstatt im Rahmen einer verstärkten Zusammenarbeit zu agieren, im Bereich der konkurrierenden Gemeinschaftskompetenzen miteinander eine Vereinbarung auf intergouvernementaler Ebene treffen dürfen bzw. im Bereich der 2. und 3. Säule außerhalb des Rahmens der verstärkten Zusammenarbeit handeln können.

---

755 Vgl. zu den bisherigen Differenzierungen außerhalb der Verträge *2. Teil, C. I. 1.*

Vereinzelte Stimmen in der Literatur verneinen dies ausdrücklich.[756] Aus den Vorschriften der verstärkten Zusammenarbeit leiten diese ab, dass jede Form von differenzierter Integration in den Kompetenzbereichen der EG/ EU ausschließlich unter der Voraussetzung der verstärkten Zusammenarbeit zulässig sei. Als Argument dafür wird angeführt, dass die Verträge nun mit den Vorschriften über die verstärkte Zusammenarbeit einen rechtlichen Rahmen für differenzierte Integration enthielten. Daher müssten sich die integrationswilligen Mitgliedstaaten aufgrund des Gebots der Unions- bzw. Gemeinschaftstreue ausschließlich dieses Rahmens bedienen.[757] Dabei wird ausdrücklich dem Wortlaut des Art. 43 EUV widersprochen, der von „können" spricht und so auch nach Ansicht der Vertreter dieser strengen Auslegung zumindest eine andere Interpretation möglich erscheinen lässt.[758] Einzig in den Bereichen, in denen die Mitgliedstaaten die alleinige Kompetenz haben, sei eine Zusammenarbeit außerhalb des Unionsrahmens zulässig.

Die ganz überwiegende Meinung geht jedoch davon aus, dass die Mitgliedstaaten auch nach Einführung des Instruments der verstärkten Zusammenarbeit weiterhin alternativ außerhalb der Verträge zusammenarbeiten dürfen.[759] Jedoch bestehe hier die Einschränkung, dass die an einer Differenzierung interessierten Mitgliedstaaten dabei das Gebot der Unions- bzw. Gemeinschaftstreue zu berücksichtigen haben.[760] Dabei ist unklar, welche Handlungsverpflichtung aus dem Gebot der Unions- bzw. Gemeinschaftstreue tatsächlich folgt.

Sehr weitgehend ist die Ansicht, wonach aus dem Prinzip der Unions- und Gemeinschaftstreue folge, dass die eine Differenzierung beabsichtigenden Mitgliedstaaten weitestgehenden Gebrauch zu machen haben von den in den Verträgen bereitgestellten Mechanismen und somit zunächst auf die verstärkte Zusammenarbeit zurückgreifen müssen, bevor sie auf völkerrechtlicher Basis zusammenarbeiten.[761] Dies würde in der Konsequenz eine Art Subsidiarität des völker-

---

[756] *Constantinesco*, Les clauses de coopération renforcée, RTDE 1997, 751 (755); *Martenczuk*, Die differenzierte Integration nach dem Vertrag von Amsterdam, ZEuS 1998, 447 (464).

[757] *Constantinesco*, Les clauses de coopération renforcée, RTDE 1997, 751 (755).

[758] *Martenczuk*, Differenzierte Integration, ZEuS 1998, 447 (464).

[759] *Blanke*, in: Grabitz/ Hilf, Das Recht der EU, Kommentar Bd. I, 20. EL., vor Art. 43-45, Rn. 15; *Bender*, Die verstärkte Zusammenarbeit nach Nizza, ZaöRV 2001, 729 (745); *von Buttlar*, Rechtsprobleme der verstärkten Zusammenarbeit, ZEuS 2001, 649 (662); *Ehlermann*, Engere Zusammenarbeit, EuR 1997, 362 (372); *Gaja*, How Flexible is Flexibility, CMLRev 1998, 855 (869); *Hofmann*, Wieviel Flexibilität für welches Europa?, EuR 1999, 713 (727); *Philippart/ Edwards*, The provisions on closer co-operation, JCMS 1999, 87 (90); *Ruffert*, in: Calliess/ Ruffert, EUV/ EGV-Kommentar, 2. A., Art. 43 EUV, Rn. 22; *Tuytschaever*, Nauwere samenwerking, SEW 1999, 270 (275).

[760] Ebenda.

[761] *Bender*, Die verstärkte Zusammenarbeit nach Nizza, ZaöRV 2001, 729 (745); *Hofmann*, Wieviel Flexibilität für welches Europa?, EuR 1999, 713 (728).

rechtlichen, außerhalb der Verträge stattfindenden Handelns gegenüber der verstärkten Zusammenarbeit bedeuten.

Eine derart strenge Auslegung des Gebots der Unions- bzw. Gemeinschaftstreue hin zu einer Vorrangigkeit der verstärkten Zusammenarbeit erfolgt aber nicht überall. Größtenteils wird lediglich gefordert, dass das Gebot im Fall einer Zusammenarbeit außerhalb der Verträge zu berücksichtigen sei,[762] ohne näher darauf einzugehen, was das tatsächlich bedeutet. Häufig wird unterstrichen, dass es Ausfluss des Prinzips sei, dass die Mitgliedstaaten bei einer differenzierten Integrationsmaßnahme außerhalb der verstärkten Zusammenarbeit die Normen der Verträge und die Ziele der Union nicht verletzen dürfen.[763] Vereinzelt wird auch davon ausgegangen, dass keine Einschränkung der völkerrechtlichen Handlungsfähigkeit der Mitgliedstaaten besteht.[764]

Gegen die Ansicht, dass in den der verstärkten Zusammenarbeit zugänglichen Bereichen diese hinsichtlich jeder Differenzierung Exklusivität beansprucht, lassen sich im Wesentlichen zwei gewichtige Argumente anführen, die diese widerlegen: Zum einen ist da vor allem das Argument des Wortlauts und zum anderen die Stellung der Mitgliedstaaten im institutionellen Gefüge der EU.

Der Vertragstext enthält in Art. 43 EUV die Formulierung, dass die Mitgliedstaaten die in den Verträgen vorgesehenen Organe, Verfahren und Mechanismen in Anspruch nehmen *können*. Diese fakultative Formulierung bringt explizit zum Ausdruck, dass es sich um ein Angebot an die Mitgliedstaaten handelt, das Instrument in Anspruch zu nehmen und keinesfalls um eine Pflicht, die im Umkehrschluss eine Differenzierung außerhalb der Verträge ausschließt.[765] Damit wir den Mitgliedstaaten lediglich eine Alternative zur völkerrechtlichen Zusammenarbeit außerhalb der Verträge geboten, die bisher die einzige Möglichkeit darstellte.[766]

Die Mitgliedstaaten als Herren der Verträge dürften sich zudem nicht so weitgehend in ihrer Handlungs- und Gestaltungsfähigkeit selbst eingeschränkt haben wollen, dass sie in Bereichen, in denen ihnen aufgrund einer nicht erfolgten gemeinschaftsrechtlichen Regelung noch die volle Handlungsfähigkeit zusteht, diese mit der Einführung des Instruments der verstärkten Zusammenarbeit abgeben wollten.

Der Ansicht, die eine Exklusivität der verstärkten Zusammenarbeit hinsichtlich jeder Form von Differenzierung annimmt, ist zudem entgegenzuhalten, dass

---

762 *Gaja*, How Flexible is Flexibility under the Amsterdam Treaty?, CMLRev 1998, 855 (870).

763 *Hatje*, in: Schwarze, EU-Kommentar, Art. 43, Rn. 28; *Hofmann*, Wieviel Flexibilität für welches Europa?, EuR 1999, 713 (728); *Tuytschaever*, Nauwere samenwerking volgens het Verdrag van Amsterdam, SEW 1999, 270 (275).

764 *Philippart/ Edwards*, The provisions on closer co-operation, JCMS 1999, 87 (90);

765 Vgl. *Blanke*, in: Grabitz/ Hilf, Das Recht der EU, Kommentar Bd. I, 20. EL, vor Art. 43-45 EUV, Rn. 15; *von Buttlar*, Rechtsprobleme der verstärkten Zusammenarbeit, ZEuS 2001, 649 (662); *Gaja*, How Flexible is Flexibility?, CMLRev 1998, 855 (869); *Tuytschaever*, Nauwere samenwerking, SEW 1999, 270 (275).

766 Vgl. *Bender*, Die verstärkte Zusammenarbeit nach Nizza, ZaöRV 2001, 729 (745).

es sowohl aus Sicht des Integrationsfortschritts als auch aus Praktikabilitätsgründen kaum vorstellbar sein kann, dass die Mitgliedstaaten in ihrer Handlungsfähigkeit derart beschränkt werden sollten und eine solche Beschränkung in den Vertragsverhandlungen zugelassen hätten. Eine solche Ansicht würde, wenn man den Gedanken weiter entwickelt, dazu führen, dass beispielsweise in einem Bereich der konkurrierenden Zuständigkeit drei Mitgliedstaaten keine völkerrechtliche Vereinbarung treffen dürften, da eine gemeinschaftsrechtliche Regelung im Rahmen der verstärkten Zusammenarbeit zu beschließen sei, die aber wiederum eine Teilnehmerzahl von mindestens acht Mitgliedstaaten erfordern würde.

Geht man davon aus, dass das Gebot der Unions- bzw. Gemeinschaftstreue bei der Initiierung einer Differenzierung außerhalb der Verträge zu berücksichtigen ist, bleibt unklar, welche Auswirkungen dies konkret hat. Diese Frage dürfte sich abstrakt auch kaum beantworten lassen. Es ist davon auszugehen, dass es vor allem eine Aufforderung an die an einer Differenzierung interessierten Mitgliedstaaten sein soll, bei der Durchführung einer Differenzierung außerhalb der Verträge, die Interessen des europäischen Gedankens nicht außer Acht zu lassen, sondern große Anstrengungen darauf zu verwenden, eine Lösung im Unionsrahmen zu finden. Letztlich kann das Gebot der Unions- bzw. Gemeinschaftstreue aber bei außervertraglichem und damit völkerrechtlichem Handeln nur eine Appellfunktion für die Mitgliedstaaten haben, wie es bei jedem Handeln eines Mitgliedstaats der EU geboten erscheint, dass dieser auf die Belange der EU und der in ihr vereinten Staaten Rücksicht nimmt.

Im Ergebnis besteht somit weiterhin die uneingeschränkte Möglichkeit der Mitgliedstaaten, außerhalb des Unions- und Gemeinschaftsrahmens differenzierte Integrationsmaßnahmen völkerrechtlich zu vereinbaren, ohne dass sie dabei verpflichtet sind, diese im Rahmen einer verstärkten Zusammenarbeit zu initiieren.[767] In Anbetracht der engen normativen und verfahrensrechtlichen Voraussetzungen einer verstärkten Zusammenarbeit scheint dies auch weiterhin der einfachere Weg zu sein.[768] Insbesondere die eingeschränkte Anwendbarkeit und der Ausschluss neuer Politikfelder sowie das schwerfällig Verfahren schmälern die Anreize, die verstärkte Zusammenarbeit zu nutzen, anstatt außervertraglich zusammen zu arbeiten.[769]

---

[767] So auch *Blanke*, in: Grabitz/ Hilf, Recht der EU, Kommentar Bd. I, 20. EL, vor Art. 43-45 EUV, Rn. 15; *Ehlermann*, Engere Zusammenarbeit nach dem Amsterdamer Vertrag, EuR 1997, 362 (372); *Geiger*, EUV/ EGV, Kommentar, 3. A., Art. 43, Rn. 2; *Hatje*, in: Schwarze, EU-Kommentar, Art. 43, Rn. 28; *Tuytschaever*, Nauwere samenwerking, SEW 1999, 270 (275).

[768] Vgl. zur Anwendbarkeit der verstärkten Zusammenarbeit: *5. Teil, A.*

[769] Vgl. *Wessels*, Verstärkte Zusammenarbeit: Eine neue Variante flexibler Integration, in: Jopp/ Maurer/ Schmuck, Die Europäische Union nach Amsterdam, 1998, 187 (217 f.).

5. Teil: Verstärkte Zusammenarbeit in der Europäischen Verfassung

Im Zuge der Erarbeitung des Entwurfs einer Verfassung für die EU durch den Europäischen Konvent im Jahr 2003 wurde auch das Instrument der verstärkten Zusammenarbeit einer erneuten Überarbeitung unterzogen. Sollte die Annahme der Verfassung in allen Mitgliedstaaten in den kommenden Jahren noch erfolgen, wird die verstärkte Zusammenarbeit damit seit ihrer Einführung durch den Amsterdamer Vertrag im Jahr 1997 und der Überarbeitung durch den Vertrag von Nizza ihre dritte Fassung innerhalb kurzer Zeit erhalten.

A. Verhandlungsverlauf

Gelangte das Thema differenzierte Integration im Vorfeld der Regierungskonferenz von Nizza aufgrund der Reden von Politikern wie Joschka Fischer oder Jacques Chirac[770] noch in die öffentliche Diskussion, so stellte die verstärkte Zusammenarbeit im Verlauf der Arbeit des Verfassungskonvents keines der umstrittenen Themen dar, das die Teilnehmer bewegte. Dies wurde auch daran deutlich, dass der verstärkten Zusammenarbeit keine spezielle Arbeitsgruppe gewidmet wurde. Auch ging keine der fast 60 in der Erklärung von Laeken enthaltenen Fragen auf das Problem der Differenzierung ein. Das lässt vermuten, dass die verstärkte Zusammenarbeit und mit ihr die grundsätzliche Frage der differenzierten Integration in Europa akzeptiert ist oder zumindest bei den Skeptikern keine großen Bedenken mehr hervorruft. Nur in der Arbeitsgruppe „Verteidigung" wurden differenzierte Vorgehensweisen ausführlich erörtert.[771] Erst am 14. Mai 2003 legte das Konventssekretariat den einzigen umfassenden Vorschlag einer Neuregelung der verstärkten Zusammenarbeit in der Europäischen Verfassung vor.[772] Der Entwurf wurde vom Plenum in seiner Sitzung am 30. und 31. Mai 2003 diskutiert.[773] Die vorgebrachten Änderungsvorschläge[774] führten dann zu

---

[770] Vgl. *2. Teil, B. XI.*

[771] Vgl. CONV 461/02, Bericht des Vorsitzenden der Gruppe VIII „Verteidigung" an den Konvent betreffend den Abschlussbericht der Gruppe VIII „Verteidigung", vom 16. Dezember 2002, S. 13 f., 18 f.

[772] CONV 723/03, Übermittlungsvermerk des Präsidiums für den Konvent vom 14. Mai 2003 betreffend die verstärkte Zusammenarbeit – Artikel 32 b in Teil I Titel V und Artikel I bis P in Teil II der Verfassung.

[773] CONV 783/03, Vermerk vom 16. Juni 2003 betreffend den zusammenfassenden Bericht über die Plenartagung – Brüssel, 30./31. Mai 2003.

[774] CONV 791/03, Übermittlungsvermerk des Sekretariats für den Konvent vom 6. Juni 2003 betreffend die Übersicht über Änderungsvorschläge betreffend die verstärkte Zusammenarbeit: - Entwürfe der Artikel von Teil III der Verfassung (Artikel III-318 bis III-325 ex- Artikel I bis O); CONV 821/03, Übermittlungsvermerk des Sekretariats für den Konvent vom 27. Juni 2003 betreffend die Reaktionen auf den Textentwurf in Dokument CONV 802/03.

den in dem abschließenden Verfassungsentwurf des Konvents enthaltenen Artikeln.[775]

B. Wichtige Neuerungen

Redaktionell ist vorgesehen, dass die Vorschriften über die verstärkte Zusammenarbeit in der neuen Verfassung an zwei Stellen zusammengefasst werden,[776] anstatt der vorherigen Aufteilung in allgemeine Vorschriften und die speziellen für die Bereiche EGV, GASP und PJZS. Die für die GASP und PJZS vorgesehenen Sonderregelungen sind entfallen. Anstatt 16 Artikeln mit 23 Absätzen an vier Stellen enthält der Konventsentwurf 8 Artikel mit 15 Absätzen an zwei Stellen.[777] Inhaltlich ergeben sich vor allem im Bereich der Sicherheits- und Verteidigungspolitik Veränderungen, in der eine verstärkte Zusammenarbeit bisher nicht möglich war und in der zukünftig spezielle Formen differenzierter Zusammenarbeiten vorgesehen sind.[778] Außerdem sind einige der zuvor in Art. 43 EUV geregelten einschränkenden Kriterien weggefallen. Im Einzelnen ergeben sich folgende Veränderungen:

I. Ermächtigungsverfahren

Was die Ermächtigung anbelangt, so wird es abgesehen von der GASP, für die weiterhin ein spezielles Verfahren gilt, nur noch ein Antragsverfahren geben. Vorgesehen ist, dass die kooperationswilligen Mitgliedstaaten einen Antrag an die Kommission richten, der den Anwendungsbereich und die Ziele der Zusammenarbeit darlegen muss.[779] Nach der Prüfung des Antrags hat die Kommission das alleinige Recht, dem Rat den Vorschlag für die Ermächtigung zu einer verstärkten Zusammenarbeit zu erteilen. Entscheidet die Kommission, dass sie keinen Vorschlag zu unterbreiten gedenkt, so teilt sie den betroffenen Mitgliedstaaten wie bisher ihre Gründe mit. Neuerdings ist vorgesehen, dass die Vorschläge in allen Fällen außer im Bereich der GASP vom Europäischen Parlament gebilligt werden müssen,[780] was bisher nur für die Fälle galt, in denen das Parlament ein Mitentscheidungsrecht hatte. Der Rat hat keine Möglichkeit die Kommission zu überstimmen, wenn diese die Unterbreitung eines Vorschlags ablehnt.

Im Bereich der GASP wird der Antrag auf Ermächtigung zu einer verstärkten Zusammenarbeit weiterhin direkt an den Ministerrat gerichtet und keinem unab-

---

775 Vgl. Verfassungsentwurf des Konvents vom 18. Juli 2003, abrufbar unter: http://european-convention.eu.int/docs/Treaty/cv00850.de03pdf.

776 Art. I-43; Art. III-322-329 Verfassungsentwurf.

777 Vgl. *Emmanouilidis*, Differenzierung im Verfassungsentwurf – Auf dem Weg zu einer Integrationslogik, in: Giering, Der EU-Reformkonvent – Analyse und Dokumentation, 2003, S. 64 (66).

778 Vgl. Art. III-210-214 Verfassungsentwurf.

779 Art. III-325 Abs. 1.

780 Art. III-325 Abs. 1.

hängigen Organ, wie etwa der Kommission oder dem neu zu schaffenden Europäischen Außenminister, unterbreitet.

In allen Fällen wird die Ermächtigung vom Rat mit qualifizierter Mehrheit erteilt. Nachdem durch den Vertrag von Nizza das Vetorecht eines Mitgliedstaats weggefallen ist, wurde im Konventsentwurf nun auch das Recht eines Mitgliedstaats gestrichen, den Europäischen Rat mit der Frage einer verstärkten Zusammenarbeit zu befassen. Auch im Bereich der GASP kann ein Mitgliedstaat nicht länger eine verstärkte Zusammenarbeit bei entgegenstehenden nationalen Interessen blockieren.

II. Einschränkende Kriterien

Ein wichtiger Schwachpunkt der verstärkten Zusammenarbeit in der Fassung von Nizza, der mit dem Konventsentwurf weiter entschärft wurde, ist die große Zahl einschränkender Kriterien. Es ist weiterhin vorgesehen, dass eine verstärkte Zusammenarbeit nur als letztes Mittel begründet werden darf,[781] weder den Binnenmarkt, den wirtschaftlichen Zusammenhalt oder den Handel behindern noch zu Verzerrungen des Wettbewerbs führen darf.[782]

Außerdem wird die verstärkte Zusammenarbeit neuerdings in allen Bereichen der Außen- und Sicherheitspolitik anwendbar sein. Die Einschränkung, dass im Bereich der GASP einzig zur Durchführung einer gemeinsamen Aktion oder zur Umsetzung eines gemeinsamen Standpunkts verstärkt zusammengearbeitet werden darf, fällt weg.

Hinsichtlich der Mindestteilnehmerzahl kehrt der Konventsentwurf zu einer relativen Zahl zurück: Mindestens ein Drittel der Mitgliedstaaten wird sich zukünftig an der verstärkten Zusammenarbeit beteiligen müssen.[783] Das bedeutet für eine EU mit 25 bis 27 Mitgliedern eine Mindestteilnehmerzahl von 9 Mitgliedstaaten, so dass hierin im Ergebnis keine wesentliche Änderung im Vergleich zum Vertrag von Nizza zu sehen ist.

Eine bemerkenswerte Einschränkung wird das Prinzip der bedingungslosen Offenheit der verstärkten Zusammenarbeit für alle Mitgliedstaaten erfahren. Der Konventsentwurf sieht vor, dass in der Ermächtigung bestimmte Voraussetzungen für die Beteiligung an der verstärkten Zusammenarbeit festgelegt werden können, die teilnehmende Mitgliedstaaten erfüllen müssen.[784] Damit ist nicht mehr allein der politische Wille ausschlaggebend, sondern auch die Fähigkeit eines integrationswilligen Mitgliedstaats, bestimmte Voraussetzungen zu erfüllen und die hierfür nötigen Mittel aufzubringen. Eine wichtige Erleichterung für die verstärkte Zusammenarbeit liegt darin, dass diese sich zukünftig nicht mehr nach dem

---

781 Art. I-43 Abs. 2.
782 Art. III-322.
783 Art. I-43 Abs. 2.
784 Art. III-324 Abs. 1.

schwächsten Mitgliedstaat richten muss. Neben den integrationsskeptischen Mitgliedstaaten können künftig auch die nicht integrationsfähigen Mitgliedstaaten mittels einer verstärkten Zusammenarbeit leichter umgangen werden.

III. Durchführung

Bezüglich des Verfahrens innerhalb der verstärkten Zusammenarbeit gilt weiterhin, dass die Mitgliedstaaten die Organe der EU unter Anwendung der einschlägigen Verfahrensbestimmungen in Anspruch nehmen können.[785] Damit gelten die gleichen Verfahrensvorschriften im Rahmen der verstärkten Zusammenarbeit, die für die Politikbereiche gewöhnlich gelten. Demnach muss in jenen Bereichen, die der Einstimmigkeit unterliegen, auch im Rahmen der Durchführung einer verstärkten Zusammenarbeit durch die teilnehmenden Mitgliedstaaten einstimmig beschlossen werden, obwohl die Ermächtigung mit qualifizierter Mehrheit erteilt wird. Eine wichtige Neuerung ist in diesem Zusammenhang, dass der Ministerrat einstimmig beschließen kann, dass im Rahmen einer verstärkten Zusammenarbeit der Rat abweichend von der für den Bereich geltenden Einstimmigkeit mit qualifizierter Mehrheit der teilnehmenden Mitgliedstaaten abstimmen kann.[786]

IV. Differenzierung in der Außen-, Sicherheits- und Verteidigungspolitik

Die umfassendsten Neuerungen sind im Bereich der Außen-, Sicherheits- und Verteidigungspolitik vorgesehen. Die verstärkte Zusammenarbeit ist zukünftig grundsätzlich auch im Bereich der Europäischen Sicherheits- und Verteidigungspolitik anwendbar. Darüber hinaus sind in diesem Bereich weitere Formen der differenzierten Integration in Gestalt der strukturierten und der engeren Zusammenarbeit vorgesehen. Weiterhin besteht die Möglichkeit der Übertragung einer EU-Mission an eine Gruppe von Mitgliedstaaten und die Zusammenarbeit im Rahmen des neu zu schaffenden Europäischen Amts für Rüstung, Forschung und militärische Fähigkeiten.

1. Strukturierte Zusammenarbeit

Die Mitgliedstaaten, die hinsichtlich ihrer militärischen Fähigkeiten „anspruchsvollere Kriterien“ erfüllen und die, soweit es Missionen betrifft, mit „höchsten Anforderungen untereinander festere Verpflichtungen eingegangen sind“, können eine strukturierte Zusammenarbeit im Rahmen der EU begründen.[787] Ein der Verfassung beigefügtes Protokoll soll die Mitgliedstaaten aufführen, welche die „anspruchsvolleren Kriterien“ erfüllen, und die von diesen Mitgliedstaaten festgelegten Kriterien und Zusagen bezüglich der militärischen Fähigkeiten enthal-

---

[785] Art. I-43 Abs. 1.
[786] Art. III-328.
[787] Art. I-40 Abs. 6.

ten.[788][789] Auch für die strukturierte Zusammenarbeit gelten die Bestimmungen über die verstärkte Zusammenarbeit.[790]

2. Engere Zusammenarbeit

Die engere Zusammenarbeit sieht eine militärische Beistandsverpflichtung im Falle eines bewaffneten Angriffs auf das Hoheitsgebiet eines beteiligten Mitgliedstaats vor. Hierbei verpflichten sich die an der engeren Zusammenarbeit beteiligten Mitgliedstaaten gegenseitig, einander im Verteidigungsfall alle in ihrer Macht stehende militärische und sonstige Hilfe und Unterstützung zu leisten.[791] Die sich an der engeren Zusammenarbeit beteiligenden Mitgliedstaaten werden in einer Erklärung zur Verfassung genannt, wobei die Teilnahme den Mitgliedstaaten freigestellt und eine spätere Teilnahme jederzeit durch Unterrichtung des Rates und Unterzeichnung einer der Verfassung beigefügten Erklärung möglich ist.[792]

Die engere Zusammenarbeit ist ein wichtiger Schritt in Richtung einer gemeinsamen Verteidigung, die aufgrund der Tatsache, dass nicht alle Mitgliedstaaten gegenwärtig bereit sind, eine gegenseitige Beistandspflicht zu erklären, einzig über den Weg der differenzierten Integration verwirklicht werden kann. Neben dem politischen Symbolcharakter birgt diese Konstruktion den Vorteil, dass die beteiligten Mitgliedstaaten im Fall eines bewaffneten Angriffs die Gremien der Union, insbesondere das Politische und Sicherheitspolitische Komitee und den Militärausschuss, in Anspruch nehmen können.[793]

3. Missionen im Namen der EU

Ein zahlenmäßig nicht konkretisierter Teil der Mitgliedstaaten, der über die dazu „erforderlichen Fähigkeiten" verfügt, kann mit der Durchführung einer Mission beauftragt werden.[794] Eine Mission kann Abrüstungsmaßnahmen, humanitäre Aufgaben und Rettungseinsätze, Aufgaben der militärischen Beratung und Unterstützung, Aufgaben der Konfliktverhütung und der Erhaltung des Friedens sowie Kampfeinsätze im Rahmen der Krisenbewältigung einschließlich Frieden schaffender Maßnahmen und Operationen zur Stabilisierung der Lage nach Konflikten

---

788 Art. III-213 Abs. 1.

789 Vgl. CONV 685/03, Entwurf des Präsidiums zu den Artikeln bezüglich des außenpolitischen Handelns der EU, S. 46.

790 Art. III-213 Abs. 5.

791 Art. I-40 Abs. 7; III-214.

792 Art. III-214 Abs. 1.

793 Vgl. *Emmanouilidis*, Differenzierung im Verfassungsentwurf – Auf dem Weg zu einer Integrationslogik, in: Giering, Der EU-Reformkonvent – Analyse und Dokumentation, 2003, S. 64 (70). Vgl. auch CONV 461/02, Schlussbericht der Gruppe VIII „Verteidigung", S. 19 und 21 und CONV 685/03, S. 47.

794 Art. I-40 Abs. 5.

zum Ziel haben.[795] Die das Ziel und den Umfang der Mission regelnden Beschlüsse werden vom Ministerrat einstimmig erlassen.[796] Die Ausführung der Mission erfolgt jedoch allein durch die beteiligten Mitgliedstaaten. Sie müssen den Ministerrat regelmäßig über den Stand der Mission unterrichten oder gar erneut befassen, wenn sich aus der Durchführung der Mission neue weit reichende Konsequenzen ergeben oder das vom Ministerrat nach Art. III-210 festgelegte Ziel der Mission, ihr Umfang oder ihre Modalitäten geändert werden müssen.[797]

4. Zusammenarbeit im Rüstungsamt

Auch im Rahmen des neu zu schaffenden Europäischen Amts für Rüstung, Forschung und militärische Fähigkeiten können spezifische Gruppen von Mitgliedstaaten gebildet werden.[798] Hierdurch entsteht die Möglichkeit der Koordinierung multilateraler Programme auf dem Gebiet der Verteidigungstechnologie sowie der Planung und Koordinierung von Forschungsaktivitäten.[799]

C. Bewertung der verstärkten Zusammenarbeit des Verfassungsentwurfs

Auch wenn die verstärkte Zusammenarbeit im Verfassungsentwurf nur in ihrer bestehenden Form weiterentwickelt und modifiziert wurde und keine grundlegenden Änderungen erfahren hat, sind einige Einschränkungen, die in der Fassung von Nizza noch bestanden, entfallen und einige Voraussetzungen eindeutiger formuliert worden.

Weiterhin wird die Hauptaufgabe des Instruments darin bestehen, als Druckmittel zur Auflösung von Entscheidungsblockaden einzelner Mitgliedstaaten in Bereichen herzuhalten, die auch im Verfassungsentwurf der Einstimmigkeit unterliegen. In letzter Konsequenz und entsprechend der Voraussetzung, dass die verstärkte Zusammenarbeit das letzte Mittel darstellt und somit eine unionsweite Lösung nicht erreichbar ist, kann eine verstärkte Zusammenarbeit durchgeführt werden. In diesem Zusammenhang stellt insbesondere Art. III-324 Abs. 1 eine wichtige Neuerung dar, wonach nichtteilnahmefähigen Mitgliedstaaten auch gegen ihren ausdrücklichen Willen von der Teilnahme ausgeschlossen werden könnten, wenn sie die von der Mehrheit der Mitgliedstaaten in der Ermächtigung niedergelegten Kriterien nicht erfüllen. Damit wird die verstärkte Zusammenarbeit ein wenig mehr dem von einer Differenzierung erhobenen Anspruch gerecht, ein Ausweg aus der Handlungsunfähigkeit zu sein, die durch die erhöhte Interes-

---

[795] Art. III-210 Abs. 1.

[796] Art. III-210 Abs. 2.

[797] Art. III-211 Abs. 1 und 2.

[798] Art. III-212 Abs.2.

[799] Vgl. *Emmanouilidis*, Differenzierung im Verfassungsentwurf, in: Giering, Der EU-Reformkonvent, 2003, S. 64 (71).

sen- und Leistungsheterogenität einer erweiterten EU von 25 und mehr Mitgliedstaaten möglicherweise entstehen wird.

Vor allem im Bereich der Außen-, Sicherheits- und Verteidigungspolitik entstehen neue Möglichkeiten differenzierter Integration, die bisher nicht denkbar waren. Zum einen wird der gesamte Bereich der GASP einer verstärkten Zusammenarbeit offen stehen. Zum anderen erschließen sich mit der neu eingefügten strukturierten und engeren Zusammenarbeit weitere Wege. Anders als die verstärkte Zusammenarbeit, über deren Einsatz im politischen Alltag konkret und von Fall zu Fall entschieden werden muss, sind die Instrumente der strukturierten und engeren Zusammenarbeit erste konkrete Schritte in die Richtung von mehr Differenzierung im Sicherheits- und Verteidigungsbereich.[800] Dadurch, dass die an einer der beiden Zusammenarbeiten beteiligten Mitgliedstaaten bereits in einem Protokoll bzw. in einer Erklärung zur Europäischen Verfassung aufgelistet werden, wird erkennbar, welche Mitgliedstaaten fähig und in der Lage sein werden, eine Europäische Verteidigungsunion zu begründen.[801] Im Wege der Differenzierung kann der einem solchen Vorhaben langfristig entgegenstehende Gegensatz zwischen den neutralen Mitgliedstaaten einerseits und den in NATO und WEU andererseits organisierten Mitgliedstaaten überwunden werden. Vor allem die sich im Verlauf des zweiten Irakkrieges im Frühjahr 2003 herauskristallisierende Zersplitterung des Meinungsspektrums in Europa zwischen Neutralität, Ablehnung eines Eingreifens trotz Bündnisbeteiligung aus den unterschiedlichsten Gründen und einer Koalition der Willigen lässt die Richtung der Entwicklung in diesem Punkt ungewiss erscheinen. Wie aber der Gipfel Deutschlands, Frankreichs, Belgiens und Luxemburgs im April 2003 zur Vertiefung der verteidigungspolitischen Zusammenarbeit außerhalb des vertraglichen Rahmens der EU gezeigt hat, birgt diese Frage viel Entwicklungspotential.

---

[800] Vgl. *Emmanouilidis*, Differenzierung im Verfassungsentwurf, in: Giering, Der EU-Reformkonvent, 2003, S. 64 (73).

[801] Vgl. *Emmanouilidis*, Differenzierung im Verfassungsentwurf, in: Giering, Der EU-Reformkonvent, 2003, S. 64 (73).

6. Teil: Abschließende Bewertung

Die Frage, ob es zukünftig überhaupt Formen differenzierter Integration geben sollte, dürfte kaum mehr gestellt werden. Zu stark hat die Geschichte der europäischen Integration in den letzten zwei Jahrzehnten gezeigt, dass die differenzierte Integration das effektivste Mittel ist, den bestehenden Unterschieden in Handlungswille und -fähigkeit der Mitgliedstaaten gerecht zu werden. Ohne differenzierte Integration wären bedeutende Projekte der europäischen Einigung wie die Einführung einer einheitlichen Währung oder das Schengen-System, um nur die wichtigsten zu nennen, bis heute nicht realisierbar gewesen und eine Realisierung in den nächsten Jahren auch nicht zu erwarten. Außerdem hat die Einführung der verstärkten Zusammenarbeit mit dem Vertrag von Amsterdam gezeigt, dass die Notwendigkeit der Differenzierung in allen Mitgliedstaaten zumindest wahrgenommen wird, wenn sie auch nicht von allen befürwortet wird.

Die Ausgestaltung der Differenzierung, der Umfang ihrer konkreten Anwendung und die betroffenen Politikbereiche werden weiterhin Anlass zu kontroversen Diskussionen geben. Ergebnis dieser Untersuchung sollte es sein festzustellen, welche Bedeutung der verstärkten Zusammenarbeit beizumessen ist und welchen Stellenwert sie haben wird.

A. Anwendbarkeit der verstärkten Zusammenarbeit

Die Frage der tatsächlichen Anwendung der Vorschriften der verstärkten Zusammenarbeit und die Bedeutung der differenzierten Integration für die weitere Entwicklung der europäischen Integration ist vor allem eine Frage der politikwissenschaftlichen Debatte und weniger eine juristische. Dies betrifft vor allem die Frage, ob und unter welchen Umständen und aus welchen Gründen die Verantwortlichen auf europäischer Ebene differenziert vorgehen wollen. Hierauf soll an dieser Stelle deshalb nur kurz eingegangen werden. Inwiefern die Vorschriften über die verstärkte Zusammenarbeit aufgrund ihrer konkreten Ausgestaltung diesem Willen Rechnung tragen und einer Anwendung Raum bieten, ist jedoch eine Frage, deren Beantwortung sehr stark aus juristischer Sicht zu beurteilen ist.

Auf den konkreten Fall bezogen wird die Anwendbarkeit der verstärkten Zusammenarbeit von zwei Komponenten abhängen: Einerseits stellt sich die Frage, in welchen Politikbereichen besonders große Gegensätze bezüglich einer unionsweiten Regelung bestehen, so dass in absehbarer Zeit eine verstärkte Zusammenarbeit einiger integrationsbereiter Mitgliedstaaten die einzige Lösung ist. Andererseits ist zu fragen, inwieweit die rechtliche Ausgestaltung der verstärkten Zusammenarbeit hier Raum für ihre konkrete Anwendung lässt, oder aber ob diese so enge Voraussetzungen schafft, dass eine Anwendung nahezu ausgeschlossen ist.

I. Politische Rahmenbedingungen der Anwendung

Die Faktoren, die für ein Ausweichen in differenzierte Integrationsformen und insbesondere in die verstärkte Zusammenarbeit ausschlaggebend sein können, sind äußerst vielschichtig und in ihrer wechselseitigen Komplexität nur schwierig zu erfassen. Eine Erörterung dieser Frage kann daher nur hypothetischer Natur sein, da schwerlich vorhersehbar ist, wie sich zukünftig das Meinungsspektrum im politischen Alltag der erweiterten EU entwickeln wird und wie die Mitgliedstaaten in der Lage sein werden Lösungen zu finden.

Insbesondere die sich mit der Osterweiterung verstärkende Heterogenität innerhalb der EU könnte zu einer Verbreiterung des Meinungsspektrums führen, das die Entscheidungsfindung erschwert und die Handlungsfähigkeit der EU lähmt, so dass Fortschritte nur im Wege differenzierter Integration vollzogen werden können. Ob dieser Fall tatsächlich eintritt, wird zum einen stark von den jeweiligen Regierungen der Mitgliedstaaten und ihrem Willen zur Kooperation abhängen, der je nach parteilicher Konstellation in den Regierungen unterschiedlich ausfallen kann, zum anderen aber auch von der Intensität sowohl des inneren Drucks in der EU seitens anderer Regierungen als auch des Drucks äußerer Umstände auf die EU. Weiterhin sind die Regierungen bei ihrer Mitwirkung in der EU Zwängen unterworfen, die sich sowohl aus innerstaatlichen Rahmenbedingungen als auch aus den politischen Mehrheitsverhältnissen in ihren Ländern ergeben.

Was den Willen und die Bereitschaft der Mitgliedstaaten betrifft in der Integration voranzuschreiten, so bedeutet dies nicht zwingend, dass sie auch bereit sind, im Falle einer mangelnden Mehrheitsfähigkeit des Projekts in die verstärkte Zusammenarbeit auszuweichen; ebenso gut könnten sie erwägen, einen Weg außerhalb der Verträge zu gehen.[802]

Vor allem zum gegenwärtigen Zeitpunkt ist aufgrund der nicht gefundenen Einigung über die Verfassung auf dem Brüsseler Gipfel am 13.Dezember 2003 noch nicht einmal die Gestalt der EU absehbar. Kaum abzuschätzen ist, ob sich die EU tatsächlich als handlungsunfähig erweisen wird, was nach Ansicht von Bundeskanzler Schröder und Präsident Chirac zu einem Europa der zwei Geschwindigkeiten führen könnte, oder ob es sich dabei um Drohgebärden in Richtung der von der Mehrheitsmeinung abweichenden Mitgliedstaaten handelt.[803] Hier wird sehr viel davon abhängen, welche Zielvorgaben sich die EU und die sie steuernden Politiker für die mittel- und langfristige Entwicklung setzen.

---

[802] *Milner/ Kölliker,* How to Make Use of Closer Cooperation? The Amsterdam Clauses and the Dynamic of European Integration, Forward Studies Unit Working Paper, Europäische Kommission, 2000, S. 19.

[803] *Süddeutsche Zeitung* vom 15. Dezember 2003, Die Gefahr der Spaltung, S. 5; *Financial Times* vom 15. Dezember 2003, Support for two-speed Europe gathers momentum, S. 5.

II. Bewertung der vertraglichen Ausgestaltung

Grundsätzlich ist festzustellen, dass die Vertragsreform von Nizza die verstärkte Zusammenarbeit aus Sicht der Differenzierungsbefürworter zwar weiterentwickelt und ihre Anwendung erleichtert hat. Jedoch stellen die Veränderungen eher kleine Schritte dar, die aus der Sicht derjenigen keinesfalls weitgehend genug sind, die zukünftig jene bedeutenden Integrationsfortschritte, die mit allen 25 Mitgliedstaaten nicht zu erzielen sind, durch eine Vorhut von Mitgliedstaaten innerhalb einer verstärkten Zusammenarbeit erwarten und diese als das einzige Mittel zur Differenzierung sehen. Die Anwendung der verstärkten Zusammenarbeit wird in jedem Fall weiterhin nur punktuell und in Ausnahmefällen in Bereichen erfolgen können, die thematisch innerhalb des Integrationsprogramms liegen, aber nicht zu dessen Kernbereich gehören. Insofern ist man also zu einem Ergebnis gekommen, dass auch die von den Kritikern der Differenzierung geschürten Ängste vor einem Kerneuropa begrenzt hält.

Die wichtigsten Fortschritte im Vergleich zur Amsterdamer Version wurden im Bereich der verfahrensrechtlichen Ausgestaltung erzielt, indem das Vetorecht der nicht teilnehmenden Mitgliedstaaten im Rahmen des Ermächtigungsverfahrens abgeschafft wurde und die kritische Masse auf acht Mitgliedstaaten verringert wurde. Die Tatsache, dass ein nicht teilnehmender Mitgliedstaat verlangen kann, dass der Europäische Rat mit der Frage befasst wird, beeinträchtigt die Errungenschaft der Abschaffung des Vetorechts nicht. Schließlich kann ein Mitgliedstaat hiermit die verstärkte Zusammenarbeit zeitlich verzögern, aber letztlich nicht verhindern.

Hinsichtlich der kritischen Masse besonders erstaunlich ist nicht die Verringerung als solche, sondern der Wechsel von einem relativen Bruchteil zu einer festen Zahl, und zwar unabhängig davon, wie groß die EU nach den Erweiterungen sein wird. Die Zahl von acht Mitgliedstaaten im Verhältnis zu einer EU von 25 bis 28 Mitgliedern erscheint relativ niedrig, wenn man bedenkt, dass die in der verstärkten Zusammenarbeit handelnden Mitgliedstaaten eine Vorhut bilden sollen für die folgenden Mitgliedstaaten. Hier ist zu befürchten, dass acht Mitgliedstaaten nicht in jedem Fall ausreichend sein könnten, einen eine Sogwirkung entfaltenden Lösungsweg zu finden, der zu einem späteren Zeitpunkt von allen Mitgliedstaaten akzeptiert werden kann.

Die den Anwendungsbereich eingrenzenden Kriterien sind leicht verändert worden. Vereinzelt wurden sie präzisiert, andere Voraussetzungen wie die Nichtdiskriminierung sind abgemildert worden. Weggefallen ist einzig das Verbot der verstärkten Zusammenarbeit im Bereich der Unionsbürgerschaft. Im Wesentlichen bleibt es dabei, dass die Kriterien größtenteils schwammig formuliert sind und häufig keine eindeutige Interpretation zulassen. Als Beispiel sei hier nur die ausschließliche Zuständigkeit genannt, die nicht in den Verträgen definiert wird und nicht eindeutig bestimmbar ist. Dies führt zu dem Schluss, dass im Bereich der den Anwendungsbereich bestimmenden Kriterien ein weites politisches Ermessen der Akteure bestehen bleibt. Insgesamt handelt es sich bei den Veränderungen der die Anwendungsbereiche bestimmenden Kriterien nur um marginale Veränderungen, die teilweise nur kosmetischer Natur sein dürften.

Das hinsichtlich der verstärkten Zusammenarbeit im Bereich der GASP Erreichte ist als zweifelhafter Erfolg anzusehen. Zwar ist die verstärkte Zusammenarbeit hier jetzt grundsätzlich möglich, jedoch ist deren Anwendungsbereich auf die Durchführung gemeinsamer Aktionen und die Umsetzung gemeinsamer Standpunkte beschränkt. Befremdlich mutet hier an, dass es sich dabei um Bereiche handelt, in denen der Rat gemäß Art. 23 II EUV mit qualifizierter Mehrheit beschließt, wobei dem Beschluss jeder Mitgliedstaat gewichtige Gründe entgegenhalten kann. In dieser Konstellation scheint die Anwendung der verstärkten Zusammenarbeit besonders fraglich, weil der unwillige Mitgliedstaat im Rahmen der verstärkten Zusammenarbeit gemäß Art. 27 c EUV ein Vetorecht genießt, mit dem er die Ermächtigung verhindern kann. Ausgeschlossen ist eine Zusammenarbeit im Bereich der Sicherheit und Verteidigung. Sollte es in diesem Bereich Bestrebungen einer Zusammenarbeit geben, so wird diese zwangsläufig außerhalb der Verträge erfolgen. Im Ergebnis stellt sich daher die Frage, welchen Sinn die Einfügung der verstärkten Zusammenarbeit in der zweiten Säule haben soll.

Wenig Kritisches anmerken lässt sich über die Durchführung der verstärkten Zusammenarbeit, denn schließlich erfolgt sie auf dieselbe Weise wie gewöhnliche Maßnahmen in den jeweiligen Politikbereichen.

Ähnliches gilt für die nachträgliche Teilnahme. Hier könnte allenfalls eingewendet werden, dass diese nicht ausdrücklich an die Erfüllung von objektiven Kriterien geknüpft werden kann, die vorher formuliert werden.

III. Mögliche Anwendungsfelder

In der Wissenschaft und Praxis wurden bereits einige Politikbereiche benannt, in denen eine verstärkte Zusammenarbeit als aussichtsreich oder zumindest wünschenswert erachtet wird. Die hier erfolgende Aufzählung hat keinen Anspruch auf Vollständigkeit, sondern will nur einige Beispiele nennen.[804]

1. EGV

Die möglichen Anwendungsbereiche der verstärkten Zusammenarbeit im Bereich des EGV sind aufgrund der zahlreichen einschränkenden Kriterien aus rechtlicher Sicht stark eingeschränkt. Erheblich dürfte sich vor allem das Verbot der Binnen-

---

[804] Vgl. als Beispiel einer Untersuchung der Bereiche, in denen eine Anwendung der verstärkten Zusammenarbeit möglich und wahrscheinlich ist *Milner/ Kölliker*, How to Make Use of Closer Cooperation? The Amsterdam Clauses and the Dynamic of European Integration, Forward Studies Unit Working Paper, Europäische Kommission, 2000.

marktbeeinträchtigung auswirken, da der Binnenmarkt den Kernbereich des europäischen Integrationsprogramms bildet und dementsprechend der überwiegende Teil der Maßnahmen eine Binnenmarktrelevanz aufweist.[805] Zudem sind jene Bereiche ausgeschlossen, in denen die EG eine ausschließliche Zuständigkeit hat.[806] Weiterhin ist eine verstärkte Zusammenarbeit im Bereich des wirtschaftlichen und sozialen Zusammenhalt ausgeschlossen[807] und darf weder eine Diskriminierung oder Behinderung des Handels noch eine Wettbewerbsverzerrung darstellen.[808]

Im Ergebnis sind die wichtigsten Politikbereiche des EGV einer verstärkten Zusammenarbeit verschlossen, so dass als Anwendungsbereich jene verbleiben, die nicht im Zentrum des Integrationsprozesses stehen. Hinsichtlich der verbleibenden Politikbereiche ist die Wahrscheinlichkeit einer Anwendung der verstärkten Zusammenarbeit in jenen am höchsten, die weiterhin der Einstimmigkeit unterliegen. Hier wird es weiterhin gegen den Widerstand eines Mitgliedstaats keine unionsweite Regelung geben, wobei hinzukommt, dass es für nun 25 Mitgliedstaaten ungleich schwieriger sein wird sich auf eine Lösung zu verständigen, als es noch bei 15 Mitgliedstaaten der Fall war. Auch in Politikbereichen, die zwar nicht der Einstimmigkeit unterliegen, aber in denen das Meinungsspektrum besonders kontrovers ist und in denen schwierig aufzubrechende Vorbehalte bestehen, wird eine verstärkte Zusammenarbeit ein sich anbietender Lösungsweg sein.[809] In der Vergangenheit wurden als mögliche Anwendungsfelder einer verstärkten Zusammenarbeit trotz der engen vertraglichen Vorgaben unterschiedliche Bereiche vorgeschlagen. So wurde bereits mit der Einführung der verstärkten Zusammenarbeit der Umweltschutz als ein geeigneter Bereich genannt, der im Wege der differenzieren Integration auf europäischer Ebene weiterentwickelt werden könnte.[810] Z.B. wären gemeinsame Standards für Produkt- und Herstel-

---

805 Art. 43 lit. e) 1. Alt. EUV – vgl. *3. Teil, B. I. 2. e).*

806 Art. 43 lit. d) EUV – vgl. *3. Teil, B. I. 2. e).*

807 Art. 43 lit. e) 2. Alt. EUV – vgl. *3. Teil, B. I. 2. f).*

808 Art. 43 lit. f) EUV – vgl. *3. Teil, B. I. 2. g).*

809 *Milner/ Kölliker,* How to Make Use of Closer Cooperation? Forward Studies Unit Working Paper, Europäische Kommission, 2000, S. 17.

810 *Milner/ Kölliker,* How to Make Use of Closer Cooperation? Forward Studies Unit Working Paper, Europäische Kommission, 2000, S. 19; *Thun-Hohenstein,* Die Möglichkeit einer „verstärkten Zusammenarbeit" zwischen EU-Mitgliedstaaten, in: Hummer, Die EU nach dem Vertrag von Amsterdam, 1999, S. 125 (133); *Wessels,* Verstärkte Zusammenarbeit: Eine neue Variante flexibler Integration, in: Jopp/ Maurer/ Schmuck, Die Europäische Union nach Amsterdam, 1998, S. 187 (199). Vgl. ausführlich zur Möglichkeit der verstärkten Zusammenarbeit im Bereich des Umweltschutzes *Müller-Brandeck-Bocquet,* Flexible Integration – eine Chance für die europäische Umweltpolitik, Integration 1997, 292 ff; *Bär/ Gehring/ Hohmeyer u.a.,* Closer Co-operation – a New Instrument for European Environmental Policy?, in: European Integration online Papers (EIoP) Vol. 4 (2000) N° 13, verfügbar unter http://eiop.or.at/eiop/texte/2000-013a.htm; *Bender,* Die verstärkte Zusammenarbeit nach Nizza, ZaöRV 2001, 729 (747 ff.).

lungsverfahren mögliche Anwendungsfelder verstärkter Zusammenarbeit. Jedoch ist zu berücksichtigen, dass Umweltschutzregelungen mit unterschiedsloser Wirkung für Waren aus allen Mitgliedstaaten unzulässig wären, da dadurch auch die Waren aus nicht teilnehmenden Mitgliedstaaten die Produktstandards erfüllen müssten, wenn sie in Mitgliedstaaten eingeführt werden, die an der verstärkten Zusammenarbeit teilnehmen, obwohl die Herkunftsländer an der Zusammenarbeit nicht teilnehmen.[811] Insbesondere Kriterien wie das Verbot von Diskriminierungen, Wettbewerbsverzerrungen oder Beschränkungen des Handels schließen jede Form von produktbezogenen Umweltvorschriften aus.[812]

Auch die mit dem Vertrag von Amsterdam vergemeinschafteten Materien Visa-, Asyl- und Einwanderungspolitik in Titel IV des EGV, die vorher in der dritten Säule enthalten waren, bieten in größerem Umfang Möglichkeiten für eine verstärkte Zusammenarbeit. Ausgeschlossen sind jedoch jene Bereiche von Titel IV, die zum Schengen-Besitzstand gehören.[813] In diesem Zusammenhang wurde von Großbritannien und Italien einmal der Vorschlag gemacht, etwa im Wege einer verstärkten Zusammenarbeit gegen Menschenhandel und illegale Einwanderung vorzugehen.[814] Beachtung verdient die Tatsache, dass der Vertrag von Nizza nicht mehr das Verbot der verstärkten Zusammenarbeit im Bereich der Unionsbürgerschaft enthält,[815] wodurch diese zu einem potentiellen Anwendungsbereich wird.[816] In dieser Klausel sahen Deutschland und Italien, die in einem gemeinsamen Vorschlag für deren Abschaffung eintraten, ein Hindernis für die Fortentwicklung der Art. 17 bis 21 EGV (A.) und die Einführung eines Wahlrechts für EU-Bürger auch auf nationaler Ebene.[817]

Als weiterer möglicher Anwendungsbereich der verstärkten Zusammenarbeit gilt die WWU.[818] Hierbei wird ein Ungleichgewicht zwischen der wirtschaftlichen und monetären Dimension beklagt, das seit Eintritt in die dritte Stufe besteht, da der wirtschaftliche Bereich so gut wie unberührt geblieben ist und gegenwärtig einzig durch die informellen Beratungen des Euro-Rates ausgefüllt wird.[819] Verstärkte Zusammenarbeiten in diesem Bereich stoßen aber an die Grenze der Zuständigkeiten der EG. Einzig auf der Basis von Art. 99 V und 104 XIV EGV könnten Maßnahmen in diesem Bereich erlassen werden.

---

811 *Thun-Hohenstein*, Die Möglichkeit einer „verstärkten Zusammenarbeit" zwischen EU-Mitgliedstaaten, in: Hummer, Die EU nach dem Vertrag von Amsterdam, 1999, S. 125 (133).

812 *Müller-Brandeck-Bocquet*, Flexible Integration – eine Chance für die europäische Umweltpolitik, Integration 1997, 292 (302).

813 *Hofmann*, Wieviel Flexibilität für welches Europa, EuR 1999, 713 (725).

814 Agence Europe, N° 7897 vom 7. Februar 2001, S. 3.

815 Vgl. Art. 11 I c) EGV (Amsterdam).

816 Vgl. *Bribosia*, Les coopérations renforcées, RDUE 2001, 111 (128).

817 Vgl. CONFER 4783/00, gemeinsamer Übermittlungsvermerk der deutschen und der italienischen Delegation betreffend die verstärkte Zusammenarbeit vom 6.10.2000, S. 6.

818 Vgl. *Tuytschaever*, Nauwere samenwerking, SEW 2001, 375 (386).

819 *Tuytschaever*, Nauwere samenwerking, SEW 2001, 375 (386).

Aber auch im Bereich des Steuerrechts wurden sowohl die Einführung einer Umweltsteuer als auch die Harmonisierung anderer indirekter Steuern als Anwendungsbereich vorgeschlagen.[820] Ebenso wurde der Kulturbereich[821] sowie die Bereiche Arbeitsmarkt, Erziehung, Berufsausbildung und Jugend thematisiert.[822]

2. PJZS

Im Bereich der Freiheit, der Sicherheit und des Rechts sieht das Schengen Protokoll bereits eine spezielle Regelung einer verstärkten Zusammenarbeit vor, an der die Mitgliedstaaten Dänemark, Irland und Großbritannien nicht teilnehmen wollten. Vereinzelt wurde eine Strafprozessordnung für die Schengen-Staaten[823] oder aber im Bereich der strafbaren Handlungen eine Schaffung von Handlungskompetenzen für Europol sowie gemeinsame Maßnahmen im Kampf gegen das organisierte Verbrechen vorgeschlagen.[824]

3. GASP

Zahlreich diskutiert wurden Formen der differenzierten Integration im Bereich der GASP.[825] Vor allem im Bereich der Rüstungsindustrie sah man Einsatzmöglichkeiten für eine Differenzierung,[826] die jedoch ausdrücklich als Anwendungsbereich der verstärkten Zusammenarbeit ausgeschlossen ist und somit nicht in Frage kommt.[827] Die derzeitige Möglichkeit der Durchführung einer gemeinsamen Aktion oder die Umsetzung eines gemeinsamen Standpunkts lässt einen äußerst

---

[820] *Thun-Hohenstein*, Die Möglichkeit einer „verstärkten Zusammenarbeit" zwischen EU-Mitgliedstaaten, in: Hummer, Die EU nach dem Vertrag von Amsterdam, 1999, S. 125 (133); *Tuytschaever*, Nauwere samenwerking volgens het Verdrag van Nice, SEW 2001, 375 (386); *Wessels*, Verstärkte Zusammenarbeit: Eine neue Variante flexibler Integration, in: Jopp/ Maurer/ Schmuck, Die Europäische Union nach Amsterdam, 1998, S. 187 (199).

[821] *Bender*, Die verstärkte Zusammenarbeit nach Nizza, ZaöRV 2001, 729 (745).

[822] *Tuytschaever*, Nauwere samenwerking volgens het Verdrag van Nice, SEW 2001, 375 (385).

[823] *Wessels*, Verstärkte Zusammenarbeit: Eine neue Variante flexibler Integration, in: Jopp/ Maurer/ Schmuck, Die Europäische Union nach Amsterdam, 1998, S. 187 (199).

[824] *Milner/ Kölliker*, How to Make Use of Closer Cooperation? The Amsterdam Clauses and the Dynamic of European Integration, Forward Studies Unit Working Paper, Europäische Kommission, 2000, S. 21.

[825] *Algieri/ Emmanouilidis/ Giering*, Flexibilität in der Außen- und Sicherheitspolitik, C.A.P., 2003; *Kremer/ Schmalz*, Nach Nizza – Perspektiven der Gemeinsamen Europäischen Sicherheits- und Verteidigungspolitik, Integration 2001, 167 ff.; *Regelsberger*, Die GASP nach Nizza – begrenzter Reformeifer und außervertragliche Dynamik, Integration 2001, 156 ff.

[826] *Janning*, Dynamik in der Zwangsjacke – Flexibilität in der EU nach Amsterdam, Integration 1997, 285 (288).

[827] Vgl. Art. 27 b S. 2 EUV.

geringen Anwendungsspielraum, der wenn überhaupt in Einzelfällen genutzt werden könnte.

B. Fazit

Die abschließende Bewertung der verstärkten Zusammenarbeit von Nizza hängt sehr stark davon ab, welche Bedeutung man ihr beimisst. Dieses Urteil ist eng mit dem Problem der gegenwärtigen europäischen Integration verbunden, dass sie auf kein Ziel zusteuert. Je nach dem als was man die verstärkte Zusammenarbeit ansieht, wird man zu einem unterschiedlichen Ergebnis kommen: Sieht man die verstärkte Zusammenarbeit als Mittel, das einem Teil der Mitgliedstaaten ermöglicht, den Integrationsprozess zu beschleunigen und zu vertiefen, indem diese eine sog. Avantgarde, ein Kerneuropa, Gravitationszentrum oder eine Pioniergruppe bilden, so muss man die verstärkte Zusammenarbeit in der Fassung von Nizza als gescheitert ansehen. Zum einen war dieses ehrgeizige Ziel nicht im Sinne der Verhandlungsführer von Nizza, zum anderen scheitert ein solches Ansinnen an der Ausgestaltung der Vorschriften, deren enger Anwendungsbereich sich nicht auf Politikbereiche außerhalb der Verträge erstreckt und jene innerhalb der Verträge stark einschränkt und zudem ein sehr komplexes Verfahren vorsieht.

Zu einem weniger negativen Ergebnis, das der hinter der verstärkten Zusammenarbeit stehenden Absicht eher gerecht wird, kommt man allerdings, wenn man die verstärkte Zusammenarbeit als eine Alternative für Mehrheitsentscheidungen in jenen Bereichen betrachtet, in denen diese nicht durchgesetzt werden konnte und es bei dem Einstimmigkeitserfordernis geblieben ist. In diesem Fall und in Fällen, in denen die qualifizierte Mehrheit nicht erreicht wird, aber ein Integrationsfortschritt durch mindestens acht Mitgliedstaaten gewünscht ist, kann die verstärkte Zusammenarbeit zur Anwendung kommen.

Allerdings ist die verstärkte Zusammenarbeit auch nach ihrer Reform als bloßer Ersatz für fehlende Mehrheitsentscheidungen immer noch ein zu kompliziertes System, so dass sie wohl nur sehr vereinzelt Anwendung finden wird. Ihre herausragende Bedeutung wird vor allem darin liegen, bei ins Stocken geratenen Verhandlungen als Drohmittel in die Waagschale geworfen zu werden, um Blockaden aufzubrechen. Die vielen Einschränkungen, vor allem aber der enge Anwendungsbereich im Rahmen des EGV und der GASP werden die verstärkte Zusammenarbeit nur punktuell in Ausnahmefällen und in Randbereichen des Integrationsprogramms zur Anwendung bringen.

Bevor man der verstärkten Zusammenarbeit allerdings eine gar zu marginalisierte Rolle voraussagt, gilt es sich zu vergegenwärtigen, dass mit dem Entwurf des Europäischen Verfassungsvertrages durch den Konvent bereits die dritte Version der verstärkte Zusammenarbeit seit ihrer Einführung in 1998 bevorsteht. Zwar stellt der Entwurf wiederum einen Fortschritt aus der Sicht der Differenzierungsbefürworter dar, jedoch wird man auch mit der „verstärkten Zusammenarbeit III“ weder ein Kerneuropa, noch eine Avantgarde oder ein Gravitationszentrum bilden können. So bleibt abzuwarten, ob die nun bevorstehende dritte Version die letzte Version der verstärkten Zusammenarbeit bleibt.

Das Erfordernis eines differenzierten Vorgehens bleibt aber weiterhin erkennbar und wird sich aufgrund der in 2004 erfolgten Erweiterung verstärken. Dies gilt vor allem für den Bereich der GASP. Auch wurde nach dem gescheiterten Reform- und Verfassungsgipfel vom 13. Dezember 2003 in Brüssel sogleich reflexartig die Bildung eines Europas der zwei Geschwindigkeiten propagiert. Auch wenn diejenigen, die eine Kernbildung heraufbeschwören, die Welt darüber im unklaren lassen, welche Politikbereiche sie innerhalb dieses Kerns weiterentwickeln wollen und welche Vision ihnen für die Ausgestaltung des Kerns vorschwebt, sieht man einmal von den Ideen über eine gemeinsame Verteidigungs- und Sicherheitspolitik ab, die bereits im Verfassungsentwurf anklingt. Wie auch immer man den Gipfel letztlich bewertet, er ist ein eindrucksvoller Beleg dafür, dass das Prinzip der differenzierten Integration für die Zukunft der erweiterten EU von entscheidender Bedeutung sein wird.

Wie es tatsächlich um die Handlungsfähigkeit der erweiterten EU bestellt sein wird, lässt sich noch nicht vorhersagen. Diese wird stark von dem Willen und der Kooperationsfähigkeit der Mitgliedstaaten abhängen, Kompromisse und Lösungen sowohl für den politischen Alltag als auch für die langfristigen Visionen Europas zu finden. Umso handlungsunfähiger die erweiterte EU sich gibt und umso größer der politische Druck der Mitgliedstaaten sein wird, möglicherweise auch außerhalb des Unionsrahmens in der Integration voranzuschreiten, desto wahrscheinlicher ist die Möglichkeit, dass die verstärkte Zusammenarbeit zur Anwendung kommt. Schließlich lassen die Kriterien der verstärkten Zusammenarbeit – vom Vorliegen des letzten Mittels bis zur Frage der Beeinträchtigung des Binnenmarkts – einen weiten Raum für politische Entscheidungen, die im Vorhinein nicht absehbar sind.

Soweit es Differenzierungen im Allgemeinen anbelangt, wird die verstärkte Zusammenarbeit mit ihrem begrenzten Anwendungsbereich diese keinesfalls vollständig kanalisieren. Dies gilt vor allem, wenn man bedenkt, dass es immer die neuen Politikbereiche waren, welche die Integration vorangebracht haben und die in der Geschichte der europäischen Integration, wie die Beispiele Währungspolitik und Schengen beweisen, meistens außerhalb der Verträge ihren Anfang nahmen. So bleibt zum Schluss zu bemerken, dass die Differenzierung außerhalb der Verträge umso aktueller bleibt, je schwieriger die Anwendung der verstärkten Zusammenarbeit und je unüberwindbarer die Blockade innerhalb des Rates sein wird. Letztlich wird die verstärkte Zusammenarbeit in Randbereichen der Verträge zur Anwendung kommen, die großen Integrationsprojekte, die auch in der Vergangenheit außerhalb der Verträge oder mittels einer primärrechtlichen Differenzierung entwickelt wurden, werden auch weiterhin auf diese Weise ins Leben gerufen werden, in der Hoffnung, dass von ihnen eine Sogwirkung ausgehen möge, die sich auf mehr und mehr Mitgliedstaaten erstreckt und schließlich zu einer vollständigen Vergemeinschaftung und Übernahme in die um diesen Punkt zu erweiternde zukünftige Europäische Verfassung führt.

Literaturverzeichnis

Ahlt, Michael, Europarecht, 2. Auflage, München 1996.

Albors-Llorens, Albertina, Changes in the Jurisdiction in the European Court of Jusitce under the Treaty of Amsterdam, CMLRev 35 (1998), S. 1273-1294.

Algieri, Franco/ Emmanouilidis, Janis/ Giering, Claus, Flexibilität in der Außen- und Sicherheitspolitik, Centrum für angewandte Politikforschung (C.A.P.), München 2003.

Algieri, Franco/ Emmanouilidis, Janis/ Maruhn, Roman, Europas Zukunft – 5 EU-Szenarien, Centrum für angewandte Politikforschung (C.A..P.), München 2003.

Andriessen, Frans, Towards a Community of 24?, Speech to the 69th Plenary Assembly of Eurochambers, Brüssel, 19. April 1991, in: Agence Europe vom 29./ 30. April 1991, S. 11.

Annacker, Claudia, Der fehlerhafte Rechtsakt im Gemeinschafts- und Unionsrecht, Wien, New York 1998.

Arndt, Nina, Engere Zusammenarbeit und Flexibilität im Vertrag von Amsterdam – Eine neue Entwicklungsstrategie im Hinblick auf die Vertiefung und Erweiterung der Europäischen Union, in: Scholz, Rupert (Hrsg.), Europa als Union des Rechts – Eine notwendige Zwischenbilanz im Prozess der Vertiefung und Erweiterung, Köln 1999, S. 179-187.

Bär, Stefani/ Gehring, Thomas/ Hohmeyer, Ingmar v./ Kraemer u.a., Closer Cooperation, a New Instrument for European Environmental Policy?, in: European Integration online Papers (EIoP) Vol. 4 (2000) N° 13; abrufbar unter: http://eiop.or.at/eiop/texte/2000-013a.htm.

Bartoszewski, Wladyslaw, Vision and Potential: For a New Direction in European Integration, Rede des polnischen Außenministers, beim Centre for European Policy Studies in Brüssel am 25.7.2000; abgedruckt in: Konrad-Adenauer-Stiftung, Poland's Position on the 2000 Intergovernmental Conference: A Critical Evaluation, Arbeitspapier der Vertretung der Konrad-Adenauer-Stiftung in Warschau, November 2000, S. 57-63.

Beck, Heiko, Abgestufte Integration im europäischen Gemeinschaftsrecht unter besonderer Berücksichtigung des Umweltrechts: Bestandsaufnahme und Perspektiven, Frankfurt 1995. Zugl.: Heidelberg, Univ., Diss., 1994.

Becker, Ulrich, Differenzierungen der Rechtseinheit durch „abgestufte Integration", in: Schwarze, Jürgen/ Müller-Graff, Peter-Christian (Hrsg.), Europäische Rechtseinheit durch einheitliche Rechtsdurchsetzung: Vorträge der Fachgruppe für Europarecht auf der 26. Tagung der Gesellschaft für Rechtsvergleichung vom 24. – 27. September 1997 in Graz, EuR Beiheft 1/1998, Baden-Baden 1998, S. 29-57.

Becker, Ulrich, EU-Erweiterung und differenzierte Integration: zu beitrittsbedingten Übergangsregelungen am Beispiel der Arbeitnehmerfreizügigkeit, Baden-Baden 1999.

Bender, Tobias, Die verstärkte Zusammenarbeit nach Nizza – Anwendungsfelder und Bewertung im Spiegel historischer Präzedenzfälle der differenzierten Integration, ZaöRV 2001 (61), S. 729-770.

Bergmann, Jan, Recht und Politik der Europäischen Union – Der Integrationsverbund vor der Osterweiterung, Grevenbroich 2001.

Beutler, Roland/ Bieber, Roland/ Pipkorn, Jörn/ Streil, Jochen, Die Europäische Union – Rechtsordnung und Politik, 5. Auflage, Baden-Baden 2001.

Bieber, Roland, Zur Rolle der Mitgliedstaaten bei der Ausfüllung von Lücken im EG-Recht, in: Bieber, Roland/ Ress, Georg (Hrsg.), Die Dynamik des Europäischen Gemeinschaftsrechts, Baden-Baden 1987, S. 283-310.

Blanque, Marc, L'article 5 du traité C.E.E.: recherche sur les obligations de fidélité des états membres de la communauté, Paris 1994.

Bleckmann, Albert, Europarecht, 6. Auflage, Köln, Berlin, Bonn, München 1997.

Bogdandy, Armin von/ Bast, Jürgen, Die vertikale Kompetenzordnung der EU – rechtsdogmatischer Bestand und verfassungspolitische Reformperspektiven, EuGRZ 2001, S. 441-458.

Bogdandy, Armin von (Hrsg.) Solidarität und europäische Integration, Kolloquium zum 65. Geburtstag von Manfred Zuleeg, Baden-Baden 2002.

Borchmann, Michael, Der Vertrag von Nizza, EuZW 2001, S. 170-173.

Borries, Reimer von, Das Subsidiaritätsprinzip im Recht der Europäischen Union, EuR 1994, S. 263-300.

Brackhahne, Birgit, ERA Kongress 1997: Rechtliche Grenzen eines Europas in mehreren Geschwindigkeiten und unterschiedlichen Gruppierungen, NJW 1997, S. 3362.

Brandt, Willy, Rede des Vorsitzenden der Sozialdemokratischen Partei Deutschlands vor der Organisation Française du Mouvement Européen in Paris am 19.11.1974 (Auszüge), EA (30) 1975, S. D 33-D 38.

Bribosia, Hervé, Différenciation et avant-gardes au sein de l'Union européenne – Bilan et perspective du Traité d'Amsterdam, CDE 2000, S. 57-115.

Bribosia, Hervé, Les coopérations renforcées au lendemain du traité de Nice, RDUE 2001, S. 111-171.

Buttlar, Christian von, Rechtsprobleme der verstärkten Zusammenarbeit nach dem Vertrag von Nizza, ZEuS 2001, S. 649-688.

Caesar, Rolf (Hrsg.), Zur Reform der Finanzverfassung und Strukturpolitik der EU, Baden-Baden 1997.

Calliess, Christian, Der Schlüsselbegriff der „ausschließlichen Zuständigkeit" im Subsidiaritätsprinzip des Art. 3 b II EGV, EuZW 1995, S. 693-700.

Calliess, Christian, Subsidiaritäts- und Solidaritätsprinzip in der Europäischen Union: Vorgaben für die Anwendung von Art. 5 EGV nach dem Vertrag von Amsterdam, 2. Auflage, Baden-Baden 1999.

Calliess, Christian/ Ruffert, Matthias (Hrsg.), Kommentar des Vertrages über die Europäische Union und des Vertrages zur Gründung der Europäischen Gemeinschaft – EUV/ EGV, 2. Auflage, Neuwied, Kriftel 2002.

Chaltiel, Florence, Le Traité d'Amsterdam et la Coopération renforcée, RMC 1998, S. 289-293.

Chaltiel, Florence, Constitution Européenne et Coopérations Renforcées à propos des Travaux de la Convention, RMC 2003, S. 290-292.

Chirac, Jacques, Discours prononcé par Monsieur Jacques Chirac, President de la Republique Française devant le Bundestag allemand, 27.6.2000, abrufbar: http://www.bundestag.de/blickpkt/2000/chirac2.html.

Coen, Martin, Abgestufte soziale Integration nach Maastricht, EuZW 1995, S. 50-52.

Constantinesco, Vlad, Les clauses de coopération renforcée, le protocole sur l'application des principes de subsidiarité et de proportionnalité, RTDE 1997, S. 751-767.

Cuntz, Eckart, Flexibilität und Erweiterung – Differenzierte Integration vor und nach Beitritt, in: Ehlermann, Claus-Dieter (Hrsg.), Rechtliche Grenzen eines Europas in mehreren Geschwindigkeiten und unterschiedlichen Gruppierungen – Beiträge zum Jahreskongress der Europäischen Rechtsakademie vom 20./ 21.6.1997 in Trier, Köln 1999, S.133-140.

Curti Gialdino, Carlo, Schengen et le troisième pilier: le contrôle juridictionnel organisé par le traité d' Amsterdam, RMUE 1998, S. 89-124.

Curtin, Deirdre, The Constitutional Structure of the Union: A Europe of Bits and Pieces, CMLRev 1993, S. 17-69.

Dahrendorf, Ralf, A Third Europe? – Third Jean Monnet Lecture, European University Institute, Florenz 1979.

Dashwood, Alan, The General Law of EC external relations, London 2000.

Dauses, Manfred (Hrsg.), Handbuch des EU-Wirtschaftsrechts – Band I, (Loseblattsammlung, Stand: April 2003), München 2003.

de Areilza Carvacal, José M., Enhanced Cooperations in the Treaty of Amsterdam: some criticalremarks, Harvard Law School, The Jean Monnet Chair. Working Papers, 13/98, 1998.

De Michelis, Gianni, Die EG als Gravitationszentrum: Für ein Europa der vier Kreise, Integration 1990, S. 143-149.

de Zwaan, Jan Willem, Het Verdrag van Nice – Een bescheiden stap in het proces van Europese Integratie, SEW 2001, S. 42-52.

Delors, Jacques, Europe: L'impossible statu quo, Club de Florence, Paris, Stock 1996.

Delors, Jacques , Re-uniting Europe: Our Historic Mission, in: Agence Europe Nr. 7625 vom 3./ 4. Januar 2000, S. 3-4; Agence Europe Nr. 7626 vom 5. Januar 2000, S. 3-4.

Deubner, Christian, Kerneuropa-Diskussion – Widersprüche, Fragen, Konsequenzen, EU-Magazin 1994, S. 16-20.

Deubner, Christian, Flexibilität und Entwicklung der Europäischen Integration, in: Ehlermann, Claus-Dieter (Hrsg.), Rechtliche Grenzen eines Europas in mehreren Geschwindigkeiten und unterschiedlichen Gruppierungen – Beiträge zum Jahreskongress der Europäischen Rechtsakademie vom 20./ 21.6.1997 in Trier, Köln 1999, S. 117-129.

Deubner, Christian, Differenzierte Integration: Übergangserscheinung oder Strukturmerkmal der künftigen Europäischen Union, in: bpb: Beilage zur Wochenzeitung "Das Parlament" vom 6. Januar 2003, Aus Politik und Zeitgeschichte, B 1-2/2003, S. 24-32.

Devuyst, Youri, The Community-Method after Amsterdam, JCMS 37 (1999), S. 109-120.

Dittert, Daniel, Die ausschließlichen Kompetenzen der Europäischen Gemeinschaft im System des EG-Vertrages, Frankfurt 2001. Zugl.: München, Univ., Diss., 2001

Donner, J.P.H., De derde pijler en de Amsterdamse doolhof, SEW 1997, S. 370-378.

Dörr, Oliver/ Mager, Ute, Rechtswahrung und Rechtsschutz nach Amsterdam – Zu den neuen Zuständigkeiten des EuGH, AöR 125 (2000), S. 386-427.

Ehlermann, Claus-Dieter, Engere Zusammenarbeit nach dem Amsterdamer Vertrag: Ein neues Verfassungsprinzip?, EuR 1997, S. 362-397.

Ehlermann, Claus-Dieter, Différenciation, flexibilité, coopération renforcée: les nouvelles dispositions du traité d'Amsterdam, RMUE 1997, S. 53-90.

Ehlermann, Claus-Dieter, Differenzierung, Flexibilität und engere Zusammenarbeit: Die neuen Vorschriften des Amsterdamer Vertrages, in: ders. (Hrsg.), Rechtliche Grenzen eines Europas in mehreren Geschwindigkeiten und unterschiedlichen Gruppierungen – Beiträge zum Jahreskongress der Europäischen Rechtsakademie vom 20./ 21.6.1997 in Trier, Köln 1999, S. 15-43.

Emmanouilidis, Janis A., Nizza aus der Beitrittsperspektive, in: Weidenfeld, Werner (Hrsg.), Nizza in der Analyse – Strategien für Europa, Gütersloh 2001, S. 263-304.

Emmanouilidis, Janis A., Differenzierung im Verfassungsentwurf – Auf dem Weg zu einer Integrationslogik, in: Giering, Claus (Hrsg.), Der EU-Reformkonvent – Analyse und Dokumentation, Gütersloh, München 2003, S. 64-73.

Epiney, Astrid/ Furrer, Andreas, Umweltschutz nach Maastricht. Ein Europa der drei Geschwindigkeiten?, EuR 1992, S. 369-408.

Epiney, Astrid, Schengen – ein Modell differenzierter Integration? , in: Breuss, Fritz/ Griller, Stefan (Hrsg.), Flexible Integration in Europa – Einheit oder Europa „à la carte"?, Wien, New York 1998, S.127-147.

Epiney, Astrid/ Freiermuth Abt, Marianne/ Mosters, Robert, Der Vertrag von Nizza, DVBl. 2001, S. 941-952.

Everling, Ulrich, Sind die Mitgliedstaaten der Europäischen Gemeinschaft noch Herren der Verträge?, in: Bernhardt, Rudolf/ Geck, Karl Wilhelm u.a. (Hrsg.), Völkerrecht als Rechtsordnung, Internationale Gerichtsbarkeit, Menschenrechte – Festschrift für Hermann Mosler, Beiträge zum öffentlichen Recht Band 81, Berlin, Heidelberg, New York 1983, S. 173-191.

Everling, Ulrich, Zur rechtlichen Wirkung von Beschlüssen, Entschließungen, Erklärungen und Vereinbarungen des Rates oder der Mitgliedstaaten der Europäischen Gemeinschaft, in: Lüke, Gerhard/ Ress, Georg/ Will, Michael R. (Hrsg.), Rechtsvergleichung, Europarecht und Staatenintegration – Gedächtnisschrift für Léontin-Jean Constantinesco, Köln, Berlin, Bonn, München 1983, S. 133-156.

Everling, Ulrich, Subsidiaritätsprinzip und „ausschließliches Gemeinschaftsrecht" – ein „faux problème" der Verfassungsauslegung, in: Burmeister, Joachim (Hrsg.), Verfassungsstaatlichkeit – Festschrift für Klaus Stern zum 65. Geburtstag, München 1997, S. 1227-1237.

Falkner, Gerda, Das Maastrichter Sozialprotokoll: Differenzierte Integration wider Willen, in: Breuss, Fritz/ Griller, Stefan (Hrsg.), Flexible Integration in Europa – Einheit oder Europa „à la carte"?, Wien, New York 1998, S. 79-104.

Fischer, Joschka, „Vom Staatenverbund zur Föderation – Gedanken über die Finalität der europäischen Integration", Rede des Bundesaußenministers am 12.5.2000 an der Humboldt Universität zu Berlin, in: Integration 2000, S. 149-156 sowie in: Joerges, Christian/ Mény, Yves/ Weiler, J.H.H. (Hrsg.), What Kind of Constitution for What Kind of Polity? – Responses to Joschka Fischer, Florenz 2000, S. 5-18.

Forgó, Katrin, Zwischen „Europa à la carte" und Einheit: Modelle differenzierter Integration, in: Breuss, Fritz/ Griller, Stefan (Hrsg.), Flexible Integration in Europa – Einheit oder Europa „à la carte"?, Wien, New York 1998, S. 41-77.

Franzmeyer, Fritz, Beschleunigter Abbau EG-interner Steuergrenzen durch abgestufte Steuerharmonisierung?, in: Grabitz, Eberhard (Hrsg.), Abgestufte Integration: eine Alternative zum herkömmlichen Integrationskonzept?, Kehl 1984, S. 197-222.

Franzmeyer, Fritz, Europäische Energiepolitik – wenig Spielraum für abgestuftes Vorgehen, in: Grabitz, Eberhard (Hrsg.), Abgestufte Integration: eine Alternative zum herkömmlichen Integrationskonzept?, Kehl 1984, S. 261-297.

Franzmeyer, Fritz, Osterweiterung, Kerneuropa, Währungsunion – Zentrale Weichenstellungen in der Integrationspolitik, in: Hrbek, Rudolf/ Jopp, Matthias u.a. (Hrsg.), Die Europäische Union als Prozess – Verfassungsentwicklung im Spiegel von 20 Jahren Zeitschrift Integration, Bonn 1998, S. 592-600.

Fröhling, Viviane, Die Maastrichter Vereinbarung zur Sozialpolitik, Frankfurt, Berlin 2000. Zugl.: Köln, Univ., Diss., 1999.

Gaja, Giorgio, How Flexible is Flexibility under the Amsterdam Treaty?, CMLRev 1998, S. 855-870.

Geiger, Rudolf, EUV/ EGV, Kommentar, 3. Auflage, München 2000.

Giering, Claus, Europa zwischen Zweckverband und Superstaat – Die Entwicklung der politikwissenschaftlichen Integrationstheorie im Prozess der europäischen Integration, Bonn 1997. Zugl.: München, Univ., Diss., 1997.

Giering, Claus, Vertiefung durch Differenzierung – Flexibilisierungskonzepte in der aktuellen Reformdebatte, Integration 1997, S. 72-83.

Giering, Claus/ Janning, Josef, Flexibilität als Katalysator der Finalität? Die Gestaltungskraft der verstärkten Zusammenarbeit nach Nizza, Integration 2001, S. 146-155.

Giering, Claus, Die institutionellen Reformen von Nizza – Anforderungen, Ergebnisse, Konsequenzen, in: Weidenfeld, Werner (Hrsg.), Nizza in der Analyse – Strategien für Europa, Gütersloh 2001, S. 51-144.

Giering, Claus (Hrsg.), Der EU-Reformkonvent – Analyse und Dokumentation, Gütersloh, München 2003.

Götting, Friedemann, Die Beendigung der Mitgliedschaft in der Europäischen Union, Baden-Baden 2000. Zugl.: Hamburg, Univ., Diss., 1999.

Grabitz, Eberhard (Hrsg.), Abgestufte Integration: eine Alternative zum herkömmlichen Integrationskonzept?, Ergebnisse eines Forschungsprojektes des Instituts für Integrationsforschung der Stiftung Europa-Kolleg Hamburg; Kehl, Strassburg 1984.

Grabitz, Eberhard, Über die Verfassung des Binnenmarktes, in: Baur, Jürgen (Hrsg.), Festschrift für Ernst Steindorff zum 70. Geburtstag, Berlin 1990, S. 1229-1245.

Grabitz, Eberhard/ Hilf, Meinhard, Das Recht der Europäischen Union, Kommentar, Band I – EUV/ EGV, (Loseblattsammlung, Stand: 20. Ergänzungslieferung August 2002), München 2003.

Grabitz, Eberhard/ Iliopoulos, Constantin, Typologie der Differenzierungen und Ausnahmen im Gemeinschaftsrecht, in: Grabitz, Eberhard (Hrsg.), Abgestufte Integration: eine Alternative zum herkömmlichen Integrationskonzept?, Kehl 1984, S. 31-47.

Groeben, Hans von der/ Bardenhewer-Rating, Angela, Kommentar zum Vertrag über die Europäische Union und zur Gründung der Europäischen Gemeinschaft, Band 1: Art. 1 – 53 EUV, Art. 1 – 80 EGV, 6. Auflage, Baden-Baden 2003.

Häde, Ulrich, Finanzausgleich: die Verteilung der Aufgaben, Ausgaben und Einnahmen im Recht der Bundesrepublik Deutschland und der Europäischen Union, Tübingen 1996.

Häde, Ulrich, Währungsintegration mit abgestufter Geschwindigkeit. Primärrechtliche Grundlagen für das Verhältnis der Mitgliedstaaten innerhalb und außerhalb der Europäischen Wirtschafts- und Währungsunion, in: Weber, Albrecht (Hrsg.), Währung und Wirtschaft: Das Geld im Recht – Festschrift für Hahn zum 70. Geburtstag, Baden-Baden 1997, S. 141-160.

Hahn, Hugo J., Das Europäische Währungssystem – Systemvergleich und Funktionsweise, EuR 1979, S. 337-358.

Hailbronner, Kay, Die EG-Sozialpolitik nach Maastricht, in: Randelzhofer , Albrecht u.a. (Hrsg.), Gedächtnisschrift für Eberhard Grabitz, München 1995, S. 125-140.

Hailbronner, Kay/ Thiery, Claus, Amsterdam – Vergemeinschaftung der Sachbereiche Freier Personenverkehr, Asylrecht und Einwanderung sowie Überführung des Schengen-Besitzstands auf EU-Ebene, EuR 1998, S. 583-615.

Hatje, Armin, Europäische Rechtseinheit durch einheitliche Rechtsdurchsetzung, EuR Beiheft 1/1998, S. 7-27.

Hatje, Armin, Die institutionelle Reform der EU – der Vertrag von Nizza auf dem Prüfstand, EuR 2001, S. 143-184.

Hieronymi, Tonia, Solidarität als Rechtsprinzip in der Europäischen Union, Frankfurt 2003. Zugl.: Bielefeld, Univ., Diss., 2002.

Hilf, Meinhard/ Pache, Eckhard, Der Vertrag von Amsterdam, NJW 1998, S. 705-713.

Hofmann, Rainer, Wieviel Flexibilität für welches Europa? – Gedanken zur künftigen Entwicklung der europäischen Integration, EuR 1999, S. 713-735.

Huber, Peter M., Differenzierte Integration und Flexibilität als neues Ordnungsmuster der Europäischen Union?, EuR 1996, S. 347-361.

Janning, Josef, Europa braucht verschiedene Geschwindigkeiten, EA 1994, S. 527-536.

Janning, Josef, Dynamik in der Zwangsjacke – Flexibilität in der Europäischen Union nach Amsterdam, Integration 1997, S. 285-291.

Janning, Josef, Differenzierung als Integrationsprinzip: die Flexibilität im neuen EU-Vertrag, in: Weidenfeld, Werner (Hrsg.), Amsterdam in der Analyse: Strategien für Europa, 2. Auflage, Gütersloh 1999, S. 203-217.

Janning, Josef, Zweiter Anlauf – Die verstärkte Zusammenarbeit im Vertrag von Nizza, in: Weidenfeld, Werner (Hrsg.), Nizza in der Analyse – Strategien für Europa, Gütersloh 2001, S. 145-159.

Janning, Josef/ Giering, Claus, Flexibilisierung als Option deutscher Europapolitik, in: Schneider, Heinrich/ Jopp, Mathias/ Schmalz, Uwe (Hrsg.), Eine neue deutsche Europapolitik? Rahmenbedingungen – Problemfelder – Optionen, Bonn 2001, S. 667-694.

Jarass, Hans D., Die Kompetenzverteilung zwischen Europäischen Gemeinschaft und den Mitgliedstaaten, AÖR (121) 1996, S. 173-199.

Joerges, Christian/ Mény, Yves/ Weiler, J.H.H. (Hrsg.), What Kind of Constitution for What Kind of Polity? – Responses to Joschka Fischer, Florenz 2000.

Kempen, Otto Ernst, Subsidiaritätsprinzip, europäisches Gemeinschaftsrecht und Tarifautonomie, KritV 1994, S. 13-56.

Kohl, Helmut/ Chirac, Jacques, Gemeinsamer Brief von Helmut Kohl und Jacques Chirac an den Präsidenten des Europäischen Rates vom 6.12.1995. In Auszügen abgedruckt in: Jopp, Mathias/ Schmuck, Otto (Hrsg.), Reform der Europäischen Union: Analysen, Positionen, Dokumente zur Regierungskonferenz 1996/ 97, Bonn 1996, S. 115-117.

Koenig, Christian, Die europäische Sozialunion als Bewährungsprobe der supranationalen Gerichtsbarkeit, EuR 1994, S. 175-195.

Koenig, Christian/ Haratsch, Andreas, Europarecht, 4. Auflage, Tübingen 2003.

Koopmann, Georg, Handelspolitik der EG: Durch Abstufung zu mehr Liberalität und weniger Verfälschung des Wettbewerbs zwischen EG-Unternehmen, in: Grabitz, Eberhard (Hrsg.), Abgestufte Integration: eine Alternative zum herkömmlichen Integrationskonzept?, Kehl 1984, S. 165-192.

Kortenberg, Helmut, Closer Cooperation in the Treaty of Amsterdam, CMLRev 1998, S. 833-854.

Krämer, Hans R., Abgestufte Integration und differenzierte Assoziation, in: Randelzhofer, Albrecht; Scholz, Rupert; Wilke, Dieter (Hrsg.), Gedächtnisschrift für Eberhard Grabitz, München 1995, S. 307-323.

Kraußer, Hans-Peter, Das Prinzip begrenzter Einzelermächtigung im Gemeinschaftsrecht als Strukturprinzip des EWG-Vertrages, Berlin 1991. Zugl.: Erlangen/ Nürnberg, Univ., Diss., 1991.

Kremer, Martin/ Schmalz, Uwe, Nach Nizza -- Perspektiven der Gemeinsamen Europäischen Sicherheits- und Verteidigungspolitik, Integration 2001, S. 167-178.

Kugelmann, Dieter, Die Gemeinsame Außen- und Sicherheitspolitik, EuR-Beiheft 2/1998, S. 99-123.

Langeheine, Bernd, Rechtliche und institutionelle Probleme einer abgestuften Integration in der Europäischen Gemeinschaft, in: Grabitz, Eberhard (Hrsg.), Abgestufte Integration: eine Alternative zum herkömmlichen Integrationskonzept?, Kehl 1984, S. 47-124.

Langeheine, Bernd, Europäisches Gemeinschaftsrecht und abgestufte Integration, Berlin, Freie Univ., Diss., 1988.

La Serre, Françoise de/ Wallace, Helen, Flexibility and Enhanced Cooperation in the European Union: Placebo rather than Panacea?, Groupement d'études et de recherches "Notre Europe", Paris 1997.

Lauwaars, Richard H., Juridische Kanttekenningen bij het rapport Tindemans over de Europese Unie, SEW 1976, S. 267-279.

Léger, Philippe (Hrsg.), Union Européenne/ Communauté Européenne, Commentaire article par article des traités UE et CE, Basel, Genf, München 1999.

Lenz, Carl-Otto (Hrsg.), EG-Vertrag, 2. Auflage, Köln, Basel, Wien 1999.

Lenz, Carl-Otto, Die Gerichtsbarkeit in der Europäischen Gemeinschaft nach dem Vertrag von Nizza, EuGRZ 2001, S. 433-441.

Lipsius, Justus, The 1996 Intergovernmental Conference, ELR 1995, S. 235-267.

Maillet, Pierre/ Velo, Dario (Hrsg.), L'Europe à géométrie variable – Transition ver l'integration, Paris 1994.

Maillet, Pierre, Du constat de l'hétérogénéité à l'idée de géométrie variable organisée, in: Maillet, Pierre/ Velo, Dario (Hrsg.), L'Europe à géométrie variable – Transition vers l'integration, Paris 1994, S. 17-29.

Manin, Philippe, Flexibilité et élargissement, in: Ehlermann, Claus-Dieter (Hrsg.), Rechtliche Grenzen eines Europas in mehreren Geschwindigkeiten und unterschiedlichen Gruppierungen – Beiträge zum Jahreskongress der Europäischen Rechtsakademie vom 20./ 21.6.1997 in Trier, Köln 1999, S. 141-148.

Marias, Epaminondas, Solidarity as an Objective of the European Union and the European Community, LIEI 1994, S. 84-114.

Martenczuk, Bernd, Die differenzierte Integration nach dem Vertrag von Amsterdam, ZEuS 1998, S. 447-474.

Martenczuk, Bernd, Die differenzierte Integration in der erweiterten Union: Ausweg oder Irrweg?, in: Scholz, Rupert (Hrsg.), Europa als Union des Rechts – Eine notwendige Zwischenbilanz im Prozess der Vertiefung und Erweiterung, Köln 1999, S. 187-196.

Martenczuk, Bernd, Die differenzierte Integration und die föderale Struktur der EU, EuR 2000, S. 351-364.

Mazzi-Zissis, Sabina, Les accords de Schengen et la libre circulation des personnes dans L'Union Européenne: exemple à suivre ou dangereux précédent? , in: Ehlermann, Claus-Dieter (Hrsg.), Rechtliche Grenzen eines Europas in mehreren Geschwindigkeiten und unterschiedlichen Gruppierungen, Köln 1999, S. 47-65.

McGlynn, Clare, Opting-out of Community Social Policy: some legal, practical and political consequences, in: Ehlermann, Claus-Dieter (Hrsg.), Rechtliche Grenzen eines Europas in mehreren Geschwindigkeiten und unterschiedlichen Gruppierungen, Köln 1999, S. 85-99.

Mertes, Michael/ Prill, Norbert J., Der verhängnisvolle Irrtum eines Entweder-Oder – Eine Vision für Europa, in: Mertes, Michael/ Plück, Kurt/ Prill, Norbert J./ Schwarz, Hans-Peter/ Weidenfeld, Werner, Europa ohne Kommunismus – Zusammenhänge, Aufgaben, Perspektiven, Bonn 1990.

Milner, Francesco/ Kölliker, Alkuin, How to Make Use of Closer Cooperation? The Amsterdam Clauses and the Dynamic of European Integration, Forward Studies Unit Working Paper, Europäische Kommission, Brüssel 2000.

Müller-Brandeck-Bocquet, Gisela, Flexible Integration – eine Chance für die europäische Umweltpolitik, Integration 1997, S. 292-304.

Müller-Graff, Peter Christian, The Legal Basis of the Thirs Pillar and ist Position in the Frame-work of the Union Treaty, CMLRev 1994, S. 493-510.

Müller-Graff, Peter-Christian, Binnenmarktauftrag und Subsidiaritätsprinzip?, ZHR 1995, S. 34-77.

Müller-Graff, Peter Christian, Einheit und Kohärenz der Vertragsziele von EG und EU, EuR Beiheft 2/1998, S. 67-80.

Murphy, Daniel, Closer or Enhanced Cooperation: Amsterdam or Nice, Georgia Journal of International and Comparative Law 2003 (Band 31), S. 265-319.

Nicolaysen, Gert, Europarecht I, 2. Auflage, Baden-Baden 2002.

Oppermann, Thomas, Europarecht: ein Studienbuch, 2. Auflage, München 1999.

Ost, Nina, Flexibilität des Gemeinschaftsrechts – Vom Notantrieb zum Vertragsprinzip?, DÖV 1997, S. 495-503.

Pache, Eckhard/ Schorkopf, Frank, Der Vertrag von Nizza, NJW 2001,S. 1377-1386.

Patterson, Ben, European Monetary Union: „Ins" and "Outs" – or postponement?, in: Ehlermann, Claus-Dieter (Hrsg.), Rechtliche Grenzen eines Europas in mehreren Geschwindigkeiten und unterschiedlichen Gruppierungen, Köln 1999, S. 101-112.

Pechstein, Matthias/ Koenig, Christian, Rechtspersönlichkeit für die EU, EuZW 1997, S. 225.

Pechstein, Matthias/ Koenig, Christian, Die Europäische Union – Die Verträge von Maastricht und Amsterdam, 3. Auflage, Tübingen 2000.

Pechstein, Matthias, Die Justitiabilität des Unionsrechts, EuR 1999, S. 1-26.

Philippart, Eric/ Edwards, Geoffrey, The provisions on closer co-operation in the Treaty of Amsterdam: The Politics of Flexibility in the European Union, JCMS 1999, S. 87-108.

Philippart, Eric, A New Mechanism of Enhanced Co-operation for the Enlarged European Union, Groupement d'études et de recherches – Notre Europe, Research and European Issues N° 22, Paris 2003.

Regelsberger, Elfriede, Die Gemeinsame Außen- und Sicherheitspolitik nach Nizza – begrenzter Reformeifer und außervertragliche Dynamik, Integration 2001, S. 156-166.

Rengeling, Hans-Werner/ Middeke, Andreas/ Gellermann, Martin, Rechtsschutz in der Europäischen Union – Durchsetzung des Gemeinschaftsrechts vor europäischen und deutschen Gerichten, München 1994.

Ress, Georg, Die neue Kulturkompetenz der EG, DÖV 1992, S. 944-955.

Ress, Georg, Ist die EU eine juristische Person, EuR Beiheft 2/1995, S. 27-40.

Rinsche , Günter/ Lamers, Karl, Neuer Schwung für Europa: Orientierung für den weiteren Weg der Europäischen Union, Brüsseler Vorträge der Konrad-Adenauer-Stiftung, Bonn 1995.

Samland, Detlev, Perspektiven der EU-Finanzverfassung und EU-Strukturpolitik, in: Caesar, Rolf (Hrsg.), Zur Reform der Finanzverfassung und Strukturpolitik der EU, Baden-Baden 1997, S. 223-238.

Schäfers, Manfred, Die Kohäsionspolitik in der Europäischen Gemeinschaft, Baden-Baden 1993. Zugl.: Tübingen, Univ., Diss., 1992.

Scharpf, Fritz Wilhelm, Legitimate Diversity: The New Challenge of European Integration, ZSE 2003, S. 32-60.

Scharrer, Hans-Eckart, Abgestufte Integration – Eine Einführung, in: Grabitz, Eberhard (Hrsg.), Abgestufte Integration: eine Alternative zum herkömmlichen Integrationskonzept?, Kehl 1984, S. 1-30.

Scharrer, Hans-Eckart, Das Europäische Währungssystem – Abgestufte Integration in der Praxis, in: Grabitz, Eberhard (Hrsg.), Abgestufte Integration: eine

Alternative zum herkömmlichen Integrationskonzept?, Kehl 1984, S. 225-259.

Scharrer, Hans-Eckart, Abgestufte Integration – Eine Alternative zum herkömmlichen Integrationskonzept?, in: Hrbek, Rudolf/ Jopp, Matthias u.a. (Hrsg.), Die Europäische Union als Prozess – Verfassungsentwicklung im Spiegel von 20 Jahren Zeitschrift Integration, Bonn 1998, S. 97-109.

Schmidt, Helmut/ Giscard d'Estaing, Valerie, Die EU ist nicht reif für die Erweiterung, Welt am Sonntag vom 23.4.2000, S. 34.

Schuster, Gunnar, Rechtsfragen der Maastrichter Vereinbarungen zur Sozialpolitik, EuZW 1992, 178-187.

Schuster, Gunnar, Der Sonderstatus Dänemarks im Vertrag über die Europäische Union, EuZW 1993, S. 177-180.

Schutz, Lothar, Flexibilität in der Europäischen Union: Hintergrund und Entwicklung eines alternativen Integrationskonzepts, Aachen 1999. Zugl.: Münster, Univ., Diss., 1998.

Schwartz, Ivo, Subsidiarität und EG-Kompetenzen – Der neue Titel „Kultur" – Medienvielfalt und Binnenmarkt, AfP 1993, S. 409-421.

Schwarze, Jürgen (Hrsg.), EU-Kommentar, Baden-Baden 2000.

Schweitzer, Michael/ Hummer, Waldemar, Europarecht – Das Recht der Europäischen Union – Das Recht der Europäischen Gemeinschaften – mit Schwerpunkt EG, 5. Auflage, Neuwied, Kriftel, Berlin 1996.

Stadlmaier, Sigmar, Die "Implied Powers" der Europäischen Gemeinschaft, ZÖR 1997, S. 353-388.

Stewing, Clemens, Subsidiarität und Föderalismus in der Europäischen Union, Köln, Berlin, Bonn, München 1992.

Streinz, Rudolf, Die Luxemburger Vereinbarung: rechtliche und politische Aspekte der Abstimmungspraxis im Rat der Europäischen Gemeinschaften seit der Luxemburger Vereinbarung vom 29. Januar 1966, München 1984.

Streinz, Rudolf, Europarecht, 5. Auflage, Heidelberg 2001.

Streinz, Rudolf, Vertrag über die Europäische Union und Vertrag zur Gründung der Europäischen Gemeinschaft, Kommentar, München 2003.

Stubb, Alexander, A Categorization of Differentiated Integration, JCMS 1996, S. 283-295.

Tichy, Gunther, Differenzierte Hoffnungen im verwässerten Konzept: Zur Realisierung der dritten Stufe der Europäischen Währungsunion, in: Breuss, Fritz/ Griller, Stefan (Hrsg.), Flexible Integration in Europa – Einheit oder Europa „à la carte"?, Wien, New York 1998, S. 105-126.

Tietmeyer, Hans, Europäische Währungsunion und Politische Union – das Modell mehrerer Geschwindigkeiten, EA 1994, S. 457-460.

Thun-Hohenstein, Christoph, Der Vertrag von Amsterdam – Die neue Verfassung der EU, Wien 1997.

Thun-Hohenstein, Christoph, Die Möglichkeit einer „verstärkten Zusammenarbeit" zwischen EU-Mitgliedstaaten – Chancen und Gefahren der „Flexibilität", in: Hummer, Waldemar (Hrsg.), Die EU nach dem Vertrag von Amsterdam, Wien 1999, S. 125-139.

Tindemans, Leo, Bericht des belgischen Ministerpräsidenten über die Europäische Union, dem Europäischen Rat am 29. Dezember 1975 übermittelt; Abgedruckt in: EA 31 (1976), S. D 55-D 84.

Toth, Akos G., The Principle of Subsidiarity in the Maastricht Treaty, CMLRev 1992, S. 1079-1105.

Tomuschat, Christian, Solidarität in Europa, in: Capotori, Francesco u.a. (Hrsg.), Du droit international au droit de l'integration: Liber Amicorum Pierre Pescatore, Baden-Baden 1987, S. 729-757

Trüe, Christiane, Rechtspersönlichkeit der EU nach der Vertragsänderung von Amsterdam: Wer handelt in GASP und PJZS?, ZEuS 2000, S. 127-176.

Tsatsos, Dimitris Th., Verstärkte Zusammenarbeit: flexible Institutionen oder Gefährdung der Integration, Baden-Baden 1999.

Tuytschaever, Filip, Omtrent EMU, gedifferentieerde integratie en de externe betrekkingen van de EG, SEW 1997, S. 313-319.

Tuytschaever, Filip, Nauwere samenwerking volgens het Verdrag van Amsterdam, SEW 1999, S. 270-279.

Tuytschaever, Filip, Nauwere samenwerking volgens het Verdrag van Nice, SEW 2001, S. 375-387.

Ukrow, Jörg, Die Fortentwicklung des Rechts der Europäischen Union durch den Vertrag von Amsterdam, ZEuS 1998, S. 141-181.

Usher, John Anthony, Variable Geometry or Concentric Circles: Patterns for the European Union, ICLQ 1997 (Band 46), S. 243-273.

Vandamme, Jacques, Die abgestufte Integration im Tindemans Bericht, in: Hrbek, Rudolf/ Jopp, Matthias u.a. (Hrsg.), Die Europäische Union als Prozess – Verfassungsentwicklung im Spiegel von 20 Jahren Zeitschrift Integration, Bonn 1998, S. 57-66.

Vedder, Christoph, Die Unterscheidung von Unionsrecht und Gemeinschaftsrecht nach dem Vertrag von Amsterdam, EuR Beiheft 1/1999, S. 7-44.

Volkmann, Uwe, Solidarität in einem vereinten Europa, SuS 1998, S. 17-44.

Walker, Neil, Felxibility within a Metaconstitutional Frame: Reflections on the Future of Legal Authority in Europe - Seminar and Workshop on Advanced Issues in Law and Policy of the European Union, NAFTA and the WTO, Havard Jean Monnet Working Paper, Cambridge (MA) 2000.

Wallace, Helen, Possible Futures for the European Union: A British Reaction, in: Joerges, Christian/ Mény, Yves/ Weiler, J.H.H. (Hrsg.), What Kind of Constitution for What Kind of Polity? – Responses to Joschka Fischer, Florenz 2000, S. 139-150.

Waltemathe, Arved, Austritt aus der EU – Sind die Mitgliedstaaten noch souverän?, Frankfurt, Berlin, Bern 2000. Zugl.: Göttingen, Univ., Diss., 1999.

Wank, Rolf, Arbeitsrecht nach Maastricht, RdA 1995, S. 10-26.

Weber, Albrecht, Die Währungsunion – Modell für ein Europa mehrerer Geschwindigkeiten?, in: Weber, Albrecht (Hrsg.), Währung und Wirtschaft: Das Geld im Recht - Festschrift für Hugo J. Hahn zum 70. Geburtstag, Baden-Baden 1997,S. 273-284.

Wegener, Bernhard, Die Neuordnung der EU-Gerichtsbarkeit durch den Vertrag von Nizza, DVBl. 2001, S. 1258-1263.

Weidenfeld, Werner/ Giering, Claus, Europäische Union nach Amsterdam – Bilanz und Perspektive, in: Weidenfeld, Werner (Hrsg.), Amsterdam in der Analyse: Strategien für Europa, 2. Auflage, Gütersloh 1999, S. 19-35.

Weidenfeld, Werner (Hrsg.), Nizza in der Analyse – Strategien für Europa, Gütersloh 2001.

Weidenfeld, Werner, Zwischen Anspruch und Wirklichkeit – die europäische Integration nach Nizza, in: Weidenfeld, Werner (Hrsg.), Nizza in der Analyse – Strategien für Europa, Gütersloh 2001, S. 19-49.

Weinstock, Ulrich, Verkehrpolitische Integration: gemeinsame Politik versus Zusammenarbeit, in: Grabitz, Eberhard (Hrsg.), Abgestufte Integration: eine Alternative zum herkömmlichen Integrationskonzept?, Kehl 1984, S. 125-161.

Weinstock, Ulrich, Nur eine europäische Umwelt? Europäische Umweltpolitik im Spannungsverhältnis von ökologischer Vielfalt und ökonomischer Einheit, in: Grabitz, Eberhard (Hrsg.), Abgestufte Integration: eine Alternative zum herkömmlichen Integrationskonzept?, Kehl 1984, S. 301-342.

Weinstock, Ulrich, Schlussfolgerungen – Abstufung als Realität und Chance, in: Grabitz, Eberhard (Hrsg.), Abgestufte Integration: eine Alternative zum herkömmlichen Integrationskonzept?, Kehl 1984, S. 345-379.

Wessels, Wolfgang, Verstärkte Zusammenarbeit: Eine neue Variante flexibler Integration, in: Jopp, Matthias/ Maurer, Andreas/ Schmuck, Otto (Hrsg.), Die Europäische Union nach Amsterdam – Analysen und Stellungnahmen zum neuen EU-Vertrag, Bonn 1998, S. 187-218.

Wessels, Wolfgang, Die Vertragsreformen von Nizza – Zur institutionellen Erweiterungsreife, Integration 2001, S. 8-25.

Wessels, Wolfgang/ Jantz, Birke, Flexibilisierung: Die Europäische Union vor einer neuen Grundsatzdebatte? Grundmodelle unter der Lupe, in: Hrbek, Rudolf (Hrsg.), Die Reform der Europäischen Union anlässlich der Regierungskonferenz, Baden-Baden 1997, S. 345-368.

Whiteford, Elaine A., Social Policy after Maastricht, ELR 1993, S. 202-222.

Wiedmann, Thomas, Der Vertrag von Nizza – Genesis einer Reform, EuR 2001, S. 185-215.

Wölker, Ulrich, Europäische Währungsunion – Ein Kommentar aus juristischer Sicht, in: Ehlermann, Claus-Dieter (Hrsg.), Rechtliche Grenzen eines Europas in mehreren Geschwindigkeiten und unterschiedlichen Gruppierungen, Köln 1999, S. 113-115.

Yataganas, Xenophon A., The Treaty of Nice – The Sharing of Power and the Institutional Balance in the European Union – A Continental Perspective, in: Harvard Law School Jean Monnet Working Papers, No. 01/01.

Zielonka, Jan, Enlargement and the Finality of European Integration, in: Joerges, Christian/ Mény, Yves/ Weiler, J.H.H. (Hrsg.), What Kind of Constitution for What Kind of Polity? – Responses to Joschka Fischer, Florenz 2000, S. 151-162.

Interdisziplinäre Europa Studien

Herausgegeben von Gilbert Gornig, Theo Schiller
und Wolfgang Wesemann

Band 1 Gilbert Gornig / Theo Schiller / Wolfgang Wesemann (Hrsg.): Griechenland in Europa. 2000.

Band 2 Anna Capretti: Öffnung der Machtstrukturen durch Referenden in Italien. Eine pluralismustheoretische Analyse. 2001.

Band 3 Gerrit Linke: Das Instrument der verstärkten Zusammenarbeit im Vertrag von Nizza. Möglichkeiten eines Europas der differenzierten Integration. 2006.

www.peterlang.de

FSC
www.fsc.org
MIX
Papier | Fördert
gute Waldnutzung
FSC® C083411

Kolibri 360 GmbH
Ferdinand-Jühlke-Straße 7
99095 Erfurt, Deutschland
produktsicherheit@kolibri360.de

Druck:
CPI Druckdienstleistungen GmbH
im Auftrag der
Kolibri 360 GmbH
Ferdinand-Jühlke-Str. 7
99095 Erfurt